Krisengeprüftes Europa

D1731569

Heinz Handler

Krisengeprüftes Europa

Die EU auf dem Weg zu einer neuen Identität

2. Auflage

Heinz Handler
Technische Universität
Wien, Österreich

Sonderausgabe für die Zentralen für politische Bildung.

Die Deutsche Nationalbibliothek verzeichnet diese Publikation in der Deutschen Nationalbibliografie; detaillierte bibliografische Daten sind im Internet über https://portal.dnb.de abrufbar.

© Springer Fachmedien Wiesbaden GmbH, ein Teil von Springer Nature 2021, 2024
Das Werk einschließlich aller seiner Teile ist urheberrechtlich geschützt. Jede Verwertung, die nicht ausdrücklich vom Urheberrechtsgesetz zugelassen ist, bedarf der vorherigen Zustimmung des Verlags. Das gilt insbesondere für Vervielfältigungen, Bearbeitungen, Übersetzungen, Mikroverfilmungen und die Einspeicherung und Verarbeitung in elektronischen Systemen.
Die Wiedergabe von allgemein beschreibenden Bezeichnungen, Marken, Unternehmensnamen etc. in diesem Werk bedeutet nicht, dass diese frei durch jedermann benutzt werden dürfen. Die Berechtigung zur Benutzung unterliegt, auch ohne gesonderten Hinweis hierzu, den Regeln des Markenrechts. Die Rechte des jeweiligen Zeicheninhabers sind zu beachten.
Der Verlag, die Autoren und die Herausgeber gehen davon aus, dass die Angaben und Informationen in diesem Werk zum Zeitpunkt der Veröffentlichung vollständig und korrekt sind. Weder der Verlag noch die Autoren oder die Herausgeber übernehmen, ausdrücklich oder implizit, Gewähr für den Inhalt des Werkes, etwaige Fehler oder Äußerungen. Der Verlag bleibt im Hinblick auf geografische Zuordnungen und Gebietsbezeichnungen in veröffentlichten Karten und Institutionsadressen neutral.

Planung/Lektorat: Isabella Hanser
Springer Gabler ist ein Imprint der eingetragenen Gesellschaft Springer Fachmedien Wiesbaden GmbH und ist ein Teil von Springer Nature.
Die Anschrift der Gesellschaft ist: Abraham-Lincoln-Str. 46, 65189 Wiesbaden, Germany

Das Papier dieses Produkts ist recyclebar.

Vorwort zur 2. Auflage

In den zweieinhalb Jahren seit Erscheinen dieses Buches haben sich mit dem russischen Angriffskrieg gegen die Ukraine die geopolitischen und wirtschaftlichen Rahmenbedingungen für die Europäische Union derart verändert, dass ihre Aktualisierung und Neubewertung angebracht ist. Das politische „Europa" reichte schon bisher nicht bis zur geografischen Begrenzung durch den Ural, nunmehr durchzieht es aber mit dem zerstörten Donbas eine gewaltsam gezogene Schneise. Westlich davon erlebt die europäische Integration, die noch vor wenigen Jahren den Brexit zu verkraften hatte, eine neue Welle des Zuspruchs von außen (mit Beitrittswünschen zur EU aus Georgien, Moldawien und der Ukraine) und an innerer Solidarität, die sich in gemeinschaftlichen Sanktionen gegen den russischen Aggressor und Hilfsaktionen für die bedrohte Ukraine niederschlägt. Kroatien hat mit Jahresbeginn 2023 die Eurozone erweitert und ist dem Schengen-System beigetreten. Selbst in Polen zeichnet sich eine EU-konforme Gestaltung des Justizsystems ab.

Allerdings sind mit dem Krieg in der Ukraine manche der bestehenden Bruchlinien noch deutlicher hervorgetreten – sichtbar etwa am russlandfreundlichen Kurs Ungarns. Die unterschiedliche Betroffenheit der Mitgliedstaaten vom Krieg selbst und von den Sanktionen gegen Russland lassen erwarten, dass Partikularinteressen der EU-Mitgliedstaaten wieder die Oberhand gewinnen und die Solidarität bröckeln wird, je länger der Krieg anhält. Der schrittweise Rückzug aus russischen Öl- und Gaslieferungen, die Versorgung und Integration von Vertriebenen und die Unterbrechung mancher Lieferketten bringen Herausforderungen, auf die weder die Regierenden noch die Bevölkerungen im Westen ausreichend vorbereitet waren. Mit den schwelenden verteilungspolitischen Konsequenzen der Energiepreissteigerungen steigt auch die Unzufriedenheit mit den Regierenden. Die

Polarisierung des Meinungsspektrums schlägt sich bei Wahlen in einem Erstarken von rechtsextremen und linksradikalen Positionen nieder.

Im nunmehr überarbeiteten Text wird diesen Entwicklungen Rechnung getragen. Wurden ursprünglich die von der EU zu bewältigenden Krisen noch als zeitlich aufeinanderfolgende Einzelphänomene präsentiert, so ist dieses Bild nun zu einer Gesamtschau vieler gleichzeitig wirkender Krisenelemente zu entwickeln. Die wirtschaftlichen Folgen lassen sich weniger denn je mit dem Prognoseinstrumentarium der ÖkonomInnen ergründen, an dessen Stelle treten vermehrt Szenarien, die mögliche Ergebnisse gleichwertig nebeneinander stellen. Bei der Aufarbeitung der neueren Literatur wird daher noch stärker als zuvor auf interdisziplinäre Beiträge zurückgegriffen, vor allem auf solche, die auch politologische Einsichten vermitteln. Der neue Untertitel des Buches unterstreicht die Interdependenzen zwischen den aufeinanderfolgenden Krisen und trägt der Erwartung Rechnung, dass sich daraus eine neue europäische Identität entwickelt.

Neu sind die Kap. 9 über den Ukrainekrieg mit seinen Auswirkungen auf die europäische Identität und Kap. 10 über die kriegsbedingte Energiekrise und die darüber hinaus reichenden Bemühungen zur Bewältigung des Klimawandels. Auf dieser Basis werden im erweiterten Schlusskapitel 11 die Folgen für Wirtschaft, Sicherheit und Politik in der Union analysiert und mögliche Konsequenzen für die Zukunft der EU abgeleitet. Um den Umfang des Buches nicht ungebührlich auszuweiten, wurden in den übrigen Kapiteln manche historischen Rückblicke kondensiert und einige erläuternde Einschübe weggelassen. Viele der hier behandelten Entwicklungen sind im Fluss und erhalten durch aktuelle Ereignisse (wie den Hamas-Überfall auf Israel, die täglichen Tragödien in der Ukraine oder die laufenden Verhandlungen über das EU-Asylsystem) möglicherweise ein neues Gesicht, das in der vorliegenden Auflage noch nicht berücksichtigt werden konnte.

Auch diesmal konnte ich wertvolle Hinweise kritischer Leser der 1. Auflage und früherer Fassungen der Ergänzungskapitel verwenden, insbesondere jene von Karl Aiginger und Barbara Posch. Vielen Dank ihnen wie auch meiner Frau Christina Burger, die dieses Werk nicht nur inhaltlich wesentlich begleitet hat, sie musste vor allem in der Abschlussphase ertragen, dass ich mit meiner Zeit für familiäre Unternehmungen knausrig umging. Die Betreuung durch den Springer-Verlag war erneut hervorragend, ich danke besonders Isabella Hanser, Srilakshmi Sriraman, Vera Treitschke und Naresh Veerabathini. Die Verantwortung für den nun vorliegenden Text mit Bearbeitungsstand von Dezember 2023 liegt selbstverständlich ausschließlich bei mir.

Wien, Österreich   Heinz Handler

Vorwort zur 1. Auflage

Die im Folgenden angestellten Überlegungen zu den wirtschaftlichen und politischen Rahmenbedingungen der europäischen Integration greifen immer wieder auf weit in der Vergangenheit liegende Ereignisse zurück, um das Verständnis für die Gegenwart zu schärfen und mögliche künftige Entwicklungen besser einschätzen zu können. Einige wichtige Themenbereiche, wie sie etwa in den Sustainable Development Goals (SDGs) der Vereinten Nationen zusammengefasst sind, werden hier – wenn überhaupt – nur am Rande behandelt, z. B. Probleme ungleicher Einkommens- und Vermögensverteilung oder die brennenden Fragen zum Klimawandel oder die mit der rasant zunehmenden Digitalisierung verbundenen Strukturfragen. Dies ist dem Versuch geschuldet, den Umfang der vorliegenden Arbeit auf jene Bereiche zu konzentrieren, zu denen der Autor schon früher selbst Beiträge geliefert hat und die damit in einem sachlichen Zusammenhang stehen. Der Tenor der Arbeit ist der Überzeugung geschuldet, dass der Integrationsprozess in Europa mit der Beseitigung von physischen Grenzen auch eine geistige Öffnung ermöglicht hat, die das Selbstverständnis der Menschen Europas ebenso fördert wie das Verständnis für die benachbarten Länder und Völker. Die Arbeit ist keine in sich abgeschlossene wissenschaftliche Studie, sondern als Sachbuch auf Basis wissenschaftlicher Erkenntnisse angelegt. Sie ist aus dem Bedürfnis entstanden, aus den Myriaden täglich neu verfügbarer Informationen zur europäischen Integration jene herauszufiltern, die zur Erklärung der wirtschaftlichen und politischen Facetten dieses Prozesses beitragen können. Anhand einer subjektiven Literaturübersicht wurde versucht, nicht in einer Pro-Europa-Blase zu versinken, sondern auch abweichenden Sichtweisen Rechnung zu tragen.

Zu einer früheren Version dieser Arbeit habe ich viele wertvolle Hinweise und Ergänzungen erhalten, für die ich mich herzlich bedanke. Besonders erwähnen möchte ich die Anregungen von Karl Aiginger, Fritz Breuss, Christina Burger, Felix Butschek, Alois Guger, Gunther Tichy und Ewald Walterskirchen. Wichtige Impulse zu diesem Buch kamen aus den Gesprächen im Rahmen der Wiener „Europaplattform" (Policy Crossover Center: Vienna-Europe) für die interdisziplinäre Diskussion europäischer Politiken. Schließlich bedanke ich mich für die expeditive Bearbeitung meines Manuskripts durch den Springer Nature Verlag und seine kompetenten Mitarbeiterinnen, Frau Carina Reibold, Frau Jeevitha Juttu und Frau Roopashree Polepalli. Der nun vorliegende Text ist auf dem Bearbeitungsstand vom Juli 2021. Für ihn und seine verbliebenen Unzulänglichkeiten trage ich allein die inhaltliche Verantwortung.

Wien, Österreich   Heinz Handler

Zusammenfassung

Wie wird Europa (im Speziellen die Europäische Union) die Herausforderungen von Globalisierung, Migration, Nationalismus und Populismus auf Basis einer noch wenig verfestigten „Europäischen Identität" bewältigen und welche Perspektiven ergeben sich daraus für die Zukunft des Kontinents? Der Brexit hat den Mehrwert der europäischen Integration für alle Beteiligten unterstrichen, aber auch manche Illusion über die weitere Vertiefung der Union begraben. Das Integrationsprojekt der EU ist über seine wirtschaftlichen Erfolge noch nicht weit hinausgekommen, die ursprüngliche Idee einer politischen Union ist auch nach der Coronakrise und dem Ukrainekrieg nicht realistischer geworden.

In der politischen Verarbeitung der vielen aufeinanderfolgenden Krisen sind krude Verschwörungsmythen entstanden, die zur bröckelnden Solidarität in Europa beigetragen haben, wenn es um Flüchtlinge, die Folgen der Coronakrise, den Klimawandel oder um die Zukunft der globalen Beziehungen geht. Diesen Mythen werden in der vorliegenden Arbeit faktenbezogene Ansätze entgegengestellt, um den zunehmenden Unsicherheiten und der Verdrängung demokratischer Spielregeln zu begegnen. Herausforderungen wie die Anpassung von Produktion und Verbrauch an gestiegene Energiepreise, die Optimierung internationaler Lieferketten und die Finanzierung gemeinschaftlicher Aufgaben in der EU – insbesondere die Bewältigung des Klimawandels – stehen gerade an und sind zu lösen. Ist in diesem Umfeld die Idee eines gemeinsamen Europas bloß eine Utopie? Verdrängen nationale Egoismen die europäische Solidarität? Oder wird diese durch Bedrohungen von außen nachhaltig gestärkt?

BürgerInnen und Politik stehen vor der Wahl, die EU durch massive Reformen nicht nur wirtschaftlich, sondern auch politisch zu einem respektierten Partner der Weltmächte weiter zu entwickeln oder sie zu einem Kerneuropa mit differenzierter Peripherie abschmelzen zu lassen.

Inhaltsverzeichnis

Abkürzungsverzeichnis

AEUV	Vertrag über die Arbeitsweise der Europäischen Union (engl. TFEU)
AfD	Alternative für Deutschland
ALDE	Alliance of Liberals and Democrats for Europe (EP-Fraktion)
ANEL	Fraktion der Unabhängigen Griechen
APP	(Expanded) Asset Purchase Programme der EZB
ARF	Aufbau- und Resilienzfazilität (Recovery and Resilience Facility, RRF)
BEPS	Base Erosion and Profit Shifting
BIP	Bruttoinlandsprodukt
BoP	Balance of Payments Programme (Zahlungsbilanzprogramm)
CAP	Common Agricultural Policy (Gemeinsame Agrarpolitik
CARD	Coordinated Annual Review on Defence (Koordinierte Jährliche Überprüfung der Verteidigung)
CBPP	Covered bond purchase programme (Pfandbriefkäufe der EZB)
CCCTB	Common Consolidated Corporate Tax Base (Gemeinsame konsolidierte Körperschaftsteuer-Bemessungsgrundlage)
CDU	Christlich Demokratische Union Deutschlands
CEAS	Common European Asylum System (Gemeinsames Europäisches Asylsystem)
CEFTA	Central European Free Trade Agreement (Mitteleuropäisches Freihandelsabkommen)
CEPR	Centre for Economic Policy Research, London
CETA	Comprehensive Economic and Trade Agreement
CO_2	Kohlendioxid

CO_2e	Kohlendioxid-Äquivalent
COP	Conference of the Parties (Klimakonferenz der Vertragsstaaten)
COVID-19	Coronavirus Disease 2019
CPI	Corruption Perceptions Index von Transparency International
CSPP	Corporate Sector Purchase Programme der EZB
CSU	Christlich-Soziale Union in Bayern
CwA	Compact with Africa
DMA	Digital Markets Act
DSA	Digital Services Act
DSB	Dispute Settlement Body (Streitbeilegungsmechanismus des GATT)
DSGVO	Datenschutz-Grundverordnung (General Data Protection Regulation, GDPR)
EBCG	European Border and Coast Guard Agency (auch "Frontex" genannt)
ECB	European Central Bank (Europäische Zentralbank, EZB)
ECFR	European Council on Foreign Relations
EDA	European Defense Agency (Europäische Verteidigungsagentur)
EDF	European Defense Fund (Europäischer Verteidigungsfonds)
EDP	Excessive Deficit Procedure (siehe auch VÜD)
EEA	European Economic Area (Europäischer Wirtschaftsraum, EWR)
EEX	European Energy Exchange, Leipzig
EFTA	Europäische Freihandelsassoziation
EFRE	Europäischer Fonds für regionale Entwicklung
EFSF	Europäische Finanzstabilisierungsfazilität
EFSM	Europäischer Finanzstabilisierungsmechanismus (European Financial Stabilisation Mechanism)
EG	Europäische Gemeinschaft(en)
EGD	Europäischer Grüner Deal (European Green Deal)
EGKS	Europäische Gemeinschaft für Kohle und Stahl
EGV	Vertrag zur Gründung der Europäischen Gemeinschaft (ursprünglich EWG-Vertrag, 2009 umbenannt in AEUV)
EIB	Europäischen Investitionsbank
EIP	Excessive Imbalance Procedure (Gesamtwirtschaftliches Ungleichgewichtsverfahren)
EK	Europäische Kommission
ELER	Europäischer Landwirtschaftsfonds für die Entwicklung des ländlichen Raums
ELSTAT	Griechische Statistikbehörde, Athen

EMA	European Medicines Agency (Europäische Arzneimittel-Agentur), Amsterdam
EMFF	Europäischer Meeres- und Fischereifonds
EMU	European Monetary Union
ENP	Europäische Nachbarschaftspolitik (European Neighbourhood Policy)
EP	Europäisches Parlament
EPDA	European Primary Dealers Association, an affiliate of SIFMA
EPZ	Europäische Politische Zusammenarbeit
ERF	European Refugee Fund
ESBies	European Safe Bonds
ESF	Europäischer Sozialfonds
ESM	Europäischer Stabilitätsmechanismus (European Stability Mechanism)
EU	Europäische Union
EUAA	European Union Agency for Asylum (Asylagentur der Europäischen Union)
EU-ETS	EU Emissions Trading System (EU-Emissionshandelssystem)
EuGH	Europäischer Gerichtshof, Luxemburg
EUR	Euro (als Währungseinheit)
EURATOM	Europäische Atomgemeinschaft
EUREP	Eurosystem Repo Facility for Central Banks
EUSF	Solidaritätsfonds der Europäischen Union
EUV	Vertrag über die Europäische Union – „Maastricht-Vertrag" (engl. TEU)
EVU	Europäische Verteidigungsunion
EWG	Europäische Wirtschaftsgemeinschaft
EWR	Europäischer Wirtschaftsraum (European Economic Area, EEA)
EWS	Europäisches Währungssystem
EZB	Europäische Zentralbank (European Central Bank, ECB), Frankfurt
EZU	Europäische Zahlungsunion
FED	"Die FED", d.i. das US Federal Reserve System (Zentralbankensystem der USA)
FG	Forward Guidance der EZB
FPÖ	Freiheitliche Partei Österreichs
FRiT	Facility for Refugees in Turkey (Fazilität für Flüchtlinge in der Türkei)

Frontex	Europäische Agentur für die Grenz- und Küstenwache (siehe auch EBCG), Warschau
FTA	Free Trade Agreement (Freihandelsabkommen)
GAMM	Gesamtansatz für Migration und Mobilität (Global Approach to Migration and Mobility)
GAP	Gemeinsame Agrarpolitik (Common Agricultural Policy, CAP)
GASP	Gemeinsame Außen- und Sicherheitspolitik
GATT	General Agreement on Tariffs and Trade (Allgemeines Zoll- und Handelsabkommen)
GBP	Britisches Pfund (als Währungseinheit)
GCR	Global Compact on Refugees (Globaler Pakt für Flüchtlinge)
GCM	Global Compact for Safe, Orderly and Regular Migration (Globaler Migrationspakt)
GDPR	General Data Protection Regulation (Datenschutz-Grundverordnung, DSGVO)
GEAS	Gemeinsames Europäisches Asylsystem
GLRG	Gezielte längerfristige Refinanzierungsgeschäfte (Targeted Longer-Term Refinancing Operations, TLTROs) der EZB
GMF	German Marshall Fund of the United States
GSVP	Gemeinsame Sicherheits- und Verteidigungspolitik
IB	Identitäre Bewegung
IEA	International Energy Agency (Internationale Energieagentur), Paris
IMD	International Institute for Management Development, Lausanne
IMF	International Monetary Fund (siehe auch IWF)
IOM	International Organization for Migration, Genf
IWF	Internationaler Währungsfonds, Washington, D.C. (siehe auch IMF)
KF	Kohäsionsfonds
KKS	Kaufkraftstandards
LMICs	Low and middle income countries (Länder mit niedrigen und mittleren Einkommen)
LN	Lega Nord
LNG	Liquefied natural gas (Flüssigerdgas)
LRG	Längerfristige Refinanzierungsgeschäfte (Longer-term refinancing operations) der EZB
LSE	The London School of Economics and Political Science
LTROs	Longer-Term Refinancing Operations (Längerfristige Refinanzierungsgeschäfte) der EZB

MAC	Migration Advisory Committee (UK Government)
MCM	Market Correction Mechanism (Marktkorrekturmechanismus)
MFA	Macro-Financial Assistance (Makrofinanzhilfe)
MFF	Multiannual Financial Framework
MFN	Most Favoured Nations (Meistbegünstigung bei Zollsätzen der WTO)
MFR	Mehrjähriger Finanzrahmen der EU
MIP	Macroeconomic Imbalance Procedure (Makroökonomisches Ungleichgewichtsverfahren)
MIPEX	Migrant Integration Policy Index
MMT	Modern Monetary Theory (Moderne Geldtheorie)
MPF	Migration Partnership Framework
MPRA	Munich Personal RePEc Archive
MRCC	Maritime Rescue Coordination Centre (Seenotrettungsleitstelle)
MROs	Main Refinancing Operations der EZB
Mtoe	Millionen Tonnen Öleinheiten
NARP	Nationaler Aufbau- und Resilienzplan
NATO	North Atlantic Treaty Organization, Brüssel
NBER	National Bureau of Economic Research
NDP	Nationaldemokratische Partei Deutschlands
NEKP	Nationale Energie- und Klimapläne
NGEU	Next Generation EU
NGO	Non-Governmental Organisation (Nichtregierungsorganisation)
NRP	Nationales Reformprogramm (im Rahmen des Europäischen Semesters)
NUTS	Nomenclature des unités territoriales statistiques (territoriale Gliederung für statistische Zwecke)
ODA	Official Development Aid
OECD	Organisation for Economic Co-operation and Development, Paris
OEEC	Organization for European Economic Co-Operation, Paris
OeNB	Oesterreichische Nationalbank, Wien
ÖGfE	Österreichische Gesellschaft für Europapolitik, Wien
OMT	Outright Monetary Transactions (geldpolitische Outright-Geschäfte) der EZB
OTC-Handel	Over-the-counter-Handel (außerbörslicher Direkthandel)
ÖVP	Österreichische Volkspartei
PBOC	People's Bank of China
PELTROs	Pandemic Emergency Longer-Term Refinancing Operations der EZB

PEPP	Pandemic Emergency Purchase Programme (Pandemie-Notfallankaufprogramm) der EZB
PESCO	Permanent Structured Cooperation (Ständige Strukturierte Zusammenarbeit, SSZ)
PJZS	Polizeiliche und justizielle Zusammenarbeit in Strafsachen
PSPP	Public Sector Purchase Programme der EZB
PVV	Partij voor de Vrijheid (Partei für die Freiheit), Niederlande
QE	Quantitative Easing (Quantitative Lockerung) durch die EZB
RED	Renewable Energy Directive (Erneuerbare-Energien-Richtlinie)
RIAT	Reintegration Assistance Tool (Instrument für Wiedereingliederungshilfe)
RN	Rassemblement National
RRF	Recovery and Resilience Facility (Aufbau- und Resilienzfazilität, ARF)
RRP	Regional Refugee Response Plan
SAR	Search and Rescue
SDGs	Sustainable Development Goals der Vereinten Nationen
SIFMA	Securities Industry and Financial Markets Association
SKS-Vertrag	Vertrag über Stabilität, Koordinierung und Steuerung in der Wirtschafts- und Währungsunion (englisch TSCG)
SMP	Securities Markets Programme (EZB-Programm für die Wertpapiermärkte)
SPÖ	Sozialdemokratische Partei Österreichs
SRÜ	Seerechtsübereinkommen der Vereinten Nationen
SSRN	Social Science Research Network
SSZ	Ständige Strukturierte Zusammenarbeit (Permanent Structured Cooperation, PESCO)
SURE	Support to mitigate Unemployment Risks in an Emergency (Europäisches Instrument zur vorübergehenden Unterstützung bei der Minderung von Arbeitslosigkeitsrisiken in einer Notlage)
SWP	Stabilitäts- und Wachstumspakt
SYRIZA	Radikale Linke Griechenlands
TCA	Trade and Cooperation Agreement (Brexit-Abkommen EU-UK)
TEU	Treaty of the European Union (deutsch EUV)
TFEU	Treaty on the Functioning of the EU (deutsch AEUV)
THG	Treibhausgase
TLTROs	Targeted Longer-Term Refinancing Operations (Gezielte längerfristige Refinanzierungsgeschäfte, GLRG) der EZB
TPD	Temporary Protection Directive (Massenzustrom-Richtlinie)

TSCG	Treaty on Stability, Coordination and Governance in the Economic and Monetary Union (deutsch SKS-Vertrag)
TTIP	Transatlantic Trade and Investment Partnership
UAH	Ukrainischer Hrivnja (als Währungseinheit)
UDF	Ukraine Development Fund
UK	United Kingdom of Great Britain and Northern Ireland (Vereinigtes Königreich von Großbritannien und Nordirland)
UKIP	United Kingdom Independence Party
UN	United Nations (Vereinte Nationen), New York
UNCTAD	United Nations Conference on Trade and Development (UN-Handels- und Entwicklungskonferenz)
UN DESA	United Nations, Department of Economic and Social Affairs (UN-Hauptabteilung Wirtschaftliche und Soziale Angelegenheiten)
UNDP	United Nations Development Programme (UN-Entwicklungsprogramm)
UNFCCC	United Nations Framework Convention on Climate Change (UN-Rahmenübereinkommen über Klimaänderungen)
UNHCR	United Nations High Commissioner for Refugees (UN-Flüchtlingskommissariat)
USA	United States of America (Vereinigte Staaten von Amerika)
USD	US-Dollar (als Währungseinheit)
VB	Vlaams Belang
VOK	Vereenigde Oostindische Compagnie
VÜD	Verfahren bei einem übermäßigen Defizit (englisch EDP)
VVE	Vertrag über eine Verfassung für Europa (Entwurf eines EU-Verfassungsvertrags 2004)
WEU	Westeuropäische Union
WIFO	Österreichisches Institut für Wirtschaftsforschung, Wien
WKM	Wechselkursmechanismus
WTO	World Trade Organization (Welthandelsorganisation), Genf
WWU	Europäische Wirtschafts- und Währungsunion
z. B.	zum Beispiel

Abbildungsverzeichnis

Tabellenverzeichnis

Verzeichnis der Boxen

Krisen formen Europa 1

> *„I have always believed that Europe would be built through crises, and that it would be the sum of their solutions"*
>
> *(Jean Monnet, 1976).*

Zusammenfassung

Europa befindet sich seit eineinhalb Jahrzehnten im Modus der Krisenbewältigung: Der globalen Finanzkrise (2008/09) folgten die Eurokrise (2010–2012), die Flüchtlings- und Migrationskrise (2015/16), die Schritte zum Brexit (2016–2020), die weltweite Coronakrise ab 2020 und schließlich der Angriffskrieg Russlands auf die Ukraine (2022). Die dadurch ausgelöste Energiekrise hat das Bewusstsein für den drohenden Klimawandel geschärft. Im Spiegel der Krisen verlaufen Schwankungen im Bekenntnis zu einer nationenübergreifenden Europaidee, die für die Zukunft der Europäischen Union (EU) unterschiedliche Entwicklungspfade – von einer auf wenige Mitglieder reduzierten „Kernunion" bis zur Annäherung aller Mitglieder an eine volle politische Gemeinschaft – als möglich erscheinen lassen.

Europa steht vor enormen inneren und äußeren Herausforderungen, die einander wechselseitig bedingen:

- Intern geht es um das Grundverständnis, ob Europa auf Basis einer gemeinsamen Geschichte und der erfolgreich geübten Toleranz gegenüber Kulturunterschieden zu einer solidarischen Gemeinschaft finden kann oder ob eine neuerliche Verstrickung in unsägliche Antagonismen und Nationalismen droht.
- Extern stellt sich die Frage, ob Europa als gleichwertiger Partner der übrigen Weltmächte einheitlich agieren kann oder ob es diesen Mächten mit vergleichsweise unbedeutenden, untereinander in Streit und Konkurrenzdenken verhafteten „Fürstentümern" ausgeliefert ist.

Erst die Herangehensweise an diese Herausforderungen sowie die Art und Weise ihrer Bewältigung wird erahnen lassen, welchen Weg der Kontinent künftig beschreiten wird.

Die globale Finanzkrise ab 2008 ist zunächst als externe Herausforderung auf die EU zugekommen, um sich dann ab 2010 als **Eurokrise** zu einem internen Problem zu verdichten. Zur Bewältigung der Krise wurde 2012 mit dem „Fiskalpakt"[1] die viel gescholtene Austeritätspolitik verfolgt, die von Befürwortern als unumgänglich erachtet und von Gegnern abschätzig als „neoliberale" Fehlkonstruktion mit unabsehbaren wirtschaftlichen und gesellschaftlichen Schäden eingestuft wurde. Tatsächlich waren die Erfolge und Folgen des von der Eurogruppe (unter Mitwirkung des Internationalen Währungsfonds) mit Blick auf das Schicksal der Gläubigerbanken geschnürten Rettungspakets in den betroffenen Programmländern unterschiedlich: Gemessen an der Entwicklung des realen Bruttoinlandsprodukts (BIP) pro Kopf waren Griechenland, Spanien und Irland von den Maßnahmen kurzfristig am meisten negativ betroffen. Allerdings fiel Irland von einem vergleichsweise hohen Einkommensniveau zurück und erholte sich spektakulär, wogegen das viel weniger reiche Griechenland weit zurückgeblieben ist. Im Jahr 2022 lag das inflationsbereinigte BIP/Kopf im Durchschnitt der EU27 um 15 % über dem Niveau von 2012, in Griechenland nur um 11 %, in Irland dagegen um +110 %.[2]

Im Inneren hat sich der schon vorher eher enge politische Blickwinkel Europas seit der Migrationswelle ab 2015 weiter dramatisch verkleinert, um vor dem

---

[1] Der Fiskalpakt (englisch „fiscal compact") ist Teil des „Vertrages über Stabilität, Koordinierung und Steuerung in der Wirtschafts- und Währungsunion" (SKS-Vertrag). Er ist in den Euro-Staaten voll anzuwenden, in den übrigen Mitgliedstaaten nur eingeschränkt.

[2] Daten von Eurostat (abgerufen am 17.07.2023).

Ukrainekrieg nur noch einen Problembereich im Auge zu haben: die **Über-fremdung**. Dazu hat nicht nur die Zuwanderung selbst beigetragen, sondern auch das populistische Schüren von Ängsten für rein parteipolitische Zwecke. Europa befindet sich damit in einer ähnlichen, wenn auch abgeschwächten „Fake-News-Falle", wie sie in den USA vom früheren Präsidenten Donald Trump herbeigeredet und selbst bedient wurde. Verschwörungsmythen verbreiten sich auch in Europa rascher und nachhaltiger als die weniger sensationellen Tatsachen des Alltags.

Faktum ist, dass Europa vom Einwanderungsdruck unvorbereitet getroffen wurde und keine Strukturen zu dessen Bewältigung besaß. Die rasch getroffenen Abwehrmaßnahmen gegen die Flüchtlings- und Migrationswelle[3] erwiesen sich als völlig unzureichend. In allen betroffenen Ländern bewegt sich seitdem das politische Spektrum vom Zentrum weit nach rechts zu einer ausgeprägten Abwehrhaltung gegen irreguläre und reguläre Migration, aber auch gegen die von der Menschrechtskonvention geschützten Flüchtlinge. Einige Mitgliedstaaten versuchten eine Problemlösung – gegen die Regeln des Binnenmarktes – mit nationalen Grenzen und Zäunen, auf europäischer Ebene konnte weder beim Schutz der Außengrenzen noch bei der Verteilung der Flüchtlinge eine Einigung erzielt werden.

Als sich die **Corona-Pandemie** auszubreiten begann, konnten die Erfahrungen aus der Abschottung der Binnengrenzen genützt werden. Damit ließ sich zwar die Ausbreitung des COVID-19-Virus nicht verhindern, wohl aber wurden nationale Schutzmaßnahmen rasch verwirklicht und erst danach die Abstimmung auf EU-Ebene angegangen. In der Pandemie zeigte sich zugleich der Mehrwert einer über die einzelnen Länder greifenden Koordination bei der Wiederherstellung unterbrochener Lieferketten, der Entwicklung von Medikamenten und der Sicherung einer fairen Verteilung.

Der **russische Überfall auf die Ukraine** im Februar 2022 hat ein Bündel weiterer Krisen nach sich gezogen. Unzählige Menschenopfer prägen das Geschehen, das von Verschleppungen, Vertreibungen, Zerstörungen an öffentlicher Infrastruktur und privaten Wohnbauten begleitet ist. Mitte Juli 2023 hatte das UN-Flüchtlingskommissariat (UNHCR) in Europa EU 7,3 Mio. ukrainische Ver-

---

[3] Das UN-Flüchtlingskommissariat (UN High Commissioner for Refugees, UNHCR) unterscheidet streng zwischen *Flüchtlingen*, die ihr Land wegen Verfolgung und Gewalt verlassen haben und nicht mehr zurückkehren können, von *Migranten*, die aus anderen Gründen ihr Land freiwillig (zu Arbeit, Ausbildung, Familienzusammenführung etc.) oder unfreiwillig (wegen Naturkatastrophen, Hunger, extremer Armut) verlassen. Nur Flüchtlingen steht der genau geregelte internationale Schutz nach der Genfer Flüchtlingskonvention aus 1951 mit dem ergänzenden Protokoll aus 1967 zu (siehe auch Box 2). Im Folgenden werden unter „Migranten" manchmal lose auch Flüchtlinge subsumiert, wenn es dadurch nicht zu Missverständnissen kommen kann.

triebene registriert, das reale BIP der Ukraine ist 2022 um fast ein Drittel geschrumpft. Diese Schäden und die vom Westen gegen die russische Führungsschicht erlassenen Sanktionen haben das Wirtschaftswachstum auch in der EU gebremst, hinzu kamen die vom Krieg ausgehende Energiekrise und die folgende Inflation.

Mittel- bis langfristig werden die globalen Wertschöpfungsketten neu zu bewerten und „strategische" Produktionen in der EU zu sichern sein. Zu hoffen ist, dass auf diesem Weg weder eine generelle Ausweitung nationaler Protektionismen in Gang gesetzt wird noch eine (weitere) Unterwanderung von essenziellen Produktionen in Entwicklungsländern erfolgt (z. B. über EU-Subventionen für die hiesige Landwirtschaft, eine entsprechende afrikanische Produktion nicht aufkommen lassen).

Das Gros der bisher genannten Krisen kann als vorübergehendes Phänomen eingestuft werden, am wenigsten wohl das Migrationsproblem, das auch mit dem alles überschattenden **Klimawandel** verbunden ist. Schon seit Jahrzehnten ist bekannt, wie die Erderwärmung fortschreitet, welche Ursachen sie hat und was dagegen unternommen werden muss. Auf globaler Ebene gibt das Pariser Übereinkommen aus 2015, das auch die EU unterzeichnet hat, die Klimaziele für die nächsten Jahre vor. Bei der Erfüllung ist aber die EU genauso im Rückstand wie auch viele Länder in anderen Kontinenten. Die Energiekrise und ihre Kosten wirken kurzfristig als zusätzlicher Hemmschuh, längerfristig wird wohl das Bewusstsein für den Klimaschutz gestärkt.

Die EU ist eine **hybride Staatsform** mit dominierenden Elementen eines Staatenbundes und einigen abgegrenzten Bereichen eines Bundesstaates. Aufgrund eines Urteils des Deutschen Bundesverfassungsgerichts ist die EU auch nach dem Vertrag von Lissabon „*kein Bundesstaat, sondern bleibt ein Verbund souveräner Staaten unter Geltung des Prinzips der begrenzten Einzelermächtigung*" (Bundesverfassungsgericht, 2009). Nicht nur rechtlich, auch politisch konnte der ursprüngliche Ansatz, als vereintes Europa in der Welt nur mit einer Stimme zu sprechen, bisher nicht verwirklicht werden.

Die Bedeutung zentralstaatlicher Elemente in der EU ist über die Zeit nicht konstant geblieben, sie steigt oft in Krisenzeiten wie in der Eurokrise oder im Ukrainekrieg. Ein Gegenbeispiel lieferte die Migrationskrise, in der Nationalismen die Oberhand gewannen bzw. behielten. Auch mittelfristig gibt es eher Weiterentwicklungen auf zwischenstaatlicher Ebene denn auf Gemeinschaftsebene. Für den früheren Präsidenten der Eurozone, Jeroen Dijsselbloem (2018), liegt dies im Wesen der EU, in der die Mitgliedstaaten über Vertragsänderungen sowie über neue Steuern und ihre Verwendung entscheiden. Daher kann auch für Krisenzeiten nicht ohne die Finanzkraft der Mitgliedstaaten und ihre Bereitschaft zur Zusammenarbeit vorgesorgt werden.

Im Verhältnis zur Welt ist Europa zwar wirtschaftlich eine Großmacht, aber politisch nach wie vor zersplittert, sodass in internationalen Gremien (Vereinte Nationen, Internationaler Währungsfonds, Weltbank etc.) oft nur seine größeren Mitgliedstaaten wahrgenommen werden. *„Nach derzeitiger Lage der Dinge ist Europa im Grunde ein Marktakteur, aber kein strategischer Akteur"* (Palacio, 2020). Diese Schwäche nimmt mit dem Brexit - dem Austritt des Vereinigten Königreichs von Großbritannien und Nordirland (UK)[4] aus der EU-noch zu, sie wird aber auch extern von Nationalisten wie dem ehemaligen US-Präsidenten Donald Trump geschürt, der mit dem Wahlkampf-Motto „Amerika zuerst" und seinem Handelsprotektionismus das gedeihliche Zusammenleben der großen Wirtschaftsblöcke in Frage stellte. Seine Aktivitäten zielten unverhohlen auf eine wirtschaftliche und sicherheitsstrategische Schwächung der EU (etwa mit der Aufkündigung des Iran-Deals), wenn nicht auf eine Spaltung der Gemeinschaft (Applaus für den Brexit, Drängen auf bilaterale Abkommen mit EU-Staaten). Der US-Ökonom Jeffrey Sachs (2018) fasste dies plakativ wie folgt zusammen: *„Die Trump-Regierung … ist heute die größte Bedrohung für die internationale Rechtsordnung und damit für den Weltfrieden."* An den Flanken der EU bedient Russland durch militärische Aggression alte Weltmachtfantasien. Die Haltung Chinas zur EU ist zwiespältig, weil dem zunehmenden wirtschaftlichen Einfluss in Europa und Afrika das Interesse gegenübersteht, Europa als Ganzes gegen die USA zu stärken. Eine durch interne Querelen gelähmte EU wird in diesem Umfeld zum Spielball der anderen Weltmächte.

Angesichts der multiplen Krisen, von denen die gesamte Welt betroffen ist, muss sich auch die EU um eine **neue Identität** bemühen. Sie wird sich am ehesten als Resultat aus zwei entgegengerichteten Bewegungen herausbilden: einerseits aus dem Erfordernis, gegen Russlands Imperialismus, irreguläre Migration, Pandemie, Energiekrise und Inflation gemeinschaftlich anzukämpfen; und andererseits aus dem sich ausbreitenden Nationalpopulismus, der seinen Niederschlag in der Regierungspolitik Ungarns und Polens findet, aber auch in anderen EU-Ländern (Frankreich, Italien, Schweden, Slowakei) an Attraktivität gewinnt.

In diesem Buch wird versucht herauszufiltern, welche Faktoren zur Ausformung einer europäischen Identität beitragen und welche sie beeinträchtigen. Als Hintergrund ist dabei von folgenden Konstellationen auszugehen:

(i) Die EU bietet für ihre Bevölkerung im Durchschnitt und im Weltmaßstab ein hervorragendes Lebensniveau – sowohl hinsichtlich der Einkommenslage als auch in Bezug auf Bildungsmöglichkeiten, Gesundheitsversorgung und Umweltstandards.

---

[4] Im weiteren Text wird das übliche englische Kürzel UK für das „United Kingdom of Great Britain and Northern Ireland" verwendet.

(ii) Relativiert wird diese Aussage durch die seit der Jahrhundertwende sichtbare geringere wirtschaftliche Dynamik, zu der manche der rasch aufeinanderfolgenden Krisen beigetragen haben (Eurokrise, Brexit, Coronakrise, Ukrainekrieg, Energiekrise).

(iii) Die Flüchtlings- und Migrationswelle hat eine Zuwanderung in die EU bewirkt, die nicht rückgängig zu machen ist und die jene Staaten unverhältnismäßig stark belastet, die auf den Flüchtlingsrouten liegen. In der Frage der Bewältigung sind daher auf nationaler Ebene unterschiedliche, einander teilweise widersprechende Lösungsansätze verfolgt worden, die die Solidarität in der Gemeinschaft auf eine harte Probe stellen. Für die Vertriebenen aus der Ukraine besteht hingegen uneingeschränkte Hilfsbereitschaft.

(iv) Angesichts der Bevölkerungsexplosion sowie vieler ökologischer und humanitärer Katastrophen in der europäischen Nachbarschaft wird der Zuwanderungsdruck aufrecht bleiben. Alle Versuche, die EU-Grenzen dicht zu machen, werden das Grundproblem nicht lösen.

(v) Die krisenhaften Entwicklungen haben in allen Mitgliedstaaten nationalpopulistische Strömungen begünstigt, die alte Kritiken an der Globalisierung aufgreifen und generell offene Grenzen sowie etablierte politische Systeme für alles Unbill verantwortlich machen. Selbst die von der überwiegenden europäischen Mehrheit gelebte und geschätzte liberale Demokratie muss laufend aktiv erkämpft und geschützt werden.

(vi) Auf globaler Ebene wird sich die EU nicht allein durch ihre wirtschaftliche Stärke behaupten können. Die Ukrainekrise hat ins Bewusstsein gerufen, dass es eigener Anstrengungen bedarf, um in einer multipolaren Welt nicht zum Spielball anderer Weltmächte zu werden. Will Europa eine gleichberechtigte politische Rolle in der Welt beanspruchen, wird es sich durch eine flankierende Verteidigungskomponente absichern müssen.

Haben die mehr als ein halbes Jahrhundert anhaltenden Integrationsbemühungen in Europa eine *kollektive europäische Identität* hervorgebracht? Dafür sprechen die rapide Erweiterung der EU an Mitgliedsländern und die damit verbundenen wirtschaftlichen Vorteile, dagegen die unvermeidliche Zunahme an Heterogenität. Überlagert wurde das Integrationsgeschehen von einer Kaskade an teilweise exogenen Krisen. Bei allen faktenbasierten Vorteilen der europäischen Integration ist diese gerade in Krisenzeiten einem erheblichen Gegenwind ausgesetzt.

Die kontroversen Argumente zur Zukunft Europas werden hier auf Basis wissenschaftlicher Arbeiten und statistisch abgesicherter Fakten diskutiert.[5] Der

---

[5] Der Schwerpunkt der aufgearbeiteten Literatur liegt auf Arbeiten, die im Internet zugänglich sind.

vorliegende Text ist um eine objektive Analyse bemüht, doch wird darin die pro-
nonciert proeuropäische Haltung des Autors – geprägt durch dessen frühere Funktionen als Wirtschaftsforscher sowie als Bediensteter internationaler und öster-
reichischer Behörden – sichtbar. Im Gegensatz zu vielen aktuellen Bewegungen
innerhalb und außerhalb der EU, die ein baldiges Ende der Gemeinschaft herbei-
reden, **geht es hier um die Abwägung von Grenzen und Möglichkeiten einer
Weiterentwicklung der europäischen Integration**. Die größte Herausforderung
auf diesem Weg ist die Bewältigung der ineinander greifenden Krisen der Pandemie, des Ukrainekrieges und des Klimawandels.

Das folgende Kap. 2 analysiert zunächst die ökonomische und politische Ausgangslage der EU zu Beginn des laufenden Jahrhunderts sowie den Anspruch der
EU, wirtschaftliche Rückstände gegenüber den USA rasch auszugleichen. Die Krisen der Finanzmärkte haben dies zwar vereitelt, doch hat die Eurokrise neue Impulse für den Zusammenhalt in der Gemeinschaft geliefert. Kap. 3 behandelt die
Wechselwirkung zwischen langfristigen Globalisierungswellen und Migrationsbewegungen. Dabei spielen Naturereignisse ebenso eine Rolle wie ökonomische und
soziale Veränderungen mit ihren Rückwirkungen auf das jeweilige Gesellschafts-
system. Nach einer gerafften Darstellung historischer Völkerwanderungen in
Europa und in der Welt wird auf die Folgen massiver Wanderungen sowohl für die
Herkunftsländer als auch für die Zielländer eingegangen. Kap. 4 wirft ein kriti-
sches Licht auf die Migrationspolitik in der EU und stellt anhand rezenter
Migrationsströme die Frage, wie man die damit verbundenen Herausforderungen
für den Zusammenhalt der Union bewältigen kann. Es wird dabei ein effektiver
Schutz der EU-Außengrenzen ebenso durchzusetzen sein wie eine Reform des
Schengen-Systems, ergänzt um eine Partnerschaftspolitik mit kooperationswilligen
Herkunfts- und Transitländern. In der Union selbst müssen die eher bescheidenen
Erfolge bei der Integration von Zugewanderten hinterfragt und Verbesserungen an-
gepeilt werden.

Die Ablehnung mancher Mitgliedstaaten der EU, Zuwanderer aufzunehmen
und Flüchtlingen wenigstens den international akkordierten Mindestschutz zu gewähren, führt in Kap. 5 zur Frage, ob und wie weit sich politische Entscheidungen
in der Union auf eine gemeinschaftsweite „europäische Identität" in der Bevölkerung stützen können. In Umfragen und bei Wahlen wird zwar die wirtschaftliche Integration nach wie vor als klarer Vorteil empfunden, doch gewinnen Gegen-
strömungen mit ausgeprägt nationalistischen Tendenzen an Stärke – ein Phänomen, das auch außerhalb Europas Platz greift. Verschiedene Konstruktionsfehler
der EU erschweren das Entstehen einer übergreifenden Europaidee und überlassen
dieses Feld den nationalen und regionalen Identitäten. In Kap. 6 wird auf diese
Polarisierung eingegangen und untersucht, in welchem Ausmaß der Erfolg der Na-

tionalisten den populistischen Methoden zuzuschreiben ist, die ihre Aktionen charakterisieren. Wird sich die einer liberalen Demokratie verschriebene Europaidee in der Auseinandersetzung mit Nationalismus und Populismus bewähren können? Kap. 7 befasst sich mit der Frage, wie sehr populistische Argumente für das Brexit-Votum verantwortlich waren und welche Folgen das Ausscheiden des UK aus der EU für beide Seiten hat. Für die Zukunft der EU ist von Bedeutung, wie sie mit Auffassungsunterschieden in Grundsatzfragen zwischen einer Mehrheit und einigen wenigen Abweichlern umzugehen gedenkt und wie sie auf Austrittsbewegungen reagieren kann und soll.

Kap. 8 widmet sich dem Einfluss der Coronakrise auf die europäische Identität, wie weit sie die Nationalismen verstärkt oder doch einen Zug zu mehr Solidarität gebracht hat. Welche Rolle konnte die EU ohne zentrale Kompetenzen im Gesundheitsbereich bei der Bewältigung der Pandemie spielen? Wurden die wirtschaftlichen und politischen Folgen der Pandemie optimal gelöst? Die mit diesen Fragen zusammenhängenden Auseinandersetzungen über das EU-Budget und die Rechtsstaatlichkeit konnten mit Kompromissen nur temporär entschärft, aber nicht endgültig ausgeräumt werden.

Das Kap. 9 versucht, den jüngsten Aspekt der Identitätsfrage aufzuarbeiten, welche Folgen nämlich die russische Aggression gegen die Ukraine auf die Grenzen Europas, den Zusammenhalt der Europäer, aber auch auf die Weltpolitik insgesamt hat und noch haben wird. Schließlich wird in Kap. 10 der Blick von den meist durch exogene Faktoren ausgelösten und oft nur wenige Jahre anhaltenden Krisen der vergangenen Jahre auf den drohenden Klimawandel erweitert. Er ist weltweit ein systemimmanentes Phänomen und wird auf Jahrzehnte hinaus auch von der EU und ihren Mitgliedstaaten wirkungsvolle Gegenstrategien erfordern. Im zusammenfassenden Kap. 11 werden aber die Chancen für die Europaidee als intakt bewertet. Weniger wahrscheinlich ist hingegen eine schnurgerade Fortschreibung der europäischen Integration bis zum immer wieder anvisierten Endziel einer politischen Union. Vielmehr sind jene Fakten anzuerkennen, die schon bisher ein Europa der verschiedenen Geschwindigkeiten erzeugt haben. Weiteren Erfolg verspricht am ehesten eine pragmatische Linie, die eine differenzierte Integration ermöglicht, auch wenn sie kompliziert zu handhaben ist und viele Graubereiche entstehen lässt. Das Fernziel muss deshalb nicht aus den Augen verloren werden.

Von der Finanzkrise zur Eurokrise

2

„Europe is based on solidarity and openness, anchored in rules and regulations that are compatible with the differences in prosperity and social systems across Europe. "

(Ketels & Porter, 2018)

Zusammenfassung

Mit dem Gesellschaftsmodell der EU wurde zwar das frühere wirtschaftliche Ziel verfehlt, im Einkommensniveau zu den USA aufzuschließen, doch kann die EU für sich beanspruchen, zur „Lifestyle Superpower" (Rachman, 2010) aufgestiegen zu sein. Die Marke „Made in Europe" steht in der Welt für Güter, die hohe technische Standards mit anspruchsvollem Design kombinieren. Die EU hat sich als „Konvergenzmaschine" (Gill & Raiser, 2012) bewährt, die in der Lage ist, ärmere Länder hereinzuholen und sie dann über die Zeit wohlhabender zu machen. Doch ist die euphorische Phase der EU, gekennzeichnet durch die stufenweise Erweiterung der Gemeinschaft, ins Stocken geraten. Die von außen kommende Finanzkrise traf auf innere Schwächen der Union und hielt sie mit den Maßnahmen zur Bewältigung der Eurokrise mehr als ein Jahrzehnt in einem Zustand schwacher wirtschaftlicher und sozialer Dynamik.

2.1   Europas Anteil an der globalen Wertschöpfung sinkt

Ein hilfreicher Ansatz für eine Beurteilung der wirtschaftlichen Position der EU in der Welt sind die Schätzungen von Maddison (2007) über die Wertschöpfung in einzelnen Weltregionen. Seine in Kaufkraftstandards (KKS)[1] ausgedrückten Daten beginnen bei Christi Geburt und führen in großen Sprüngen bis herauf in die Gegenwart. Die ökonomische Entwicklung Europas war in den ersten Jahrhunderten vom römischen Kaiserreich und dessen Ausstrahlung in den Norden des Kontinents geprägt. Nach dem Zusammenbruch des weströmischen Reiches (im Jahr 476) litt der Kontinent noch bis zur Jahrtausendwende an der Unterbrechung technologischer Innovationen und der Auflösung städtischer Kulturen mit ihren weitreichenden Handelsbeziehungen. Mit der kriegerischen Ausbreitung des Islam von Süden her, der Wikinger aus dem Norden sowie der Slawen und Ungarn von Osten erreichte zwar die Wirtschaftsentwicklung einen Tiefpunkt, doch kam es gleichzeitig zu einer vielfältigen kulturellen Befruchtung, zu der auch das versprengte Judentum wesentlich beitrug. In der Folge erlebte Europa eine Diversifizierung seiner wirtschaftlichen Aktivitäten über die Landwirtschaft hinaus, indem Handwerk, Handel und Banken an Bedeutung gewannen. Daraus ist ein selbstbewusstes Bürgertum entstanden, das die etablierten feudalen Herrschaftsformen in Frage stellte und zur Herausbildung von Nationalstaaten beitrug. Die geistige Öffnung ermöglichte neue wissenschaftliche Erkenntnisse, die das traditionelle Weltbild radikal veränderten. Kolumbus hat praktisch gezeigt, welchen Nutzen man aus der (ohnehin schon geläufigen) Erkenntnis ziehen konnte, dass die Erde keine Scheibe ist; seit Kopernikus dreht sich die Sonne nicht mehr um die Erde; mit der Verbreitung des Buchdrucks erhalten mehr Menschen Zugang zu antiken Schriften; und seit Luther kann man auch erfolgreich gegen die Kirche rebellieren. Dieses neue Umfeld stachelte weitere Innovationen an, ermöglichte die Rückbesinnung auf klassische Vorbilder und förderte deren „Renaissance".

Diese Entwicklung Europas wurde immer wieder durch religiös geprägte Fundamentalismen (Gegenreformation), Kriege (Dreißigjähriger Krieg) und Seuchen (Pest) gebremst, setzte sich insgesamt aber bis zum Ende des 19. Jahrhunderts fort, als sie mit dem Aufstieg der USA zur Weltmacht und später durch die beiden Weltkriege beendet wurde.

---

[1] Kaufkraftstandards sind Umrechnungseinheiten, mit denen nationale Werte (z. B. nominelle Einkommen) von den unterschiedlichen Preisniveaus zwischen den Ländern bereinigt und damit vergleichbar werden (Werte in Euro dividiert durch Kaufkraftparitäten ergeben Werte in KKS). Vgl. etwa „Eurostat Statistics Explained" (ISSN 2443-8219).

In Abb. 2.1 lässt sich dies anhand der Anteile Europas am globalen Brutto-inlandsprodukt (BIP) sehr schön ablesen: Die KKS-Anteile sind von etwas mehr als 10 % zur ersten Jahrtausendwende auf fast 38 % zu Beginn des 20. Jahrhundert gestiegen, haben sich aber seither halbiert – auch weil zuletzt die Anteile von China und Indien rapide gestiegen sind. Den Projektionen des Internationalen Währungs-fonds (IWF) zufolge wird sich die Bedeutung Europas und der USA weiterhin zu-gunsten von China (und Indien) merklich verringern, China wird 2027 gemessen in KKS die Spitzenposition erreichen. Vergleicht man allerdings die geschätzten Pro-Kopf-Einkommen in KKS für dieses Jahr, werden die USA (89.546 Dollars) noch meilenweit vor China (29.944 Dollars) liegen.

Um die **Entwicklung der europäischen Integration** zu skizzieren, listet Tab. 2.1 die wichtigsten Integrationsschritte auf. Nach den verheerenden Er-fahrungen mit zwei Weltkriegen setzte sich in Europa der Wunsch nach friedlicher Zusammenarbeit zwischen den traditionell antagonistischen Mächten durch, so-dass zunächst 1949 der Europarat, 1950 die Europäische Zahlungsunion und 1951

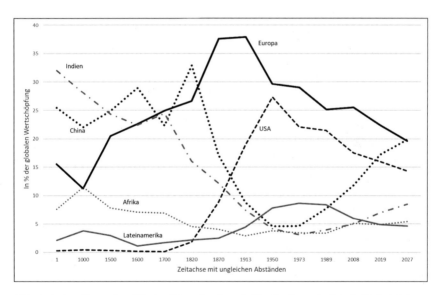

Abb. 2.1 Anteile an der globalen Wertschöpfung in Kaufkraftstandards seit Christi Geburt. (Quelle: Eigene Darstellung mit Daten in Kaufkraftstandards (KKS) aus Maddison (2007) und Projektionen für 2027 auf Basis des Internationalen Währungsfonds (*WEO-Datenbank*). – Anmerkung: Maddison schätzt die reale Wertschöpfung auf Basis von Kaufkraftparitäten in internationalen Dollars von 1990. Europa umfasst die Maddison-Kategorien 30W (West-europa) und 7E (Osteuropa))

Tab. 2.1 Wichtige europäische Integrationsschritte seit dem 2. Weltkrieg

Jahr	Integrationsschritt	Umfang und Wirkung
1944	BENELUX-Zollunion	Belgien, Niederlande, Luxemburg
1949	Europarat	10 (heute 47) Mitgliedstaaten
1950	Europäische Zahlungsunion (EZU) Europäische Menschenrechtskonvention	14 Mitgliedstaaten
1951	Europäische Gemeinschaft für Kohle und Stahl (EGKS)	Belgien, Deutschland, Frankreich, Italien, Luxemburg, Niederlande
1954	Westeuropäische Union (WEU)	Belgien, Deutschland, Frankreich, Italien, Luxemburg, Niederlande, UK
1957	Europäische Wirtschaftsgemeinschaft (EWG) und Europäische Atomgemeinschaft (EURATOM)	Belgien, Deutschland, Frankreich, Italien, Luxemburg, Niederlande
1960	Europäische Freihandelsassoziation (EFTA)	Österreich, Schweiz, Dänemark, Norwegen, Portugal, Schweden, UK
1965	EG: Fusionsvertrag EWG, EGKS, Euratom	
1970	Europäische Politische Zusammenarbeit (EPZ)	Belgien, Deutschland, Frankreich, Italien, Luxemburg, Niederlande
1973	EWG: Erste Erweiterung Freihandelsabkommen EWG-EFTA	Dänemark, Irland, UK
1979	Europäisches Währungssystem (EWS)	Mit Wechselkursmechanismus (WKM) in Kraft
1981	EWG: Zweite Erweiterung	Griechenland
1986	EWG: Dritte Erweiterung Einheitliche Europäische Akte	Spanien, Portugal
1992	Maastricht-Vertrag, Gemeinsamer Markt	WWU konzipiert EG um Justiz und Inneres ergänzt
1994	Europäischer Wirtschaftsraum (EEA)	EU und EFTA (ohne Schweiz)
1995	EG: Vierte Erweiterung	Österreich, Finnland, Schweden
1999	Einführung des Euro, EWS II und WKM II	In Kraft
2004	EG: Fünfte Erweiterung	Cypern, Tschechien, Estland, Ungarn, Litauen, Lettland, Malta, Polen, Slowenien, Slowakei
2007	EG: Sechste Erweiterung EU (Vertrag von Lissabon)	Bulgarien, Rumänien
2013	EU: Siebente Erweiterung	Kroatien

(Fortsetzung)

Tab. 2.1 (Fortsetzung)

Jahr	Integrationsschritt	Umfang und Wirkung
2020	„Brexit"	UK scheidet aus der EU aus
2022	Ukrainekrieg mit Erweiterungsdiskussion	Zu den bereits vorliegenden Beitrittsansuchen (Türkei, Nordmazedonien, Montenegro, Serbien, Albanien, Bosnien-Herzegowina und Kosovo) kommen nun Georgien, Moldawien und die Ukraine hinzu.

Quelle: Eigene Zusammenstellung

die Europäische Gemeinschaft für Kohle und Stahl (EGKS) entstanden. In weiterer Folge wurden dann 1957 die Römischen Verträge unterzeichnet und damit die Europäische Wirtschaftsgemeinschaft (EWG) und die Europäische Atomgemeinschaft (Euratom) gegründet. Ähnlich motiviert war auch die Verwirklichung der Europäischen Wirtschafts- und Währungsunion (WWU): Nach endlosen Diskussionen über die Voraussetzungen für eine Optimale Währungszone (Mundell, 1961)[2] und ehrgeizigen Ansätzen wie dem Werner-Plan aus 1970 schaffte es die Wiedervereinigung Deutschlands, konkrete Schritte zur Einbindung der nun größten Wirtschaftsmacht Europas in ein gemeinschaftliches Währungssystem einzuleiten. Der wichtigste war wohl der Maastricht-Vertrag vom Februar 1992, der nicht nur den Zeitplan für die Verwirklichung der WWU enthielt, sondern darüber hinaus auch das Drei-Säulen-Modell für die Europäische Union erstellte: (i) die Europäische Gemeinschaft (EG) mit EWG und Euratom, (ii) die Gemeinsame Außen- und Sicherheitspolitik (GASP) und (iii) die Polizeiliche und justizielle Zusammenarbeit in Strafsachen (PJZS). Erst mit dem Vertrag von Lissabon (2007, in Kraft 2009) wurden die drei Säulen zur Europäischen Union (EU) verschmolzen.

Tab. 2.2 enthält Daten zum BIP und zur Bevölkerung, und zwar für Meilensteine wie die Gründung der EWG 1957, das allmähliche Entstehen der WWU und die krisenhaften Entwicklungen seit der globalen Finanzkrise von 2008/09. Durch die Erweiterungen hat mit der Zahl der Mitgliedstaaten auch die Bevölkerung der EU kräftig zugenommen, der Austritt des UK aus der EU brachte allerdings einen Rückgang um 15 % auf 447 Mio. Personen. Im Weltmaßstab hat die Wertschöpfung der EU lange Zeit etwas mehr als ein Viertel betragen, sie ist aber seit den 1980er-Jahren infolge des dynamischen Wachstums von China und Indien deutlich

---

[2] Der am 04.04.2021 verstorbene Nobelpreisträger Robert A. Mundell hat stets die Vorzüge von festen Wechselkursen betont und war daher ein Befürworter der Eurozone. Für einen Überblick über die Entwicklung der Theorie der Optimalen Währungszone siehe Mongelli (2002).

Tab. 2.2 Bedeutung der EU im Wandel der Zeit

Jahr	Ereignis	Länderzahl.	Bevölkerung (Mill. Personen) am 1.1. des Jahres	Veränderung der EU-Bevölkerung in % (jeweil. Jahr)	Anteil am Welt-BIP (lfd. USD)
1957	Unterzeichnung der Römer Verträge	6	167	--	
1973	Erste Erweiterung (UK, Irland, Dänemark)	9	257	33,4	27,8
1981	Erweiterung um Griechenland	10	271	3,7	24,8
1986	Erweiterung um Spanien und Portugal	12	322	17,8	24,8
1991	Deutsche Wiedervereinigung	12	346	4,5	28,1
1995	Norderweiterung (Österreich, Finnland, Schweden)	15	373	6,3	26,9
2004	Erste Osterweiterung (10 Länder)	25	456	19,6	26,0
2007	Zweite Osterweiterung (Bulgarien und Rumänien)	27	489	4,8	25,3
2013	Erweiterung um Kroatien	28	501	0,9	19,8
2020	Brexit	27	447	−15,0	17,7

Quelle: Auf Basis von Boltho und Eichengreen (2008), eigene Ergänzungen

zurückgefallen und liegt nach der Abspaltung des UK nun unter 18 %. Seit Beginn der globalen Finanzkrise 2008 ist das EU-BIP nominell gerade einmal um 2½ % pro Jahr gewachsen, preisbereinigt sind es nur 1 %.

2.2   Finanzkrise und kontraproduktive Austerität

Die große **internationale Finanzkrise** von 2007/08 und die folgenden Jahre hatten dramatische Auswirkungen auf die wirtschaftliche Stabilität in der gesamten Welt. Die Krise entsprang einer kreditfinanzierten Immobilienspekulation in den USA. Sie war von einer expansiven Geldpolitik befeuert worden, kam aber mit den

Zinssteigerungen der nachfolgenden Restriktion jäh zum Erliegen. Dahinter standen Fehlentwicklungen auf den Finanzmärkten (mangelnde Sicherheiten bei der Bündelung und Verbriefung von Hypothekarkrediten) und deren Regulierungssystem (prozyklische Bewertungsvorschriften, ungeregelter Markt für Finanzderivate). Die nun erforderlichen Abwertungen in den Bankbilanzen breiteten sich wie eine Schockwelle über die ganze Welt aus. In weiterer Folge gingen zahlreiche Banken pleite oder mussten durch staatliche Hilfe gerettet werden, es entstand ein unheilvoller Nexus zwischen Staat und Banken, der für beide Sektoren verhängnisvoll war.

Die Krise traf viele Länder völlig unvorbereitet, einige von ihnen erlitten einen anhaltenden wirtschaftlichen Einbruch mit sinkendem Realeinkommen und steigender Arbeitslosigkeit. Auch in vielen europäischen Ländern wurden dadurch latente Ungleichgewichte offenbar. Strukturelle Defizite in der Leistungsbilanz und in den öffentlichen Haushalten sowie die Höhe der öffentlichen Verschuldung erwiesen sich vielfach als untragbar, zumindest hinsichtlich des Zugangs zu leistbaren Kapitalmarktfinanzierungen. Um das wirtschaftliche Gleichgewicht und den Marktzugang zu bewahren, griffen Problemländer zu drastischen Sparmaßnahmen. Als unmittelbare Auswirkung ging das Wirtschaftswachstum zurück und die Arbeitslosigkeit stieg weiter.

In der Folge wurde in akademischen und politischen Kreisen über Erfolg und Misserfolg einer als „neoliberal" apostrophierten **Austeritätspolitik** in Krisenzeiten diskutiert. Mit fiskalischen Restriktionen, wie sie traditionell von der deutschen Politik verfolgt wurden, sollten in der EU zwei Ziele erreicht werden: einerseits den Staatseinfluss auf die freie Entwicklung der Märkte zu begrenzen und andererseits ein Bollwerk gegen fiskalische Transfers des europäischen „Nordens" an den weniger kompetitiven „Süden" zu errichten.

Diese Haltung entstammt noch der Frühzeit der europäischen Integration, als in den Kernstaaten der EU weitgehend Vollbeschäftigung herrschte. Nach der Finanzkrise konnte davon keine Rede sein, weshalb auch die budgetäre Austerität neu zu bewerten war. Zu unterscheiden sind dabei Sofortmaßnahmen, die einem von der Krise betroffenen Land die laufende Finanzierung sichern, und Reformen zur langfristigen Stabilisierung des Wirtschaftssystems. Kurzfristig gilt es, das Vertrauen der Finanzmärkte zu bewahren oder wieder zu gewinnen, wobei Folgendes zu beachten ist:

- Ist eine Volkswirtschaft überwiegend von Auslandsfinanzierung abhängig, kann die Politik im Krisenfall das Vertrauen der Finanzmärkte oft nur dann sichern, wenn sie mit sofortigen Sparmaßnahmen reagiert.

- Der damit gewonnene wirtschaftspolitische Spielraum muss aber genützt werden, die Austeritätspolitik möglichst rasch durch andere vertrauensbildende Maßnahmen zu ersetzen, die die nachhaltige Zahlungsfähigkeit des Landes wieder herstellen. Parallel zu gezielter fiskalischer Expansion, mit welcher kurzfristig die private Nachfrage stimuliert wird, müssen Strukturreformen mit glaubwürdigem Zeitpfad eingeleitet und entsprechende Investitionen stimuliert werden.
- In Problemländern hängt die Vertrauensbildung auch davon ab, ob die eigenen Maßnahmen durch internationale Organisationen (IWF) oder europäische Finanzierungs- oder Garantiezusagen (etwa durch den Europäischen Stabilitätsmechanismus, ESM) abgesichert werden können.

Die im ersten Punkt getroffene Unterscheidung zwischen Auslands- und Inlandsfinanzierung des Staates bietet sich an, weil ein Land bei ausschließlicher Inlandsfinanzierung insgesamt keine Nettobelastung erfährt und es allenfalls die Brutto-Finanzströme durch eigene Gesetze regeln kann. Bei *Auslandsfinanzierung* entsteht dagegen eine Abhängigkeit von internationalen Finanzmärkten ebenso wie bei Finanzierung in Fremdwährung. In der EU verfügt kein Land über eine „eigene" Währung, weil der Euro von der unabhängigen Europäischen Zentralbank (EZB) gesteuert wird.

Eine weitere entscheidende Größe für den Erfolg von Maßnahmen zur Krisenbekämpfung ist die Höhe des *Fiskalmultiplikators*, also der Reaktion des Wirtschaftswachstums auf eine expansive oder restriktive Budgetpolitik. Ein Multiplikator von 1 bedeutet etwa, dass eine Ausweitung der Staatsausgaben um 100 Mio. Euro eine Erhöhung des BIP um genau diesen Betrag bewirkt. Werden in einer Wirtschaftskrise staatliche Sparmaßnahmen verordnet, verschärfen diese die Krise umso mehr, je höher der Multiplikator ist. Ein Verzicht oder ein Verschieben von Restriktionen würde dann umgekehrt die Krise entschärfen. Die Höhe der Multiplikatoren hängt von vielen Faktoren ab, empirische Untersuchungen zeigen aber, dass sie in Krisenzeiten regelmäßig deutlich höher sind als in Normalzeiten (Tichy, 2013; Handler, 2013; Blanchard & Leigh, 2013, 2014). Dementsprechend wurden die Auswirkungen fiskalpolitischer Maßnahmen in der Eurokrise eher unterschätzt, in der darauffolgenden Periode bis 2018 dagegen eher überschätzt (Cronin & McQuinn, 2021).

Massive Kriseninterventionen des Staates schlagen sich unweigerlich in einer Steigerung der *Staatsverschuldung* nieder. Wie damit umzugehen ist, lässt sich objektiv nur eingeschränkt beantworten, am ehesten, wenn es um die Abwendung einer unmittelbar bevorstehenden Katastrophe geht. Darüber hinaus hängen die oft sehr unterschiedlichen Antworten von ÖkonomInnen und PolitikerInnen auch von ihren ideologisch geprägten Grundwerten ab. Man kann aber bei Ratschlägen für den Schuldenabbau mit einem Faktencheck versuchen, definitorische Zusammenhänge zu klären und historische Beispiele heranzuziehen – obwohl auch dabei natürlich subjektive Komponenten eine Rolle spielen. So geht etwa Reisen (2021) vor, wenn er (auf Basis der Arbeit von Eichengreen et al., 2019) Beispiele aus dem 19. und 20. Jahrhundert für exogene Schocks heranzieht, die eine Aufblähung der Staatsfinanzen bewirkten und einen schmerzhaften Schuldenabbau nach sich zogen. Wie damals sind die wichtigsten Optionen auch in der Gegenwart das nachhaltige Erzielen von Primärüberschüssen[3] in den Staatsbudgets und anhaltend hohe Wachstumsraten. Manche Staaten konnten sich früher nur über eine Hyperinflation entschulden, das wird heute wegen der unkontrollierbaren Verteilungswirkungen strikt abgelehnt.

Der empirische Befund für die Industriestaaten weist im Durchschnitt der letzten Jahrzehnte positive Wachstumsraten für das nominelle BIP aus. Die *Zins-Wachstums-Relation* ist nach den von Escolano (2010) präsentierten Daten in den 1990er- und 2000er-Jahren in vielen Ländern positiv gewesen. In den Krisenphasen des letzten Jahrzehnts hat sich das Bild insofern gewandelt, als selbst bei schwachem Wirtschaftswachstum die Verzinsung von neu emittierten Staatsanleihen oft unter der Wachstumsrate lag. Für die Zinslast der gesamten aushaftenden Staatsschuld gilt dies allerdings (noch) nicht, doch argumentiert der ehemalige Chefökonom des IWF, Olivier Blanchard (2019), für die USA, dass dort längerfristig mit einem negativen Zins-Wachstums-Differenzial zu rechnen sei. Das hilft der Politik – allenfalls auch in der EU – die coronabedingte zusätzliche Schuldenlast allmählich zu verringern, ohne vorschnell über Steuererhöhungen nachdenken oder auf steigende Inflationsraten hoffen zu müssen.

Die Austeritätspolitik hat zu einer post-keynesianischen Gegenbewegung geführt, die in der „**Modern Monetary Theory**" (MMT) ihren akademischen und politischen Niederschlag fand. Ihre Vertreter gehen von einer geschlossenen Volkswirtschaft aus, die nur Inlandsfinanzierung kennt bzw. zulässt. In diesem System steht einer simplen bilanztechnischen Überlegung zufolge ein Schuldenaufbau im staatlichen Sektor ein gleichwertiger Vermögensaufbau im privaten Sektor gegenüber. Solange die Privaten bereit sind, inländische Staatstitel zu halten, gibt es kei-

---

[3] Beim Primärsaldo werden nur jene Staatsausgaben von den Staatseinnahmen abgezogen, mit welchen Kernaufgaben des Staates finanziert werden. Unberücksichtigt bleiben etwa die Zinsausgaben für die vergangene Schuldenfinanzierung. Zum Zusammenhang zwischen Budgetdefizit, Staatsverschuldung, Zinsniveau und Wachstumsrate siehe etwa Di Serio et al. (2021).

nen Grund, die Staatsverschuldung als Problem zu sehen. Das gilt umso mehr, wenn das Zinsniveau nahe bei null ist. Aber selbst bei höheren Zinssätzen besteht in diesem Modell kein Anlass zur Sorge, weil sich ja die öffentliche Hand jederzeit über ihre Zentralbank finanzieren kann – jedenfalls solange der Staat über eine eigene Währung verfügt. Dann vereinigen sich die Funktionen von Geldpolitik und Fiskalpolitik in einer Hand. In einer wirtschaftlichen Depression sind solche Finanzierungen nicht inflationssteigernd, sie helfen aber, eine Unterauslastung physischer Kapazitäten zu beseitigen.

Die MMT hat in den USA wortgewaltige Unterstützer auf der politischen Ebene erhalten, etwa durch den demokratischen Senator Bernie Sanders, der von einer akademischen Verfechterin der MMT, Stephanie Kelton (2020), beraten wird. Dass dieses Modell sowohl politisch als auch wissenschaftlich beachtet wird, zeigen die vielen internationalen Kritiken, die James Macintosh im Wall Street Journal vom 2. April 2019 etwas plakativ wie folgt zusammenfasste: *„Just as the Holy Roman Empire was neither holy, nor Roman, nor an empire, MMT is neither modern, nor mostly about money, nor a theory."* Der MMT wird aber zugestanden, in Perioden mit hoher Arbeitslosigkeit zur rhetorischen Untermauerung einer expansiven Fiskalpolitik beizutragen (Palley, 2013).

In der Eurozone ist die MMT schon deshalb nicht anwendbar, als der Euro für jedes Land eine „Fremdwährung" darstellt, deren Umlauf und Kurs nur von der unabhängigen EZB bestimmt wird. Geldpolitik und Fiskalpolitik sind stets in getrennten Händen. Die fiskalischen Behörden müssen sich daher auch um die längerfristige Entwicklung der Staatsschuldenquote kümmern und darauf achten, dass diese nicht ausufert. In einer Rezession wird das gerne verdrängt, solange nicht nur das Wirtschaftswachstum, sondern auch das Zinsniveau nahe bei null liegen. Virulent wird diese Frage aber, wenn das reale Zinsniveau deutlich über dem realen Wirtschaftswachstum zu liegen kommt und die Staatsschulden in „Fremdwährung" zu bedienen sind. Dann müsste wohl auch über eine zusätzliche Steuerfinanzierung nachgedacht werden.

2.3   Misslungene Aufholjagd zu den USA

Die seit Jahrzehnten sinkenden Wertschöpfungsanteile der EU im Weltmaßstab spiegeln nicht nur das rasche Wachstum der aufstrebenden Subkontinente China und Indien, sie sind auch das Ergebnis der strukturellen Probleme in der EU selbst. Hier dominieren die Mitgliedstaaten in Fragen der Wirtschaftspolitik, wogegen der EU-Ebene weitgehend nur eine koordinierende Funktion zukommt. Der Vertrag über die Arbeitsweise der Europäischen Union (AEUV)[4] bestimmt in seinem Artikel 121: *„Die Mitgliedstaaten betrachten ihre Wirtschaftspolitik als eine Angelegenheit von gemeinsamem Interesse und koordinieren sie im Rat"*. Die damit verbundenen Probleme haben zu Beginn des Jahrhunderts zu einem Aufbruch geführt, der die EU mit ihrer **Lissabon-Strategie** bis 2010 zum *„wettbewerbsfähigsten und dynamischsten wissensbasierten Wirtschaftsraum der Welt"* führen sollte. Die Ergebnisse waren in keinem der Schwerpunkte Bildung, Forschung und Binnenmarkt berauschend – nicht nur wegen der mittlerweile erfolgten Osterweiterung der EU und der internationalen Finanzkrise, es mangelte wohl auch an wenig ausgeprägter Solidarität unter den Mitgliedstaaten für die proklamierten Ziele. Von der angestrebten Annäherung an die USA konnte keine Rede sein.

Um dem entstandenen Manko zu begegnen, erfolgte 2010 ein neuer Anlauf mit der **Europa-2020-Strategie**. Mit ihr sollte bis 2020 ein *„intelligentes, nachhaltiges und integratives Wachstum"* erzielt werden, das anhand der Entwicklung von Indikatoren in den Bereichen Beschäftigung, Forschung und Entwicklung, Klimawandel und Energie, Bildung sowie Armut und soziale Ausgrenzung zu beurteilen war. Ziel war es, mittelfristig die wirtschaftliche Stabilität zu sichern, die Wettbewerbsfähigkeit zu verbessern und durch nationale Maßnahmen einen höheren Grad an Wachstum und Konvergenz zu erreichen. Als neues Verfahren zur Koordinierung der nationalen Wirtschaftspolitiken wurde das *„Europäische Semester"* eingeführt, das im Jahresverlauf den Austausch von Informationen zwischen Europäischer Kommission (EK) und Mitgliedstaaten sicherstellen sollte. Dennoch ist auch die Europa-2020-Strategie nur teilweise umgesetzt worden, die Aufeinanderfolge von Krisen lenkte die politische Aufmerksamkeit von langfristigen Zielen auf kurzfristige Rettungsmaßnahmen.

Einem Vergleich mit den USA hält das Ergebnis wiederum nicht stand und wirft die Frage auf, warum die EU ihre Ziele weder im ersten noch im zweiten Jahrzehnt dieses Jahrhunderts erreichen konnte. Haben die mehrfachen Krisen die EU stärker getroffen als die USA und warum? Liegt es an Unterschieden in der Wirtschaftsstruktur oder an ihrer Handhabung durch die Wirtschaftspolitik? Oder waren die Ziele einfach unrealistisch ambitioniert? Ein langfristiger Vergleich der realen Pro-Kopf-Einkommen (zu Kaufkraftparitäten) in der EU und in den USA zeigt, dass

---

[4] Der „Vertrag über die Arbeitsweise der Europäischen Union" (AEUV) ist 2007 durch den Vertrag von Lissabon aus dem ursprünglichen „Vertrag zur Gründung der Europäischen Gemeinschaft" (EGV) hervorgegangen. Gemeinsam mit dem „Vertrag über die Europäische Union" (EUV), der am 7. Februar 1992 in Maastricht unterzeichnet wurde („Maastricht-Vertrag") und am 1. November 1993 in Kraft trat, bildet er seit dem Vertrag von Lissabon die Verfassungsgrundlage der EU.

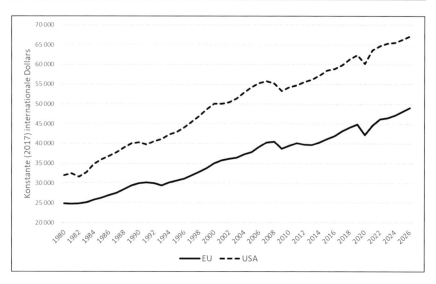

Abb. 2.2 Reales BIP pro Kopf, Kaufkraftparitäten in internationalen Dollars. (Daten: IWF, April 2023 (https://www.imf.org/en/Publications/WEO/weo-database/2023/April))

die USA schon in den 1980er-Jahren deutlich vor dem Durchschnitt der EU-Länder lag und die Schere seither noch weiter auseinanderklafft (Abb. 2.2).

Das Nichterreichen angestrebter Ziele war in der EU nicht auf die Lissabon-Strategie und die Europe-2020-Strategie beschränkt. Gehler (2020) weist beispielsweise darauf hin, dass (i) der 1957/58 proklamierte Gemeinsame Markt erst 1993 verwirklicht wurde, (ii) der 2005 gescheiterte Verfassungsvertrag keine echte Verfassung repräsentierte und (iii) man bis heute nicht von einer vollen Wirtschafts- und Währungsunion sprechen könne.

In der ökonomischen Literatur ist wiederholt nach den langfristigen Gründen für die **Einkommenslücke der EU gegenüber den USA** geforscht worden. Breuss (2017) nennt die vielfachen amerikanischen Erfahrungen mit der Bekämpfung von Wirtschaftskrisen und die dafür erforderlichen Institutionen, die insbesondere der „jungen" Eurozone fehlen. Deren Mitgliedstaaten weisen völlig uneinheitliche Strukturen und Politiken auf, die sich nur schwer koordinieren lassen. Das Fehlen einer „eigenen" Währung nimmt den nationalen Politiken einen Freiheitsgrad und unterstreicht die Heterogenität der WWU. Die schon lange geplanten übergreifenden Einrichtungen im Finanzsektor (Bankenunion, Kapitalmarktunion) und im sozialen Bereich (einheitliche Arbeitslosenversicherung, gemeinsames Pensionsrecht) sind auf dem Papier geblieben und wurden von der COVID-19-Pandemie und dem Ukrainekrieg weiter in den Hintergrund gedrängt.

Das langfristige Nachhinken Europas hinter den USA lässt sich auch mit Unterschieden bei den Produktionsfaktoren erklären. In der EU wird vergleichsweise weniger lang gearbeitet, relativ weniger geforscht und weniger investiert. Die Europäer lassen sich zudem für ihr ausgefeiltes Sozialsystem bewundern, US-Amerikaner setzen dagegen auf hohe Einmalzahlungen, die den Wechsel begünstigen; wo Europäer oft Probleme sehen, wittern US-Amerikaner Chancen.

Für den Gouverneur der französischen Zentralbank, François Villeroy de Galhau (2021) erklärt sich die wirtschaftliche Lücke zwischen EU und USA nicht aus den unterschiedlichen Sozialmodellen und auch nicht aus verschiedenen Zugängen zur laufenden Wirtschaftspolitik, sondern vielmehr aus der europäischen *Innovationslücke*. Um diese zu füllen, wäre über vermehrte Bildungsanstrengungen ein Ausgleich der unterschiedlichen Qualifikationsstrukturen zwischen europäischem Süden (hier dominieren Niedrig-Qualifizierte) und Norden (mit mehr Höher-Qualifizierten) einzuleiten. Die Größe des Binnenmarktes müsste besser genützt und das EU-Verständnis von Wettbewerbsbeschränkungen an die Gegebenheiten in der Weltwirtschaft angepasst werden. Eine *„strategische" Wettbewerbspolitik* müsse das Bündeln von europäischen Stärken zulassen und die Marktpenetration durch ausländische Interessen kontrollieren.[5] Neue Aktualität erfährt dieses Konzept, seit durch die Coronakrise und den Ukrainekrieg viele globale Lieferketten gerissen sind.

Razin und Sadka (2021) führen die Unterschiede in der wirtschaftlichen Dynamik der EU und der USA, beides Wirtschaftsunionen mit einheitlichem Binnenmarkt, auf unterschiedliche föderale Verfassungs- und Verwaltungsstrukturen zurück. Der **Föderalismus** ist in den USA weitgehend wie in einem Bundesstaat organisiert, die EU hingegen kommt in vielen Bereichen nicht über einen Staatenbund hinaus. In den USA sind Sicherheits-, Migrations- und Finanzpolitik zentrale Bundeskompetenzen, in der EU liegen diese Bereiche in der Souveränität der Mitgliedstaaten. Die EU verfügt daher eher über ein „*policy competition regime*", die USA eher über ein „*policy coordination regime*". Zwischen den US-Bundesstaaten bestehen keinen wesentlichen wirtschaftlichen Grenzen, in der EU spielen objektive Unterschiede in den Sozialsystemen und subjektive Machtinteressen der nationalen PolitikerInnen eine erheblich abgrenzende Rolle. Head und Mayer (2021) untermauern dies empirisch, indem sie die Streuung der realen Pro-Kopf-Einkommen zwischen den einzelnen EU-Ländern mit jener zwischen den US-Bundesstaaten vergleichen. Ähnlich niedrig wie in den USA ist die Streuung (gemessen an

---

[5] Schon davor sind auch die Regeln für die öffentliche Vergabe „strategisch" ausgerichtet worden (vgl. Handler, 2015).

der Standardabweichung) nur unter den sechs Gründerstaaten der EU, für die gesamte EU27 beträgt sie etwa das Dreifache.

Hat es zwischen USA und EU entscheidende Unterschiede in der **laufenden Wirtschaftspolitik** gegeben? Um die Wirtschaft in der Krise kurzfristig zu stimulieren, lässt sich die *Fiskalpolitik* in den USA viel massiver einsetzen als in der EU, die auf Gemeinschaftsebene nur koordinierend auf die nationalen Fiskalpolitiken einwirken kann. Tatsächlich wurden in der Periode von 2008 bis 2010 in den USA höhere konjunkturbereinigte Primärdefizite zugelassen und von 2011 bis 2013 höhere Überschüsse erzielt. Breuss (2017) zeigt darüber hinaus, dass sowohl in der Fiskalpolitik als auch in der Geldpolitik der Multiplikatoreffekt – also die Reaktion der Wirtschaft auf stabilisierungspolitische Maßnahmen – in den USA stärker ist als in der EU. Das liegt sowohl an der geringeren Abhängigkeit der USA von Exporten und Importen als auch an der engeren Binnenverflechtung. Walterskirchen (2013) sieht einen Grund für die relativ ungünstige Entwicklung der EU nach der Eurokrise im frühen Ende der expansiven Budgetpolitik, noch ehe die Krise endgültig überwunden war.

In der *Geldpolitik* agiert die US-Notenbank (Federal Reserve System, FED) damals wie heute rascher und deutlich aggressiver als die EZB (Abb. 2.3). Dies ist wohl auch eine Folge der unterschiedlichen Zielsetzungen: Als ab Mitte der

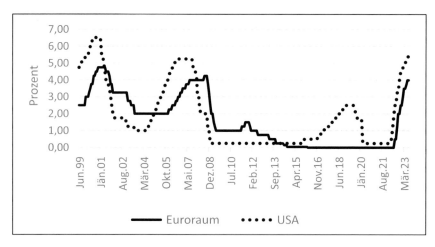

Abb. 2.3 Vergleich der Leitzinssätze Euroraum – USA. (Datenquelle: Oesterreichische Nationalbank, *Leitzinssätze* (abgerufen am 04.10.2023). – Für den Euroraum: Zinssatz für das Hauptrefinanzierungsgeschäft; für die USA: Federal Funds Rate)

2000er-Jahre die internationalen Rohölpreise stiegen und in der Folge auch die Verbraucherpreise zulegten, erhöhten FED und EZB ihre Leitzinssätze, die EZB aber schon damals mit Verzögerung. Unter Rücksicht auf die Beschäftigungslage und die zunehmenden Unsicherheiten auf den Finanzmärkten drehte die FED 2007 ihre Zinspolitik. Die nur der Inflationsstabilisierung verpflichtete EZB erhöhte ihre Zinssätze zunächst noch weiter und schwenkte erst nach der Pleite der Lehman-Bank im Herbst 2008 um, wenn auch nicht so drastisch wie die FED (siehe auch Abschn. 11.1).

Zur Bewältigung der Finanzkrise wie auch der Eurokrise lagen die Leitzinssätze in beiden Währungsräumen mehrere Jahre nahe bei null, für eine weitergehende expansive Politik mussten sich die Währungsbehörden „unkonventioneller Maßnahmen" in Form einer Veränderung ihrer Bilanzsummen über Wertpapiergeschäfte bedienen. Bis zum Beginn der COVID-19-Krise hatten sich die beiden Bilanzsummen jeweils auf etwa das Vierfache des Ausgangsniveaus von 2007 erhöht (Abb. 2.4). Auf die Pandemie reagierten beide Zentralbanken unmittelbar mit enormer Expansion, um das Finanzsystem mit Liquidität zu fluten und ein Zusammenbrechen von Produktion und Nachfrage zu verhindern (siehe dazu Abschn. 8.3). Nach Beginn des Ukrainekrieges im Februar 2022 und

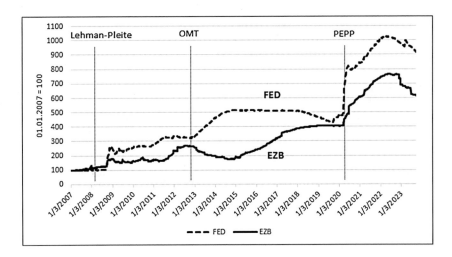

Abb. 2.4 Entwicklung der Bilanzsummen von EZB und FED seit 2007. (Daten: Federal Reserve Bank of St. Louis, FRED Economic Data, abgerufen am 07.10.2023. – Anmerkungen: OMT=Outright Monetary Transactions; PEPP=Pandemic Emergency Purchase Programme)

der darauf folgenden Inflation der Rohstoffpreise standen die Zentralbanken vor dem Dilemma, ihrer Aufgabe der Preisstabilisierung in einer Weise nachzukommen, die ein Abgleiten der Wirtschaften in die Depression vermeidet. Im Laufe des Jahres 2022 wurde die monetäre Politik allmählich restriktiver: die Leitzinssätze wurden angehoben und die Aufblähung der Zentralbankbilanzen gestoppt.

Wie schon die Abb. 2.2 gezeigt hat, wird sich das **reale BIP pro Kopf**, gemessen in Kaufkraftparitäten, zwischen dem Beginn der globalen Finanzkrise (Basisjahr 2007) und 2023 in den USA um 18,4 %, in der EU hingegen um 12,7 % erhöht haben. Die EU hat also schon in den ersten beiden Jahrzehnten des laufenden Jahrhunderts ihre Aufholziele nicht erreicht, sie fiel auch in der Pandemie zurück und wird nun durch den Ukrainekrieg zusätzlich belastet. **Erweitert man allerdings die wirtschaftspolitische Zielfunktion über das Pro-Kopf-Wachstum hinaus auf die gesamte Wohlfahrt einschließlich der Klimaziele, dann ist die EU auch von den USA nicht zu schlagen.**

2.4   Schwankender Boden für die Eurozone

Die Eurozone ist zuweilen als Fehlkonstruktion bezeichnet worden (z. B. Feldstein, 1997), manche gehen so weit, die EU insgesamt als misslungenes Integrationsgebilde einzustufen. Solche Wertungen sind nicht völlig aus der Luft gegriffen, wenn man sich die Schwierigkeiten bei der Bewältigung der mehrfachen Krisen vor Augen hält. Bedenkt man allerdings die unbestreitbaren Erfolge der europäischen Integration, muss man sich besser der Frage widmen, wie die vorhandenen Unzulänglichkeiten auszumerzen sind. **Denn selbst kritische Beobachter bewerten die EU heute als einmaliges Projekt**, das nicht nur wirtschaftlich gelungen ist, sondern auch als Friedens- und Demokratietreiber unverzichtbar war und ist (so z. B. Boltho & Eichengreen, 2008).

Im Maastricht-Vertrag von 1992 wurde der Rahmen für die fiskalischen und monetären **Maastricht-Kriterien** festgelegt, mit welchen in der WWU „*ein hoher Grad an dauerhafter Konvergenz erreicht*" werden soll. Art. 140 AEUV und das dazugehörige Protokoll Nr. 13 sehen vor, dass vor dem Eintritt in die WWU

- ein hoher Grad an Preisstabilität (gemessen an den Inflationsraten der preisstabilsten Mitgliedstaaten) herrscht,
- keine übermäßigen Defizite in den öffentlichen Haushalten (gemäß Artikel 126 AEUV) bestehen,

- die normalen Bandbreiten im EWS zwei Jahre lang nicht überschritten werden und
- Stabilität des nominellen Zinsniveau gewährleistet ist (wiederum gemessen an den preisstabilsten Mitgliedstaaten).

Der **Stabilitäts- und Wachstumspakt** (SWP), der 1997 in den Vertrag von Amsterdam aufgenommen wurde, hat präzisiert, dass das Haushaltskriterium nicht nur beim Eintritt in die WWU, sondern fortwährend und für alle EU-Länder gilt. Im Protokoll Nr. 12 über das Verfahren bei einem übermäßigen Defizit sind die Obergrenzen für das laufende Budgetdefizit (3 % des BIP) und den öffentlichen Schuldenstand (60 % des BIP) festgelegt.

> „Bei diesen Prozentsätzen handelt es sich um politische Festlegungen ohne theoretische Basis. Den Hintergrund bildete die pragmatische Überlegung, dass der damalige europäische Schuldenstand von etwa 60 % des BIP gehalten werden kann, wenn bei einem (damals) erwartbaren nominellen Wirtschaftswachstum von 5 % pro Jahr das Defizit 3 % des BIP nicht überschreitet (Schubert, 2013).“

Der SWP bildet den Grundstein für eine potenzielle Weiterentwicklung der EU zu einer *Fiskalunion*, die allerdings bisher nicht zustande gekommen ist und derzeit kaum Chancen auf Verwirklichung hat. Der SWP wurde bereits 2005 reformiert, nachdem er sich in Verfahren gegen Deutschland und Frankreich wegen Verletzung des Defizitkriteriums als wenig wirksam erwiesen hatte. Seiner Tendenz, prozyklische Politiken zu generieren, wurde durch die Umstellung auf konjunkturbereinigte „strukturelle" Defizite mit mittelfristigen Budgetzielen entgegengewirkt. Im Zuge der Eurokrise wurde der SWP weiter reformiert und bildete dann das Rückgrat für die Austeritätspolitik gegenüber den hoch verschuldeten Mitgliedsländern. Das Resultat der vielen Reformen bezeichnen Bilbiie et al. (2020) als verstörend kompliziert mit unzähligen Ausnahmeregeln, die den SWP zu einem zahnlosen Instrument verkommen ließen. Dies hat auch zum Vorschlag geführt, die komplizierten Regeln durch einfache, aber durchsetzbare fiskalische Standards zu ersetzen (Blanchard et al., 2020). Die Coronakrise erzwang dann im März 2020 das temporäre Aussetzen des SWP, das wegen des Ukrainekrieges bis Ende 2023 verlängert wurde. Nach mehreren Anläufen legte die EK im April 2023 den Entwurf für eine neuerliche Reform des Paktes vor, mit welcher den Mitgliedstaaten je nach ihrer „Schuldentragungsfähigkeit" mehr Zeit für die Rückführung ihrer Verschuldensquoten eingeräumt werden soll.

Im März 2011 hat der Europäische Rat mit dem zwischenstaatlichen „*Euro-Plus-Pakt*" für Euroländer (aber offen für andere EU-Unterzeichner) einen Mechanismus zur Stärkung der Wettbewerbsfähigkeit geschaffen. Gros und Alcidi

(2011) kritisieren daran einerseits die Fokussierung auf Krisensymptome statt auf dahinter liegende Ursachen und andererseits die Auswahl von Indikatoren und Maßnahmen aus Sicht der Gläubigerländer ohne Rücksicht auf die Bedürfnisse der Schuldnerländer. Noch im selben Jahr fügte der *„Six-Pack"* (fünf Verordnungen und eine Richtlinie vom Dezember 2011) das Verfahren bei makroökonomischen Ungleichgewichten (Macroeconomic Imbalance Procedure, MIP) hinzu, das im Rahmen des Europäischen Semesters abgewickelt wird und dessen Faktenbasis einem Scoreboard entstammt. Wird ein Ungleichgewicht festgestellt, erhält das betroffene Land im Rahmen des „präventiven Arms" Empfehlungen zu seiner Beseitigung. Bei übermäßigem Ungleichgewicht kommt der „korrektive Arm" zur Anwendung, der in einem „Excessive Imbalance Procedure" (EIP) mit Sanktionen enden kann. Der flankierende *Fiskalpakt* (Januar 2013) verlangte nationale Schuldenbremsen und mit dem *„Two-Pack"* (zwei Verordnungen vom Mai 2013) wurden weitere Verschärfungen für den Euroraum festgelegt. Für den Fall einer Bedrohung der wirtschaftlichen Stabilität kann die EK ein Verfahren bei einem übermäßigen Defizit (Excessive Deficit Procedure, EDP) gemäß Artikel 126 AEUV auslösen und korrektive Maßnahmen verlangen.

Die Eurozone stand von vornherein auf schwankendem Boden. Erstens schafften es bei weitem nicht alle EU-Länder, die für den Eintritt erforderlichen Maastricht-Kriterien zu erfüllen. Zweitens verweigerten einige Mitgliedstaaten die im Vertrag vorgesehene Teilnahme, was zu Sonderregelungen für Dänemark und das UK führte. Bei Schweden sieht man geduldig darüber hinweg, dass es nicht alle Voraussetzungen beibringen will (keine Teilnahme am Wechselkursmechanismus II), weil bei der dann erforderlichen Volksabstimmung ein positives Votum nicht gesichert wäre.

Drittens waren auch die übrigen Staaten in ihren Wirtschaftsstrukturen und -politiken so heterogen, dass man nicht mit einem reibungslosen Zusammenwachsen zur Währungsunion rechnen konnte. Für Tichy (2020b) sind manche der sehr unterschiedlichen ökonomischen Modelle auf nationaler Ebene nicht kompatibel mit einer vertieften Integration und deren Erfordernis vermehrter wirtschafts- und sozialpolitischer Entscheidungen auf EU-Ebene. Besonders offensichtlich wird dies in der Zweiteilung der EU in Mitglieder, die auf exportgetriebenes Wachstum mit zurückhaltender Lohnpolitik setzen (z. B. Deutschland), und jene, in denen konsumgetriebenes Wachstum (z. B. Italien) im Vordergrund steht. Um die Verwirklichung der Eurozone dennoch zu rechtfertigen, wurde die Theorie der Optimalen Währungszone um das *Modell einer endogenen Währungszone* erweitert (Frankel & Rose, 1997, 1998): Auch ohne Vorliegen der Voraussetzungen für eine Optimale Währungszone ex ante kann man davon ausgehen, dass sich diese Voraussetzungen unter dem Druck der Mitgliedschaft ex post einstellen werden. Die Eurokrise und die Verschuldenskrisen in einzelnen Euroländern (insbesondere Irland, Portugal, Spanien und Griechenland) haben klargestellt, dass diese Erwartungen gar nicht oder nur bruchstückhaft eintreten. Es war in diesen Ländern ökonomisch und politisch nicht möglich, die nun fehlende Möglichkeit einer Währungsabwertung durch eine „interne Abwertung" zu ersetzen, also die internationale Wettbewerbsfähigkeit über Preis- und Lohnflexibilität zu wahren.

Und viertens schließlich agierten selbst die Initiatoren der WWU, also insbesondere Deutschland und Frankreich, nicht als Vorbilder: Beide Länder verletzten die fiskalischen Maastricht-Kriterien bereits wenige Jahre nach Inkrafttreten der dritten Stufe der WWU im Jahr 1999: Als Folge einer europaweiten Wirtschaftsflaute konnten Deutschland ab 2001 und Frankreich ab 2002 die 3 %-Grenze beim Budgetdefizit nicht mehr einhalten. Die von der EK eingeleiteten Defizitverfahren setzte der Rat der Finanzminister im November 2003 zunächst aus, doch kippte der Europäische Gerichtshof (EuGH) dieses Votum im Juli 2004. In der Folge blieben Frankreich 2005 und Deutschland 2006 wieder unter der 3 %-Schwelle. Im Zuge der internationalen Finanzkrise schlitterten dann viele Länder ab 2008 in hohe öffentliche Haushaltsdefizite, allen voran Griechenland mit bis zu 15,2 % des BIP im Jahr 2009.

Unter diesen Voraussetzungen war es schwierig, alle Erwartungen, die in eine Währungszone gesetzt worden waren, zu erfüllen. Insbesondere erwies sich ein Aufholen zum Einkommensniveau der USA als illusorisch. Andererseits ist es erstaunlich, dass der Euroraum die bisherigen Krisen ohne größere Blessuren überstanden hat. Selbst seine weitere Vervollständigung durch eine Banken- und Kapitalmarktunion ist allmählich auf dem Weg.

In dieser Phase gab es mehrere Versuche aus **Ökonomenkreisen**, Vorschläge zur Stabilisierung der Eurozone an die Politik heranzutragen. Eine gewisse Publizität erlangten 2013/14 die deutsche Glienicker-Gruppe und die französische Eiffel-Gruppe (Bénassy-Quéré & Vallee, 2014), die weitere Schritte zu einer demokratisch legitimierten politischen Union forderten, um die Eurozone nachhaltig zu stabilisieren. So müsse die Eurozone von einer politisch verantwortlichen Regierung (statt von einer technokratischen EK) geführt werden, die vom EP bestellt und kontrolliert werde. Ein eigenes (kleines) Budget würde für einen „kontrollierten Transfermechanismus" zur Verfügung stehen (etwa für ein einheitliches Arbeitslosenversicherungssystem), ohne deshalb zu einer vollen Transferunion auszuufern. Dies würde das Subsidiaritätsprinzip nicht schwächen, sondern im Gegenteil eine klare Abgrenzung der Zuständigkeiten mit sich bringen.

Von politischer Seite gab es den Vorstoß der „Future of Europe Group", in der sich 2012 die Außenminister von elf Mitgliedstaaten, darunter Deutschland und Österreich, auf einen gemeinsamen Bericht einigten. Dort wurde bereits über eine

Reform der EU-Institutionen nachgedacht, wonach ein direkt gewählter Kommissionspräsident seine Regierung ernennen würde, die einem Parlament mit zwei Kammern verantwortlich wäre. Manche Stimmen gingen noch einen Schritt weiter und forderten die Weiterentwicklung der WWU zu einer umfassenden Fiskalunion – etwa die ALDE-Fraktion im EP (Duff, 2013). Dort wurde überlegt, die früheren Versuche zu einer grundsätzlichen Reform und Vereinfachung der EU-Verträge wieder aufzunehmen.[6]

In seiner Rede zur Lage der Union im September 2017 betonte der damalige Kommissionspräsident Jean-Claude Juncker (2017) die **grundlegenden Werte der EU** als (i) eine Union der Freiheit von Unterdrückung und Diktatur; (ii) eine Union der Gleichberechtigung und der Gleichberechtigten, in der es keine Mitglieder und Personen zweiter Klasse geben kann; und (iii) eine Union der Rechtsstaatlichkeit, in der *„die Stärke des Rechts an die Stelle des Rechts des Stärkeren"* tritt.

Juncker setzte sich massiv dafür ein, **die WWU handlungsfähiger zu machen**. Er forderte die Schaffung eines Europäischen Wirtschafts- und Finanzministers und die Überleitung des Europäischen Stabilitätsmechanismus in einen Europäischen Währungsfonds. Der Euro müsse zu einer einheitlichen Währung für die EU als Ganzes werden: *„Wenn wir wollen, dass der Euro unseren Kontinent mehr eint als spaltet, dann sollte er mehr sein als die Währung einiger ausgewählter Länder."* Viel Kritik vor allem aus dem Europäischen Parlament löste sein Vorschlag aus, die Funktion des Kommissionspräsidenten mit jener des Ratspräsidenten zusammenzulegen. Denn was der Effizienz auf EU-Ebene dienen sollte, ist in einem modernen demokratischen System kaum mit dem Prinzip der Gewaltenteilung vereinbar.

Für die weitere Reformdiskussion in der EU siehe *Abschn. 5.2.*

„Der **Beitrag des neutralen Österreich zur Integrationsdebatte** in der EU hat sich nicht linear entwickelt. Vor dem Beitritt 1995 und in der ersten Phase der Mitgliedschaft dominierten wirtschaftliche Argumente gepaart mit der Sorge, keine Einschränkungen des Neutralitätsstatus zuzulassen. In den ersten Jahren der Mitgliedschaft hat sich das politische Österreich zunächst einmal mit den Institutionen der EU vertraut gemacht. Die erste EU-Präsidentschaft Österreichs 1998 wurde genützt, bestehende Vorarbeiten für einen Pakt zur Beschäftigungspolitik voranzutreiben, der als

---

[6] Der im Oktober 2004 unterzeichnete EU-Verfassungsentwurf kam wegen der negativen Referenden von 2005 in Frankreich und den Niederlanden nicht zustande, wichtige Elemente wurden aber schließlich 2007 in den Vertrag von Lissabon übernommen (in Kraft seit 01.12.2009).

keynesianisch orientierte Ergänzung zu den neoklassisch geprägten Elementen der Euro-Einführung gedacht war. Umgesetzt wurde dieses Projekt, das die Sozialpartner in die Beschäftigungspolitik einbezieht, aber erst in der folgenden deutschen Präsidentschaft mit dem ‚Kölner Prozess‘, der sich bis heute als ‚Makroökonomischer Dialog‘ erhalten hat (Koll, 2020).

Die hohe Zustimmung in der österreichischen Bevölkerung zur EU-Mitgliedschaft erhielt im Jahr 2000 einen Dämpfer, als unter Bundeskanzler Wolfgang Schüssel eine Koalitionsregierung unter Einbeziehung der rechtspopulistischen Freiheitlichen Partei Österreichs (FPÖ) gebildet wurde. 14 Mitgliedstaaten der EU reagierten daraufhin mit „Sanktionen" gegen Österreich. Die Pro-Europa-Haltung der Österreicher verringerte sich im Zuge der Querelen um einen neuen Verfassungsvertrag weiter, seine Ablehnung durch Frankreich und die Niederlande dominierte die Thematik der zweiten österreichischen Präsidentschaft 2006. Gehler (2021a) spricht in diesem Zusammenhang von einer Tendenz zur „Renationalisierung" der Politik – in Österreich gekennzeichnet durch einen Mangel an proaktiven Ideen zur Zukunft der EU. Diese Linie setzte sich in der Flüchtlingskrise mit der „Schließung der Balkanroute" und mit dem defensiven Motto für die dritte EU-Präsidentschaft 2018 („Ein Europa das schützt") fort. Selbst in der Coronakrise, die allen Anlass zu europaweiter Solidarität gegeben hätte, schloss Österreich mit Dänemark, Niederlande und Schweden ein Bündnis (die „Sparsamen Vier") gegen die gemeinschaftliche Krisenfinanzierung. Gehler sieht darin Ansätze zu einer *„schleichenden Enteuropäisierung und fortschreitenden Verprovinzialisierung Österreichs"*. Im Ukrainekrieg hat Österreich allerdings die auf EU-Ebene beschlossenen Sanktionen gegen Russland voll mitgetragen. An Waffenlieferungen beteiligt sich Österreich nicht, um die verfassungsmäßige militärische Neutralität zu wahren.

2.5 Die Eurokrise als Test für Solidarität

Die von den Turbulenzen der internationalen Finanzkrise ausgehenden Unsicherheiten trafen in Europa auf einen vulnerablen Bankensektor, der gerade die verschärften Eigenkapitalregeln „Basel II" zu verkraften hatte, und auf einen öffentlichen Sektor mit teilweise über den Maastricht-Zielen liegenden Verschuldungsquoten (insbesondere in den Ländern der europäischen „Peripherie"). Aus der wechselseitigen Abhängigkeit zwischen Staat und Banken hat sich ab 2012 die **Eurokrise** entwickelt, die einige Mitgliedstaaten in die Nähe des finanziellen Zusammenbruchs rückte, weil sie bei der Neuverschuldung enorme Zinsbelastungen in Kauf zu nehmen hatten. Um die sich ausbreitende Krise einzudämmen, ergriffen die Europäische Kommission, der Rat und die Europäische Zentralbank eine ganze Palette von unmittelbar wirksamen und von längerfristigen Maßnahmen, die letztlich einen Zusammenbruch des Systems verhinderten (Tab. 2.3).

Tab. 2.3 Finanzierungsmaßnahmen in der Eurokrise

Zeitpunkt	Maßnahme	Inhalt
Oktober 2008	Bankenrefinanzierung mit Vollzuteilung	Unbegrenzte Refinanzierung durch das Euro-system zu einem festen Zins (begrenzt nur durch vorhandene Sicherheiten)
Juni 2009	Long-Term Refinancing Operations (LTROs)	Die EZB dämpft das Zinsniveau über eine un-beschränkte Refinanzierung der Banken mit er-weiterten Laufzeiten
Juli 2009	Covered bond purchase programme (CBPP)	Pfandbriefkäufe der EZB, Volumen: 60 Mrd. € (2009/10), 16,4 Mrd. € (2011/12); das PBPP3 (Okt.2014) ist Teil des APP
Mai 2010 bis Sept. 2012	Securities Markets Pro-gramme (SMP)	Offenmarktoperationen der EZB zur Stabilisie-rung des Zinsniveaus von Problemländern (mit Sterilisierung bis 2014); Volumen 210 Mrd. €; 2012 von OMT abgelöst.
9. Mai 2010	Europäischer Finanz-stabilisierungsmechanis-mus (EFSM)	Gemeinschaftsinstrument für temporäre Finanzhilfen von bis zu 60 Mrd. € (für Irland, Portugal und Griechenland); von ESM ab-gelöst
Juni 2010	Europäische Finanz-stabilisierungsfazilität (EFSF)	Temporäre Finanzhilfen unter Auflagen; Garantievolumen 780 Mrd. €; Auszahlungen von 174,6 Mrd. € (an Irland, Portugal und Griechenland); Refinanzierung über Kapital-markt; von ESM abgelöst
März 2011	Euro-Plus-Pakt	Zwischenstaatlicher Vertrag zur Stärkung der Wettbewerbsfähigkeit, Euroländer plus andere EU-Unterzeichnerstaaten
Dezember 2011	Six-Pack	5 Verordnungen und 1 Richtlinie zur Reform des Stabilitäts- und Wachstumspakts (SWP): bessere makroökonomische Aufsicht
September 2012	Outright Monetary Trans-actions (OMT)	Unbeschränkte Käufe kurzfristiger Staatsan-leihen durch die EZB unter ESM-Auflagen, nie aktiviert (ersetzt SMP)
Oktober 2012	Europäischer Stabilitäts-mechanismus (ESM)	Zwischenstaatlicher Fonds, vergibt permanente Finanzhilfen unter strengen Auflagen, Stamm-kapital ca. 700 Mrd. €
Januar 2013	Fiscal Compact	Fiskalpakt: zwischenstaatlicher Vertrag zur Stärkung des SWP (ohne Kroatien, Tschechien und UK); mittelfristiger Anpassungspfad an Maastricht-Kriterien
Mai 2013	Two-Pack	2 Verordnungen zur präventiven Überwachung der nationalen Finanzlage und Fiskalpolitik

(Fortsetzung)

Tab. 2.3   (Fortsetzung)

Zeitpunkt	Maßnahme	Inhalt
Juli 2013	Forward Guidance (FG)	Da Zinssenkungen kaum noch möglich sind, informiert die EZB über ihre geldpolitische Strategie für die Zukunft.
Ab Juni 2014	Targeted Longer-Term Refinancing Operation (TLTRO)	Gezielte langfristige Bankenrefinanzierung durch die EZB, gebunden an Kreditvergaben der Banken an private Unternehmen und Haushalte
März 2015	(Expanded) Asset Purchase Programme (EAPP oder nur APP)	„Quantitative Easing": EZB kauft Anleihen von Unternehmen und (auf dem Sekundärmarkt) von der öffentlichen Hand, um Deflationstendenzen entgegenzuwirken; ursprüngliches monatliches Volumen von 60 Mrd. €
März 2015	Public Sector Purchase Programme (PSPP)	Teil des APP: Kauf von Staatsanleihen aller Euroländer nach fixem Aufteilungsschlüssel
Juni 2016	Corporate Sector Purchase Programme (CSPP)	Teil des APP: Kauf von Unternehmensanleihen aus der Eurozone

Quelle: Eigene Zusammenstellung

Eine entscheidende Rolle spielte dabei der 2012 auf zwischenstaatlicher Basis ins Leben gerufene **Europäische Stabilitätsmechanismus** (ESM), der für Euroländer bis heute Finanzhilfen unter Auflagen mobilisieren kann. Er ist durch seine Rolle in der „Quadriga" (der um den ESM erweiterten „Troika" aus EK, IWF und EZB) bekannt geworden, die das Monitoring der Kreditvergaben an die Problemländer übernahm. Über die künftigen Aufgaben des ESM bestehen unterschiedliche Auffassungen. Der Vorschlag Junckers (2017), ihn im Rahmen des EU-Vertrages zu einem „Europäischen Währungsfonds" weiterentwickeln, wird von den Anhängern strenger monetärer und fiskalischer Regeln begrüßt. Andere kritisieren den ESM wegen seiner harten Auflagen, die als Eingriff in die nationale Souveränität empfunden werden. Als Ergebnis dieser Diskussion wurde im Januar 2021 eine Reform vereinbart, die für den ESM eine Schlüsselrolle im Bereich der Bankenunion (Rückfallkredite bei unzureichendem Kapital des Bankenabwicklungsfonds) vorsieht (Matthes, 2021).

Die Eurozone ist durch ihr Spannungsfeld zwischen Geld- und Fiskalpolitik charakterisiert: die Geldpolitik ist zentralisiert, die Fiskalpolitik fällt weitgehend in die nationale Zuständigkeit. Bei exogenen wirtschaftlichen Schocks, die alle Länder symmetrisch treffen, sind besonders geldpolitische Gegenstrategien gefordert, bei asymmetrischen Schocks dagegen die Fiskalpolitik. Liegt allerdings das allgemeine Zinsniveau nahe bei null, dann wird das traditionelle geldpolitische Instrumentarium stumpf und eine übergreifende Fiskalpolitik wäre umso mehr gefordert. Für eine krisenresistente Weiterentwicklung des Euroraums in diese Richtung sehen Bilbiie et al. (2020) zwei Wege: entweder eine wechselseitige Risikotragung durch die Mitgliedstaaten oder eine Zentralisierung der Fiskalpolitik – für beides gibt es kaum politische Unterstützung, weil damit einseitige Transfers vom europäischen „Norden" in den „Süden" ausgelöst werden könnten.

In der Geldpolitik verfügt die **Europäische Zentralbank** (EZB) über ein umfangreiches Kriseninterventionspotenzial. Es reicht von Zinssatzsteuerung und Bankenrefinanzierung über die Offenmarktpolitik bis zur Mitgestaltung des aufsichtsrechtlichen Rahmens. Hauptziele dieses Instrumentariums sind (i) die mittelfristige Stabilisierung der Inflationsrate bei 2 % – das wird seit Mai 2021 nicht mehr erreicht; und (ii) die Sicherung von Finanzmarktstabilität.

Um das Inflationsziel zu erreichen, erhöhte die EZB Ende 2007 – im Einklang mit der internationalen Entwicklung – ihre Refinanzierungszinssätze. Als sich die Finanzkrise von den USA her ausbreitete und auch die europäischen Banken in Turbulenzen gerieten, kam es auf den Finanzmärkten rasch zu einem Vertrauensverlust in jene Länder, die schon vorher hoch verschuldet waren. Besonders betroffen war Griechenland, dessen Verschuldensquote in Prozent des BIP im Jahr 2011 auf 175 % kletterte. Griechische Staatsanleihen konnten Anfang 2012 nur noch zu Emissionsrenditen von nahe 30 % auf dem Markt untergebracht werden – im Vergleich dazu lagen die deutschen Renditen bei etwa 2 % (Abb. 2.5).

Die EZB hatte schon 2009 im Gleichklang mit anderen großen Zentralbanken der Welt begonnen, der Finanzkrise mit expansiven Maßnahmen zu begegnen und das Zinsniveau für die besonders betroffenen Euroländer zu senken. Die EZB bediente sich bei ihren Maßnahmen der vollen Breite ihres geldpolitischen Instrumentariums: Verlängerung der Laufzeiten bei der Refinanzierung der Banken, Mengentender mit Vollzuteilung der nachgefragten Liquidität zu fixen Zinssätzen, Erleichterung der Sicherheitserfordernisse, Ankauf von langfristigen Staatsanleihen auf dem Sekundärmarkt, Ankauf von gedeckten Schuldverschreibungen einschließlich solcher von Unternehmen.

Im kurzfristigen Bereich kündigte am 26. Juli 2012 der damalige Präsident der EZB, Mario Draghi, den unbeschränkten Einsatz von EZB-Liquidität zur Stabilisierung der Finanzmärkte an: „*Within our mandate, the ECB is ready to do whatever it takes to preserve the euro.*" Im darauffolgenden September beschloss der EZB-Rat den unbeschränkten Einsatz von geldpolitischen Outright-Geschäften (**„Outright Monetary Transactions**", OMT), um den Transmissionsmechanismus

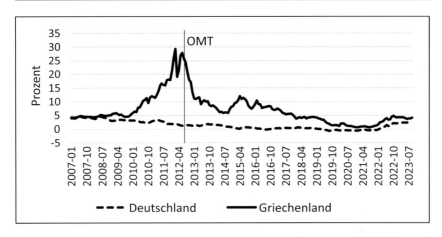

Abb. 2.5   Renditen von deutschen und griechischen Staatsanleihen. (Datenquelle: Eurostat)

der Geldpolitik in Gang zu halten. Schon die Ankündigung des unbeschränkten Ankaufs kurzfristiger Staatsanleihen auf den Sekundärmarkt bewirkte, dass die Zinssätze für die Staatsanleihen von Problemländern in der Eurozone merklich zurückgingen. Zum tatsächlichen Einsatz ist dieses Instrument aber nie gekommen, wohl auch, weil es an die strengen Konditionalitäten der EFSF/ESM-Finanzierungen gebunden war.

Die längerfristigen Liquiditäts- und Wertpapiertransaktionen der EZB zur Unterstützung der Problemländer im Rahmen des *Securities Markets Programme* (SMP) wurden anfangs über Termingeschäfte mit den Banken sterilisiert, um den Geldumlauf nicht auszuweiten und keine Inflationserwartungen auszulösen (vgl. etwa Homburg, 2012). Als sich 2014 allmählich Deflationstendenzen ausbreiteten, wurde die Sterilisation aufgegeben und der Ankauf von Wertpapieren über das „Asset Purchase Programme" (APP) auch auf Nicht-Problemländer und Unternehmen erweitert. Diese **„Quantitative Lockerung"** (Quantitative Easing, QE) unterscheidet sich von traditionellen Offenmarktoperationen durch

- den Ankauf von Anleihen mit langer Laufzeit,
- „outright purchases", also bedingungslosen Ankäufen im Gegensatz zu befristeten Pensionsgeschäften und
- eine breite Streuung über öffentliche und private Emittenten (vgl. dazu etwa Macchiarelli & McMahon, 2020). Zuletzt wurde auch überlegt, Liquidität über

den Ankauf von Aktien (bzw. Anteilen von Aktienfonds) in die Wirtschaft zu pumpen, wie dies außerhalb der EU durchaus bereits der Fall ist (z. B. bei der Schweizerischen Nationalbank und der Bank of Japan).

Ein rechtlich umstrittenes Element des APP ist das *„Public Sector Purchase Programme"* (PSPP) vom März 2015, auf dessen Basis die EZB zunächst Staatspapiere nach einem Länderschlüssel im Wert von monatlich 60 Mrd. € auf dem Sekundärmarkt erwarb. Ab September 2018 wurden die Ankäufe schrittweise verringert, zuweilen bis auf null. Als Ergänzung zum APP kam im März 2020 das befristete *Pandemic Emergency Purchase Programme* (PEPP) für Coronahilfen hinzu, es ist im März 2022 ausgelaufen (siehe auch Abschn. 8.3). Ende Februar 2023 betrug das gesamte APP-Ankaufsvolumen 3433 Mrd. €, danach folgte ein allmählicher Abbau dieser Bestände.

Nach Auffassung mancher Beobachter reizte die EZB mit dem PSPP ihren Rechtsrahmen derart weit aus, dass der *Vorwurf einer Kompetenzüberschreitung* im Raum stand: Die EZB betreibe damit nicht nur Geldpolitik zur Stabilisierung der Preisentwicklung, sondern übernehme Teile der in die Zuständigkeit der Mitgliedstaaten fallenden Wirtschaftspolitik. Da die Wertpapierkäufe sich explizit auch auf den Erwerb von Staatsanleihen erstreckten, wäre damit das Verbot der monetären Staatsfinanzierung gemäß Artikel 123 AEUV durchbrochen. In seiner rechtlichen Beurteilung stufte der Europäische Gerichtshof (EuGH) das PSPP zwar als vertragskonform ein, doch wurde es vom deutschen Bundesverfassungsgericht im Mai 2020 als teilweise nicht mit deutschem Verfassungsrecht vereinbar beurteilt. Dieser Rechtsstreit und das von der EK zunächst angestrengte Vertragsverletzungsverfahren gegen Deutschland wurde nach beiderseitigen Klarstellungen im Dezember 2021 eingestellt.

Insgesamt brachten die Maßnahmen der EZB den von ihr gewünschten Erfolg einer Verengung der Zinsspreads zwischen den Euroländern und einer über Jahre anhaltenden Senkung des Zinsniveaus für Staatsanleihen. Die Zinssätze traten daher als geldpolitische Zwischenzielgröße allmählich in den Hintergrund. Sie wurden (wie schon vor der Eurokrise) von der Inflationsrate abgelöst, aber diesmal nicht wegen zu hoher Inflation, sondern um eine drohende Deflation zu vermeiden.

Hier stellt sich die Frage, warum das *traditionelle (neoklassische) Modell der Geldtheorie*, wonach eine rasche Ausweitung der Zentralbankgeldmenge ceteris paribus schon auf kurze Sicht das Preisniveau ansteigen lässt, nicht mehr funktioniert hat. Die Erklärung liegt offenbar in einer Änderung der Rahmenbedingungen, unter denen diese Beziehung gilt, insbesondere fehlt es im monetären Bereich an einer stabilen Umlaufgeschwindigkeit des Geldes. Dahinter steht eine geänderte

Liquiditätspräferenz der privaten Akteure (Unternehmen, Haushalte), die in der Krise lieber vorsichtig agieren, unnötige Risiken meiden und sichere Finanzanlagen bevorzugen. *„Eine Finanzkrise ist zum überwiegenden Teil keine Solvenz-, sondern eine Vertrauenskrise"*, meint Winkler (2014) dazu.

Ungeachtet der fiskalischen Austerität hat die Eurokrise dem europäischen **Integrationsprozess wichtige Impulse** gegeben: die Errichtung des Europäischen Finanzaufsichtssystems (2011), die Gründung des ESM (2012), die schrittweise Errichtung einer Bankenunion (2014) und erste Schritte zur Verwirklichung einer Kapitalmarktunion (2015). Noch fehlen das geplante Einlagensicherungssystem und einige weitere Schlusssteine bei der Banken- und Kapitalmarktunion, um ein effektives und effizientes Währungssystem zu bilden, das auch exogene Schocks gut bewältigen kann (vgl. etwa Rodlauer & Strauch, 2021). Beck et al. (2022) fassen die nach einem Jahrzehnt von Einzelschritten zur Umsetzung der *Bankenunion* immer noch offenen Fragen zusammen und gliedern diese in drei Bereiche: (i) weiterhin schrittweise Umsetzung („incremental deal") durch Verbesserung des Krisenmanagements und Weiterentwicklung des Einlagensicherungssystems; (ii) zusätzliche Maßnahmen zur Unterbrechung der wechselseitigen Abhängigkeit zwischen Bankensystem und Staatsfinanzen („real deal"); und (iii) die langfristig anzupeilende Vision einer vollen Finanzmarktintegration („cosmic deal").

Für manche der damit verbundenen Reformen wäre eine Anpassung der EU-Verträge hilfreich, alle drei Reformniveaus können aber auch ohne solche Anpassungen verwirklicht werden.

Die Eurokrise hat aber auch die Grenzen der Solidarität unter den EU-Ländern aufgezeigt. Da die Eurozone angesichts der unterschiedlichen Mitglieder nicht von vornherein als „optimal" bezeichnet werden kann, bedarf es der schon von Mundell (1961) ins Auge gefassten Ausgleichsmechanismen: Preis- und Lohnflexibilität, Mobilität der Produktionsfaktoren und/oder Transfermechanismen. Bei den ersten beiden handelt es sich um langfristige Strukturphänomene einer Volkswirtschaft, die von der laufenden Politik nur marginal beeinflusst werden können. Auch ein Transfermechanismus lässt sich nicht von heute auf morgen auf die Beine stellen und bedarf im politischen Entscheidungsprozess der Zustimmung der zahlenden Seite. Auf nationaler Ebene sind Ausgleichssysteme zwischen den Gebietskörperschaften üblich, in Deutschland etwa der Länderfinanzausgleich und in Österreich der Finanzausgleich. Nach Daianu (2018) bedarf auch die Eurozone einer mutigen Reform mit einer sinnvollen Kombination von Risikostreuung und Risikoverminderung neben einer Reform des Binnenmarktes und dessen Anreicherung um ein Sozialmodell.

Auf europäischer Ebene schwelt seit langem eine Auseinandersetzung zwischen den Verfechtern einer politischen Union mit ausgefeiltem Transfersystem als anzustrebendes Endstadium der europäischen Integration und den Befürwortern eines „Europa der Nationen", das aus nicht viel mehr als einer Zollunion besteht. Außerhalb von Krisenzeiten hatten sich die großen Mitgliedstaaten deutlich positioniert mit Frankreich als Transferbefürworter, Deutschland eher ablehnend und das UK (als es noch EU-Mitglied war) als absoluter Gegner. Dabei spielte außer der Zukunftsvision für Europa wohl auch die unterschiedliche Aussicht eine Rolle, im Transfersystem zu den potenziellen Empfängern oder Zahlern zu gehören. In Krisenzeiten sind solche Antagonismen temporär weniger ausgeprägt. Sowohl während der Eurokrise als auch in der Coronakrise waren Ansätze zu solidarischen Finanzierungen zu finden.

In der EU und in der Eurozone hat es schon bisher einige **wichtige Transferelemente** gegeben, insbesondere

- die Abhängigkeit der nationalen Einzahlungen in das EU-Budget vom jeweiligen BIP;
- die Struktur- und Investitionsfonds: Europäischer Fonds für regionale Entwicklung (EFRE), Europäischer Sozialfonds (ESF), Kohäsionsfonds (KF), Europäischer Landwirtschaftsfonds für die Entwicklung des ländlichen Raums (ELER) sowie Europäischer Meeres- und Fischereifonds (EMFF);
- verschiedene sonstige Förderprogramme, z. B. das Forschungsprogramm, die Errichtung Transeuropäischer Netze, die Unterstützung von Umwelt- und Naturschutz (LIFE+) und die Entwicklung des ländlichen Raums (LEADER).

Weitgehend abgelehnt wurden aber früher alle Formen einer gemeinschaftlichen Finanzierung über die Kapitalmärkte oder gar eines eigenen Budgets für den Euroraum, obwohl es eine Reihe gemeinschaftlicher Aufgaben gibt oder geben sollte, etwa zur wirksamen Eindämmung von Pandemien, zum Kampf gegen den Klimawandel oder für den Schutz der EU-Außengrenzen. Als Durchbruch in diese Richtung kann der permanente Unterstützungsmechanismus des ESM mit seinen strikten wirtschaftspolitischen Auflagen für Euroländer bei Finanzierungsschwierigkeiten gesehen werden. Im Zusammenhang mit der Griechenland-Krise hielt der damalige Präsident der Euro-Gruppe, Jeroen Dijsselbloem (2018), fest, dass die Solidarität der Gläubigerländer eine sichtbare Übernahme von Verantwortung durch das Schuldnerland voraussetze: „*Solidarity requires responsibility*". Er glaube fest daran, dass „*the monetary union can be a success, even without a full political union*". Dazu müssten die Mitgliedstaaten nur eine regelkonforme Politik betreiben, die europäischen Institutionen müssten ihre Verantwortung ernst nehmen und die Währungsunion wäre umgehend zu vervollständigen (insbesondere durch die Banken- und Kapitalmarktunion).

Ein neuerliches Bekenntnis zu Solidarität wurde den Mitgliedern der Eurozone mit dem Wiederaufbaufonds nach den Coronakrise abverlangt (siehe Abschn. 8.5).

Zusammenfassung
- Die Bedeutung der EU im globalen Ranking sinkt – und das nicht nur als Folge des Brexits: Bei gesamtwirtschaftlichen Indikatoren ist die EU sowohl gegenüber China und Indien, als auch im Vergleich zu westlichen Mitbewerbern in Rückstand geraten. Dies hängt eng mit den zersplitterten Kompetenzen in der Gemeinschaft zusammen. Zwar bestehen auf Unionsebene zentrale Zuständigkeiten in der Handelspolitik, für den Binnenmarkt und in der Geldpolitik, doch haben Versuche, die Fiskalpolitik darauf abzustimmen und die Einkommensunterschiede zwischen den Mitgliedstaaten zu verringern, nur bescheidene Erfolge gebracht.
- Reformprogramme wie die Lissabon-Strategie und die Europa-2020-Strategie haben ihr Ziel, die Einkommensrückstände zu den USA abzubauen, nicht erreicht. Das Vorhaben war unrealistisch, ist aber durch strukturelle Unterschiede (europäische Innovationslücke, Mobilität der amerikanischen Produktionsfaktoren) und die eingeschränkten Handlungsmöglichkeiten der europäischen Stabilisierungspolitik erschwert worden.
- Selbst im Bereich der weitgehend vereinheitlichten Geld- und Währungspolitik ergeben sich in Krisenzeiten erhebliche Friktionen, weshalb die Eurozone manchmal als Fehlkonstruktion gesehen wird. Entgegen den ursprünglichen Bestrebungen hat sich die EU nicht zu einer vollen Währungsunion entwickelt – auch, weil mit der schrittweisen Erweiterung die Heterogenität der Mitglieder zugenommen hat.
- Gerade in der Eurokrise erwies sich die einheitliche Geldpolitik mit ihrem dominierenden Ziel der Inflationsbekämpfung und der Ausrichtung auf die strukturellen und institutionellen Vorgaben aus dem „Norden" als Bleigewicht für die Wirtschaftsentwicklung im „Süden" und hat dort Widerstände gegen fiskalische Austerität ausgelöst.
- Zwar konnte die Eurokrise über die entschiedene Ankündigung und Implementierung des OMT-Programms – und dem damit verbundenen Kappen des Staatsschulden-Banken-Nexus – stabilisiert werden. In ihren Nachwirkungen waren aber massive Anleihekäufe der EZB und ko-

ordinierte Maßnahmen gegen makroökonomische Ungleichgewichte erforderlich, für deren Abwicklung der Rahmen des „Europäischen Semesters" entwickelt wurde.

- Die Wellen an wirtschaftlichen und sozialen Schocks haben sich zu einem Testfall für die Solidarität in der EU entwickelt. Das früher stets mit großer Mehrheit abgelehnte Modell einer solidarischen Finanzierung von gemeinschaftlichen Aufgaben wird heute entspannter gesehen und hat unter dem Druck der Coronakrise ein anlassbezogenes Exempel hervorgebracht.

Globalisierung und Migration im Wechselspiel 3

> *„The case for globalization rests not only on its economic benefits, which may have been overstated, but also on its political upside, which has been largely overlooked"*
>
> *(Suzanne Berger, 2018).*

Zusammenfassung

Historisch haben Globalisierungsschübe den Austausch von Gütern und kulturellen Errungenschaften begünstigt und sie haben dazu beigetragen, die Neugier der Menschen nach Erforschung der unbekannten Ferne anzufachen. Zwischen Globalisierung und Völkerwanderungen besteht somit eine enge Wechselbeziehung, die in beide Richtungen wirkt. Jüngere Beispiele sind die koloniale Expansion im späten 19. und frühen 20. Jahrhundert sowie die kriegsbedingten Wanderungen im Laufe des 20. Jahrhunderts. In diesem Kapitel wird auf wichtige Globalisierungswellen hingewiesen, es werden markante Beispiele für Wanderungsströme angeführt und die Probleme erörtert, die Auswanderer in Herkunfts- und Zielländern auslösen bzw. selbst erleben.

3.1 Globalisierungs- und Migrationstrilemmata

Das Spannungsverhältnis zwischen wirtschaftlicher Hyperglobalisierung (Wegfall der Grenzen für Güter, Personen und Ideen), Demokratie (Wahrung sozialer Errungenschaften) und nationaler Souveränität (keine Verlagerung wichtiger Kompetenzen auf eine internationale Ebene) zeigt der türkisch-amerikanische Ökonom Dani Rodrik (2007, 2011), Professor an der Harvard-Universität, in seinem **Globalisierungstrilemma** auf (Abb. 3.1). Soll etwa volle Globalisierung durch demokratische Willensbildung über eine Weltregierung sichergestellt werden, muss man auf nationale Sonderwünsche verzichten. Zu Zeiten des Goldstandards wurden nationale Wirtschaften über einen globalen Preismechanismus verbunden, doch ging dies zu Lasten einer demokratischen Steuerung wirtschaftspolitischer Prozesse. Eine derartige Steuerung im souveränen Nationalstaat erfordert eine wirtschaftliche Abschottung, wie sie im Währungssystem von Bretton Woods zugelassen war. Rodrik plädiert dafür, im Zweifel die Globalisierung soweit zu mäßigen, dass die anderen beiden Ziele nicht beeinträchtigt werden. Ähnlich argumentiert auch Kuttner (2018) anhand des Dilemmas zwischen Demokratie und globalem Kapitalismus. Letzterer begünstige wirtschaftliche und soziale Ungleichheit, untergrabe Stabilität und habe schließlich ab 2016 desillusionierte WählerInnen in die Arme rechtsextremer Populisten getrieben. Tichy (2020a) rät ebenfalls, „*in der Globalisierungspolitik etwas leiser zu treten*" sowie „*die Verlierer zu identifizieren und zu entschädigen*", um jene Verunsicherungen abzubauen, die offene Grenzen mit sich bringen.

Auf Basis von Rodriks Überlegungen hat Reisen (2018) ein **Migrationstrilemma** formuliert, wonach bei Masseneinwanderungen die demokratische Wahrung der Menschenrechte den Verzicht auf einen selbstbestimmten Gesellschaftsvertrag bedeutet. Massive Zuwanderung ist am ehesten erfolgreich und für die Stammbevölkerung tragbar, wenn sie zur Besiedelung bevölkerungsarmer Regionen führt, wie etwa im 19. Jahrhundert in Nordamerika, Australien oder Argentinien. Ist dies nicht möglich, könnte eine „Weltregierung" die Migration global re-

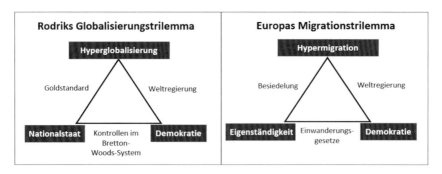

Abb. 3.1 Trilemmata der Weltwirtschaft. (Quelle: Reisen (2018))

geln, doch müsste hierfür die nationale Zuständigkeit aufgegeben werden.[1] Eine andere Alternative ist die Regulierung der Migration durch rechtliche Einwanderungsbeschränkungen, die den zugelassenen MigrantInnen Rechtssicherheit gewähren. Dies löst allerdings nicht das Problem der schleichenden irregulären Migration und der Massenzuwanderung, bei der die Zielländer weder den Flüchtlingsschutz umfassend garantieren noch für die Integration der Zuwanderer ausreichend sorgen können.

Globalisierungsphasen mit ausgeprägten Migrationserscheinungen führen regelmäßig zu einer grundsätzlichen Umgestaltung der gesellschaftlichen Verhältnisse. In Europa brachen während der Völkerwanderung alte Herrschaftsstrukturen zusammen, die Industrielle Revolution ermöglichte die physische Überwindung großer räumlicher Distanzen und die Technologische Revolution den zeitungebundenen Wissens- und Ideentransfer über die Welt einschließlich der weniger entwickelten Regionen. Kommt es allerdings zu Spannungen mit demokratischen Spielregeln und nationaler Souveränität, empfiehlt sich eine Mäßigung der Globalisierung bzw. eine Abfederung ihrer Folgen.

3.2 Globalisierungswellen

„Globalisierung ist effizient, aber schmerzhaft. De-Globalisierung ist ineffizient und schmerzhaft (Pascal Lamy, 2020)."[2]

Globalisierung bedeutet allgemein die zunehmende Vernetzung von menschlichen Gesellschaften. Sie betrifft heute nicht nur die Beziehungen zwischen Staaten, sondern muss – angesichts der Wirtschaftsmacht von multinationalen Konzernen – als ein vielschichtiges Phänomen gesehen werden, das alle Sektoren der Wirtschaft und ihr Verhältnis zueinander berührt. Globalisierung wird von Lorenz und Bachlechner (2012) als ein fortlaufender Prozess charakterisiert, der weder einer bestimmten Gesetzmäßigkeit unterliegt, noch auf ein konkretes Ziel hinausläuft. Es handelt sich dabei um eine mehrere Regionen übergreifende, wenn nicht weltumspannende Verflechtung gesellschaftlicher Teilbereiche, die von Individuen oder der Gemeinschaft mit Hilfe unterschiedlicher Kommunikationstechniken ausgelöst wird und deren Auswirkungen man sich nicht entziehen kann. Für Oltmer

---

[1] Wie unrealistisch dies wäre, zeigten die Verhandlungen um den globalen Migrationspakt der Vereinten Nationen (siehe weiter unten Abschn. 4.2).

[2] Interview mit der Wiener Zeitung vom 01.09.2020.

(2016) bedeutet Globalisierung darüber hinaus auch die Chance (oder Gefahr) einer Transformation von Bevölkerung, Wirtschaft, Politik und Kultur.

Über die Vor- und Nachteile der wirtschaftlichen Globalisierung kann man trefflich streiten. In der klassischen und neoklassischen ökonomischen Literatur dominiert die Auffassung einer Entfesselung der wirtschaftlichen Kräfte zum Wohl aller. Die Erfahrungen aus den letzten zwei Jahrhunderten geben einer vorsichtigeren Einschätzung Raum. Zumindest wird heute allgemein anerkannt,[3] dass Globalisierung zu marktbeschränkenden Machtkonzentrationen und gravierenden Verteilungsfolgen führen kann und daher korrigierender Institutionen und Regeln bedarf.

3.2.1   Ein Blick in die Geschichte

Abhängig vom eingenommenen Zeithorizont zeigt ein Blick in die weiter zurückliegende Geschichte mehrere markante Globalisierungsschübe. Eine extreme Vogelperspektive über die letzten 200.000 Jahre nimmt etwa der in Genf tätige US-Ökonom Richard Baldwin (2016b) ein. Anhand eines einfachen Organisationsprinzips, nämlich ob und wie Produktion und Konsum räumlich miteinander verbunden sind, gliedert er die **Menschheitsgeschichte in vier große Phasen** von immer kürzeren Zeitspannen, wobei Globalisierung im heutigen Sinn erst in den letzten beiden Phasen auftritt. Eine *erste Phase* betrifft die Humanisierung der Erde (beginnend vor 200.000 Jahren bis etwa vor 12.000 Jahren): Globalisierung bedeutete in dieser Phase nicht mehr als die Wanderung des Homo Sapiens von einem Ort zum anderen, um den laufenden Nahrungsmittelbedarf zu decken. Erst das allmähliche Ende der Eiszeit bereitete den Boden für neue Wirtschaftsformen. In dieser *zweiten Phase* (10.000 v. Chr. bis 1820 n. Chr.) wurden die Menschen sesshaft und es entstanden Landwirtschaft und Städte mit örtlich festen Produktions- und Konsumzentren. Viele Phänomene menschlicher Gesellschaften (Schrift, Religion, Staatenbildung, Kriege) haben ihre Wurzeln in dieser Phase. Internationale Handelsbeziehungen entstanden vor mehr als 3000 Jahren, sie setzten sich in Europa und Nordafrika mit den phönizischen Handelsstützpunkten und dem Römischen Reich ebenso fort wie im Mittelalter bis herauf in die Zeit nach der Industriellen Revolution.

Erst in der *dritten Phase* (1820 bis etwa 1990) kam es nach Baldwin zur Globalisierung der lokalen Wirtschaften. Die Industrielle Revolution mit Erfindungen wie Dampfmaschine, Webstuhl und Eisenbahn brachte eine drastische Verringerung

---

[3] Vgl. etwa Tridico (2018); Berglöf (2018).

der Transportkosten für Güter, zugleich aber auch eine Clusterung der Produktionsstätten in den weiter entwickelten Ländern des Nordens, verbunden mit einem Auseinanderklaffen der Produktivitäten und persönlichen Einkommen zwischen Nord
und Süd („Great Divergence").

Das Hauptinteresse Baldwins liegt allerdings an der *jüngsten Phase* (1990 bis
heute), in der es zur Globalisierung der Produktionsstätten gekommen ist: Die
neuen Informations- und Kommunikationstechnologien senken die Kosten für den
Transport von Ideen und ermöglichen damit ein Offshoring von Produktionsteilen
und die Entstehung von globalen Wertschöpfungsketten. Der Süden erfährt dadurch eine schrittweise Industrialisierung, der Norden eine teilweise De-
industrialisierung („Great Convergence"). Baldwin erwartet, dass über die Infor-
mations- und Kommunikationstechnologien auch die Mobilitätskosten für persönliche Arbeiten und Dienste sinken werden, und ist optimistisch, dass die Zukunft
von protektionistischen Tendenzen wie in den 1930er-Jahren verschont bleiben
wird. Ob sich dieser Optimismus heute noch rechtfertigen lässt?

Von einer anderen Perspektive, die etwas näher an der Gegenwart liegt, geht
Allen (2011) aus. Er gliedert die Zeit ab etwa 1500 zunächst in die *merkantilisti-
sche Periode* (bis etwa 1800), die mit der Entdeckung und Kolonisation Amerikas
begann und mit der Industriellen Revolution endete. Erfolgreiche Modernisierun-
gen der Wirtschaft waren damals oft verbunden mit der Ablöse des Absolutismus
durch Regierungen, die einer Volksvertretung verantwortlich waren (England,
Frankreich, USA, Niederlande). Dieser Periode folgte im *19. Jahrhundert* die Neuordnung Europas nach den Napoleonischen Kriegen sowie der wirtschaftliche
Aufstieg der USA, die Großbritannien als führende Industriemacht ablösten.
Wirtschaftliche Erfolge auf globalen Märkten beruhten auf der Kombination neuer
Technologien (Dampfmaschinen, Elektrizität) mit sinkenden Transport- und
Kommunikationskosten (Eisenbahn, Dampfschiff, Telefon). In diese Phase fällt
auch die Kolonialisierung großer Teile Asiens und Afrikas verbunden mit der Zerstörung traditioneller Produktionsstrukturen. Schließlich kam es im *20. Jahrhundert* in Europa zu deutlichen Rückschlägen während und nach den beiden Weltkriegen, die aber in der zweiten Hälfte des Jahrhunderts in einen breit gestreuten
großen Aufschwung aller Industriestaaten sowie einiger Schwellenländer mündeten. Den wirtschaftlichen Hintergrund schreibt Allen primär den arbeitssparenden
Technologien zu, die die Produktivität erhöhten und ein steigendes Lohnniveau
rechtfertigten.

In ihrem „Reflexionspapier" misst die Europäische Kommission (EK, 2017a) die
Globalisierung mit der Außenhandelsquote (Exporte plus Importe von Waren und
Dienstleistungen in Prozent des BIP) und unterscheidet für die Zeit seit dem späten
19. Jahrhundert drei Globalisierungswellen: Die **Außenhandelsverflechtung** stieg

während der ersten Welle, die bis zum Beginn des Ersten Weltkriegs dauerte, weltweit auf etwa 30 %, halbierte sich in der Zwischenkriegszeit und konnte erst in der zweiten Welle (der Wiederaufbauphase nach dem Zweiten Weltkrieg bis zur Ostöffnung) wieder 30 % erreichen. In der nun zu beobachtenden dritten Welle, die von der Digitalisierung getrieben wird, ist diese Quote besonders rasch gestiegen, hat aber im Zuge der globalen Finanzkrise ein jähes Ende gefunden. Danach stagnierte die Quote auf hohem Niveau, brach 2020 im Zuge der COVID-19-Pandemie erneut ein und hielt nach Berechnungen der Weltbank 2021 bei 56,5 %. Die Weltbankdaten vermitteln auch einen Eindruck von den Unterschieden im Öffnungsgrad zwischen EU und USA (Abb. 3.2): 2021 machte die Summe aus Exporten und Importen von Waren und Dienstleistungsexporte in der „weltoffenen" EU 92,9 % des BIP aus (und ist seither weiter gestiegen), in den vergleichsweise geschlossenen USA waren es hingegen nur 25,5 %. Im weltweiten Durchschnitt lag dieser Indikator bei 56,5 %.

Das Weltwirtschaftsforum 2019 in Davos stand im Zeichen des Schlagwortes „Globalisierung 4.0" und ihrer Konsequenzen. Der Tagungstitel lehnte sich an die nunmehr „vierte industrielle Revolution" an, die auf die rasante Zunahme des Welthandels vor dem Ersten Weltkrieg, die Wiederbelebung nach dem Zweiten Weltkrieg und die Erweiterung durch globale Wertschöpfungsketten folgt (Theiselmann, 2019). Sie bedeutet für Richard Baldwin (2019b), der als Gastredner fun-

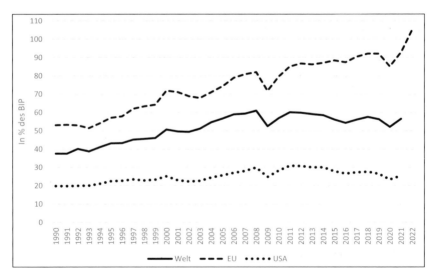

Abb. 3.2 Exporte plus Importe von Waren und Dienstleistungen in % des BIP. (Daten: World Bank, World Development Indicators)

gierte, vor allem die Ausweitung des Handels mit Dienstleistungen. Für die Zukunft erwartet Baldwin im Zuge der Digitalisierung aller Prozesse einen globalen Lohnausgleich im Dienstleistungssektor – ohne massive Verlagerung des Produktionsfaktors Arbeit (siehe auch Baldwin, 2019a).

Schwab (2018) unterscheidet zwischen „Globalisierung" als technischem Phänomen, das von der Politik kaum gesteuert werden kann, und *„Globalismus"* als Ideologie, die Marktinteressen vor nationale Interessen reiht. Der Globalismus schüre jene rechtspopulistischen Bewegungen, die auf Protektionismus und nationale Abschottung setzten. An ihre Stelle müssten soziale Vereinbarungen der politischen Führungen mit ihren BürgerInnen treten, sodass sich diese daheim ausreichend sicher fühlen, um der Welt gegenüber offen bleiben zu können. Sollte dies nicht gelingen, warnt Schwab emphatisch, drohe das soziale Gefüge zu zerbrechen und die Demokratie unterzugehen.

3.2.2 Auf dem Weg in die Deglobalisierung?

Die vielen Krisen des 21. Jahrhunderts haben die Nachteile von Hyperglobalisierung offengelegt und eine schrittweise Deglobalisierung eingeleitet. Schon die Weltfinanzkrise konnte sich nur vor dem Hintergrund weitgehend offener Kapitalströme entwickeln und musste durch staatliche Eingriffe eingedämmt werden. Massive Flüchtlingsströme stoßen auf den Widerstand der Bevölkerung in den Zielregionen und lösen Abschottungspolitiken und Grenzziehungen aus. Die COVID-19-Pandemie hat Ähnliches bewirkt, indem der freie Personen- und Güterverkehr erheblich eingeschränkt wurde und traditionelle Lieferketten nicht mehr bedient werden konnten. Mit dem Brexit ist eine neue Grenze durch das ehemalige Gebiet der EU gezogen worden. Einen weiteren schweren Schlag erhielt die Globalisierung durch den russischen Angriffskrieg auf die Ukraine und die dadurch ausgelösten westlichen Sanktionen gegen Russland.

Die EU ist von diesen Krisen besonders betroffen, einerseits wegen räumlicher Nähe zu den Krisenherden und andererseits wegen der Rohstoffabhängigkeit seiner Produktionen. In dieser Situation ist die Wirtschaftspolitik der Union und der Mitgliedstaaten gefordert, die Krisenresistenz zu stärken. Dies geschieht zur Zeit vor allem durch eine Verkürzung der (ökonomischen und politischen) Distanzen bei den Lieferketten, wodurch zusätzliche Kosten entstehen. Die EU ist aber insgesamt eher ein Treiber der Globalisierung und hat damit wesentlich zur Gestaltung von Standards in den internationalen Wirtschaftsbeziehungen beigetragen. Dieser auch als *„Brüssel-Effekt"* bezeichnete Einfluss der EU (Bradford, 2020) entsteht sowohl über Handelsverträge mit Drittländern als auch durch die faktische Größe des europäischen Binnenmarktes, an dem Unternehmen aus diesen Ländern teilnehmen wollen. Beispiele sind etwa die Datenschutz-Grundverordnung 2016/679 (DSGVO) für den Schutz personenbezogenen Daten oder die Chemikalien-Verordnung 1907/2006 (REACH), welche die Registrierung, Zulassung, Beschränkung und Bewertung chemischer Stoffe regelt (Christen et al., 2022).

Im Zuge der **Coronakrise** von 2020 ist es zu einer Unterbrechung des Globalisierungstrends gekommen: Weltweit ist der Außenhandel mit Waren real um etwa 5 % eingebrochen. Dabei hat sich ein Bewusstsein herausgebildet, dass die bis dahin üblichen langen *Wertschöpfungsketten* in zentralen Bereichen des Lebens unnötig bzw. bedenklich sind. Das Unnötige betrifft vor allem jene transkontinentalen Verschiffungen von Bestandteilen, in deren Preisen die mit dem Transport verbundenen Kosten nicht ausreichend enthalten sind (z. B. Umweltschäden, die von Dritten zu tragen sind). Als bedenklich sind darüber hinaus jene Lieferketten einzustufen, deren Ausfall die öffentliche Gesundheit und Sicherheit bedroht, wenn also die Versorgung mangels eigener Produktionskapazitäten nicht gesichert ist (z. B. Medikamente). Die Coronakrise könnte also eine durchaus kostspielige Redimensionierung des Globalisierungsgeschehens auslösen.

Vom **Ukrainekrieg** geht ein Rückzug aus der Globalisierung in zwei Richtungen aus. Einer-seits werden die transnationalen Beziehungen des Westens mit Russland zurückgefahren; und andererseits werden auf mikroökonomischer Ebene die Lieferketten neu geordnet. In beiden Dimensionen kommt dies in erster Linie der Wirtschaftsmacht China zugute: Sie profitiert vom neuen Rohstoffangebot aus Russland und kann selbst ihre hohen Weltmarktanteile bei metallischen Rohstoffen gegen den Westen ausspielen.

Diese Ereignisse werfen Schatten auf die weltwirtschaftlichen Beziehungen, die zur Frage führen, ob sich die auf Effizienzsteigerung ausgerichtete Ära der (Hyper)Globalisierung nicht selbst ihr Grab geschaufelt hat. Erleben wir eine vorübergehende Phase politischer und wirtschaftlicher Entflechtung oder befinden wir uns bereits auf dem Weg in einen überbordenden Protektionismus mit gegenseitiger Abschottung? Welchen Einfluss hat dies auf den Zusammenhalt und die Zukunft der EU?

Der Weg in die Deglobalisierung zeichnet sich schon seit mehreren Jahren ab, insbesondere seit der Blockade des WTO-Streitbeilegungsmechanismus durch die USA und den im Januar 2018 vom damaligen US-Präsidenten Trump neu angefachten Handelskrieg zwischen USA und China. Für die Zukunft lässt dies eine Konzentration der Handelsbeziehungen auf die drei Wirtschaftsblöcke China, USA und EU erwarten (Dadush, 2022). Der Austausch von Gütern und Kapital wird innerhalb jedes Blocks relativ frei sein, könnte aber zwischen den Blöcken auf erhebliche Hindernisse stoßen.

3.3   Wie entstehen massive Migrationswellen?

Migration ist Ausdruck der räumlichen Mobilität von Menschen. Sie resultiert oft in weitreichenden Änderungen der Lebensverläufe der Wandernden und ist dann mit nachhaltigem sozialem Wandel verbunden. Wichtige Ursachen für anhaltende Wanderungsbewegungen sind ein internationales Gefälle in der Wahrung persönlicher Grundrechte und in der faktischen Verteilung von Einkommen und Vermögen. Menschen aus bisher benachteiligten Herkunftsregionen streben eine Teilhabe an den bekannten oder vermuteten Vorzügen in den Zielregionen an. Ortega und Peri (2009) belegen dies empirisch anhand eines Pseudo-Gravitätsmodells für internationale Migration, sie errechnen aber auch den hemmenden Effekt einer Verschärfung der Einwanderungsbestimmungen im Zielland. Im Falle massiver kurzfristiger Wanderungen – oftmals ausgelöst durch Naturkatastrophen, lebensbedrohende Hungersnöte und Kriege – können die Folgen sowohl für die Herkunfts- als auch für die Zielregionen gravierend sein.

3.3.1   Push- und Pull-Faktoren

Migration ist sowohl ein Sog- als auch ein Druckphänomen. Die Konzentration auf diese beiden Einflüsse mag zwar eine vereinfachte und auf ökonomische Zusammenhänge reduzierte Sichtweise sein (Brocza, 2019), doch ist sie nach wie vor die Basis für theoretische und empirische Untersuchungen (z. B. Guriev & Papaioannou 2022; Ehrlich & Pei, 2021). Zu beachten ist freilich, dass für die Entscheidung auszuwandern auch Netzwerkbeziehungen (Familie und Freunde) und die Kosten (vor, während und nach) der Emigration eine wichtige Rolle spielen. Box 3.1 gibt einen Überblick über neuere Migrationstheorien, in weiterer Folge werden einige Überlegungen zu Push- und Pull-Faktoren angestellt.

Box 3.1: Migrationstheorien
Im wissenschaftlichen Diskurs lassen sich folgende Theorieansätze unterscheiden (Lenhart, 2010):

- Soziologische Ansätze betrachten die aus Unsicherheit bzw. Unzufriedenheit von Gesellschaftsgruppen resultierenden Wanderungen.
- Psychologische Ansätze stellen die Verhaltensweisen von Individuen in den Mittelpunkt.

- Politologische Ansätze nehmen die Unterschiede in politischen Ordnungssystemen als Hintergrund und analysieren die Folgen gewaltsamer Auseinandersetzungen.
- Ökonomische Ansätze gehen vom wirtschaftlichen Entscheidungsprozess auf der Basis von Kosten-Nutzen-Überlegungen aus und schließen das Push-Pull-Modell ebenso ein wie Gravitations- und Außenhandelsmodelle.

Neuere Ansätze, die sich nur schwer in dieses Schema eingliedern lassen, berücksichtigen etwa kulturelle Einflüsse (Religion), ökologische Faktoren, soziale Netzwerke (Familie), Sozialkapital, Zentrum-Peripherie-Modelle und Modelle mit asymmetrischer Information.

Empirische Untersuchungen zeigen, dass für die Auswanderung von Männern primär die Beschäftigungs- und Karrieremöglichkeiten und bei Frauen eher die Aussicht auf eine wieder vereinigte Familie eine Rolle spielen (Schoorl et al., 2000). Im Hinblick auf die Arbeitsmobilität nach der Osterweiterung der EU finden Fassmann und Hintermann (1997) deutliche Hinweise auf den Pull-Effekt der alten EU und deren Verdienstmöglichkeiten und Arbeitsbedingungen. Dies wird für den österreichischen Arbeitsmarkt auch von Huber et al. (2007) bestätigt, die in ihrer Arbeit signifikante Einflüsse aus den bestehenden sozialen Netzwerken im Land der Zuwanderung ermittelten. Bei Belot und Ederveen (2005) sind es vor allem kulturelle Barrieren (Sprache, Religion) und die Einwanderungspolitik im Zielland, die das Migrationsgeschehen bestimmen.

Alesina und Tabellini (2022) befassen sich in ihrer Literaturübersicht mit der Reaktion der Bevölkerung im Zielland auf Zuwanderungen. Sie finden es überraschend, dass von den Ängsten vor Immigranten vor allem politische Gruppierungen des rechten Randes profitieren. Negativ von Immigration betroffen sind nämlich am ehesten die wenig qualifizierten Einheimischen, für die sich traditionell die Linksparteien einsetzen. Solche ökonomischen Faktoren haben gegenüber kulturellen Faktoren offenbar an Bedeutung verloren.

Den Zusammenhang zwischen Außenhandel und Arbeitsmigration (substitutiv oder komplementär) untersucht Genç (2014). Seine Auswertung einschlägiger empirischer Studien ergibt überwiegend einen positiven Einfluss der Immigration auf den bilateralen Außenhandel, die durchschnittliche Elastizität liegt bei etwa 0,15 – einer 1 %igen Erhöhung des Bestandes an Zugewanderten folgt also eine Zunahme des Außenhandels um 0,15 %. Allerdings schwanken die Werte je nach Studie und betrachtetem Land erheblich. Für die USA ergaben sich in der Periode 1991 bis 2000 Exportelastizitäten von bis zu 0,48.

Ein **Migrationsdruck**, ausgelöst durch *Push-Faktoren*, kann schon in Normalzeiten aus unzureichenden Lebensbedingungen – wie niedrige Einkommen, unzureichende Gesundheitsvorsorge, mangelnder Zugang zu Bildung – entstehen. Langfristige Klimaveränderungen, singuläre Naturkatastrophen (Dürre, Überschwemmungen, Erdbeben, Vulkanausbrüche) und kriegerische Auseinandersetzungen können die Chancen für das eigene Überleben und das der Nachkommen zusätzlich drastisch schmälern. Für Pritchett (2006) sind es massive Unterschiede in der Entlohnung von wenig qualifizierter Arbeit, unterschiedliche demografische Perspektiven, die mangelnde Globalisierung der Arbeitswelt und technologisch bedingte Unterschiede in den regionalen Wachstumsperspektiven, die den Migrationsdruck ausmachen.

Im Herkunftsland begeben sich zunächst die mobilen und bildungsnahen Menschen auf den Weg und verursachen einen „Brain-Drain", der die wirtschaftlichen Perspektiven der zurückbleibenden Bevölkerung senkt. In weiterer Folge kommt es dort entweder zu einer Verbesserung der Lage durch zirkuläre Migration bzw. Rücksendungen von Einkommensteilen der Ausgewanderten oder aber zu einer Verarmung und Entvölkerung ganzer Landstriche.

Gröschl und Steinwachs (2017) weisen in ihrer empirischen Analyse darauf hin, dass von Naturkatastrophen jährlich etwa 243 Mio. Personen betroffen sind, also etwa so viele, wie es überhaupt MigrantInnen in der Welt gibt. Die Autoren finden allerdings keinen generellen Einfluss von Naturkatastrophen auf mittel- bis langfristige Wanderungswellen – allenfalls gibt es einen kombinierten Zusammenhang mit parallel auftretenden Einkommensungleichheiten. Historisch haben sich Wanderungen als Folge von anhaltender Dürre und anderen Katastrophen überwiegend innerhalb von Staaten ereignet. Dazu trägt auch bei, dass die akut von Gefahren bedrohten Personen meist keine Mittel für eine geplante Emigration angespart haben und daher möglichst nahe der betroffenen Region Schutz suchen. Im Zuge der drohenden Klimakatastrophe kann der Druck zu massiver grenzüberschreitender Wanderung rasch zunehmen.

Ein **Migrationssog** entsteht, wenn in Zielländern mit relativ hohen Produktionskosten die Arbeitskraft knapp wird. Verstärkt wird der Sog noch durch gut ausgebaute Sozialleistungen, ein funktionierendes Gesundheitssystem, umfassende Aus- und Weiterbildungsmöglichkeiten, hohe Wohnqualität, Rechtssicherheit und Frieden (*Pull-Faktoren*). In seinen Überlegungen zu weltweiter Ungleichverteilung bezeichnet der serbisch-stämmige US-Ökonom Branko Milanović (2016) diesen Sog als „Länderprämie" (Ungleichverteilung zwischen Ländern), welche die „Klassenprämie" (Ungleichverteilung innerhalb von Ländern) ergänzt. Seine empirischen Untersuchungen anhand des Theil-Index[4] zeigen, dass im Jahr 1820 die

---

[4]Zum Theil-Index und anderen Verteilungsmaßen siehe etwa Heinemann (2008).

Länderprämie nicht einmal ein Fünftel der globalen Ungleichheit ausmachte, dass sie aber in der zweiten Hälfte des 20. Jahrhundert auf fast vier Fünftel anstieg.

So sehr eine kontrollierte Migration für das Zielland befruchtend wirken kann, bedrohen Masseneinwanderungen den erarbeiteten wirtschaftlichen Standard und das (ohnehin oft nur mühsam aufrecht erhaltene) soziale Gleichgewicht. Das politische Gleichgewicht kommt ins Wanken, wenn unkontrollierte massive Zuwanderung die etablierten Gesellschaftsformen zu unterwandern und verdrängen drohen. Dann erhalten jene rechtsnationalen Gruppierungen Zulauf, die mit einer Abkehr von demokratischen Regeln die Bewahrung des Herkömmlichen versprechen.

3.3.2   Historische Völkerwanderungen

Von den vielen Beispielen für Bewegungen von Menschenmassen sind hier nur jene von Interesse, die zu kulturellen Verdrängungen und Überlagerungen geführt haben.[5] Die nachfolgenden Beispiele sollen einen Eindruck vermitteln, wie unterschiedlich die ökonomischen und gesellschaftspolitischen Auswirkungen von Wanderungsbewegungen sein können. Gentechnische und klimageschichtliche Untersuchungen ergeben, dass sich der in Afrika lebende Homo Sapiens vor etwa 120.000 Jahren zunächst Richtung Asien und Australien ausbreitete. Vor etwa 70.000 Jahren folgte eine zweite Welle, die sich über den Nahen Osten und Europa erstreckte. Dort trafen die Zuwanderer auf den in Europa bereits ansässigen Neandertaler, mit dem sie sich vermischten, der aber selbst seit etwa 40.000 Jahren ausgestorben ist. Ein guter Teil des Wissens über globale und regionale Wanderungen mit Auswirkungen auf bereits vorhandene Besiedelungen stammt von Spuren der Lebensweise, von kulturellen Artefakten und in historischer Zeit von schriftlichen Zeugnissen über Stammesnamen und Ortsbezeichnungen.

Aus der **Frühgeschichte Europas** kennt man etwa den Untergang der minoischen und mykenischen Kulturen in Griechenland und die neuerliche Besiedelung durch dorische, ionische und äolische Einwanderer seit etwa 1100 v. Chr., die schließlich die *hellenische Zivilisation* ausmachten. Einigermaßen gut zu verfolgen ist auch die Ausbreitung der *Kelten* in Mitteleuropa mit ihren Verzweigungen auf die iberische Halbinsel und die britischen Inseln ab dem 8. Jahrhundert v. Chr. Sie fällt in den Beginn der Eisenzeit und hängt wohl mit damaligen Verbesserungen der

---

[5]Einen populärwissenschaftlichen Einblick in die wichtigsten Völkerwanderungen seit Beginn der Menschheitsgeschichte bietet etwa King (2010), ein kompakter Überblick findet sich auch in Pecht (2016).

Kriegstechnik zusammen. Ihr folgten die Eroberungen der *Römer*, die die keltischen Kulturen in Gallien durch Unterwerfung, in Britannien durch Verdrängung und in Mitteleuropa durch friedliche Vereinbarungen (etwa mit dem Königreich Norikum) durchdrangen oder ablösten.

Der kulturelle Einfluss der Römer in den besetzten Gebieten erklärt sich aus ihrer Militärmacht, die zunächst für die Eroberung sorgte, nach erfolgreichen Feldzügen aber für den Ausbau der Infrastruktur (Straßen, Aquädukte, Bäder) sowie für die Vermittlung technologischen Wissens (Scheren, Nadeln) und von Handelsgütern (Pfeffer aus Indien, Datteln aus Afrika) sorgte. Darüber hinaus verstanden es die Römer im Allgemeinen, in den eroberten Gebieten die bodenständige Kultur zu belassen und sie allenfalls mit der römischen Lebensweise zu verbinden. Die resultierende multikulturelle Gesellschaft trug in ihren Sprachen und religiösen Gebräuchen kosmopolitische Züge.

Eines der geläufigsten Migrationsbeispiele in Europa ist die schlicht als (Große) **Völkerwanderung** bekannte Bewegung germanischer Völker zwischen dem 4. und 6. Jahrhundert aus dem Norden.[6] Die „Barbaren" drängten infolge der Verschlechterung klimatischer Bedingungen nach Süden, fielen immer wieder in das wegen ihres hohen Lebensstandards beneidete, aber militärisch schwächelnde Römische Reich ein und zerstörten es letztlich. Sie übernahmen allerdings wesentliche Teile der römischen Kultur, nicht zuletzt das Lateinische als Gelehrtensprache und die christliche Religion.

> „Eine treibende Kraft waren die germanischen *Goten*, die sich in der zweiten Hälfte des 3. Jahrhunderts in zwei Teilvölker aufspalteten: (i) die Westgoten, die im Jahr 378 in der Schlacht bei Adrianopel das oströmische Reich entscheidend schlugen und daraufhin von Kaiser Theodosius I. einen Föderationsvertrag erhielten, der ihnen die Integration in das Römische Reich ermöglichte; (ii) die Ostgoten, die in der Pannonischen Tiefebene ein Heerkönigtum errichteten, das schließlich von den nomadisierenden *Hunnen* überrannt wurde. Diese hatten ab 375 auf Druck der Chinesen ebenfalls eine Völkerwanderung nach Westen angetreten, blieben aber 451 unter Attila auf den Katalaunischen Feldern erfolglos und zogen sich schließlich in die ungarische Tiefebene zurück."

Zwischen dem 5. und 7. Jahrhundert wanderten *slawische Stämme* aus dem Osten ein, die zunächst in die von den Westgoten verlassenen Räume der oströmischen Provinzen einfielen. In weiterer Folge besiedelten sie auch jene Gebiete westlich der Oder, die von den wandernden Germanen aufgegeben worden waren (Kócka-Krenz, 1996). Ab dem 6. Jahrhundert drangen allmählich die *Awaren* aus dem

---

[6] Eine umfassende Erzählung der Völkerwanderung aus der Perspektive des spätrömischen Reichs und dessen christlicher „Liturgisierung" bietet Meier (2019).

Osten ein, im 9. Jahrhundert wurden sie von den *Franken* besiegt und schließlich von den *Magyaren* verdrängt, die in der Tiefebene sesshaft wurden und um die Jahrtausendwende das Christentum annahmen.

Im Westen expandierten die Vandalen, Quaden und Alanen über den Rhein, um sich in der Folge über ganz Gallien und Spanien auszubreiten. Auch die Westgoten verschlug es nach ihrer Eroberung Roms durch Alarich (im Jahr 410) und der nur kurz währenden Anlandung in Afrika nach Westeuropa (Reich von Toulouse). Der letzte weströmische Kaiser, der noch junge Romulus Augustulus, wurde 476 in Rom von Odoaker, einem weströmischen Heerführer mit germanischem Migrationshintergrund, abgesetzt (der Vater Odoakers stand in den Diensten von Hunnenkönig Attila). Erhalten blieb nur das im Jahr 395 abgespaltete *Oströmische Reich* mit Konstantinopel als Hauptstadt, das 1453 von den *Osmanen* erobert wurde und unterging. Auf den britischen Inseln nutzten die *Angelsachsen* (eine kriegerische Gemeinschaft von Jüten, Angeln und Sachsen) den schrittweisen Rückzug der römischen Militärmacht, um die dadurch entstehende Lücke zu füllen und die keltischen Stämme weiter an den Rand zu drängen. In Andalusien gelang es im Jahr 711 einer Invasion von *islamischen Arabern und Berbern*, in das christliche Reich der Westgoten einzudringen und dessen Untergang einzuleiten. Daraus entwickelte sich das islamische al-Andalus, dessen Expansion nach Norden 732 in der Schlacht bei Tours und Poitiers durch den fränkischen Hausmeier Karl Martell beendet wurde. Auf der iberischen Halbinsel blieb der maurische Einfluss bis 1492 erhalten, als mit dem Emirat von Granada die letzte islamische Bastion im Kampf gegen das spanische Königreich kapitulierte. Den Muslimen wurde zunächst freigestellt, weiterhin ihren Glauben zu praktizieren.

Die spanischen Ereignisse des Jahres 1492 waren auch aus anderen Gründen bemerkenswert: Die Juden wurden gezwungen auszuwandern oder zum Christentum zu konvertieren (Alhambra-Edikt), und Christoph Kolumbus wurde mit seiner ersten transatlantischen Entdeckungsfahrt beauftragt. Die religiöse Toleranz war eine temporäre Ausnahme, da schon 1478 die Inquisition eingeführt worden war und 1502 auch die Muslime zum Konvertieren oder Auswandern gezwungen wurden (Barry, 2016).

Europäische Migration mit globalen Wirkungen (bis hin zu einem Wandel der Bevölkerungsstruktur) gibt es für Oltmer (2016) erst seit dem 15. Jahrhundert. Für die damalige Expansion Europas über seine Grenzen hinaus waren technologische und organisatorische Innovationen ebenso Voraussetzung wie das Überschreiten traditioneller Lebenshorizonte. Die Abwanderung aus Europa blieb zunächst verhalten, bedeutende Emigrationswellen ereigneten sich erst im 18. und 19. Jahrhundert. Die Auswanderer waren zu einem erheblichen Teil Flüchtlinge, die vor religiöser, politischer oder ethnischer Verfolgung flohen oder einer Hungers-

not zu entkommen trachteten. In Irland gingen zwischen 1845 und 1852 etwa
1 Mio. Menschen an mehreren aufeinanderfolgenden Hungersnöten zugrunde;
weitere 2 Mio. Menschen retteten sich durch Auswanderung – insgesamt 36 % der
ursprünglichen Bevölkerung.
**Im 20. und 21. Jahrhundert kehrte sich dieser Trend in eine Einwanderungs-
bewegung um, seit Mitte der 1980er-Jahre ist Europa ein Netto-Immigrations-
kontinent.** Innerhalb Europas ist es wiederholt zu erzwungenen Wanderungen gekommen – meist aus religiösen Gründen (man denke an die Juden, die Folgen des
30-jährigen Krieges, die Auswanderungen nach Amerika, das Nazi-Regime etc.).

Im Zuge der Wiederaufbauphase nach dem Zweiten Weltkrieg wurden in
Deutschland, aber auch in Österreich, Gastarbeiter für befristete Beschäftigungs-
verhältnisse angeworben. Die meisten dieser „Arbeitsmigranten" kamen dann aus
Italien, Jugoslawien und der Türkei. Viele von ihnen kehrten nicht mehr in ihre Ursprungsländer zurück, sondern integrierten sich in ihrer neuen Heimat. Überlagert
wurden diese wirtschaftlich motivierten Wanderungen von den Flüchtlingsströmen
nach dem ungarischen Volksaufstand 1956 und dem „Prager Frühling" 1968. In
beiden Fällen reagierte Österreich mit einer kollektiven Zuerkennung des Asylstatus an jene, die im Land bleiben wollten.

„Die **überregionalen Konflikte im Europa der Neuzeit** erklärt der US-
Politikwissenschafter Samuel Huntington (1993) in ihrer zeitlichen Abfolge wie
folgt: Waren es zunächst die Auseinandersetzungen zwischen Landesfürsten (etwa
im Heiligen Römischen Reich Deutscher Nation), folgten Konflikte zwischen Nationen (1. Weltkrieg) und schließlich zwischen Ideologien (2. Weltkrieg). Für die
Gegenwart und die Zukunft stehen die *Gegensätze zwischen Zivilisationen* im
Vordergrund. In diesem letzten Stadium sind die Länder außerhalb der westlichen
Zivilisation nicht mehr reine Objekte der Politik, sie greifen vielmehr selbst in das
internationale Geschehen ein (siehe hierzu die Diskussion bei Barker, 2013)."

Der **amerikanische Kontinent** ist ein Paradebeispiel für Völkerwanderungen, beginnend mit der ursprünglichen Besiedelung. Sie nahm nach vorherrschender
Lehre während der letzten Eiszeit vor etwa 15.000 Jahren ihren Anfang und erfolgte in mehreren Wellen von Asien aus hauptsächlich über die Beringstraße.[7]
Über die weitere Besiedelungsgeschichte und allfällige Folgen für kulturelle Überlagerungen und soziale Auseinandersetzungen ist mangels schriftlicher Über-
lieferung vergleichsweise wenig bekannt. Es gab aber – wie auf anderen Kontinenten – eine Entwicklung von Jäger- und Sammlergesellschaften zur Sesshaft-

---

[7] Eine kurze Übersicht über alternative Einwanderungstheorien auf den amerikanischen Kontinent findet sich in Goebel et al. (2008).

werdung mit Ackerbau und Viehzucht. Diese Wende vollzog sich in Mittelamerika schon vor mehr als 4000 Jahren (Maya-Kultur), in den Waldgebieten Nordamerikas erst vor etwa 3000 Jahren (Pauls, 2008). Mit den Eroberungszügen der europäischen Einwanderer ab dem 16. Jahrhundert n. Chr. erhalten wir dann ausführliche Informationen über die seit damals der Zerstörung ausgesetzten präkolumbianischen Kulturen.

Innerhalb Amerikas kam es in den letzten Jahrzehnten zu Wanderungsströmen vor allem aus armen Ländern Zentral- und Südamerikas in die USA und nach Kanada. Die Hauptroute über Mexiko hat allerdings ihre Bedeutung verloren, weil Mexiko mittlerweile selbst zu einem Zielland wurde. In den letzten Jahrzehnten ist die Lebensqualität in Mexiko rasch gestiegen, sodass MigrantInnen aus Guatemala, El Salvador und Honduras weniger Anreiz haben, in die USA weiterzuwandern. Auf Druck der USA wird dies von den mexikanischen Behörden punktuell auch verhindert (Selee, 2018).

Einen besonderen Fall stellt **Südafrika** dar. Die 1602 von Handelsleuten als Aktiengesellschaft gegründete Niederländische Ostindien-Kompanie VOK errichtete 1652 für die Versorgung der Schiffe auf halbem Weg von und nach Asien am Kap der Guten Hoffnung einen Versorgungsstützpunkt. Mit den dort lebenden Stämmen der San, die als Jäger und Sammler agierten, und den Landwirtschaft treibenden Khoikhoi kam es bald zu kriegerischen Auseinandersetzungen, die mit teilweiser Ausrottung, Versklavung und letztlich Vertreibung dieser Stämme nach Norden endeten. Das ursprünglich auf 80 Personen ausgelegte Fort am Kap wurde rasch erweitert, 1743 lebten bereits 4000 „Buren" mit ihren teilweise aus Asien rekrutierten Sklaven in der Bucht von Kapstadt. Nach dem wirtschaftlichen Niedergang der VOK gelangte die Kapregion 1806 in britische Abhängigkeit. Die Briten schafften zwar die Sklaverei ab, doch lieferte die Pestepidemie von 1901 den Anlass für eine Segregationspolitik, die von der 1910 neugegründeten Südafrikanischen Union auch rechtlich umgesetzt wurde. Nach dem Zweiten Weltkrieg wurde die Apartheid-Politik weiter verschärft, erst im Laufe der 1990er-Jahre kam es nach interner und weltweiter Kritik (u. a. durch die Vereinten Nationen) zu einer schrittweisen Aufhebung der Rassentrennung.[8]

Die hier eklektisch zusammengetragenen Beispiele für Wanderungsbewegungen sollen ins Gedächtnis zurückrufen, dass **Migration ein zu allen Zeiten anzutreffendes Phänomen ist, das auf das Streben nach Verbesserung der Lebensumstände zurückgeht** – sei es durch friedliches Nomadentum oder durch kriegerische Eroberungen. Davon war besonders Europa im Mittelalter geprägt. In

---

[8] Für wichtige Migrationskorridore im übrigen Afrika und in Asien siehe etwa Biffl und Stepan (2016).

aller Regel wird es dabei langfristig zu einer allmählichen Symbiose von vorhandenen und neu hinzugekommenen Kulturelementen kommen. Selten wird im Eroberungsfall die unterworfene Kultur völlig ausgelöscht, noch seltener können solche Wanderungen gewaltsam verhindert werden. Allerdings hat der technische Fortschritt bewirkt, dass im Zeitablauf immer mehr Menschen friedlich migrieren konnten – das wird sich auch in Zukunft nicht ändern.

Ebenso sind immer mehr Menschen in kriegerische Auseinandersetzungen einbezogen worden. In Zukunft werden die „Neuen Kriege" (im Sinne von Mary Kaldor, 2018) möglicherweise nicht mehr von regulären Armeen in steuerfinanzierten Schlachten für geopolitisch motivierte Ideologien ausgefochten. Vielmehr wird über informelle Netzwerke und dubiose Finanzierung im Namen eines anonymen „Volkes" zugunsten von partikulären Identitäten gekämpft, wobei auch dann nicht vor Bedrohung und Vertreibung unerwünschter Bevölkerungsteile zurückgeschreckt werden wird.

3.4 Migranten, Flüchtlinge und Asylanten

Das Migrationsphänomen hat eine verwirrende **Vielfalt von Begriffen** für wandernde Personen geschaffen, teilweise auch als Folge von überlappenden Definitionen in unterschiedlichen Rechtsquellen.[9] Folgt man Hummer (2016), lassen sich vereinfacht und für die Zwecke der vorliegenden Analyse folgende Personengruppen unterscheiden:

- *Flüchtling* ist nach Artikel 1 der Genfer Flüchtlingskonvention aus 1951 (siehe Box 3.2) eine Person, „*die aus der begründeten Furcht vor Verfolgung wegen ihrer Rasse, Religion, Nationalität, Zugehörigkeit zu einer bestimmten sozialen Gruppe oder wegen ihrer politischen Überzeugung sich außerhalb des Landes befindet, dessen Staatsangehörigkeit sie besitzt, und den Schutz dieses Landes nicht annehmen kann oder wegen dieser Befürchtungen nicht annehmen will*". Solche „Konventionsflüchtlinge" genießen ein Asylrecht, wogegen „Kriegsflüchtlinge" (etwa aus Afghanistan, Irak, Syrien) auf Grund der Europäischen Menschenrechtskonvention nur ein Anrecht auf temporären „subsidiären Schutz" haben.
- *Asylsuchende* (AsylwerberInnen) sind Personen, die um Schutz im Sinne der Genfer Konvention angesucht haben und auf eine entsprechende Entscheidung

---

[9] Vgl. hierzu auch Kanduth (2018) und UNHCR (2013).

warten. *Asylberechtigte* sind Personen, die nach Durchlaufen des Asylverfahrens einen positiven Bescheid erhalten haben.

*   Als *„subsidiär schutzberechtigt"* gelten Fremde, die kein Asylrecht haben (deren Asylantrag abgewiesen wurde), deren Leben oder Gesundheit aber im Falle einer Abschiebung bzw. Rückführung in ihre Herkunftsstaaten bedroht wäre.
*   Das *humanitäre Bleiberecht* ermöglicht die Zuerkennung eines befristeten Aufenthaltstitels aus humanitären oder pragmatischen Gründen für schutzbedürftige und gut integrierte Personen, die kein Asylrecht genießen, aber aufgrund anderer Rechte nicht abgeschoben werden dürfen.
*   *Internationale MigrantInnen* sind Person, die das Land ihres üblichen Aufenthaltsorts ändern (UN DESA, 1998). Sie wandern aus verschiedenen Gründen, die nicht in der Genfer Konvention gedeckt sind, von einem Land in ein anderes (z. B. „Wirtschaftsflüchtlinge", die einfach nur ihre Lebenslage verbessern wollen). Die Zielländer können für diese Personen ihr Einwanderungsrecht ohne völkerrechtliche Bindungen frei gestalten.
*   *Nationale MigrantInnen* wandern aus verschiedenen Gründen innerhalb eines Landes, z. B. von ländlichen Gegenden in die Städte.

Für die ersten vier Gruppen zusammen, also für alle in einem gewissen Grad schutzberechtigte Einwanderer, verwendet die OECD noch den Begriff der „humanitarian migrants" (z. B. in OECD, 2015).

Box 3.2: Die Rechte von Flüchtlingen
Ausgehend von der Allgemeinen Erklärung der Menschenrechte aus 1948 hat eine UN-Sonderkonferenz am 28. Juli 1951 die *Genfer Flüchtlingskonvention* verabschiedet. Sie definiert den Flüchtlingsbegriff und regelt Ausweisung und Zurückweisung: Kein Flüchtling darf in eine Region abgeschoben werden, in der sein Leben oder seine Freiheit bedroht sind (Art. 33 Abs. 1). Gleichzeitig werden die Rechte von Flüchtlingen definiert (etwa die Religionsfreiheit und das Recht auf Arbeit) und bestimmte Personengruppen vom Flüchtlingsstatus ausgeschlossen (etwa Kriegsverbrecher). Da die Konvention vor allem auf den Schutz europäischer Flüchtlinge nach dem Zweiten Weltkrieg abzielte, wurde sie 1967 durch ein Protokoll erweitert, das Menschen weltweit Schutz und Unterstützung garantieren soll. Die Unterzeichnerstaaten sind dazu verpflichtet, Flüchtlingen Zugang zu medizinischer Versorgung, Bildung und Sozialleistungen zu gewähren.

Die *Charta der Grundrechte der EU* wurde beim Europäischen Rat von Nizza (Dezember 2000) beschlossen und verkündet. Sie beruht sowohl auf der Europäischen Menschenrechtskonvention aus 1950 (in Kraft seit 1953) als auch auf den Verfassungstraditionen der EU-Mitgliedstaaten und widmet sich insbesondere der Würde des Menschen, ihren Freiheiten, der Gleichheit und Solidarität, den Bürgerrechten sowie den judiziellen Rechten der Unionsbürgerschaft. Artikel 10(1) der Charta legt fest: *„Jede Person hat das Recht auf Gedanken-, Gewissens- und Religionsfreiheit. Dieses Recht umfasst die Freiheit, die Religion oder Weltanschauung zu wechseln, und die Freiheit, seine Religion oder Weltanschauung einzeln oder gemeinsam mit anderen öffentlich oder privat durch Gottesdienst, Unterricht, Bräuche und Riten zu bekennen."*
Der *Vertrag von Lissabon* (Artikel 78 und Protokoll Nr. 24) hat die Genfer Flüchtlingskonvention und die EU-Grundrechtecharta (Artikel 18) in das EU-Rechtssystem integriert, Rechtsverletzungen können auf dem Klageweg verfolgt werden (BPB, 2018).

Welche Ansätze für die Wirtschafts- und Sozialpolitik zur Bewältigung von Problemen im Zusammenhang mit Migration praxistauglich sind, hängt von der **Art der Wanderungsbewegung** ab (Tab. 3.1). Zu unterscheiden wäre zunächst zwischen *temporären* und *permanenten* Wanderungen, weil sie in ihren ökonomischen und sozialen Wirkungen differieren und sie oft auch rechtlich nicht gleich behandelt werden. Eine weitere Unterscheidung ist schon angesprochen worden: Bei *gradueller* Zuwanderung bleiben sowohl organisatorische als auch integrationspolitische Probleme übersichtlich und bewältigbar, wogegen die Wirkungen bei *massiven* Wanderungsströmen im Herkunfts- und im Zielland schockartig auftreten und keine zeitgerechten und adäquaten Anpassungen ermöglichen.

Im Gegensatz zu den meist plötzlich auftretenden und unfreiwillig erduldeten Fluchtursachen ist die **Wirtschaftsmigration** bis zu einem gewissen Grad freiwillig und wird von den Auswanderungswilligen in der Regel auch langfristig vorbereitet. Graduelle Migration kann und soll im Interesse von Herkunfts- und Zielland politisch gesteuert werden, indem etwa Genehmigungen im Herkunftsland von den konsularischen Vertretungen des Ziellandes erteilt werden („*legale Migration*"). Zusätzlich sollte *zirkuläre Migration* unterstützt werden, indem im Zielland die Aufenthaltsgenehmigungen befristet erteilt werden und im Herkunftsland die

Tab. 3.1 Arten von internationalen Wanderungsbewegungen

	Unfreiwillige Wanderung (Kriege, Vertreibungen, Katastrophen)		Freiwillige Wanderung	
	Temporär (Flüchtlinge und Vertriebene)	Permanent (Flüchtlinge und Vertriebene mit Integration)	Temporär (Saison-, Gastarbeiter, zirkuläre Migration)	Permanent (Wirtschafts-MigrantInnen)
Massiv	• Brain-Drain im Herkunftsland • Kulturschock in Zielland • Asylsystem blockiert • Genfer Flüchtlingskonvention und Dublin-Abkommen versagen	• Brain-Drain im Herkunftsland • Kulturschock im Zielland • Lange Asylverfahren • Verzögerte Anwendung von Genfer Flüchtlingskonvention und Dublin-Abkommen	• Brain-Drain im Herkunftsland • Mildert im Zielland Defizite im Arbeitsangebot • Dämpft Löhne im Zielland • Genfer Flüchtlingskonvention und Dublin-Abkommen nicht anwendbar	• Völkerwanderung mit Brain-Drain im Herkunftsland und • Kulturschock im Zielland • Genfer Flüchtlingskonvention und Dublin-Abkommen nicht anwendbar
Graduell	• Ordnungsgemäße Asylverfahren • Genfer Flüchtlingskonvention und Dublin-Abkommen anwerdbar	• Ordnungsgemäße Asylverfahren • Genfer Flüchtlingskonvention und Dublin-Abkommen anwendbar • Irreguläre Migration zur Vermeidung des Asylverfahrens	• Mildert im Zielland Defizite im Arbeitsangebot • Dämpft Löhne im Zielland • Genfer Flüchtlingskonvention und Dublin-Abkommen nicht anwendbar	• Integrationsmaßnahmen wirksam • Kann strukturschwache Regionen stärken • Genfer Flüchtlingskonvention und Dublin-Abkommen nicht anwendbar

Quelle: Eigene Zusammenstellung

Wiedereingliederung von Rückkehrern erleichtert wird. Bei der *„illegalen Migration"* versuchen die Auswanderer (oft mit bezahlten Schleppern), in das erwünschte Zielland zu gelangen und damit den Risiken des Asylverfahrens zu entgehen.

Ganz anders verhält es sich bei **Massenmigration** (z. B. als Folge von Kriegen oder wiederkehrenden Trockenperioden, die die Aussicht auf Besserung allmählich schwinden lassen und schließlich in der betroffenen Region zu einer umfassenden Exodusbewegung führen), die eine ordnungsgemäße Abwicklung eines Einwanderungsverfahrens ausschließt (*„irreguläre Migration"*). Die Einwanderungsbehörden stehen vor der Herausforderung, einerseits die irregulären Wanderungsströme zu kontrollieren (bis hin zur Organisation von Rückführungen in die Herkunftsländer), andererseits die Verfahren für asylwerbende Flüchtlinge rasch abzuwickeln und Anschlussaktivitäten (Sozialleistungen, Ausbildung, Integration in den Arbeitsmarkt) bereitzustellen. Selbst wenn sich viele irreguläre Migranten als Flüchtlinge fühlen, gelingt es nicht allen, das individuelle Asylverfahren zu durchlaufen und Asylstatus zu erhalten. Sie sind dann im Zielland oft nicht integriert und erhalten nur unzureichende Möglichkeiten für Ausbildung und Beschäftigung.

Im Extremfall landen solche Personengruppen in Flüchtlingslagern, die oft zu permanenten Aufenthaltsorten mit nur rudimentärer Infrastruktur werden. Überall in der Welt werden die nationalen Grenzen hochgefahren, um Flüchtlings- und Migrationswellen abzubremsen: nicht nur in Kenia gegen Somalis, auch in Bangladesch gegen Rohingyas, in Australien gegen Chinesen, in den USA gegen Venezolaner, in Europa gegen Syrer und Schwarzafrikaner. Die kenianische Schriftstellerin Nanjala Nyabola (2019) sieht die liberale Weltordnung in Gefahr und hält die Zeit für reif, endlich eine **Reform der Genfer Flüchtlingskonvention** in Angriff zu nehmen, die sich als völlig unzureichend erweist, wenn große Menschenmengen in kurzer Zeit migrieren wollen. Damit ist auch die EU seit der Flüchtlingskrise von 2015 konfrontiert, die 2017 Ungarn und 2020 Griechenland bewogen hat, das Asylrecht zu suspendieren, und die in Österreich zum Versuch führte, die „Balkanroute" zu schließen. Dagegen stießen 2022 die plötzlich aus der Ukraine Vertriebenen in den Nachbarstaaten auf große Hilfsbereitschaft – sie werden als kulturell Nahestehende empfunden, die ohnehin so bald wie möglich in ihre Heimat zurückkehren wollen.

Kurz zusammengefasst liegen die Ursachen von Migrationsbewegungen sowohl im Herkunfts- als auch im Zielland, in beiden Regionen können sie gravierende Folgen auslösen. Ein Migrationsdruck kann sowohl nach Naturkatastrophen oder wegen kriegerischer Auseinandersetzungen entstehen, als auch das Ergebnis unzureichender Lebensumstände und -perspektiven sein. Ein Migrationssog kommt aus jenen Ländern, die einen hohen Lebensstandard mit funktionierendem

Sozialsystem aufweisen und ihren Bedarf an Arbeitskräften nicht im Inland decken können. Daher unterscheidet man auch zwischen freiwilliger und unfreiwilliger Migration bzw. zwischen temporärer und permanenter Migration. Treten solche Bewegungen massenhaft auf, sind die internationalen Schutzregeln ebenso überfordert wie die betroffenen Staaten. Es stellt sich dann die Frage, ob der internationale Konsens über das Asylwesen wenigstens gewahrt bleiben kann, ein Konsens über Verbesserungen ist unter solchen Umständen kaum zu erzielen.

3.5   Religiöse Konflikte und Aufklärung

Migrationswellen können bei der angestammten Bevölkerung einen Kulturschock auslösen: Dies gilt jedenfalls für die kriegerische Eroberung, insbesondere wenn die Eroberer in zerstörerischer Absicht kommen. Aber auch friedlich in großer Zahl einwandernde Personengruppen drohen angestammte Kulturen zu überlagern oder zu verdrängen: Die Einwanderer führen neues Brauchtum mit sich, sprechen eine andere Sprache und haben oft auch ein fremdes religiöses Verständnis.

Blickt man in der Geschichte zurück, wurden **politische Auseinandersetzungen oft von religiösen Vorstellungen geprägt**. Besondere Bedeutung kommt dabei den Abrahamitischen Religionen (Judentum, Christentum und Islam) zu, die einen bleibenden Einfluss auf die Wirtschafts- und Gesellschaftsentwicklung ganzer Regionen ausübten – empirisch auch ein Ergebnis des Zusammenwirkens der religiösen Institutionen mit den politischen Kräften der jeweiligen Region. Becker et al. (2020) unterstreichen die Bedeutung der *monotheistische Religionen* für die Wirtschaftsgeschichte: (i) sie fördern die Verbindung zwischen Religion und politischer Macht, indem sie Konflikte innerhalb einer Gesellschaft verringern, aber solche zwischen unterschiedlichen Gesellschaften verstärken; (ii) ihre Lehr- und Lerneinrichtungen bestimmen das Bildungsniveau einer Gesellschaft; und (iii) die jeweiligen sozioökonomischen Faktoren sind für die Art und die Verbreitung von Glaubensbekenntnissen verantwortlich. Für den Ägyptologen und Kulturwissenschafter Jan Assmann (2016) polarisiert der Monotheismus zwischen richtiger und falscher Religion und unterscheidet damit zwischen Gläubigen und Ungläubigen bzw. zwischen Freund und Feind, woraus immer wieder Kriege zwischen Nationen entstanden sind (Sloterdijk, 2007). Man denke an die für Europa besonders relevanten islamischen Eroberungskriege im 7. und 8. Jahrhundert, an die christlichen Kreuzzüge vom späten 11. bis zum 13. Jahrhundert, an die Inquisition ab dem 13. Jahrhundert, an die französischen Hugenottenkriege von 1562–98 und an den Dreißigjährigen Krieg von 1618-48.

Sozioökonomische Faktoren waren nach Inglehart (2020) nicht nur für das ursprüngliche Entstehen von Religionen verantwortlich, sie wirken noch heute fort: Je mehr sich Gesellschaften von agrarischen über industrielle zu wissensbasierten Formen entwickeln, umso besser funktioniert die persönliche und familiäre Existenzsicherung und umso geringer wird die Bedeutung von Religion für die soziale Absicherung. Empirisch zeigt sich dies am allgemeinen Rückgang von Religiosität in der Welt. Signifikante Ausnahmen, in denen die Religiosität zugenommen hat, finden sich in Indien und in einigen Staaten des früheren Osteuropa (Bulgarien, Moldawien, Russland). Der von vielen Beobachtern mit dem Bedeutungsverlust der Religionen befürchtete Rückgang an allgemeiner Moral (Zunahme von Gewalttaten und Korruption) lässt sich empirisch nicht bestätigen. Für die Zukunft sieht Inglehart einen weiteren Rückgang an Religiosität, der in Phasen mit großer Unsicherheit (etwa durch die COVID-19-Pandemie) temporär unterbrochen werden kann.

Für den Politikwissenschafter Francis Fukuyama (2012a) von der Stanford-Universität sind in der westlichen Welt gesellschaftlich relevante Ideen bis vor etwa 300 Jahren fast ausschließlich von religiösen Institutionen ausgegangen. Die enge Verbindung zwischen staatlicher Verwaltung und Religion im „Heiligen Römischen Reich Deutscher Nation" des späten Mittelalters und der Neuzeit hat in Europa dem **Christentum** zu einer dominanten Position verholfen. Der entscheidende Ausgangspunkt hierfür war die Anerkennung des katholischen Christentums im Sinne des Konzils von Nizäa (325) als römische Staatsreligion unter Theodosius I. im Jahr 380. Gleichzeitig wurden damals sowohl heidnische Kulte als auch ketzerische christliche Lehren verboten und unter staatliche Strafe gestellt.

Wer sich in Europa allein auf das hellenistisch-römisch-christliche Erbe beruft, verdrängt einerseits, dass das christliche Europa lange Zeit in sich zerrissen war (man denke an den Dreißigjährigen Krieg), und andererseits, dass wiederholt islamische Einflüsse aufgenommen wurden – sei es im Mittelalter im maurischen al-Andalus oder in der Neuzeit über die osmanischen Eroberungen. Schließlich bleibt der jüdische Einfluss unterbelichtet, der sich parallel zur Ausbreitung des Christentums im Römischen Reich und zur beginnenden Islamisierung in Europa etabliert hat.

Erst die **europäische Aufklärung** mit Schwerpunkt im 18. Jahrhundert hat religiöse Toleranz gepredigt und dafür gesorgt, dass es in christlich dominierten Gesellschaften zu einer weitgehenden Trennung von Kirche und Staat gekommen ist. Die Säkularität bedeutet (nach Köchler, 2013) *„die Neutralität des Staates gegenüber der Religion, was Äquidistanz und die Respektierung der inneren Autonomie der Religionsgemeinschaften, aber auch – nach dem Prinzip der Gegenseitigkeit – den Verzicht der religiösen Gruppierungen auf direkte politische Einflussnahme einschließt."* Für Immanuel Kant (1784) ist Aufklärung *„der Ausgang des Men-*

schen aus seiner selbstverschuldeten Unmündigkeit", die *„das Unvermögen, sich seines Verstandes ohne Leitung eines anderen zu bedienen"* ausdrückt. Das Gedankengut der Aufklärung schlug sich in einer allmählichen **Anerkennung von Menschenrechten** nieder. Aber erst 1948 kam es zur Allgemeinen Erklärung der Menschenrechte durch die UN-Generalversammlung und 1950 zur Europäischen Menschenrechtskonvention (siehe auch Box 3.2).

Die im Rahmen der Menschenrechte garantierte Religionsfreiheit wird zu einem Problem, wenn daraus fundamentalistische **Religionsfeindlichkeit** erwächst, die die Identität ganzer Bevölkerungsgruppen in Frage stellt. Dies war während der Französischen Revolution der Fall, als nach dem Ende des Katholizismus als Staatsreligion (1789) im Jahr 1793 die „Entchristianisierung" (Umwandlung von Kirchen in „Tempel der Vernunft") folgte. Die Problematik einer derart fanatischen Vorgangsweise hat später auch Lenin (1919) erkannt, der zwar *„die vollständige Zerstörung der Verbindung zwischen den Ausbeuterklassen und der Organisation der religiösen Propaganda wie auch die faktische Befreiung der Werktätigen Massen von den religiösen Vorurteilen"* erreichen wollte, doch wäre dabei *„sorgfältig jede Verletzung der Gefühle der Gläubigen zu vermeiden, da sie lediglich zur Stärkung des religiösen Fanatismus führt."*

Der deutsche Soziologe Max Weber (1904/05) setzte sich mit der Frage auseinander, wie sich Religionsunterschiede in Europa auf die wirtschaftliche Entwicklung ausgewirkt haben und vergleicht dazu die unterschiedlichen Pro-Kopf-Einkommen der (überwiegend protestantischen) Deutschen und der Minderheit der (katholischen) Polen im Deutschen Reich des späten 19. Jahrhunderts. Die höheren Einkommen der Deutschen schreibt er deren *protestantischer Ethik* zu, die über eine asketische Spareigung zu mehr Kapitalakkumulation und höherem Wachstum führte. Acemoğlu und Robinson (2012) sehen dagegen keinen generellen Zusammenhang zwischen Religion und wirtschaftlichem Erfolg. Sie erweitern die Sicht Max Webers mit unzähligen Beispielen aus der gesamten Welt und führen die Wohlstandunterschiede zwischen Nationen und Ländern ganz allgemein auf institutionelle Faktoren zurück („inclusive" versus „extractive" institutions). Auch Kersting et al. (2019) finden in ihren ökonometrischen Untersuchungen keinen Einfluss der Religion, wohl aber einen solchen von ethnischen Unterschieden. Sie schreiben das Ergebnis dem deutschen Nationalismus zu, der die Polen diskriminierte und ihre Bildungsmöglichkeiten einschränkte.[10]

In der **islamischen Welt** gab es ebenfalls Säkularisierungstendenzen. Am nachhaltigsten erwies sich der „Kemalismus" in der neu ausgerufenen türkischen Repu-

---

[10] Bei Kurz (2020) findet sich weitere Literatur zur Erklärung solcher Ungleichheiten und ihrer Ursachen.

blik ab 1923, nach deren Verfassung die Türkei ein *„demokratischer, laizistischer und sozialer Rechtsstaat"* ist. Gegenbewegungen finden sich in der Iranischen Republik seit 1979 (nach dem Sturz des Schah), aber auch in der Türkei unter seinem Präsidenten Recep Tayyip Erdoğan. Die Rückverwandlung der ursprünglich christlichen Kathedrale Hagia Sophia in Istanbul von einem Museum in eine Mosche ist augenfälliger Ausdruck dieser Entwicklung. Damit hat sich die von der Aufklärung geprägte Sicht vom Verhältnis zwischen Staat und Religion in der Türkei nicht durchsetzen können.

Mit der aktuellen Migrationswelle kommen viele Zuwanderer aus Gesellschaften nach Europa, die von der Aufklärung nicht erfasst worden sind. Daraus entsteht hier ein neues Konfliktpotenzial, nunmehr weniger zwischen Religionen (hier gibt es ja Bestrebungen, die Gemeinsamkeiten in den Vordergrund zu stellen), sondern zwischen aufgeklärten und nicht aufgeklärten Gesellschaftsgruppen.[11] Dieser Kampf hat somit keine direkten religiösen Wurzeln. Er bildet vielmehr jene nationalen Spannungen ab, die nach Ende des Ersten Weltkriegs von den Trümmern des Osmanischen Reiches und den von den Entente-Mächten neu errichteten Protektoraten und Territorialstaaten ausgingen.

Ein besonders explosives Spannungsfeld entsteht, wenn sich religiöser Fanatismus verselbstständigt und den Bezug zu den Grundanliegen seiner Basisreligion verliert. Wie soll man mit Spannungen umgehen, die aus der Verletzung religiöser Gefühle entstehen – wie offensichtlich durch die Mohammed-Karikaturen der Jyllands-Posten in Dänemark (2005) oder von Charlie Hebdo in Frankreich (2015) – und die in der Folge radikal-islamistisch inspirierte Terroranschläge auslösen, mit denen die westliche Welt destabilisiert werden soll? Als unmittelbare Reaktion auf den Terroranschlag in Wien vom 2. November 2020 schreibt etwa Ultsch (2020): *„Radikale Islamisten wollen einen Kampf der Kulturen herbeischießen und herbeibomben. Sie wollen die Eskalation und die Polarisierung. Ihnen kommt es gelegen, Islam-Feindlichkeit zu schüren. Denn so wollen sie auch gemäßigte Muslime auf ihre Seite ziehen."* Die kondolierende europäische Politik war sich einig, solchen Anschlägen geschlossen entgegenzutreten, über die anzuwendenden Mittel besteht hingegen wenig Konsens.

> „Um religiös motivierte Auseinandersetzungen zwischen Stammbevölkerung und Zugewanderten zu vermeiden, bedarf es eines Minimums an wechselseitigem Verständnis für die Religion des anderen. Um dies zu fördern, müsste zusätzlich zum herkömmlichen Religionsunterricht der anerkannten Religionsgemeinschaften (oder stattdessen) der in Österreich schon lange diskutierte **Ethikunterricht** treten. Neben

---

[11] Dieses Spannungsfeld hat sich etwa Sarrazin (2018) in seinem islamophoben Weltbild ausgesucht, um Stimmung gegen die Immigration nach Europa zu machen.

anderen allgemeinbildenden Maßnahmen (vom Kindergarten bis zur Volksbildung) würde dies zum Abbau von religiösen Spannungen im Alltag beitragen – wie jene über das Verschleierungsverbot im öffentlichen Raum.[12] Als Reaktion auf die Ermordung des französischen Lehrers Samuel Paty am 16. Oktober 2020 ‚im Namen Allahs‘ tritt Lahodynsky (2020) für einen verpflichtenden Ethikunterricht ein, *in dem junge EU-Bürger und Migranten jene Grundwerte vermittelt bekommen, welche die bürgerlichen Freiheiten in der europäischen Gesellschaft ausmachen. Hassaufrufe – und dazu zähle ich auch Attacken von katholischen Bischöfen und Priestern in Polen gegen Homosexuelle – müssen bestraft werden‘.*"

Reformation und Aufklärung haben dafür gesorgt, dass sich in Europa eine weitgehende Trennung von Kirche und Staat durchgesetzt hat. Das Grundrecht auf Religionsfreiheit kann aber nicht so weit gehen, dass mit seiner Ausübung andere grundlegende Menschenrechte Einzelner verletzt und ein friedliches Zusammenleben in der Gesellschaft verhindert werden. **Im kulturellen Kampf zwischen religiös motiviertem Fanatismus und aufgeklärtem Säkularismus ist Europa gefordert, letzteren nicht nur zu leben, sondern energisch zu verteidigen.**

3.6 Migrationspotenzial

Versucht man, das **gegenwärtige Migrationspotenzial im Weltmaßstab** abzuschätzen, muss man nach Montag (1993) Folgendes berücksichtigen:

- Die Diskrepanz zwischen dem Reichtum der Industriestaaten (vornehmlich USA, EU und Japan) sowie einiger industrieller Schwellenländer (Brasilien, China, Mexiko, Südafrika) auf der einen Seite und den Entwicklungsländern auf der anderen vergrößert sich allmählich. Daher wird die von Milanović (2016) ins Treffen geführte „Länderprämie" auch in Zukunft die Migrationsströme mitbestimmen.
- Die Bevölkerungsexplosion hält an, sie wird insbesondere durch Afrika alimentiert.
- Die Möglichkeiten für eine ausreichende Ernährung schrumpfen insbesondere in Südasien und in großen Teilen Afrikas. Ökologische Katastrophen verstärken zusätzlich die Armut und den Hunger.

Wenn diese Faktoren nicht wesentlich verändert werden (derzeit deutet nichts darauf hin), dann kann es zu Migrationswellen ähnlichen Ausmaßes wie schon in der

---

[12] Vgl. etwa die Pro- und Kontra-Diskussion bei Hirn und Honnacker (2016).

jüngeren Geschichte kommen. Das Wanderungspotenzial steigt insbesondere dann, wenn sich die Schere zwischen der Hoffnung auf Verbesserung des Lebensniveaus und der tatsächlichen Entwicklung öffnet. Dabei kommt es nicht nur auf die erwartete Einkommensentwicklung an, sondern auch auf die Aussichten bezüglich Sicherheit, Ausbildung, materielle Infrastruktur, Vermögensbildung und Zugang zu Informationen (De Haas, 2007). Eine allmähliche Verbesserung dieser Faktoren in den Herkunftsländern ermöglicht es zunächst mehr Personen, eine Auswanderung in Angriff zu nehmen. Daher kann auch bei erfolgreicher Entwicklungshilfe auf absehbare Zeit nicht mit einer Abnahme des Wanderungsdrucks gerechnet werden.

Zur **Relation zwischen Einkommensniveau und Migration** bestehen unterschiedliche Theorien, die Empirie legt aber einen positiven Zusammenhang im unteren Einkommensbereich nahe (Armut dämpft die Migrationschancen), der sich bei höheren Pro-Kopf-Einkommen – etwa ab 10.000 USD – umkehrt (Handler, 2018). Im mittleren Einkommensbereich entsteht damit ein „Migrationsbuckel" (migration hump), der aber auch durch viele andere Faktoren bestimmt wird. Angenendt et al. (2017) erwähnen den wirtschaftlichen Strukturwandel, die Jugendarbeitslosigkeit, zunehmend ungleiche Einkommensverteilung und Kreditrestriktionen. **Wanderungsbewegungen sind somit ein gemischtes Phänomen, bei dem Migrations- und Fluchtmotive ineinandergreifen.**

Die in Europa emotional geführten Einwanderungsdiskussion der letzten Jahre ist der rapiden Zunahme der *Flüchtlingszahlen* zu danken. Das UN-Flüchtlingshilfswerk berichtet, dass Mitte 2022 in der gesamten Welt nicht weniger als 103 Mio. Menschen auf der Flucht waren, davon 53 Mio. Personen als Binnenvertriebene (Flüchtende im eigenen Land). Weltweit wurden 32,5 Mio. anerkannte Flüchtlinge, 4,9 Mio. Asylwerber und weitere 5,3 Mio. als weitere Schutzbedürftige gezählt. Rechnet man die zusätzliche Wirtschaftsmigration von etwa 2–4 % der Weltbevölkerung hinzu, bleibt man allerdings noch unter der europäischen Auswanderungsrate im 19. Jahrhundert.

Nach groben Schätzungen internationaler Organisationen gibt es weltweit etwa eine Milliarde *MigrantInnen* (IOM, 2021). Der größte Teil davon sind Personen, die innerhalb ihres eigenen Landes unterwegs waren, allein innerhalb Chinas befanden sich 150 Mio. Menschen auf Wanderschaft. Da deren Schicksal dem jeweiligen nationalen Rechtssystem unterliegt, kommt ihnen im Weltmaßstab weniger Aufmerksamkeit zu als den internationalen MigrantInnen. Betrachtet man nur diese,[13] dann zählte die UN zur Jahresmitte 2020 (also noch vor dem Ukrainekrieg)

---

[13] Detaillierte Daten bis 2020 veröffentlichen die Vereinten Nationen unter https://www.un.org/development/desa/pd/content/international-migrant-stock.

280,6 Mio. Personen (d.s. 3,6 % der Weltbevölkerung), die auf grenzüberschreitender Wanderschaft waren, in Europa allein waren es 86,7 Mio. Personen (oder 11,6 % der Bevölkerung).

Nach Herkunftsregionen kamen 41 % aller Auswanderer aus Asien, 23 % aus europäischen Ländern, 14 % aus Afrika und 16 % aus Lateinamerika und Ozeanien. Die Auswanderung aus Nordamerika ist mit weniger als 2 % unbedeutend. Unter den Zielregionen der Migration stechen Europa und Asien (mit je 31 % aller Zuwanderer) sowie Nordamerika (21 %) hervor (Tab. 3.2). **Insgesamt ist die Wanderung innerhalb von Kontinenten oft ausgedehnter als über Kontinente hinweg**, weil vor allem Flüchtlinge ein Zielland möglichst nahe ihrem Heimatland zu finden suchen. In den Zahlen für Europa schlägt sich die Arbeitsmigration in die EU nieder, in Zukunft scheinen hier auch die Vertriebenen aus der Ukraine auf.

Angesichts des rapiden Bevölkerungswachstums in der Nachbarschaft Europas muss man auch in Zukunft mit massiven Migrationsströmen nach Europa rechnen. Nach Schätzungen der Vereinten Nationen (UN DESA, 2022) wird sich die Weltbevölkerung von 8,0 Mrd. Personen im Jahr 2022 bis 2050 auf 9,7 Mrd. und bis 2100 weiter auf 10,4 Mrd. Menschen erhöhen. In Subsahara-Afrika wird sich die Einwohnerzahl von derzeit 1,2 Mrd. Personen bis 2050 auf 2,1 Mrd. beinahe verdoppeln, im selben Zeitraum bleibt die Bevölkerung in Europa und Nordamerika bei 1,1 Mrd. Menschen unverändert.

UN-Projektionen der Bevölkerungsentwicklung weisen Europa als einen schrumpfenden Kontinent aus, dessen demografische Überalterung nur durch Zuwanderung einigermaßen kompensiert wird, und zwar nicht nur quantitativ, sondern auch in bestimmten Berufsgruppen. Ohne Zuwanderer müsste Europa Einbußen im realwirtschaftlichen Wachstum hinnehmen (Livi-Bacci, 2018). Daher sollte es die in Zukunft zu erwartenden Zuwanderungsströme nicht von vornherein abwehren, sondern in überschaubare Bahnen lenken. **Nicht Abschottung und externe Anlandeplattformen sind die Problemlöser, sondern kontrollierte Öffnung in Verbindung mit einem forcierten Ausbau von Bildungseinrichtungen**, die eine reibungslose Integration unterstützen (Printzos, 2018).

Zu den Unterschieden im Bevölkerungswachstum zwischen der EU und ihrer Nachbarschaft kommen noch die enormen **Unterschiede in den Einkommensniveaus**: Nach Daten der Weltbank lag das reale BIP pro Kopf 2022 (zu Preisen von 2015) in der EU27 mit 33.962 USD mehr als zwanzigmal so hoch wie in Subsahara-Afrika (1618 USD). Sollten die Bildungs- und Einkommenschancen in Afrika nicht dramatisch verbessert werden (wie realistisch ist eine derartige Verbesserung, auch unter Berücksichtigung der UN Sustainable Development Goals und aller Anstrengungen zu ihrer Umsetzung?), muss mit weiteren Millionen an Auswanderern

Tab. 3.2 Stand an internationalen MigrantInnen nach Herkunfts- und Zielregionen, Jahresmitte 2020 (Millionen Personen)

Herkunftsländer → Zielländer ↓	Afrika	Asien	Europa	Lateinamerika	Nordamerika	Ozeanien	Unbekannt	Welt
Afrika	**20,92**	1,21	0,65	0,03	0,05	0,01	2,52	25,39
Asien	4,72	**68,50**	7,17	0,41	0,54	0,10	4,18	85,62
Europa	11,02	23,20	**44,25**	5,40	1,10	0,40	1,34	86,71
Lateinamerika	0,05	0,40	1,36	**11,30**	1,29	0,01	0,38	14,79
Nordamerika	3,27	17,55	6,87	25,54	**1,09**	0,34	4,05	58,71
Ozeanien	0,59	4,05	2,98	0,21	0,25	**1,11**	0,19	9,38
Welt	40,57	114,91	63,27	42,89	4,33	1,97	12,66	**280,60**

Datenquelle: UN DESA, Population Division, International Migrant Stock 2020

Tab. 3.3 Entwicklung des realen BIP pro Kopf in ausgewählten Ländern und Regionen. (US-Dollar zu Preisen von 2015)

Region bzw. Land	1990	2022	Niveauvergleich 2022/1990
EU27	21.536	33.962	1,58
USA	39.304	62.867	1,60
China	905	11.560	12,77
Indien	535	2085	3,90
Subsahara Afrika	1299	1618	1,25
Welt	6801	11.287	1,66

Daten: The World Bank, World Development Indicators

gerechnet werden (Hassan, 2017). Tab. 3.3 enthält ergänzende Daten zur Entwicklung der realen Pro-Kopf-Einkommen ausgewählter Länder und Regionen im Vergleich zu 1990. Damals betrug das Einkommensniveau der bevölkerungsreichen Länder Asiens (China, Indien) näherungsweise ein Zehntel des Weltdurchschnitts. Seither hat China mit herausragenden Zuwächsen den Durchschnitt überholt, Indien steht dagegen erst am Beginn eines sich abzeichnenden Aufholprozesses.

Angesichts der Flüchtlingskrise von 2015 (die vor allem den Ereignissen im Nahen Osten geschuldet war) geriet die **Wanderung von Afrikanern nach Europa** aus dem Blickwinkel. Sie droht sowohl für Europa als auch für Afrika zur größten Herausforderung im 21. Jahrhundert zu werden (Asfa-Wossen Asserate, 2016). Auf Afrika treffen alle wesentlichen Druckfaktoren für Auswanderung (Bevölkerungsexplosion, Bürgerkriege, Armut und Naturkatastrophen) zu. Moyo (2018) unterstreicht, dass Afrika als Quelle von Epidemien, Terrorismus und Massenwanderungen für die weltweite Stabilität schon jetzt eine Bedrohung ist, die aber in Zukunft durch Klimaveränderungen noch verstärkt werden wird. Dabei stellen sich viele als Hilfe gedachte internationale Aktivitäten in Afrika als fehlgeleitet bis kontraproduktiv heraus. Sie sind überwiegend auf Risikominimierung gerichtet und entfalten kaum Impulse für künftige Beschäftigung vor Ort. Damit Afrika nicht zum zentralen Risiko für die westliche Welt wird, bedarf es einer Neuorientierung und Verstärkung von Hilfsleistungen, um langfristige Problemlösungen über partnerschaftlich organisierte Investitionen zu ermöglichen.

3.7   Migrationsfolgen

Massive Migrationen haben stets beträchtliche Konfliktsituationen hervorgerufen, die vielfach in Gewalt und Gegengewalt, in Völkermord und Katastrophen für ganze Volksgruppen mündeten. Selbst wenn man von lebens- und völkerbedrohenden Extremsituationen absieht, setzt die Wanderung großer Menschengruppen nicht nur die betroffenen Personen unter Stress, es sind auch längerfristige Folgewirkungen sowohl im Zielland als auch im Herkunftsland zu erwarten.

3.7.1 Substitutiv oder komplementär?

Aus der Perspektive der globalen Wohlstandsunterschiede und des politischen Anspruchs, einen allmählichen Ausgleich herbeizuführen, ist es relevant, die **Wechselwirkungen zwischen Migration und anderen wirtschaftlichen Größen** zu kennen. Als Ausgangspunkt solcher Überlegungen kann das vom späteren Nobelpreisträger Paul Samuelson (1948) zum Faktorpreisausgleichstheorem erweiterte Heckscher-Ohlin-Modell für den Außenhandel dienen. Es postuliert, dass Unterschiede in der regionalen Ausstattung mit Produktionsfaktoren (Arbeit, Kapital) der wichtigste Treiber des internationalen Handels mit Waren und Dienstleistungen ist, und prognostiziert, dass bei offenen Grenzen der Außenhandel zu einem allmählichen weltweiten Ausgleich der Faktorkosten (Löhne und Gehälter, Kapitalkosten) beitragen wird. Ähnliche Effekte ergeben sich, wenn die Grenzen nicht nur für den Güterhandel offen sind, sondern auch für mobile Personen.

Daraus abgeleitet ist in vielen Studien untersucht worden, ob **Außenhandel und Migration** einander ersetzen (*substitutiv* wirken) oder ergänzen (*komplementär* agieren). Die Ergebnisse sind entscheidend dafür, auf welche Weise die weltweiten Einkommensdifferenzen am ehesten abgebaut werden können. Dramatischer gefragt: Kann über eine weitere Liberalisierung des Außenhandels vermieden werden, dass die notwendige Angleichung der weltweiten Einkommensniveaus über Massenwanderungen oder kriegerische Auseinandersetzungen erfolgt? In vielen empirischen Untersuchungen hängen Stärke und Richtung des Zusammenhanges zwischen den beiden Größen von jeweiligen Rahmenbedingungen ab und bleiben damit ungewiss (Schiff, 2006). Bei Samuelson wird eine substitutive Beziehung noch für wahrscheinlich gehalten, Markusen (1983) findet dagegen Komplementarität. In neueren Studien trifft man eher auf komplementäre Effekte: Mehr Immigration führt bilateral zu mehr Außenhandel, weil sich die Informationskosten verringern und die Zuwanderer für Güter ihres Heimatlandes werben. Die durchschnittliche Außenhandelselastizität der Immigration über viele Studien beträgt etwa 0,1 bis 0,2, d. h. eine Zunahme der Standes an ImmigrantInnen um 10 % geht mit einem Mehr an Außenhandel um 1 % bis 2 % einher (Genç, 2014).

Wie hat sich der **EU-Binnenmarkt** auf diesen Zusammenhang ausgewirkt. Sein erklärtes Ziel bestand in der Verringerung des wirtschaftlichen und sozialen Gefälles zwischen den Mitgliedstaaten und Regionen. Dafür wurden viele rechtliche Schranken abgebaut und eine weitgehende Mobilität für den Waren-, Dienstleistungs- und Personenverkehr hergestellt. Mit der Kohäsionspolitik werden Anreize gesetzt, die Ausgangspositionen in den Pro-Kopf-Einkommen anzugleichen und damit den Druck auf Wanderungen innerhalb der EU zu verringern. Faktisch unterstützt wird diese Prioritätensetzung durch unzählige auch im Binnenmarkt verbliebene Hindernisse gegen eine unbeschränkte Freizügigkeit der Arbeitskräfte, dazu zählen lange Übergangsfristen bei der Angleichung der Qualifikationserfordernisse und Sozialversicherungssysteme. Sprachschwierigkeiten und Mentalitätsunterschiede kamen und kommen noch hinzu.

Empirische Arbeiten bestätigen für die Arbeitsmigration innerhalb der EU eine substitutive Beziehung mit dem Außenhandel: Mit fortschreitender Integration ist der Außenhandel gestiegen, gleichzeitig haben sich die Lohndifferenzen verringert, und die Binnenwanderung ist zurückgegangen (Bruder, 2004). Das gilt hingegen nicht für die Zuwanderung von außerhalb der EU, hier findet Campaniello (2014) einen komplementären Zusammenhang.

Insgesamt lassen diese Ergebnisse keine allgemeinen Schlüsse zu, wie man die internationalen Wohlstandsunterschiede am ehesten verringern kann. Wie bei Milanović (2017) bleibt die Erkenntnis, dass man nicht allein auf Außenhandel und Investitionen wird setzen können, vielmehr dürfen die wichtigen Beiträge von Migration, Integration und internationaler Kooperation nicht außer Acht gelassen werden.

3.7.2 Herkunftsländer: Wissensabfluss gegen Rücksendungen

Mit den positiven Migrationsfolgen für die Herkunftsländer haben sich Docquier und Rapoport (2012) sowie Rapoport (2016) auseinandergesetzt. Ein Ergebnis ihrer Forschung ist, dass vor allem die gut ausgebildeten Auswanderer entscheidend zur Integration ihrer Herkunftsländer in die Weltwirtschaft beitragen, weil sich über sie der Zugang zu internationalen Märkten, zu Quellen für ausländische Direktinvestitionen und zu globalen Wissensnetzwerken verbessert. Darüber hinaus senden viele Auswanderer Teile ihres Einkommens in ihre Heimatländer (remittances), um ihre zurückgebliebenen Familienmitglieder zu versorgen und Kapital für eine allfällige spätere Rückkehr aufzubauen. Diese Rücksendungen in Länder mit niedrigem und mittlerem Einkommen betrugen 2021 weltweit 738 Mrd. USD, und damit mehr als das Dreifache der offiziellen Entwicklungshilfe (Official Development Aid, ODA), die in den frühen 1990er-Jahren nur knapp dahinter lag (Abb. 3.3).

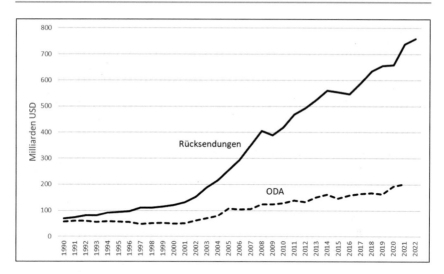

Abb. 3.3 Globale Rücküberweisungen an Entwicklungsländer. (Daten: World Bank, World Development Indicators, ODA received. Abgerufen am 04.10.2023)

Dem für die Herkunftsländer erfreulichen Aspekt der Rücksendungen steht freilich gegenüber, dass mit der Auswanderung von ausgebildeten Personen unverzichtbares Wissenskapital abfließt (Brain-Drain). Dies zeigte sich auch in der intraeuropäischen Migration, die besonders in den zentral- und osteuropäischen Ländern zu einem Verlust an qualifizierten Arbeitskräften geführt hat. Collier (2013) vermerkt, dass durch Migration die soziale Diversität zwar in den Zielländern zunimmt, gleichzeitig aber in den Herkunftsländern schrumpft. Hier verringert sich das Potenzial für einen friedlichen Diskurs auf demokratischer Ebene, und es wird für autoritäre Regime einfacher sich durchzusetzen.

3.7.3 Zielländer: Zunahme der Produktionskapazitäten und der kulturellen Diversität

Die Offenheit eines Landes gegenüber der Welt erhöht langfristig das nationale Pro-Kopf-Einkommen, und zwar nicht nur über den Außenhandel, sondern auch durch Zuwanderung. In einer multilateralen Untersuchung der Auswirkungen von Zuwanderung auf das Zielland halten Ortega und Peri (2009) fest, dass Immigration zunächst die Produktionskapazitäten vermehrt. Bei gleichbleibender gesamtwirtschaftlicher Produktivität erhöht sich damit auch die gesamtwirtschaftliche Wertschöpfung. Im Einzelnen kann die Produktivität sogar steigen, sei es, weil überwiegend gut ausgebildetes Personal zuwandert, sei es, dass angestammte Arbeitskräfte höherwertige Tätigkeiten übernehmen können, wenn weniger qualifizierte Personen ankommen. Zum Einfluss von Immigration auf die Substitution von Inländern und Lohndämpfung gibt es in empirischen Arbeiten keinen einheitlichen Befund, dieser hängt jeweils von persönlichen Voraussetzungen der Zugewanderten, von der Konjunktur und von institutionellen Gegebenheiten im Zielland ab.

Ob Zuwanderer Nettokosten verursachen oder einen *Nettobeitrag zum Staatsbudget* leisten, hängt von weiteren Rahmenbedingungen ab. Nach manchen Berechnungen ergeben sich aus der Immigration für die Empfängerstaaten zwar kurzfristig Nettokosten, langfristig überwiegen aber die Beiträge zur Wirtschaftsleistung. Bahar und Rapoport (2018) sehen in der Migration einen robusten und starken Einflussfaktor auf die Verbreitung von Wissen mit darauffolgender Erhöhung der Wettbewerbsfähigkeit im Zielland. Für Razin und Sadka (2021) bringt die Zuwanderung für das Gastland auch fiskalische Vorteile: Sind die Ankommenden hoch qualifiziert, belasten sie das Budget nicht, erhöhen aber das Innovationspotenzial; sind sie niedrig qualifiziert, tragen ihre Sozialabgaben zur Finanzierung der allgemeinen Pensionslasten bei. In einer Studie über Westeuropa kommen auch D'Albis et al. (2018) zum Schluss, dass auf die „Migrationskrise" nicht nur keine Wirtschaftskrise folgt, sondern im Gegenteil damit wirtschaftliche Vorteile verbunden sind: das BIP pro Kopf steigt, die Arbeitslosenquoten sinken. Bei MigrantInnen treten diese Effekte früher ein (schon nach 1–2 Jahren) als bei Personen im Asylstatus (3–7 Jahre). Auch bei Dadush (2018) spielt der Zeithorizont eine Rolle, weil sich selbst bei erfolgreicher Integration von Zugewanderten kurzfristig Nettokosten ergeben, die für das Aufnahmeland erst langfristig in positive Nettoeffekte umschlagen. Für Batsaikhan et al. (2018) ist aber der Nettoeffekt eng begrenzt, er liegt im Durchschnitt nicht jenseits von ± 1 % des BIP.

In Normalzeiten bleibt Migration in die reichen Zielländer ein überschaubares Phänomen, gesteuert auch durch restriktive Einreisebestimmungen (Pritchett, 2006). Dennoch herrscht dort oft eine ausgeprägte *Aversion gegen Zuwanderung*, weil damit jene trügerische Sicherheit gestört wird, welche von der Einbettung in die homogene Gruppe der eigenen Nation oder der lokalen Gemeinschaft ausstrahlt. Aversion erzeugt besonders, wenn ImmigrantInnen aus einem fremden Kulturkreis kommen und das angestammte Brauchtum zu verdrängen drohen.

Dazu kommen theoriebezogene Vorstellungen, dass der internationale Austausch von Gütern und Kapital ohnehin den Einkommensausgleich bewerkstellige und die Arbeitsmobilität ersetze. Weitere Argumente in reichen Staaten sind allfällige negative Auswirkungen auf das Lohnniveau im Inland, die sozialen Kosten der Immigration und ein erhöhtes Verbrechens- und Terrorismusrisiko. Aus den

Umfragen von Wike et al. (2016) ergibt sich, dass in vielen EU-Ländern ein direkter Zusammenhang zwischen Flüchtlingsströmen und Terrorismus unterstellt wird (Median bei 59 % der Befragten), wogegen der Einfluss von Flüchtlingen auf die generelle Kriminalität (Median bei 30 %) als eher gering eingeschätzt wird.

Razin und Sadka (2021) vergleichen die Struktur der Zuwanderer in die EU mit jener in die USA. Danach ist die EU mit den gut ausgebauten sozialen und arbeitsrechtlichen Systemen in den meisten Mitgliedstaaten besonders für geringqualifizierte Zuwanderer attraktiv. Die USA hingegen ziehen relativ mehr Hochqualifizierte an, die in dem innovationsgetriebenen Land gute Zukunftschancen erwarten. Längerfristig trägt dies dazu bei, den technologischen Vorsprung der USA vor der EU zu stärken.

Zusammenfassung

- Die Globalisierung von Märkten und das Wanderungsverhalten der Menschen sind in der Geschichte stets miteinander verknüpft gewesen. Menschen verlassen ihre früheren Siedlungsplätze oft gezwungen durch Naturkatastrophen oder Kriege, oft auch freiwillig aus Neugierde oder auf der Suche nach besseren Lebensbedingungen. Migration kann dann zur Eindämmung gravierender Unterschiede in den Lebensniveaus benachbarter Völker beitragen.
- Immigration bedeutet aber auch den Zustrom fremder Kulturelemente (Rechtssystem, Religion, Brauchtum), wodurch im Extremfall die etablierte Kultur verdrängt wird, häufiger entstehen Mischformen aus alten und neuen Elementen. Als etwa im Zuge der Völkerwanderung das wankende Römische Reich zugrunde ging, sind viele römische Errungenschaften von den Eroberern übernommen worden (Rechtssystem, Gelehrtensprache, Christentum).
- Migrations- und Flüchtlingswellen sind am ehesten bewältigbar, wenn damit bevölkerungsarme Regionen belebt werden. In stark besiedelten Gebieten kommt es hingegen oft zu Kulturschocks bei der indigenen Bevölkerung und zu unlösbaren Spannungen mit nationaler Eigenständigkeit und demokratischen Spielregeln.
- Besondere Bedeutung kommt in diesem Zusammenhang auch dem Monopolanspruch der monotheistischen Religionen zu, der oft in ausgedehnten Religionskriegen mit erzwungener Migration mündete. Heute treten an die Stelle der Religionskriege die Auseinandersetzungen zwischen aufgeklärten und nicht aufgeklärten Gesellschaftsteilen. Erstere

zählen die Achtung der Menschenrechte (einschließlich Religionsfrei-heit) zu den unverzichtbaren Grundwerten einer modernen Gesellschaft, manche Zuwanderer aus anderen Kulturkreisen müssen davon erst über-zeugt werden.

- Die Flüchtlings- und Migrationswelle seit 2015 hat in den Herkunfts-ländern einen Brain-Drain verursacht und die Diversität der Gesellschaft verringert. Die wirtschaftlichen Folgen lassen sich durch Rücksendungen von Einkommensteilen der Auswanderer nur teilweise kompensieren. Für die Zielländer sind die wirtschaftlichen Folgen in der Regel positiv, weil die MigrantInnen in der Regel Nettobeiträge zum Volkseinkommen leis-ten. Massive Immigration stellt aber die Zielländer vor das Problem, aus-reichend für Flüchtlingsschutz und Integration zu sorgen, weshalb in sol-chen Zeiten der Ruf nach einer Reform der Genfer Flüchtlingskonvention zu vernehmen ist.
- Bei der Bevölkerung in den Zielländern löst massive Zuwanderung Ängste aus und führt zu Abschottungsreaktionen. Das verhilft nationalis-tischen Gruppierungen zu Wahlerfolgen, obwohl es gerade dann einer staatenübergreifenden Politik bedürfte. Mit diesem Problem wird das an Bevölkerung schrumpfende Europa auch in Zukunft konfrontiert sein, weil angesichts der Bevölkerungsexplosion in den Nachbarregionen mit weiterem Zuwanderungsdruck zu rechnen ist. Die Coronakrise und die sie begleitende Deglobalisierung haben diesen Druck nur temporär verringert.
- In Europa beruhigt es wenig, dass der überwiegende Teil der Migrations-ströme in der Welt an diesem Kontinent vorbeizieht. Mit dem Ukraine-krieg sind die Flüchtlingsströme innerhalb Europas zumindest temporär drastisch angestiegen.

Migrationspolitik der EU zwischen Abwehr und Integration

4

> *„The refugee crisis turned out to be Europe's 9/11"*
>
> *(Ivan Krastev, 2017).*

Zusammenfassung

In den letzten zwei Jahrzehnten haben Wanderungsbewegungen merklich auf die Bevölkerungsstruktur in Europa eingewirkt. Zunächst hat die Personenfreizügigkeit in der EU in Verbindung mit der Osterweiterung eine Bewegung von Ost nach West ausgelöst. Ab 2015 kam es zu einer massiven Zuwanderung aus Drittländern, für die es in der Union zu wenige Aufnahmekapazitäten gab. In der Bevölkerung hat sich eine Abwehrhaltung entwickelt, die von nationalistischen Populisten genützt und verstärkt wurde. Die folgenden Abschnitte widmen sich zunächst der Einstellung der Bevölkerung in Europa zur Einwanderung und behandeln dann die tatsächlichen und möglichen Maßnahmen im Rahmen der Migrationspolitik. Daran schließt eine Diskussion der Politik zur Integration von Zuwanderern im Zielland.

4.1 Migrationswelle im Zwischentief?

Die Migrationsstatistik der Vereinten Nationen wies für die Jahresmitte 2020 einen Bestand an internationalen MigrantInnen von 280,6 Mio. Personen aus, davon 86,7 Mio. in Europa (IOM, 2021). Die Zahl der Menschen, die als Folge von Konflikten, Verfolgung und Menschenrechtsverletzungen auf der Flucht waren, hat sich zwischen 2012 und Ende 2022 auf 108,4 Mio. mehr als verdoppelt. Davon waren 62,5 Mio. Menschen innerhalb ihres eigenen Landes verfolgt (Binnenflüchtlinge) und 45,9 Mio. grenzüberschreitende Flüchtlinge (UNHCR, 2023). In der EU27 zählte man Ende 2022 966.000 Asylsuchende – eine Verdreifachung seit 2012, aber weniger als in der Migrationskrise 2015/16. Wegen der hohen gesellschaftlichen Bedeutung von Zu- und Abwanderung ist das Phänomen der menschlichen Mobilität viel weiter zu fassen, um auch Aspekte wie temporäre Migration (ausländische Studierende, Entsendungen zu ausländischen Unternehmensteilen), zirkuläre Migration und schließlich auch den internationalen Tourismus angemessen zu berücksichtigen.

Im Rampenlicht stehen aber die massiven Flüchtlings- und permanenten Migrationsbewegungen, die in der Vergangenheit eine zumindest faktische Ausgrenzung der Ankommenden bewirkten, weil die Zielländer mit der Aufnahme und Integration schon technisch überfordert waren und zugleich politisch mit den auf die Stammbevölkerung zukommenden Problemen nicht fertig wurden. Viele Personen, die im Prinzip asylberechtigt wären, haben sich nicht dem offiziellen Einwanderungsprozess gestellt, sind in (temporären, im Laufe der Zeit aber faktisch permanenten) Aufnahmelagern gelandet und blieben somit vom Bildungswesen und anderen Integrationsmechanismen ausgeschlossen.

Die **Flüchtlings- und Migrationswelle nach Europa** hat die Abwehrhaltung in der angestammten Bevölkerung der Auffangländer massiv ansteigen lassen, Unterschiede zwischen Flüchtlingen einerseits und MigrantInnen andererseits werden dabei verwischt. In vielen europäischen Ländern sind latente Ängste in der Bevölkerung von populistischen Gruppierungen weiter geschürt worden, das politische Spektrum ist deutlich nach rechts gerückt und hat rechtsextreme Gruppierungen gestärkt. Zunehmende nationalistische Tendenzen lassen europäische Werte ins Hintertreffen geraten und diskreditieren internationale Vereinbarungen. In diesem Umfeld kommen auch liberale PolitikerInnen nicht umhin, den nationalistischen Strömungen teilweise entgegenzukommen.

Als besonderes Phänomen ist die **Migrationswelle innerhalb Europas** zu sehen, die im Gefolge der EU-Osterweiterung, der Binnenmarktfreiheiten und des Schengen-Durchführungsabkommens friedlich ausgelöst wurde, zuletzt aber mit dem Krieg Russlands gegen die Ukraine einen Höhepunkt erreicht hat. Die Aufhebung der Grenzkontrollen zwischen den Mitgliedsländern der EU hat nicht nur den Tourismus belebt und die unternehmerischen Dispositionen erleichtert, es ist auch zu einem massiven Brain-Drain von Ost nach West gekommen. Die von der Integration zu erwartende allmähliche Angleichung der Einkommensniveaus wurde auf diese Weise konterkariert, wenn auch teilweise gemildert durch Einkommensrücksendungen an die Daheimgebliebenen.

Die Einstellung der angestammten Bevölkerung zur Immigration hängt sowohl vom Ausmaß der Zuwanderung ab (jede massive Immigration wird als Bedrohung empfunden) als auch von der kulturellen Nähe der Einwanderer zum Zielland: Die Vertriebenen aus der Ukraine sind 2022 ungleich willkommener gewesen als Flüchtlinge aus dem Nahen Osten und Schwarzafrika (Ähnliches galt auch für die Flüchtlinge nach dem Ungarnaufstand, 1956). Dazu kommt, dass Emigranten aus armen Regionen vielfach als „Wirtschaftsflüchtlinge" eingestuft werden, die ohnehin nicht mit einem positiven Asylbescheid rechnen können. Bestärkt wird diese Auffassung durch die tatsächlich hohe Ablehnungsquote, die in der EU insgesamt etwa bei der Hälfte liegt (Darvas, 2018).

Fragte man die EU-BürgerInnen nach den beiden wichtigsten Problemen, die die EU zu lösen hat, erhielt man bis 2014 als meistgenannte Antworten die wirtschaftliche Lage und die Arbeitslosigkeit. Danach waren es bis 2018 die Einwanderung und – mit rasch abnehmendem Anteil – der Terrorismus. Als sich im ersten Halbjahr 2020 die COVID-19-Pandemie auch in Europa ausbreitete, verdrängte die Sorge um die wirtschaftliche Entwicklung die Immigration als Hauptproblem. Stark aufgeholt hat in den letzten Jahren das Bewusstsein um die Folgen des Klimawandels. Zuletzt dominierten aber die Auswirkungen des Ukrainekrieges auf die Energieversorgung und die sie begleitende Inflation, das Migrationsthema ist neuerlich virulent geworden und auf die zweite Position vorgerückt (Abb. 4.1).

Die einzelnen EU-Staaten sind von Migration (innerhalb der EU und aus Drittländern) ganz unterschiedlich betroffen (Abb. 4.2).

Luxemburg nimmt eine Ausnahmestellung ein, weil es als Kleinstaat mit zentraler Finanzmarktfunktion vor allem als Arbeits- und Wohnstätte für Angehörige aus den angrenzenden EU-Ländern attraktiv ist. Ebenso stechen Estland und Lettland mit ihrem hohen Anteil an BürgerInnen aus Nicht-EU-Ländern hervor. Darin spiegelt sich weitgehend jener Teil der ethnisch-russischen Wohnbevölkerung, der nach dem Zerfall der Sowjetunion nicht die Staatsbürgerschaft des neuen Staates erhielt. Sie sind nun entweder russische Staatsangehörige oder „anerkannte Nichtstaatsangehörige" mit einem „grauen Pass", der ihnen ein visumfreies Reisen in der EU ermöglicht. Der Erwerb der Staatsbürgerschaft ist in den beiden baltischen Ländern an einen Sprachtest gebunden – eine Barriere für viele ältere Menschen, die nur russisch sprechen. Der Ukrainekrieg hat die Betroffenheit drastisch verschoben, weil nun vor allem Polen, Deutschland und Tschechien den Großteil des Zustroms aus der Ukraine absorbiert haben (siehe auch Kap. 9).

Ein rasch steigender Anteil an Einwanderern kann auf die autochthone Bevölkerung in mehrfacher Hinsicht verstörend wirken: Die Zugewanderten sprechen oft eine andere Sprache, sie bringen neue Kulte und Gebräuche mit sich, sie konkurrieren um Arbeitsplätze. Das lässt ihnen viel mehr Aufmerksamkeit zukommen,

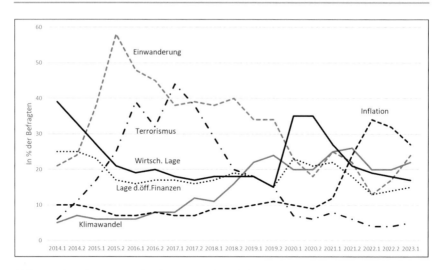

Abb. 4.1 Eurobarometer-Einschätzungen der wichtigsten EU-Probleme. (Daten: Europäische Kommission, Standard-Eurobarometer – Frage QA5: „Was sind Ihrer Meinung nach die beiden wichtigsten Probleme, denen die EU derzeit gegenübersteht?" Maximal zwei Nennungen)

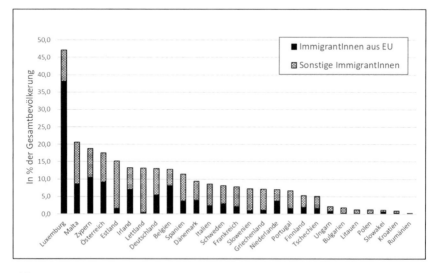

Abb. 4.2 Personen mit ausländischer Staatsbürgerschaft in % der Gesamtbevölkerung, 01.01.2022. (Daten: Eurostat. – Anmerkung: Für Malta und Zypern sind in den Zuwanderern aus der EU auch jene aus UK enthalten)

als ihrer zahlenmäßigen Bedeutung entspricht. Aus Umfragedaten ergibt sich, dass der „gefühlte" Anteil von Immigranten in allen betrachteten Ländern wesentlich höher ist als der tatsächliche Anteil (Alesina et al., 2018). Ähnliche Abweichungen gab es bei der Beurteilung des Bildungsniveaus und der in Anspruch genommenen Sozialtransfers durch Einwanderer. Die krassesten Fehleinschätzungen erfolgten von Leuten, die in einer Immigrantengegend wohnen, selbst eine geringe Ausbildung haben und politisch entweder weit rechts oder weit links stehen.

Zu vergleichbaren Ergebnissen kommt auch das französische IPSOS-Institut. Es hat 2018 in einer Umfrage ermittelt, dass in fast allen Ländern der Welt die Zahl der im Ausland geborenen Bevölkerung als viel zu hoch eingeschätzt wird (Tab. 4.1). In Europa ist dies eklatant in jenen Ländern des Ostens, in denen es nur wenige Zuwanderer gibt (Rumänien, Polen, Ungarn), und in den Ländern, die von MigrantInnen aus Afrika als primäre Anlaufstelle fungieren (Italien, Spanien).

Tab. 4.1 Vermuteter und tatsächlicher Anteil an Zuwanderern

Land	Vermuteter Anteil (%)	Tatsächlicher Anteil (%)	Differenz (Prozentpunkte)
Brasilien	30	0,4	+30
Türkei	32	6	+26
Mexiko	26	1	+25
Rumänien	23	1	+22
Spanien	31	10	+21
Italien	28	10	+18
Belgien	29	11	+18
Frankreich	27	12	+15
Deutschland	30	15	+15
USA	29	15	+14
Niederlande	26	12	+14
Polen	16	2	+14
Schweden	30	18	+12
UK	24	13	+11
Ungarn	15	5	+10
Dänemark	22	12	+10
Saudi-Arabien	27	37	−10

Daten: Ipsos MORI Perils of Perception Survey 2018. (https://www.ipsos.com/sites/default/files/ct/news/documents/2018-12/ipsos-mori-perils-of-perception-2018.pdf)
Anmerkung: 28.115 Interviews durchgeführt von 28. September bis 16. Oktober 2018 in 37 Ländern (Fragestellung: „Out of every 100 people in [COUNTRY] about how many do you think are immigrants (i.e. not born in [COUNTRY])?)"

In Europa wird also die Einwanderung seit Jahren als dominierender Problemkreis empfunden. Die Zahl der ImmigrantInnen ist zwar seit dem Höhepunkt im Jahr 2015 – nicht zuletzt infolge der Abschottungspolitik vieler EU-Länder – drastisch zurückgegangen, die Integration der Zuwanderer steckt aber noch in den Kinderschuhen.

4.2   Reformbedarf bei den Institutionen der Migrationspolitik

Im Höhepunkt der Jahre 2015/16 ging es um die Abdeckung der unmittelbaren menschlichen Bedürfnisse der Einwanderer ebenso wie um die Aufrechterhaltung der staatlichen Autorität bei der Kontrolle der Zuwanderung. Mit dem Abflauen der Migrationswelle ist die Diskussion um ihre Bewältigung wieder sachlicher geworden. Heute geht es mehr um die rechtliche Beurteilung von Asylansuchen und um die zwischenzeitliche bzw. endgültige Integration der im Lande verbliebenen ImmigrantInnen. Dies ist primär eine Aufgabe der Mitgliedstaaten, doch hat die EU eine gewisse koordinierende Rolle übernommen, etwa in Form des „Action Plan on the Integration of Third Country Nationals" (European Commission, 2016). Die Integration soll durch Maßnahmen einerseits im Vorfeld der Einwanderung, andererseits nach Einwanderung bei der Wohnungssuche, im Gesundheitsbereich und über Bildung erleichtert werden.

So sehr sich die **internationalen Institutionen** zur Regelung des Waren- und Dienstleistungsverkehrs (GATT und WTO) sowie der Zahlungsbilanz- und Strukturhilfen (IWF und Weltbank) bewährt haben, fehlt ihnen doch der Schlussstein in Form einer Unterstützung der Mobilität von Personen. Dies begünstigt die unregulierte Migration von wenig qualifizierten Personen, die sich in den reichen Zielländern mit erheblichem Widerstand konfrontiert sehen. Gleichzeitig beeinträchtigt es die Entwicklungsperspektiven der vergleichsweise armen Herkunftsländer (Pritchett, 2006).

Für beide Seiten wäre es hilfreich, nach **entwicklungsfreundlichen Formen der Arbeitsmobilität** zu suchen, also insbesondere: Abschluss bilateraler Abkommen, um die Lücken im internationalen Rechtsgefüge zu füllen; temporäre Verträge für ungelernte Arbeit aus dem Ausland; mengenmäßige Beschränkungen der Zuwanderung nach bestimmten Qualifikationen; Maßnahmen zur Verstärkung des Entwicklungspotenzials in den Herkunftsländern; Mitwirkung der Herkunftsländer bei der Auswahl der AuswanderInnen; und Sicherstellung der Menschenrechte für MigrantInnen. Dem stehen allerdings eine zwiespältige Einwanderungspolitik der EU, ein mangelnder Schutz der EU-Außengrenzen, ungelöste Probleme in der Seenotrettung und eine völlig unzureichende Kooperation mit den Herkunftsländern gegenüber.

4.2.1 Umstrittener UN-Migrationspakt

Als Reaktion auf die Migrationswelle von 2015 hat die Vollversammlung der Vereinten Nationen am 19. September 2016 in der „New Yorker Erklärung für Flüchtlinge und Migranten" unverbindliche Leitprinzipien zum Umgang mit MigrantInnen in prekären Situationen beschlossen. Sie war die Basis für den umstrittenen **Globalen Migrationspakt**, der einen international anerkannten Rahmen für die Behandlung von regulärer Migration formuliert, um kriminellen Netzwerken den Wind aus den Segeln zu nehmen. Der Pakt soll sowohl den Schutz von MigrantInnen verbessern, als auch einen unverbindlichen Rahmen für die internationale Zusammenarbeit in Migrationsfragen bilden.

Die UN-Vollversammlung verabschiedete am 13. Juli 2018 den „Globalen Pakt für eine sichere, geordnete und reguläre Migration" („Global Compact for Safe, Orderly and Regular Migration", GCM). Dieser Pakt wurde am 10. Dezember 2018 in Marrakesch von 164 der 193 UN-Staaten per acclamationem angenommen (IOM, 2018). In Deutschland hat sich die damalige Bundeskanzlerin Angela Merkel stets für den Pakt eingesetzt, im November 2018 stimmte auch der Bundestag dafür. Österreich, die Schweiz und Liechtenstein haben den Pakt nicht unterzeichnet, ebenso verhielten sich Italien, Lettland, Bulgarien und Rumänien. Gegen den Pakt stimmten Ungarn, Tschechien, Polen, Israel und die USA.

Der Pakt formuliert 23 Ziele, z. B. Bekämpfung der Fluchtursachen und der Schlepperkriminalität, Austausch von migrationsbezogenen Daten, verbesserte legale Möglichkeiten zur Immigration, leichterer Zugang von Zuwanderern zu Arbeitsmärkten und Sozialversicherungssystemen, einfachere Familienzusammenführung und koordinierte Grenzschutzmaßnahmen. Der 2018 erreichte Kompromiss zielt weniger auf Einwanderer nach Europa ab, als vielmehr auf die Massenbewegungen innerhalb und zwischen den anderen Kontinenten.

Parallel zum Migrationspakt und in Abstimmung mit diesem haben die Vereinten Nationen auch einen *Globalen Flüchtlingspakt* („Global Compact on Refugees", GCR) erarbeitet, der im Dezember 2018 von der UN-Generalversammlung mit den Stimmen von 181 Staaten beschlossen wurde (Vereinte Nationen, 2018a, b). Darin geht es um eine faire Verteilung der Lasten, die sich aus dem Flüchtlingsproblem ergeben, verbunden mit einem Aktionsprogramm, um Flüchtlingen einen besseren Zugang zu Gesundheitsdiensten und Bildung zu ermöglichen.

Kritiker des Migrationspakts befürchten, dass er die nationale Souveränität beeinträchtigen könnte und dass aus den unverbindlichen Empfehlungen einmal internationales Gewohnheitsrecht, und damit ein Recht auf Migration entstehen könnte. Mit dieser Begründung hat Österreich das Ergebnis abgelehnt und den Vertrag nicht mitunterzeichnet. Beide Gegenargumente sind aber im Text des Paktes ausdrücklich ausgeschlossen, die erste im Punkt 15c (*„Der Globale Pakt bekräftigt das souveräne Recht der Staaten, ihre nationale Migrationspolitik selbst zu bestimmen, sowie ihr Vorrecht, die Migration innerhalb ihres Hoheitsbereichs in Übereinstimmung mit dem Völkerrecht selbst zu regeln"*) und die zweite im Punkt 7 (*„Dieser Globale Pakt stellt einen rechtlich nicht bindenden Kooperationsrahmen dar"*), ergänzt durch die herrschende Auffassung, dass die Entstehung von Völkergewohnheitsrecht („opinio iuris sive necessitatis") eine übereinstimmende gemeinsame Rechtsüberzeugung über einen langen Zeitraum voraussetzt.

Die in Österreich an diesem Pakt lautgewordene Kritik geht in eine Richtung, die die Globalisierung der letzten 50 Jahre negiert oder rückgängig machen will. Das ist nicht nur illusorisch, sondern zeugt von einer retrospektiven Kleinstaatlichkeit, die sich die Orbán -Politik in Ungarn und die Trump-Politik in den USA zum Vorbild nimmt. Diese Haltung macht deutlich, *„dass es in der Debatte zum Migrationspakt nur am Rande um Inhalte geht. Vielmehr geht es um eine ideologische und politische Instrumentalisierung diffuser Ängste im Zusammenhang mit Zuwanderung nach Deutschland und Europa"* (Özoguz, 2018).

4.2.2   Genf – Schengen – Dublin

Um „Lose-lose"-Situationen zu vermeiden, bedarf es einer Einwanderungspolitik mit transparenten Kriterien, die zwischen (lebensrettender) Flucht und (wirtschaftlich motivierter) Migration unterscheiden. Nach der **Genfer Flüchtlingskonvention** aus 1951 gelten die internationalen Asylregeln nur für anerkannte Flüchtlinge. Etwas eingeschränkte Rechte genießen Personen mit Asylberechtigung, denen nach einer Rückkehr in ihr Heimatland schwerwiegende Menschenrechtsverletzungen drohen, sowie Personen mit subsidiärem Schutz, wenn ihnen im Herkunftsland ein ernsthafter Schaden droht. Ergänzend wirkt ein Abschiebeverbot in bestimmte Länder mit dysfunktionalen Rechtssystemen.

In der EU können sich seit der Vollendung des europäischen Binnenmarktes im Dezember 1992 die UnionsbürgerInnen frei zwischen den Mitgliedstaaten der EU bewegen. Dies erforderte im Vorfeld eine Regelung des Zutritts von Nicht-UnionsbürgerInnen in den EU-Raum, die mit dem **Schengen-Vertrag** aus 1985 (Schengen I) eingeleitet und 1990 mit dem Schengen-Durchführungsübereinkommen (Schengen II) weiterentwickelt wurde. Schengen II wird seit März 1995 angewendet und ermöglicht den Grenzübertritt zwischen den beteiligten Ländern ohne Grenzkontrollen. Im Zuge der Flüchtlingskrise 2015 und der Coronakrise 2020 ist aber die Reisefreiheit teilweise aufgehoben worden. Im Schengener Grenzkodex vom April 2016 ist festgehalten, unter welchen Voraussetzungen Kontrollen an den Binnengrenzen wiedereingeführt werden können (siehe hierzu Dreßler, 2017). Heute gehören dem Schengenraum auch einige Nicht-EU-Staaten an (Island, Liechtenstein, Norwegen, Schweiz), für einige EU-Staaten wurden Sonderregelungen geschaffen (Irland, Zypern), Bulgarien und Rumänien stehen kurz vor der Aufnahme.

Box 4.1 gibt einen Überblick über die in der EU bestehenden Regelungen zur Migrationspolitik. Die dort enthaltenen Möglichkeiten zur legalen Immigration sollten im Interesse der europäischen Wirtschaft genützt werden, sie reichen aber bei weitem nicht aus, ein massenhaftes Migrationsproblem in den Griff zu bekommen.

Box 4.1: Einwanderungs- und Mobilitätspolitik der EU

Parallel zum Schengenraum wird in der EU seit 1999 das **Gemeinsame Europäische Asylsystem** (GEAS) – auch „Common European Asylum System" (CEAS) – aufgebaut. Auf Basis der Genfer Flüchtlingskonvention geht es dabei um eine Harmonisierung von Mindeststandards in den nationalen Asylsystemen, um finanzielle Solidarität (Errichtung des European Refugee Fund, ERF) und um eine effektive praktische Zusammenarbeit innerhalb der EU wie auch mit Staaten außerhalb der EU. Ausgangspunkt war das völkerrechtliche **Dubliner Übereinkommen** aus 1990, das die Zuständigkeit der Mitgliedstaaten für Asylanträge regelt (*Dublin I*). Es wurde 2003 durch eine supranationale Verordnung des Rates in das Unionsrecht übergeführt (*Dublin II*). Seit dem Vertrag von Lissabon (2007) sind beide Rechtsmaterien nun EU-Recht und ein wichtiges Element des „Raums der Freiheit, der Sicherheit und des Rechts" (Artikel 67 bis 89 AEUV) – für Details siehe Hummer (2016).

Das Dublin-System wurde 2013 reformiert und besteht seither aus den folgenden wesentlichen Verordnungen und Richtlinien:

- *Die Dublin-III-Verordnung* 2013 (Nr. 604/2013) regelt die Zuständigkeit der Mitgliedstaaten, wonach AsylwerberInnen in jenem Land zu registrieren sind, in welchem sie die EU erstmals betreten. Dort ist auch der Asylantrag zu stellen und das Asylverfahren durchzuführen.

- Die *Verfahrensrichtlinie* (2013/32/EU) verpflichtet die Mitgliedstaaten, Asylverfahren innerhalb von 6 Monaten (in Ausnahmefällen von 12 Monaten) abzuschließen.
- Die *Anerkennungsrichtlinie* (Qualifikationsrichtlinie 2011/95/EU) legt fest, dass als Flüchtling aus einem Drittstaat zu gelten hat, wer *„aus der begründeten Furcht vor Verfolgung wegen seiner Rasse, Religion, Nationalität, politischen Überzeugung oder Zugehörigkeit zu einer bestimmten sozialen Gruppe sich außerhalb des Landes befindet, dessen Staatsangehörigkeit er besitzt"*.
- Die *Aufnahmerichtlinie* (2013/33/EU) regelt die weitere Behandlung von Asylsuchenden und ihren Zugang zum Arbeitsmarkt.
- Die *Massenzustromrichtlinie* setzt Mindestnormen für die Gewährung vorübergehenden Schutzes (bis zu 3 Jahren ohne Asylverfahren) im Falle eines Massenzustroms.
- Die *Rückführungsrichtlinie* 2008 regelt die Rückführung von illegal in der EU anwesenden Drittstaatsangehörigen.

In ergänzenden Verordnungen wird der Informationsaustausch zwischen den EU-Ländern für die Prüfung von Visumanträgen (VIS-Verordnung 767/2008) sowie die Erfassung und Übermittlung von Fingerabdrücken (EURO-DAC-Verordnung 603/2013) geregelt. Seit Januar 2022 erhalten die Mitgliedstaaten durch die Asylagentur der Europäischen Union operative und technische Unterstützung (EUAA-Verordnung 2021/2303).

Das Dublin-System gilt grundsätzlich in allen EU-Mitgliedstaaten sowie in Island, Liechtenstein, Norwegen und in der Schweiz, allerdings haben einige dieser Staaten nach der Flüchtlings- und Migrationswelle ab 2015 die Anwendung ausgesetzt. In der Folge hat die EK Vorschläge zur regionalen Verteilung von Flüchtlingen vorgelegt, die aber keine allgemeine Zustimmung gefunden haben. Die Überforderung der hauptsächlichen Anlandestaaten äußert sich in zunehmender Sekundärmigration innerhalb der EU. Dem soll ein Reformvorschlag der Kommission aus 2016 („*Dublin-IV*") entgegenwirken, er hat aber bisher keine Zustimmung der Mitgliedstaaten gefunden. Vorgesehen wäre eine Erweiterung des EURODAC-Systems, um illegale Migration einzudämmen, und ein Ersetzen einiger der bisherigen Richtlinien durch Verordnungen, um das Asylsystem EU-weit zu vereinheitlichen (Grubmayr, 2019).

Auch wenn die EU-Mitgliedstaaten noch um eine einheitliche Immigrations- und Asylpolitik ringen, existieren bereits viele Elemente:[1]

- Legale Einwanderung für bestimmte Personengruppen: besonders qualifizierte Personen (mit EU Blue Card), Studenten, zur Familienzusammenführung, Langzeitbewohner.
- Legale Einwanderung auf Basis von Einzelgenehmigungen, für Saisonarbeiter, für transnational agierende Unternehmensmitarbeiter.
- Das EU-Immigrationsportal informiert über die Möglichkeiten der Einwanderung und der Migration innerhalb der EU.
- Maßnahmen zur Verhinderung von Schlepperwesen und irregulärer Einwanderung.
- Maßnahmen zum besseren Schutz der Außengrenzen, insbesondere durch die 2004 gegründete Europäische Agentur für die Grenz- und Küstenwache (Frontex) und das Visa-Informationssystem.
- Rückführungsabkommen mit Partnerstaaten außerhalb der EU in Übereinstimmung mit der Grundrechtscharta der EU. Für die Umsetzung ist die im März 2022 neu bestellte EU-Rückkehrkoordinatorin verantwortlich.
- Maßnahmen zur Optimierung des Entwicklungspotenzials von Migration und Mobilität. Schutzmaßnahmen zur Sicherung der Menschenrechte.
- In Juni 2022 einigten sich unter französischer Ratspräsidentschaft 20 EU-Staaten und die Schweiz auf einen freiwilligen Solidaritätsmechanismus (Voluntary Solidarity Mechanism, VSM), um die Frontstaaten durch Übernahme von anlandenden Migranten zu entlasten oder zur Finanzierung der Lasten beizutragen.

Als unmittelbare Reaktion auf den Beginn der Migrationskrise hat die EK im Mai 2015 eine „**Europäische Migrationsagenda**" entworfen,[2] mit welcher die EU-Außengrenzen gesichert, irreguläre Migration vermindert und eine gemeinsame Asylpolitik mit Möglichkeiten der legalen Migration entwickelt werden soll. Im Laufe des Jahres 2015 wurden mehrere Umsetzungspakete zur Verteilung und Rückführung von AsylwerberInnen sowie zur Finanzierung von afrikanischen

---

[1] Siehe hierzu European Commission, Migration and Home Affairs.
[2] Mitteilung der Kommission vom 13. Mai 2015, COM(2015) 240.

Herkunftsländern geschnürt (European Commission, 2017; Graziani, 2017). Im April 2016 schlug die Kommission vor, das GEAS zu reformieren, damit eine faire und nachhaltige Verteilung von Asylbewerbern auf die einzelnen EU-Mitgliedstaaten garantiert werden kann. Allerdings haben sich die vier Visegrád-Staaten (Polen, Tschechien, Slowakei, Ungarn) geweigert, die von der EK zur Entlastung der Frontstaaten (insbesondere Griechenland, Italien, Malta und Spanien) vorgesehene Verteilung von Flüchtlingen zu akzeptieren und haben sich damit – unterstützt auch von Österreich – de facto durchgesetzt.

Für Betts und Collier (2018) hat daher die Immigrationspolitik der EU völlig versagt. Das gemeinsame europäische Asylsystem für einheitliche Standards in den Asylverfahren sei eine Fiktion geblieben, ebenso wie die von der EK forcierte Verteilung von Flüchtlingen nach Länderquoten. **Das Dublin-System – wie das internationale Asylrecht im Allgemeinen – war und ist nicht darauf ausgerichtet, einen Massenansturm von Flüchtlingen und Migranten zu bewältigen.** Es ist somit auch nicht geeignet, eine tragfähige Aufteilung der Verantwortung für die AsylbewerberInnen innerhalb der EU zu erreichen. Fakten wischen dann das Recht (zumindest temporär) beiseite, und es treten illiberale Regime an dessen Stelle. Daher **bedarf das Dublin-System dringend einer Reform**, die im Kern jedenfalls Regeln über die Zuständigkeit bei Asylverfahren und eine stärkere Harmonisierung der Verfahrensregeln enthält.

Eine Option wäre, das Grundprinzip für die Registrierung im ersten Land des Betretens der EU beizubehalten, aber durch ergänzende Bestimmungen über eine faire Verteilung von Flüchtlingen auf alle EU-Staaten zu entschärfen. Nach einer anderen Option würde die Regel für die Erstregistrierung durch eine Verteilungsregel auf Basis der Größe, Wirtschaftskraft und Absorptionsfähigkeit der einzelnen Mitgliedstaaten ersetzt werden. Weiters wurde erwogen, wie eine automatische Verteilung auf die Mitgliedstaaten zu organisieren wäre und wie man rasch eine Familienzusammenführung erreichen kann (Mets, 2018). Die Lösung muss eine wirksame Bekämpfung des Schlepperwesens ebenso umfassen wie Rücknahmeabkommen und die Einrichtung menschenwürdiger Auffanglager, langfristig ergänzt durch europäische Investitionen in die Infrastruktur und Bildung in den Herkunftsländern, um Armut zu verringern und Perspektiven für angemessene Lebensbedingungen zu schaffen.

4.3   Zwiespältige Einwanderungspolitik der EU

„The system of free internal movement within the EU will not be politically sustainable unless the problem of Europe's external borders is solved." (Francis Fukuyama, 2018)

4.3.1   Ausbaufähiger Schutz der EU-Außengrenzen

Die Flüchtlings- und Migrationsbewegung ab 2015 war für die betroffenen Personen und Länder mit schwierigen individuellen und institutionellen Anpassungen verbunden. Die EU insgesamt steht vor dem Dilemma, den international anerkannten Asylregeln gerecht zu werden, ohne gleichzeitig die eigenen gesellschaftlichen Traditionen und wirtschaftlichen Errungenschaften in Frage zu stellen. In Zeiten massiver Flüchtlingsbewegungen kommt es zumindest temporär immer wieder zu Abstrichen von diesen Zielen, so etwa die oft untauglichen Versuche, bekannte Flüchtlingsrouten zu schließen. **In der EU mangelt es an grundlegenden institutionellen Voraussetzungen, um die Flüchtlings- und Migrationswelle angemessen zu verarbeiten.** Es fehlen brauchbare Verfahren, um festzustellen, ob Flüchtlinge nur in der EU ausreichenden Schutz erhalten können oder ob dies nicht auch örtlich näher zu ihrem Herkunftsland möglich wäre. Ebenso lässt sich bei Zuwanderern aus armen Ländern schwer ermitteln, ob sie im Herkunftsland verfolgt werden oder ob sie nur ihre Lebensbedingungen verbessern wollen. Dass beim Versuch, einen Aufenthaltstitel im Zielland zu erwerben, teilweise trickreich agiert wird und kriminelle Schlepperbanden ein Betätigungsfeld finden, beeinträchtigt das Vertrauen der angestammten Bevölkerung in die Fähigkeit der Politik, das Migrationsproblem im Griff zu haben. Man muss darüber hinaus – auch mit einer persönlich weltoffenen Gesinnung – zur Kenntnis nehmen, **dass Ängste in der Bevölkerung vor massivem und raschem Eindringen fremder Kulturelemente die nationalistischen Populisten stärken und die liberale Demokratie in Europa untergraben.** Es gilt daher, die (teilweise geschürten) Ängste abzubauen, und zwar auch, indem man – unter Beachtung der Menschenrechte – wenigstens temporär die irreguläre Immigration kanalisiert.

Um die **Spannungen zwischen Einheimischen und Zugewanderten** in Grenzen zu halten, diskutiert Milanović (2016) einen Ansatz, wonach MigrantInnen – quasi per definitionem – die größten Nutznießer von Auswanderung sind. Die Politik befinde sich einem Trade-off zwischen dem Recht auf freie Wahl des Wohnsitzes und der Einschränkung von wohlerworbenen Rechten in der aufnehmenden Gesellschaft. Für eine Lösung dieses Dilemmas kann die Politik zwischen zwei pragmatischen Ansätzen zur Migrationssteuerung wählen: entweder De-facto-Ungleichheiten zwischen den beiden Bevölkerungsgruppen zu akzeptieren und gleichzeitig die Migration zu begrenzen oder von vornherein auf eine rechtliche Unterscheidung der beiden Gruppen zu setzen, etwa indem man die Zugewanderten höher besteuert als die Einheimischen. ImmigrantInnen können schon dadurch rechtlich schlechter gestellt werden als Einheimische, dass man ihren Aufenthalt nur befristet genehmigt und von ihnen nach wenigen Jahren eine Rückkehr in ihre Heimat erwartet. Die damit verbundene Diskriminierung ist für Milanović der (gerechtfertigte) Preis, dass mehr Menschen der Armut entkommen können. Die Steuereinnahmen könne man außerdem jenen zugutekommen lassen, die von der Migration (im Zielland wie im Herkunftsland) negativ betroffen sind. Ob mit solchen Vorschlägen auch nur eines der angepeilten Ziele erreicht werden kann, ist höchst fraglich und kann wohl nur mit konkreten Beispielen bestätigt oder verworfen werden.

Als spezifische Bereiche, in denen die EU schon jetzt ansatzweise Migrationspolitik betreibt – wenn auch oft mit fraglichen Ergebnissen – benennen Batsaikhan et al. (2018) einerseits die Unterstützung von Nachbarländern wie die Türkei bei der Bewältigung und Kanalisierung von Flüchtlingsströmen und andererseits die Zusammenarbeit mit Nordafrika, um die irreguläre Migration und die kriminellen Netzwerke einzudämmen. Auf einige dieser Aspekte wird nachstehend eingegangen.

Die Bedeutung von Grenzen hat sich in den letzten Jahren weltweit erhöht. Zuvor haben in Europa der EU-Binnenmarkt und das Schengen-Abkommen zum Abbau von Binnengrenzen beigetragen, im Zuge der Flüchtlingskrise und der Coronakrise wurde jedoch die Freizügigkeit von Personen wieder merklich eingeschränkt. Insgesamt ist der **Schutz der Außengrenzen**, der die Souveränität eines Staatsgebildes demonstriert, in der EU nie effektiv geworden, weil erstens viele Mitgliedstaaten nicht zu einer Übertragung von Souveränitätsrechten an die EU bereit waren und man sich deshalb zweitens auch nicht auf eine ausreichende Finanzierung einigen konnte. Darunter leiden besonders die an der EU-Außengrenze gelegenen Mitgliedstaaten, die bei massiven Wanderungsströmen auf sich allein gestellt bleiben. Aus einem Gefühl der Ohnmacht gegenüber dem Zuwanderungsdruck gewinnen in allen Mitgliedstaaten nationalistische Bewegungen, die sich populistisch einem Kampf gegen das Eindringen fremder Kulturelemente verschrieben haben, an Zuspruch und die bisher bewährte und geschätzte liberale Demokratie verliert an Rückhalt. **Ein wirksamer Grenzschutz, der als Instrument der kontrollierten Immigration und Integration fungiert, hilft bei der Abwehr demokratiefeindlicher Tendenzen.** Fehlt dieser Schutz, liefert man den EU-Skeptikern ein wichtiges Argument, ein „Europa der Vaterländer" zu propagieren und wiederum Binnengrenzen zu errichten.

Für den Grenzschutz sind primär die *nationalen Grenzschutzbehörden* zuständig, die eine Unterstützung durch die Europäische Agentur für die Grenz- und Küstenwache (*Frontex*) anfordern können. Gemeinsam müssen diese Organe immerhin 12.000 km Landgrenzen und 45.000 km Seegrenzen unter Kontrolle halten (Baumann, 2020). 2016 wurde die ursprüngliche Aufgabe von Frontex, die

Migrationsströme zu überwachen, auf den Grenzschutz erweitert, womit auch die Bekämpfung der grenzüberschreitenden Kriminalität verbunden ist. Dazu ist die Zusammenarbeit mit den betroffenen Mitgliedstaaten erforderlich, die nach einer kritischen Analyse des Europäischen Rechnungshofes (2021) noch deutlich verbessert werden müsste, wenn es nicht überhaupt einer Neuaufstellung von Frontex bedarf. Ganz allgemein wird kritisiert, dass es bei Frontex-Operationen fallweise zu Menschenrechtsverletzungen gekommen sei (European Parliament, 2021b).

Im mittelfristigen Finanzrahmen für 2021–27 sind Gesamtausgaben (zu Preisen von 2018) von 30,8 Mrd. € für Migration und Grenzkontrolle vorgesehen. Damit soll die Zahl der Frontex-Mitarbeiter von zunächst etwa 1500 Personen zu einer ständigen Reserve von 10.000 Personen aufgestockt werden. Im Jahr 2022 verfügte Frontex über ein Budget von 754 Mio. €. Gemessen an den Rüstungsausgaben der EU-Staaten 2022 von etwa 248 Mrd. € ist dies ein verschwindender Bruchteil.

4.3.2   Kooperation mit Herkunfts- und Transitländern

Komplementär zum Schutz der Außengrenzen bieten sich zwei Bereiche an, in welchen nur eine enge Zusammenarbeit mit den Herkunftsländern zum Ziel führt: kurzfristig die (freiwillige oder erzwungene) Rückführung von Personen, die im Zielland weder den Flüchtlingsstatus noch ein Bleiberecht erhalten haben; und langfristig die Mitwirkung an einer allmählichen Verbesserung der sozialen und wirtschaftlichen Lebensumstände in den Herkunftsländern. Den vergleichsweise reichen Zielländern ist es natürlich unbenommen, auf diskriminierende Wirtschaftspraktiken gegen die ärmeren Ursprungsländer ohne deren Einbindung zu verzichten.

Die **Schutzverantwortung für Flüchtlinge** nach der Genfer Flüchtlingskonvention kann sowohl im Herkunftsland als auch im Transitland, in welchem das Asylverfahren durchgeführt wird, oder im Zielland wahrgenommen werden. Im Geist der Genfer Flüchtlingskonvention erhalten Kriegsflüchtlinge primär temporären Schutz, damit sie nach Kriegsende in ihre Ursprungsregionen zurückkehren und dort den Wiederaufbau bewerkstelligen zu können (Milanović, 2016; Nida-Rümelin, 2017).

Die Europäische Kommission (EK, 2018b) hat im Juli 2018 ein Aktionsprogramm zu „Ausschiffung und kontrollierten Zentren" vorgestellt. In den *kontrollierten Zentren* („hot spots") auf dem Boden der EU soll das Verfahren zur Unterscheidung schutzbedürftiger Personen von irregulären MigrantInnen verbessert und beschleunigt werden. In Verbindung mit den kontrollierten Zentren können *regionale Ausschiffungsvereinbarungen* dazu beitragen, die komplexen Herausforderungen der Migration in einer gemeinsamen regionalen Verantwortung zu bewältigen. Um eine dem Völkerrecht entsprechende Ausschiffung auf beiden Seiten des Mittelmeeres zu gewährleisten, soll mit der Internationalen Organisation für Migration (IOM) und dem UN-Flüchtlingskommissariat (UNHCR) zusammengearbeitet sowie die Partnerschaft mit Drittstaaten geprüft werden.

Die emotional diskutierten *Auffanglager* („Transitzentren", „Anlandeplattformen") vor den Grenzen der EU würden zwar das Flüchtlingsproblem für die EU auf einen finanziellen Beitrag beschränken, sie sind aber als fortgesetzter Kolonialismus gegenüber instabilen Herkunftsländern zu werten. Grundgedanke ist, dass Flüchtlinge noch außerhalb der EU ihre Asylanträge stellen und das Asylverfahren dort auch abgewickelt wird (aber nach dem Recht welchen Staates?). Bei positivem Bescheid wäre die Einreise in die EU möglich (aber in welches Land?), bei negativem Bescheid müssten die Antragsteller in ihr Herkunftsland zurückgebracht werden, sofern dieses als „sicher" eingestuft wird (wie wird das exekutiert, falls keine Rücknahmeabkommen bestehen?). Offen ist schließlich auch, wer die Kosten für die Errichtung und den Betrieb der Zentren trägt und wer die Zentren betreibt. UNHCR und die EK kritisieren diese Pläne, weil damit das internationale Schutzsystem für Flüchtlinge untergraben werde.

> „Für eine Variante dieses Modells hat die britische Regierung ein Abkommen mit Ruanda geschlossen: Erreichen Flüchtlinge das UK, werden sie nach Ruanda geflogen, das die Abwicklung des Asylverfahrens übernimmt. Bei positivem Bescheid dürfen die AntragstellerInnen in Ruanda bleiben, anderenfalls werden sie in ihre Herkunftsländer zurückgebracht. Der im Juni 2022 erstmals geplante Abschiebeflug wurde allerdings durch den Europäischen Gerichtshof für Menschenrechte gestoppt. Im Juni 2023 hat ein britisches Gericht bestätigt, dass Ruanda nicht als sicheres Asylland einzustufen sei.
>
> Im Juni 2021 hat das dänische Parlament ein Gesetz beschlossen, das die Einrichtung von Asylzentren in Nicht-EU-Staaten ermöglicht, das Asylverfahren selbst würde aber in Dänemark stattfinden. Ein entsprechendes Abkommen ebenfalls mit Ruanda ist bisher nicht in Kraft getreten."

Einige der in Frage kommenden Partnerstaaten (insbesondere in Nordafrika) sind weit vom Rechtsverständnis und den wirtschaftlichen Möglichkeiten entfernt, um für Flüchtlinge angemessen sorgen zu können – manche potenziellen Partner lehnen derartige Kooperationen dankend ab. Die EU kann in diesen Fällen nicht auf einer Rückkehr bestehen, wenn sie nicht gegen den eigenen Wertekatalog verstoßen will.

„Artikel 19(2) der Charta der Grundrechte der EU bestimmt: *‚Niemand darf in einen Staat abgeschoben oder ausgewiesen oder an einen Staat ausgeliefert werden, in dem für sie oder ihn das ernsthafte Risiko der Todesstrafe, der Folter oder einer anderen unmenschlichen oder erniedrigenden Strafe oder Behandlung besteht'* (Refoulement-verbot).“

Eine vergleichende Analyse der bisherigen Erfahrungen (in Australien, Spanien, Tunesien und USA) mit dem „Offshoring" von Migration und Asylverfahren brachte wenig ermutigende Hinweise, dass damit die Zuwanderung eingedämmt werden könnte (Laganà, 2018).

Einen anderen Wege wählte die EU mit dem bilateralen **Sonderabkommen mit der Türkei** vom März 2016: Über die Facility for Refugees in Turkey (FRiT) erhielt die Türkei erhielt 6 Mrd. € an Hilfsgeldern, die direkt in Flüchtlingsprojekte (wie den Bau von Schulen, Sport- und Jugendzentren) investiert werden mussten. Dafür verpflichtete sich die Türkei, keine MigrantInnen mehr nach Griechenland durchzulassen und Geflüchtete mit negativem Asylbescheid wieder zurückzunehmen („Cash for Migrants"). Für jeden illegal nach Griechenland eingewanderten Syrer, der zurückgeschoben wird, übernimmt die EU einen anerkannten syrischen Flüchtling aus der Türkei. Als wichtige Nebenabsprachen sollten die Zollunion mit der Türkei ausgebaut und die Visa-Bestimmungen für Türken erleichtert werden. Das Abkommen funktionierte bis Anfang 2020 leidlich, doch musste das unvorbereitete Griechenland die Hauptlast tragen, weil in der EU keine Einigung über einen solidarischen Mechanismus zur Flüchtlingsverteilung erzielt werden konnte.

„Als Reaktion auf wiederholte Kritik aus der EU an illiberalen Entscheidungen der türkischen Regierung erklärte diese (vordergründig wegen der Coronakrise) im März 2020 das Abkommen für beendet. Die daraufhin stark steigende irreguläre Zuwanderung veranlasste Griechenland, das Asylrecht temporär auszusetzen – es wurden in dieser Zeit keine Asylanträge bearbeitet. Griechenland musste sich den Vorwurf gefallen lassen, dass die Marine (unterstützt von Frontex?) die Anlandung von Flüchtlingen in Form von ‚Pushbacks' verhindere." (Schmitz & Seferi, 2021)

Die Gespräche zur Erneuerung des Abkommens (die Türkei fordert zusätzliche Finanzmittel) werden durch eine Aufeinanderfolge von türkischen Provokationen gegen die EU erschwert: Das dortige Rechtssystem erhält zunehmend antidemokratische Züge (Anti-Terrorgesetze), politische Widersacher und ethnische Minoritäten werden verfolgt (etwa Kurden), im Mittelmeer werden einseitig neue Souveränitätsansprüche (zur Ausbeutung von Gaslagerstätten) gestellt, die Türkei verlässt die Istanbul-Konvention des Europarates zur Bekämpfung von Gewalt gegen Frauen.

Auf den Erfahrungen mit dem Türkei-Deal aufbauend hat die EK im Juni 2023 ein **Partnerschaftsabkommen mit Tunesien** abgeschlossen, das die Zusammenarbeit in fünf Bereichen ausbauen soll: Stärkung der Wirtschafts- und Handelsbeziehungen, Aufbau einer nachhaltigen Energiepartnerschaft, Ausbau von direkten persönlichen Kontakten und – als zentraler Punkt für die EU – Eindämmung illegaler Migration. Im Gegenzug erhält Tunesien aus der EU Finanzhilfen von mehr als einer Milliarde EUR. Dieses Abkommen wird kritisiert, weil in Tunesien seit dem Scheitern des „Arabischen Frühlings" die demokratischen Einrichtungen drastisch eingeschränkt worden sind und zudem den tunesischen Behörden schon bisher Menschrechtsverletzungen gegenüber MigrantInnen vorgeworfen wurden. Die Finanzhilfen sind zwar an Bedingungen geknüpft (u. a. die Erfüllung der Voraussetzungen für eine IWF-Zahlungsbilanzhilfe), wenig transparent ist dennoch, in welche Kanäle die EU-Gelder letztlich fließen werden.

Auf welche Schwierigkeiten eine Lösung mit den Herkunftsländern stößt, zeigt drastisch das Beispiel **Libyens als Transitland**. Seit dem Sturz des früheren diktatorischen Machthabers Muammar al-Gadaffi im Jahr 2011 gibt es dort keine übergreifende staatliche Autorität mehr, seit 2014 herrscht Bürgerkrieg. Das Vakuum wird von lokalen und regionalen Machtträgern und ihren bewaffneten Truppen gefüllt, die sich auf unterschiedliche Interessen aus dem Ausland stützen können. Ein vom UN-Sicherheitsrat verhängtes Waffenembargo wird immer wieder verletzt. Für eine internationale Konferenz, die letztlich eine Zwei- oder Drei-Staaten-Regelung (wie sie auch unmittelbar nach dem Zweiten Weltkrieg bestand) durchsetzen könnte, gab es bisher nur unzureichende Ansätze. Für das Migrationsproblem der EU ist auf absehbare Zeit keine Lösung in Sicht.

Für eine langfristige Bewältigung des Problems der Wirtschaftsmigration bedarf es einer umfassenden Strategie, die in den Herkunftsländern als Chance empfunden wird, die drastischen Defizite in den Einkommens- und Lebensbedingungen langfristig abzubauen. Dies ist angesichts von Klimakatastrophen und Bürgerkriegen, aber auch wegen der Langfristigkeit des Anliegens ein Wunschdenken, das nur durch Bündelung aller aufzubringenden Ideen und Mittel einer Erfüllung näher zu bringen sein wird.

Da in den Krisenregionen selbst bereits „*durch die Vereinten Nationen, durch regionale Organisationen wie die Afrikanische Union (AU) oder die Wirtschaftsgemeinschaft der westafrikanischen Staaten dem Schutz dienliche Strukturen vorhanden sind, wäre es logistisch und finanziell einfacher, wenn man in den jeweiligen Regionen kleinere Schutzzentren auf- bzw. ausbaut*" (Gebrewold, 2018). Mit Blick auf Afrika bestünden dafür mit dem Aktionsplan von Valletta zwischen der EU und der Afrikanischen Union (aus 2015) oder dem migrationspolitischen Rahmen der Afrikanischen Union (aus 2006), der eine Rücknahme von illegal in der EU lebenden afrikanischen BürgerInnen empfiehlt, gute Grundlagen. Der finanzielle Anreiz für die Herkunftsländer zur Kooperation ist allerdings gering, übersteigen doch die monetären Rücküberweisungen von Ausgewanderten die Mittel aus der Entwicklungshilfe beträchtlich (vgl. Abb. 3.3).

Eine Reihe von langfristigen Lösungsansätzen für eine faire **Partnerschaft der EU mit Afrika** hat das Washingtoner Center for Global Development zusammengetragen (CGD, 2019). Dort wird einerseits auf innerafrikanische Mobilität als auch auf den Ausbau von Bildungsmöglichkeiten in Europa gesetzt. Konkrete Vorschläge gehen in folgende Richtungen:

- Die Migration soll durch eine Ausweitung der legalen Einwanderungsbestimmungen gesteuert und durch gezielte Bildungsmöglichkeiten („Global Skill Partnership") fruchtbringend gestaltet werden.
- In der Entwicklungsfinanzierung soll die EK die bestehenden Programme koordinieren, um die vorhandenen Mittel in Märkte zu leiten, die zu wenig mit Risikokapital versorgt sind.
- Die Handelspolitik muss zum Abbau von Zöllen und zu einer Reform der Ursprungsregeln beitragen.
- Zur Gesundheitspolitik wird vorgeschlagen, in einem globalen Prozess die Risiken von Pandemien zu evaluieren und allfällige Maßnahmen zu ihrer Eindämmung vorzubereiten.

Der frühere spanische Vize-Außenminister Bernardino León verweist in diesem Zusammenhang auf den *„Afrika-Plan"* Spaniens als Beispiel, wie eine Zusammenarbeit mit den westafrikanischen Ländern funktionieren kann. Unter Wahrung der Menschenrechte und der Verfassungen der Partnerstaaten seien Systeme geschaffen worden, um undokumentierte Zuwanderer nach kurzer Zeit in die Herkunftsländer zurückzubringen und diese Länder bei der Wiedereingliederung der Rückkehrer zu unterstützen (León, 2018). Alfano et al. (2021) setzen auf eine *„Euro-Med-Africa Partnership"*, also eine umfassende Zusammenarbeit zwischen Europa und Afrika unter Einbeziehung des gesamten Mittelmeerraums. Solche Ansätze werden allerdings von wichtigen potenziellen Partnern als kontraproduktiv abgelehnt, insbesondere von Marokko, Libyen und der Afrikanischen Union (Fox, 2018).

Das deutsche Bundesministerium für wirtschaftliche Zusammenarbeit und Entwicklung hat der deutschen Afrikapolitik über den *„Marshall-Plan mit Afrika"* (BMZ, 2017, 2020) neue Impulse gegeben, die auf drei Säulen ruhen: Wirtschaft, Handel und Beschäftigung; Frieden, Sicherheit und Stabilität; Demokratie, Rechtsstaatlichkeit und Menschenrechte. Für deutsche Unternehmen werden erhöhte Abschreibungsmöglichkeiten von Investitionen in Afrika erwogen, wie es sie bereits bis in die 1980er-Jahre gegeben hat.[3] Kritik an diesem Plan gibt es wegen seiner Orientierung an spezifisch deutschen Interessen (Melanie Müller, 2017).

Die deutsche Initiative schließt an die *„Agenda 2063"* an, in der die Afrikanische Union im Jahr 2013 eine langfristige Zukunftsvision für den Kontinent entwickelt hat, die 2015 bei der Tagung in Addis Abeba angenommen wurde. 2017 hat die G20-Ländergruppe unter deutscher Präsidentschaft den *„Compact with Africa"* (CwA) mit ähnlichen Zielen ins Leben gerufen. Alle diese Aktivitäten sind in den **„Global Marshall Plan für eine weltweite Ökosoziale Marktwirtschaft"** eingebettet, der seit 2003 an einem „Netzwerk für eine Welt in Balance" arbeitet, um die SDGs der Vereinten Nationen umzusetzen. Die SDGs zielen auf die Bekämpfung von Armut, Hunger, Ressourcenkonflikten, Nord-Süd-Verteilungsfragen, zunehmender Migration, kultureller Konflikte, Terror, Kriegen, Umweltzerstörungen und Klimakatastrophen.[4] Einen Schritt in diese Richtung unternimmt auch der unverbindliche UN-Migrationspakt.

Der Nobelpreisträger Paul Romer (2010) hat die Idee von *„Charter Cities"* entwickelt, die auf dem Boden von Herkunftsländern und mit Zustimmung der dortigen Regierungen, aber nach Regeln von Zielländern errichtet werden sollen. Die Verwaltung der Charter Cities müsste für die Sicherheit im Gebiet ebenso sorgen wie sie für die Vermeidung von Korruption verantwortlich wäre. Daraus würden stabile Inseln entstehen, die Investoren und Arbeitskräfte anziehen und als Vorreiter auf das gesamte Land ausstrahlen könnten. Als Beispiele für ähnliche Entwicklungen nennt Romer Hongkong und Shenzhen in China. Einem ähnlichen Grundgedanken folgt das Projekt der *„Friedensoasen"* von Stanzel und Bramhas (2017): Flüchtlinge sowie MigrantInnen sollen in stabilen Ländern Nordafrikas und des Vorderen Orients die Möglichkeit erhalten, sich in geplanten Pioniersiedlungen genossenschaftlich zu organisieren und zum Aufbau des jeweiligen Landes beizutragen.

Ob mit oder ohne „Marshall-Plan", ein wesentliches Instrument zur Unterstützung der Herkunftsländer ist der **Abbau von diskriminierenden Wirtschaftspraktiken** durch die Zielländer, die nicht zuletzt auf die Kolonialgeschichte europäischer Mächte in Afrika zurückgehen. *„Unsere größte Handlungsmacht liegt nicht in Grenzzäunen und Marshallplänen für Afrika, sondern in unserer Bereitschaft, den Schaden zu reduzieren, den unsere Lebensweise anderen zufügt"* (Böhm, 2018). Wegen der vielen möglichen Ursachen von Wanderungsbewegungen

---

[3] Vgl. Euractiv, „German firms promised ‚Marshall Plan' tax breaks for African projects", 9. Juli 2018.
[4] Siehe Global Marshall Plan, https://www.globalmarshallplan.org/.

setzen Angenendt et al. (2017) generell auf eine **Verstärkung der Entwicklungs-
zusammenarbeit** zur Verbesserung der wirtschaftlichen, politischen, sozialen und
ökologischen Rahmenbedingungen. Dazu soll die EU Migrationsprogramme mit
temporärer Beschäftigung in EU-Ländern anbieten, die interregionale Wanderung
in Afrika unterstützen und Maßnahmen zur Eindämmung des Brain-Drains setzen.

4.3.3   Begünstigt die Seenotrettung das Schlepperwesen?

Die Pflicht zur Seenotrettung ist altes maritimes Gewohnheitsrecht. Es wurde erstmals 1910 im Brüsseler Abkommen zur einheitlichen Feststellung von Regeln über
Hilfeleistung und Bergung in Seenot kodifiziert. Diese Regeln finden sich auch im
Art. 98 des Seerechtsübereinkommens der Vereinten Nationen (SRÜ) aus 1982 (in
Kraft seit 1994), das auch von der EU ratifiziert worden ist. Danach ist jeder Staat
verpflichtet, dafür zu sorgen, dass die Schiffe unter seiner Flagge jeder Person, die
auf See in Lebensgefahr angetroffen wird, Hilfe leistet (für eine Zusammenfassung
der internationalen Regeln siehe Box 4.2).

Box 4.2: Regeln für die Seenotrettung
Der Kapitän eines Schiffes muss jeder Person, die auf See in Lebensgefahr
angetroffen wird, Hilfe leisten, soweit dies ohne ernste Gefährdung seines
Schiffes, der Besatzung oder der Fahrgäste möglich ist (Art. 98 SRÜ). Die
entsprechende völkerrechtliche Verpflichtung richtet sich nicht an den Kapitän, sondern an den Flaggenstaat des Schiffes. Weitere Rechtsquellen sind
das Internationale Übereinkommen zum Schutz des menschlichen Lebens
auf See (International Convention for the Safety of Life at Sea – SOLAS
Convention) aus 1974 (ursprünglich aus 1913 als Reaktion auf den Untergang der Titanic) und das *Internationale Übereinkommen zur Seenotrettung*
(International Convention on Maritime Search and Rescue – SAR Convention) aus 1979. Letztere bildet die Basis für die Einrichtung von **SAR-
Zonen**, die in Abstimmung mit den jeweiligen Nachbarstaaten eine flächen-
deckende und wirkungsvolle Seenotrettung sicherstellen sollen. Ziel des
SAR-Regimes ist die effektive Seenotrettung und nicht die Flucht- und
Migrationssteuerung.
      Auch Libyen hat 2018 eine SAR-Zone mit Seenotrettungsleitstelle (Ma-
ritime Rescue Coordination Centre, MRCC) notifiziert und wird seither von
der EU im Aufbau einer entsprechenden Küstenwache unterstützt. Dieser ist

wiederholt ein völkerrechtswidriges Verhalten angelastet worden, wenn Gerettete gegen ihren Willen zurück in das unsichere Libyen gebracht werden.

Die Seenotrettung ist eine unbedingte Verpflichtung, die am Schutzbedürfnis der in Seenot geratenen Menschen anknüpft, und zwar unabhängig davon, ob die Notlage auf Hoher See oder in Küstengewässern eingetreten ist, und unabhängig davon, ob sie durch kriminelle Netze oder von den zu rettenden Personen selbst herbeigeführt wurde. Die betreffenden Personen sind an Bord zu nehmen und an einen „sicheren" Ort zu bringen. Es besteht zwar kein Recht auf Zugang zu einem bestimmten Hafen, doch ist nach Völkergewohnheitsrecht ein Notrecht auf Hafenzugang anerkannt, weshalb Schiffbrüchige oft zum nächstgelegenen Hafen gebracht werden. Mit der Seenotrettung werden keine weitergehenden Ansprüche, etwa dauerhafter Aufenthalt oder Gewährung von Asyl, begründet.

Das illegale Schlepperwesen im Mittelmeer lebt von der Pflicht zur Seenotrettung und den plakativen Rettungsaktivitäten mancher NGOs. Die Handelsschifffahrt leidet unter der Vielzahl der aufzugreifenden Schiffbrüchigen und der Befolgung des Refoulementverbots, das Flüchtlinge vor der Rückführung in ein Land schützt, in welchem ihnen Verfolgung droht.

Quellen: Deutscher Bundestag (2016, 2017, 2018, 2020).

Die Flüchtlingskatastrophen mit unzähligen Toten im Mittelmeer haben eine Diskussion darüber entfacht, auf welche Weise die Menschenrechte weniger missachtet werden:

- Ist dies bei jenen Schiffbrüchigen der Fall, die von reichlich entlohnten Schleppern mit dem Hinweis in untaugliche Boote gesetzt werden, dass die Rettung durch NGOs und der Weitertransport nach Europa schon klappen werden, und die schließlich in überfüllten EU-Häfen landen, wo sie mit Ablehnung durch Bevölkerung und Politik konfrontiert sind?
- Oder gilt dies für die libysche Küstenwache, die solche Boote in ihrer SAR-Zone aufbringt und zum Herkunftshafen zurückführt – weil dort die Sicherheitsbedingungen auch nicht schlechter sind als in einem EU-Hafen?

Die zweite Lösung wird von der EU über Kooperationsabkommen unterstützt, sie wird aber von vielen Beobachtern als völkerrechtswidrig eingestuft, weil Libyen nicht als sicherer Ort gilt (vgl. etwa Cremer, 2018; Rentsch, 2020). Aber auch die erste Lösung („Willkommenspolitik") ist rasch an Grenzen gestoßen und von irregulären nationalen Maßnahmen zur Grenzschließung abgelöst worden, weil der Wille und/oder die Möglichkeiten zur Integration nicht ausreichend gegeben

waren. Beide hängen voneinander ab, aber es ist einfacher, die Möglichkeiten anzupassen, als den Willen zu generieren. Für die Lösung des Problems ist auch zu
berücksichtigen, dass die anlandenden Personengruppen gemischte rechtliche
Voraussetzungen mitbringen: Sie unterliegen teils flüchtlingsrechtlichen und teils
seenotrechtlichen Bestimmungen (Mrozek, 2015). Leubecher (2020) merkt als Besonderheit für Libyen an, *„dass Migranten in einen Bürgerkriegsstaat wandern,
aus dem selbst kaum Einheimische fliehen"*, weshalb etwa 95 % dieser in der EU
ankommenden Zuwanderer kein Flüchtlingsstatus zuerkannt werde.

Angesichts der Normalisierung der Migrationsströme über das Mittelmeer, aber
des weiterhin florierenden Schlepperwesens, sollten die staatlichen Organe wiederum die Kontrolle der Wanderungsbewegungen von den NGOs übernehmen. Im
Februar 2020 hat der Rat der Außenminister die neue maritime Libyen-Mission
„EUNAVFOR MED Irini" beschlossen, mit der die Luftüberwachung des Waffen-
embargos gegen Libyen unterstützt werden soll. Um nicht wieder in die Kritik zu
geraten, dadurch das Schlepperwesen zu unterstützen, konzentriert sich die neue
Mission auf das östliche Mittelmeer.

Empirische Studien über eine **mögliche Sogwirkung der Seenotrettung auf
das Schlepperwesen** kommen zu unterschiedlichen Ergebnissen: (i) Für Deiana
et al. (2021) vermindern mehr SAR-Operationen das Übersetzungsrisiko über das
Mittelmeer und ziehen daher mehr MigrantInnen an, denen die Schlepper zudem
immer weniger sichere Boote bereitstellen. (ii) Cusumano und Villa (2019) finden
für die SAR-Operationen von NGOs zwischen 2014 und Oktober 2019 keinen Zusammenhang zwischen der Zahl der aus Libyen in See stechenden Flüchtlings-
boote und der Anwesenheit von Seenotrettern. Viel wichtiger seien hierfür die
Wetterverhältnisse und die Anlandebedingungen in EU-Häfen. Recchi und Lanati
(2020) kritisieren beide Arbeiten als methodisch unzureichend, sodass aus ihnen
keine brauchbaren Schlüsse gezogen werden könnten. Auch in der aufwändigen
empirischen Arbeit von Rodriguez Sanchez et al. (2023) findet sich kein messbarer
Einfluss von offiziellen Rettungsaktionen (insbesondere die italienische Operation
„Mare Nostrum", 2013/14) oder der späteren privaten Einsätze auf die Migrationsströme über das Mittelmeer.

Unabhängig von solchen empirischen Bewertungen müssen Bootsflüchtlinge,
die in Seenot geraten sind, überlebenswichtige Hilfe erhalten. In zweiter Linie
muss es aber erlaubt sein, folgende **Fragen** zu diskutieren:

(i) Wie ist das Seenotrecht zu interpretieren, wenn sich Emigranten bewusst in
     Lebensgefahr begeben und in seeuntüchtige Boote steigen – in der oft be-
     rechtigten Annahme, ohnehin gerettet zu werden?
(ii) Warum patrouillieren manche NGO-Rettungsschiffe regelmäßig und punkt-
     genau auf jener Route, die auch von Schlepperbanden als profitabelste aus-

erkoren wurde? Provoziert das nicht gerade den Vorwurf eines kausalen Zusammenhanges: Je mehr private Rettungsschiffe, desto besser das Geschäft?

(iii) Wenn es bei der Seenotrettung vor Tripolis primär um Menschenleben geht, warum wird dann nicht das nahe gelegene Tunesien angesteuert?

(iv) Sollte nicht die Seenotrettung auf den stark frequentierten Routen von staatlichen Stellen (bzw. auf EU-Ebene) organisiert werden?

 (v) Welches Schicksal steht den glücklich Geretteten bevor, wenn ihnen die Anlandung in Europa verweigert wird bzw. wenn sie nach Anlandung in völlig unzureichend ausgestatteten Flüchtlingslagern auf ihre oft jahrelangen Asylverfahren (ohne Weiterbildungs- und Arbeitsmöglichkeiten) warten müssen und schließlich in vielen Fällen abgeschoben werden?

(vi) Welche Reaktionen lösen massive Zuwanderungen in den europäischen Zielländern aus, wenn die physischen und mentalen Kapazitäten für eine reibungslose Integration überfordert werden? In diesen Ländern schrumpft die Bereitschaft (und damit auch die Möglichkeit) zur aktiven Integration. Nicht zufällig wächst dadurch der populistische Nationalismus auch in jenen Ländern, die nicht unmittelbar von Flüchtlingsströmen betroffen sind.

Zusammenfassend kann zum Dilemma der Seenotrettung festgehalten werden: (i) Die rechtliche und moralische Pflicht zur Seenotrettung bezieht sich auf die Hilfe für Menschen, deren Leben auf hoher See ungeplant in Gefahr geraten ist. (ii) Die Seenotrettung führt sich ad absurdum, wenn sie nicht mehr als selbstverständliche Hilfe in einer zufällig eingetretenen Not in Anspruch genommen wird, sondern wenn die Handelsschifffahrt wegen der Häufung von bewusst herbeigeführten oder in Kauf genommenen Notlagen von größeren Menschengruppen auf neue Routen ausweicht, um nicht lahmgelegt zu werden. (iii) Die Seenotrettung darf sich nicht zu einem Werkzeug von Schlepperbanden entwickeln.

4.3.4 Eine europäische Antwort

Europas Migrationspolitik befindet sich langfristig in einem noch viel größeren Dilemma: Mit der weltweiten Bevölkerungsexplosion und der Verschiebung bewohnbarer Landstriche als Folge des Klimawandels drohen massive Wanderungsbewegungen, die kriegerische Auseinandersetzungen auslösen und das räumlich kleine Europa einfach überrennen. Eine Katastrophe dieser Dimension könnte vom gegenwärtigen europäischen Asylsystem nicht aufgefangen werden.

Einen Vorgeschmack auf die dann anstehenden Probleme liefert die unerwartete Verschiebung der Wanderungsstruktur im Europa der letzten Jahre. Zunächst wurde im Zuge der COVID-19-Pandemie die Mobilität der Menschen drastisch eingeschränkt. Die Vorsichtsmaßnahmen gegen die Ausbreitung der Seuche lagen in der Zuständigkeit der nationalen Gesundheitsbehörden und waren dementsprechend sehr unterschiedlich. Urlaubs- und Geschäftsreisen wurden zurückgefahren, Bürotätigkeiten nach Möglichkeit ins Home Office verlagert. Der EU-Binnenmarkt erlebte eine Zersplitterung durch neu errichtete Kontrollstellen an den Grenzen zwischen den Mitgliedstaaten. Als die Pandemie allmählich bewältigt schien und die Grenzen sich schrittweise öffneten, löste der kriegerische Angriff Russlands auf die Ukraine im Februar 2022 eine Welle von Vertreibungen aus, deren Folgen besonders in Polen und anderen Nachbarländern der Ukraine zu bewältigen waren.

Für die EU ergeben sich folgende **Szenarien einer Weiterentwicklung** und „Lösung" der Migrationskrise:

1. In einem für Europa *pessimistischen Szenario* führen Bevölkerungsexplosion, Naturkatastrophen und Bürgerkriege insbesondere in Afrika zu massiven Wanderungsbewegungen in das wohlhabende Europa. Die Unterscheidung zwischen Flüchtlingen und Auswanderern wird hinfällig, ein Schutz der europäischen Außengrenzen illusorisch. Es kommt zunächst zu Abwehrkämpfen der bodenständigen Bevölkerung, doch überlagern neue kulturelle Elemente die angestammte Kultur, langfristig etabliert sich eine neue Mischkultur.
2. In einem etwas *weniger drastischen Szenario* gibt es keine Massenzuwanderung, Flüchtlinge erhalten ausreichenden Schutz. Es gelingt der EU nicht, ihre Außengrenzen wirksam zu schützen, irreguläre Migration nimmt zu, innerhalb der EU werden Grenzen errichtet, in der Politik gewinnen nationalistische Bewegungen die Oberhand.
3. In einer *optimistischeren Variante* kann die EU einen wirksamen Schutz ihrer Außengrenzen aufbauen und sie bietet in ihren internationalen Vertretungen legale Möglichkeiten, Asylanträge zu stellen und Asylverfahren abzuwickeln. Dann können zwar Binnengrenzen entfallen, doch bedarf es eines unter den EU-Mitgliedstaaten akkordierten Systems der Verteilung von Asylberechtigten.
4. In einem *Idealszenario* gelingt es der EU langfristig in Kooperation mit den Herkunftsländern, deren soziale Infrastruktur und wirtschaftliche Lage soweit zu verbessern, dass massenhafte Migration nach Europa nicht mehr attraktiv erscheint. Auch wenn diese Vision erst für kommende Generationen relevant sein mag, könnte eine einigermaßen glaubwürdige Aussicht darauf die Auswanderungswünsche schon heute eindämmen.

Auf der politischen Ebene wird *Szenario 1* zwar bisweilen als Drohkulisse eingesetzt, es zählt aber nicht zu den vordringlichen Sorgen und ist allenfalls langfristig von Relevanz. *Szenario 4* sollte zwar stets auf der Wunschliste der Politik stehen, es ist aber ebenfalls zu langfristig angelegt, um außer rhetorischer Befürwortung auch merkbare Aktivitäten auszulösen. *Szenario 3* wäre zwar die zweitbeste Lösung, sie scheitert aber nicht nur bei massiven Migrationswellen, sondern derzeit auch am Widerstand einzelner EU-Staaten, das Dublin-Abkommen umzusetzen (siehe Box 4.1). Es bleibt somit *Szenario 2*, das zurzeit in Europa die politische Realität bestimmt. Um von diesem Szenario zum wünschenswerten Szenario 3 zu gelangen, muss **auf EU-Ebene ein umfassender Ansatz** verfolgt werden, der eine Kooperation mit den Herkunftsländern nicht auf die Eindämmung der Folgen bereits erfolgter Migration beschränkt, sondern – jedenfalls im Hinblick auf Afrika – eine langfristige Zusammenarbeit auf Augenhöhe anstrebt. Aus Sicht des aufnehmenden Landes erfordert Migrationspolitik zunächst eine zügige Abwicklung des Asylverfahrens, um wenigstens den formalen Aspekt von Zuwanderungsversuchen abzudecken, das menschliche Schicksal kann man damit ohnehin nicht befriedigend erfassen. Dies ist aber nicht hinreichend für die Problemlösung, weil dazu auch den Bedürfnissen und Ängsten der aufnehmenden Mehrheitsbevölkerung Rechnung zu tragen ist. Mit anderen Worten, **eine liberale Willkommenshaltung wird nur dann politisch verkraftbar sein, wenn sowohl die Integration der Zugewanderten möglich als auch der angestammten Bevölkerung zumutbar ist.**

Die Migrationskrise hat viele Vorschläge für gesamteuropäische Lösungen hervorgebracht, von denen einige in Tab. 4.2 zusammenfassend aufgelistet sind. Sie sollten nicht nur auf ihre Machbarkeit, sondern auch auf ihren ethischen Gehalt hin geprüft werden, wie er etwa in den Vorschlägen des deutschen Philosophen und (laut Eigendefinition) „republikanischen Kosmopolitisten" Julian Nida-Rümelin (2017, 2018) zum Ausdruck kommt. Für ihn ist eine Asyl- und Integrationspolitik so zu gestalten, dass sie insgesamt zu einer humaneren und gerechteren Welt beiträgt. Dazu gehört, dass einerseits die Einwanderung in den aufnehmenden Gesellschaften als Bereicherung und nicht als Bedrohung wahrgenommen wird und andererseits die soziale Ungleichheit im Zielland nicht verschärft wird, weil sonst rechtspopulistische und nationalistische Kräfte die Demokratie bedrohen. Die Herkunftsregionen sollen einen Ausgleich für die Nachteile aus der Wirtschafts- und Arbeitsmigration erhalten. Schließlich wäre darauf zu achten, die Solidaritätsressourcen der Weltgesellschaft nicht überwiegend durch transkontinentale Migration zu absorbieren, sondern einen Teil davon für Transferzahlungen in die Elendsregionen und zum Aufbau einer gerechteren Weltwirtschaftsordnung zur Verfügung zu stellen.

Tab. 4.2 Vorschläge zur Lösung der europäischen Migrationskrise

Autoren	Asylverfahren	Verteilung	Drittstaaten	Sonstiges
Betts and Collier (2018)	• Flüchtlingsschutz, restriktiv bei Wirtschaftsmigration • Anträge primär im Herkunftsland, subsidiär in der EU	• Getrennte Verfahren für Aufnahme und Verteilung • Fixe Zuweisung an ein Gastland, spätere Umsiedelungsmöglichkeit • Anlaufstaaten der Bootsflüchtlinge unterstützen	• Herkunftsländer unterstützen • Vereinbarungen über Rückführungen abschließen	• Expertise von Weltbank und EIB nützen
Batsaikhan et al. (2018)	• EU-Identitätskarte, um Mehrfachbewerbungen auszuschließen	• Faire Verteilung der Lasten	• Partnerschaften mit Nachbarländern	• Öffentliche Diskussion • Außengrenzen gegen irreguläre Migration schützen • Zugang zum Arbeitsmarkt, Bildungssystem und Bankensystem
Kasy (2018)	• Antragsmöglichkeiten auch in Flüchtlingslagern u. Krisenherden	• Fonds für Menschenrettung einrichten • Daraus fixe Mittel an Gemeinden für freiwillig aufgenommene Flüchtlinge		

(Fortsetzung)

Tab. 4.2 (Fortsetzung)

Autoren	Asylverfahren	Verteilung	Drittstaaten	Sonstiges
Schwan und Knaus (2018)	• In Frontstaaten (Griechenland, Italien, Spanien) Hotspots einrichten • Asylbescheide innerhalb von 2 Monaten • Bei Ablehnung rasche Rückführung	• Freiwillige Verteilung • EU-Fonds zur Unterstützung von aufnehmenden Kommunen	• Kontrolle der Grenzübertritte aus der Türkei • Rückführungsabkommen • Abkommen für legale Migration	
Printzos (2018)	• Hotspots in Frontstaaten			Umschulungszentren in den Hotspots
Europäische Kommission (EK 2020a)	• Ersteinreiseland weiterhin für Asylverfahren zuständig • Screening über die Erfolgsaussichten	• Weiterhin Verteilung nach Flüchtlingsquoten, Verpflichtung kann aber durch Rückführungen abgelöst werden • Rabatt für besonders betroffene Mitgliedstaaten	• EU-Koordinator für Rückführungen • Partnerschaften mit den Herkunftsländern • Bekämpfung der Fluchtursachen	Solidaritätsmechanismus für Such- und Rettungseinsätze

Quelle: eigene Zusammenstellung

Eine längerfristige Lösung dieses komplexen Problems kann nur in einer **konzertierten Aktion** aller Betroffenen liegen:

(i) An der Front bedarf es (a) der Bekämpfung von Schlepperbanden, (b) der Versorgung von Flüchtlingen in der Umgebung ihrer Herkunftsländer (denn viele transnationale Flüchtlinge wollen ohnehin wieder einmal zurück in ihre Heimat und nicht entwurzelt in einer fremden – wenn auch reichen – kulturellen Umgebung ihr Dasein fristen), (c) der Information an potenzielle MigrantInnen über Asylmöglichkeiten und (d) der Rettung von Schiffbrüchigen durch die jeweilige Küstenwache. In einem EU-Land angekommene Flüchtlinge und Zuwanderer ohne Asyltitel sind nach der Genfer Flüchtlingskonvention 1951 ebenso wie nach der EU-Qualifikationsrichtlinie 2011 zu unterstützen.

(ii) In einer zweiten Ebene müssen diese Maßnahmen durch Vereinbarungen einerseits innerhalb der EU über die Verteilung von Asylberechtigten und andererseits mit den Transitländern außerhalb der EU über eine menschenwürdige Versorgung von Flüchtlingen abgesichert werden. Dazu gehört auch die Möglichkeit, Asylanträge in den diplomatischen Vertretungen der EU und von EU-Mitgliedstaaten zu stellen.

(iii) Schließlich bedarf es einer langfristigen Bekämpfung der Ursachen von Massenemigration, die aber vielfach außerhalb der Einflusssphäre der EU liegen. Klimawandel, Bürgerkriege und Fragen der weltweiten Einkommensverteilung können nur durch internationale Vereinbarungen und daraus abgeleitete solidarische Maßnahmen erfolgreich in Angriff genommen und bewältigt werden.

(iv) Kooperationsprojekte der EU werden dabei schwerpunktmäßig in der eigenen Nachbarschaft liegen, aus welcher der Migrationsdruck kommt, um ihn zu dämpfen oder in zirkuläre Migration umzulenken.

(v) Im Falle Libyens muss die EU – will sie die irreguläre Migration über das Mittelmeer eindämmen – den Aufbau funktionierender staatlicher Strukturen massiv unterstützen.

Die hier vorgenommene Kategorisierung von notwendigen Maßnahmen zeigt, wie unrealistisch ihre Verwirklichung im Gesamten ist. Dennoch ist von der Politik zu erwarten, dass über diese und andere Ansatzpunkte die Migrationsprobleme schrittweise gemildert werden.

Die Europäische Kommission hat im September 2020 ein **neues Migrations- und Asylpaket** vorgestellt (EK, 2020a), das den Widerstand einzelner Mitgliedstaaten zu überwinden und entscheidende Schritte zu einem gemeinsamen europäischen Asylrecht zu setzen versucht. Kernpunkte dieses vom EP und Rat im September 2022 beschlossenen Pakets sind:

- Aufbau eines sichtbaren Schutzes der EU-Außengrenzen – gegen den Widerstand einiger Mitgliedstaaten am südlichen und östlichen Rand der EU, die den nationalen Grenzschutz als unverzichtbaren Teil ihrer Souveränität betrachten;
- Entwerfen und Umsetzen von rechtlich haltbaren und politisch tragfähigen Lösungen für die legale Zuwanderung in die EU;
- Organisieren einer fairen Verteilung der AsylantInnen – gegen den Widerstand jener Mitgliedstaaten im Zentrum der EU, die die einfachsten Menschenrechte ebenso wie die Regeln des europäischen Binnenmarktes ignorieren und ihre Grenzen für Einwanderer sperren;
- Erreichen einer demokratischen Unterstützung der EU-Bürgerschaft für ein gemeinsames Asylsystem; und
- Errichten einer zielgerichteten Zusammenarbeit mit den Herkunfts- und Transitländern, um sowohl die Fluchtursachen zu bekämpfen als auch Rückführungen zu ermöglichen.

Beibehalten werden somit der Schutz der Außengrenzen, die Bekämpfung der Fluchtursachen, die Zusammenarbeit mit Drittstaaten, die Verpflichtung des Ersteinreiselandes, das Asylverfahren einzuleiten und für die Unterbringung der MigrantInnen zu sorgen, die Förderung legaler Migration und in Krisenzeiten die verpflichtende Verteilung nach Flüchtlingsquoten. Neu sind einige Kompromissformulierungen und Einrichtungen, die Einwänden aus den Mitgliedstaaten Rechnung tragen. Unter ihnen findet sich auch ein *Solidaritätsmechanismus*, der „das Prinzip der Fairness im EU-Asylsystem verankern" soll, indem er zwar unterschiedliche geografische Gegebenheiten berücksichtigt, aber dennoch von allen Mitgliedstaaten einen Beitrag einfordert.

Ein wichtiges Element des neuen Pakets ist ein *gemeinsames Rückkehrsystem* für abgelehnte Asylwerber, das sowohl die freiwillige Rückkehr als auch die erzwungene Rückführung regelt. Das Konzept für die freiwillige Rückkehr hat die Europäische Kommission (EK, 2021c) in einer Mitteilung an das EP und den Rat vorgelegt. Damit soll „*eine humane, wirksame und nachhaltige Rückkehr irregulärer Migranten*" in Partnerschaft mit den Aufnahmeländern gewährleistet und Unterstützung bei der Wiedereingliederung geboten werden. Über das Instrument für Wiedereingliederungshilfe („Reintegration Assistance Tool", RIAT) wird Rückkehrberatung erteilt und es werden Hilfsprogramme vor Ort vermittelt. Das

Mitte 2018 eingerichtete und seit Mitte 2022 bei Frontex angesiedelte „Europäische Netz für Rückkehr und Wiedereingliederung" koordiniert die Zusammenarbeit zwischen den Migrationsbehörden der teilnehmenden Länder.

Ein wichtiges Ziel der angedachten Reform ist die weitgehende Vereinheitlichung der Asylverfahren und der Aufnahmebedingungen. Ob sich für die Reform unter den geänderten Bestimmungen die erforderliche Zustimmung erreichen lässt, bleibt offen. Es wird schwierig sein, bei Rückführungen mit Sanktionen zu arbeiten, weil viele bilaterale Beziehungen zu den Herkunftsstaaten den EU-weiten Maßnahmen entgegenstehen. Die Legislativvorschläge für das neue Paket sollen 2024 vorliegen.

Insgesamt ist einzuräumen, dass die EU in der Migrationsfrage tief gespalten ist. Die humanitäre „Willkommenspolitik" hat sich als nicht nachhaltig erwiesen. Verbreitete lokale Probleme und die intensive mediale Präsenz des Themas ließ das Pendel umschlagen in eine mehr oder weniger ausgeprägte Abwehrhaltung gegen irreguläre Migration und bis zu einem gewissen Grad auch gegen legale Einwanderung. Leider schlägt dies auch auf Flüchtlinge durch, die nicht mehr selbstverständlich den ihnen nach internationalem Recht zustehenden Schutz erwarten können. Die zunehmenden Ängste in der Bevölkerung vor einem unbeherrschbaren Eindringen fremder Kulturelemente wurden von nationalistischen Kräften erfolgreich für populistische Anti-EU-Kampagnen instrumentalisiert. Um diesen Prozess zu bremsen, **empfiehlt es sich, einerseits die Institutionen für reguläre Migration zu stärken, andererseits aber die irreguläre Immigration zu kanalisieren und damit wohl auch zu verringern.**

Hier wäre eine umfassende Politik auf EU-Ebene angezeigt, die legale Migration ermöglicht, aber auch Abkommen mit Nachbarstaaten für die Rückführung von MigrantInnen vorsieht. Langfristig bedarf es in Kooperation mit den Herkunftsländern einer Entwicklungspolitik auf Augenhöhe, um der dortigen Bevölkerung durch Investitionen in Bildung und Produktion eine Perspektive für sich und ihre Nachkommen zu eröffnen. Dieser langfristige Arm kann seine volle Wirkung zweifellos erst im Laufe von Jahrzehnten entfalten. Um aber Erwartungen auf allmähliche Besserung zu generieren, müssen entsprechende Maßnahmen jetzt in Angriff genommen werden. Klar ist jedenfalls, dass Lösungsansätze für viele der gegenwärtigen Problemfelder (nicht nur Migration, sondern auch Umweltschäden, Globalisierungsfolgen, Digitalisierungsrevolution, Terrorismus etc.) nicht auf nationaler Ebene allein gefunden werden können. Am besten eignen sich hierfür globale Institutionen, doch könnten von der EU wertvolle Impulse kommen.

4.4   Erfahrungen mit der Integration von Zugewanderten

Voraussetzung einer erfolgreichen Integration, die im Zielland zunächst Netto-kosten verursacht, aber langfristig mit Nettovorteilen verbunden sein wird, ist die Beachtung aller Grundrechte, wie sie auch für Einheimische gelten. Nach einem zügigen Asylverfahren muss sich für neu Zugewanderte die Perspektive einer ge-sicherten Zukunft öffnen, indem Fragen beantwortet werden, welche Ausbildungs- und Arbeitsmöglichkeiten bestehen, wie laufendes Einkommen erzielt und die Wohnungsfrage gelöst werden kann, ob Familienzusammenführung ermöglicht wird, welche Kommunikationsmöglichkeiten mit der Nachbarschaft entstehen und ob langfristig Aussicht besteht, im Einwanderungsland die Staatsbürgerschaft zu erwerben. Oltmer (2016) warnt vor Ungeduld bei den Integrationsfortschritten, weil es dabei um *„das langwährende, durch Kooperation und Konflikt geprägte Aushandeln von Chancen der ökonomischen, politischen, religiösen oder recht-lichen Teilhabe"* geht.

Für eine erfolgreiche Integration, die das Kulturverständnis der ImmigrantIn-nen friedlich und fruchtbringend in die bestehende Kultur einbringt, ist von beiden Seiten das interessierte Zugehen aufeinander erforderlich. Von den *Zuwanderern* ist zu erwarten, dass sie das bestehende Rechtssystem und die politischen Werte akzeptieren und dass sie sich in das soziale und kulturelle Gefüge einordnen und einbringen. Dazu ist es hilfreich, wenn sie die Sprache des Ziellandes erlernen und zum nationalen Wohlfahrtssystem finanziell beitragen. Ob die angestammte Be-völkerung die Integration der Neuankömmlinge befürwortet oder ablehnt, hängt von wirtschaftlichen Erwägungen (Arbeitsplatzsicherheit) ebenso ab wie von kul-turellen Ängsten (fremde Religion) und medialen Einflüssen (Fake News). Dazu kommen praktische Fragen der Belastbarkeit des Schulsystems, des Wohnungs-sektors und des Arbeitsmarktes. Auch das soziale Umfeld der Aufnehmenden spielt eine Rolle. Befürworter einer friktionsfreien Integration finden sich vor allem im weltoffenen städtischen Bereich („contact theory"), wogegen die Abwehrenden, zu denen im Allgemeinen auch die rechtsnationalen Euroskeptiker zählen, nach der „group-threat theory" eher aus dem ländlichen Umfeld stammen (Eger & Boh-man, 2016).

Ob und wie die Integration von Einwanderern in die bestehende Gesellschaft erfolgt, hängt sowohl vom Umfang der Einwanderung als auch von der kulturellen Kluft zwischen alten und neuen Bewohnern ab. Kommt beides zusammen – also die Zuwanderung großer, kulturell homogener Personengruppen, die sich von der angestammten Kultur unterscheiden – dann wird Integration erschwert. Im Extremfall kommt es zur *Marginalisierung der angestammten Kultur*, also des Rechtssystems, der Sprache, der Religion und des alltägliche Brauchtums. In historischen Phasen von Völkerwanderungen hat es solche Verdrängungen immer wieder gegeben, mit ihnen schüren heute populistische Nationalisten die Ängste gegen Einwanderer. **Es ist wichtig, diese Ängste um die kulturelle und wirtschaftliche Identität ernst zu nehmen und sie gemeinsam mit den ImmigrantInnen aufzuarbeiten** (vgl. etwa Stöhr & Wichardt, 2019).

Wenn Masseneinwanderungen nicht gleich zur Verdrängung der bodenständigen Kultur führen, kann es doch zur *Ghettobildung* kommen, also zur Abkapselung einer größeren homogenen Immigrantengruppe von ihrer neuen Umgebung. Dann wird zwar die bodenständige Kultur nicht unmittelbar bedroht, es findet aber auch kein Austausch kultureller Elemente statt. Das Zusammenleben zwischen unterschiedlichen Gruppen kann bei wechselseitiger Wertschätzung über lange Zeit friktionsfrei verlaufen, kann sich aber über populistische Verschwörungsmythen explosionsartig verschlechtern. Beispiele für die erste Gruppe sind die Amish-Dörfer in den USA, für die zweite Gruppe stehen die jüdischen Ghettos in vielen europäischen Ländern vor dem Vernichtungsfeldzug durch das Nazi-Regime. Wie schwierig die Integration von Zuwanderern sein kann, zeigen die Erfahrungen mit der Welle von „Gastarbeitern" nach Deutschland in der zweiten Hälfte des vorigen Jahrhunderts. Die ansässig gewordenen Einwanderer und ihre Nachkommen bilden auch nach einer langjährigen Integrationsphase gewisse *Sprach- und Kulturinseln*, selbst wenn sie sich nicht in einer Ghettosituation befinden.

Empirische Hinweise zu den Erfahrungen der europäischen Bevölkerung mit der großen Migrationswelle, aber noch vor Beginn des Ukrainekrieges, finden sich in einer Eurobarometer-Umfrage aus 2021 (European Commission, 2022b). Auf die Frage, ob Immigration mehr ein Problem als eine Chance ist, betonten unter den Respondenten 31 % das Problem und nur 22 % die Chance. Dabei dominiert im Süden und Osten der EU27 das Problembewusstsein, im Norden und Westen werden mehr Chancen gesehen (Abb. 4.3).

Die Integration von AusländerInnen auf Ebene der Mitgliedstaaten gestaltet sich für ZuwanderInnen aus anderen EU-Staaten viel einfacher als für ImmigrantInnen aus Nicht-EU-Ländern (Tab. 4.3). Bei Integrationsindikatoren für Arbeitsmarkt und Bildung unterscheiden sich die Werte für InländerInnen nicht wesentlich von jenen für EU-AusländerInnen – wenn man von der hohen Quote der SchulabbrecherInnen aus dem EU-Ausland absieht. Personen aus Drittstaaten sind dagegen viel weniger gut ausgebildet, und sie haben es viel schwerer, eine dauer-

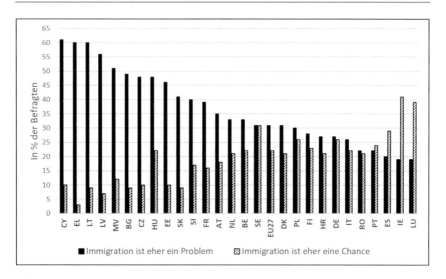

Abb. 4.3 Eurobarometer-Frage: Ist Immigration mehr Chance oder Problem? (Daten: Special Eurobarometer 519, European Commission (2022b); Originalfrage QB2: „Generally speaking, do you think immigration from outside the EU is more of a problem or more of an opportunity for (OUR COUNTRY) today?")

Tab. 4.3 Indikatoren der Integration von MigrantInnen in EU27 (2021)

	Inländer	Andere EU-Nationalität	Drittstaaten-Nationalität
Erwerbsquote	74,0 %	74,4 %	59,1 %
Arbeitslosenquote	6,3 %	8,7 %	15,5 %
Tertiäre Bildung	42,1 %	39,9 %	32,2 %
SchulabbrecherInnen	8,4 %	23,3 %	26,0 %
Erwachsenenbildung	10,9 %	9,7 %	11,4 %
Armutsrisiko	19,5 %	27,5 %	48,4 %
Überbelegte Wohnung	14,1 %	21,0 %	35,7 %
Eigenheimquote	74,3 %	35,0 %	24,2 %

Quelle: Eurostat, Migrant integration statistics

hafte Beschäftigung zu finden. Ihre Wohnverhältnisse sind deutlich schlechter, und das Armutsrisiko ist enorm. Für die Integration in den Arbeitsmarkt besteht auf EU-Ebene derzeit nur ein sehr eingeschränktes Regime von temporären Arbeitsbewilligungen, nämlich seit 2009 die „Blue Card" für hoch qualifizierte ArbeitnehmerInnen aus Nicht-EU-Staaten, die in der EU bereits über einen Arbeitsvertrag mit überdurchschnittlichem Einkommen verfügen müssen.[5] 2018 wurde gemäß Eurostat 2,6 Mio. Aufenthaltsbewilligungen erteilt, davon etwa die Hälfte in Form von zeitlichen Verlängerungen. Die „Blaue Karte EU" wird nur schleppend angenommen, bedeutender sind die nationalen Blue-Card-Systeme (in Österreich die Rot-Weiß-Rot-Karte).

Das allmähliche Entstehen von integrationsresistenten „**Parallelgesellschaften**" wird als Problem empfunden, wenn sie die eingespielten Verhaltensweisen der Mehrheit stören und sich nicht ausreichend kontrollieren lassen. Dies gilt wohl erst recht für jene Fälle, in denen unterschiedliche Gruppen von Immigranten miteinander im Streit liegen und möglicherweise auf politische Unterstützung aus den Herkunftsländern zählen können. Davon ist aber jene friedliche Gruppenbildung zu unterscheiden, die durch Kontaktaufnahme von Neuankömmlingen mit den bereits hier ansässigen Landsleuten entsteht, deren Sprache sie sprechen und mit deren Gewohnheiten sie vertraut sind. Dort erhalten sie auch brauchbare Informationen über die ersten Schritte zur Integration im Ankunftsland. Für die weiteren Integrationsschritte gibt es eine geteilte Verantwortung der neu Zugewanderten und der Ansässigen mit den zuständigen Behörden.

Ergebnis einer herkömmlichen Integrationspolitik wird in aller Regel sein, dass ImmigrantInnen weiterhin als „die Anderen" gesehen und behandelt werden. Will man diese Barriere beseitigen, empfehlen Islam et al. (2019) eine weitgehende Inklusion, an der Eingesessene und Neuankömmlinge gleichermaßen arbeiten und die letztere rasch zu einem gleichwertigen Element der Gesellschaft macht. **Dies erfordert jedenfalls eine vollständige Einbindung der Zugewanderten in das politische Leben einschließlich Zugang zum Wahlrecht und zur Staatsbürgerschaft.** In diesem Sinne sollte die statistische und politische Stigmatisierung von „Personen mit Migrationshintergrund" vermieden werden (Kohlenberger, 2021). Schließlich gibt es in Mitteleuropa niemanden, der/die in der Ahnenreihe nicht auch seinerzeit Zugewanderte finden wird.

---

[5] Die Blaue Karte der EU wurde mit der Richtlinie 2009/50/EG eingeführt und mit der Richtlinie 2021/1883/EU aktualisiert. Sie ist der US amerikanischen „Green Card" nachempfunden, die allerdings mit einem permanenten Aufenthaltstitel verbunden ist.

Zusammenfassung

- Überall in der Welt gerät die liberale Demokratie in Bedrängnis, wenn es ihr nicht gelingt, Zustimmung zu einer langfristig angelegten Einwanderungs- und Integrationspolitik zu gewinnen. Dann finden autokratische Regierungsformen mit nationalistischen Abschottungen zunehmend Widerhall, auch wenn damit gegen die Grundwerte der europäischen Integration verstoßen wird.
- In der EU muss die Solidarität unter den Mitgliedstaaten angehoben werden, damit sich die Anlandestaaten von MigrantInnen nicht im Stich gelassen fühlen. Dazu bedarf es verbesserter Zugänge zu legaler Einwanderung und eine effektive Kontrolle der irregulären Migration. Auffanglager außerhalb der EU sind unrealistisch: Um Menschenrechtskonformität zu wahren, müssten sie mit Zustimmung des Drittlandes von der EU kontrolliert werden.
- Ein erhöhter Schutz der EU-Außengrenzen wäre – bei aller Kritik an Frontex – ein wichtiges Argument gegen die Wiedererrichtung von Binnengrenzen. Ob über die polizeiliche Sicherheit hinaus eine militärische Verteidigung anzupeilen ist, geht über die Migrationsfrage hinaus und bezieht sich auf die geostrategische Position der Gemeinschaft.
- Mit den Herkunftsländern ist eine Zusammenarbeit auf Augenhöhe anzustreben. Es geht dabei sowohl um die Betreuung der Migrierenden als auch um Entwicklungspläne, die eine Auswanderung unattraktiv werden lassen. Als Beitrag dazu könnte die EU zunächst einmal einseitig auf diskriminierende Wirtschaftspraktiken verzichten. In der Seenotrettung gilt es, die staatliche Verantwortung nicht primär von NGOs ausüben zu lassen, das Schlepperwesen in Zusammenarbeit mit den Herkunftsländern zu bekämpfen und endlich eine solidarische Lösung für die Verteilung von Flüchtlingen zu finden.
- Insgesamt erscheint die Integration von Zuwanderern zunächst als mühsam und mit Nettokosten befrachtet, langfristig profitieren davon aber sowohl die Eingewanderten als auch die gesamte Wirtschaft und Gesellschaft. Von den Zuwanderern kann freilich gefordert werden, den Wertekatalog des Ziellandes im Grunde zu akzeptieren. Andererseits muss die Stammbevölkerung den ImmigrantInnen auch Zeit geben, mit ihrer neuen Umgebung fertig zu werden. Die Politik ist gefordert, sowohl die Zuwanderer beim Sesshaftwerden zu unterstützen, als auch den Einheimischen ihre Ängste vor den möglichen Folgen der Immigration zu

nehmen. Integration wird erleichtert, wenn die Einwanderer möglichst rasch an der politischen Willensbildung des Gastlandes teilnehmen können. Die Zuwanderung großer, kulturell homogener Personengruppen, die sich von der angestammten Kultur stark unterscheiden, erschwert die Integration erheblich. In internationalen Vergleichen sind die Integrationserfolge der EU eher bescheiden.

- Die Pandemie hat die Aufmerksamkeit von den Flüchtlingen abgelenkt, sodass nun sachlich über deren Verteilung und Integration gesprochen werden könnte. Insbesondere müssten sowohl das internationale Asylrecht als auch das europaspezifische Dublin-System an die Herausforderungen von Massenwanderungen angepasst werden.

Gibt es eine „europäische Identität"? 5

> *„Identity can be used to divide, but it can also be used to unify. That, in the end, will be the remedy for the present populist politics"*
>
> *(Francis Fukuyama 2018b).*

Zusammenfassung

Jede Einzelperson verfügt über eine Identität, die sich aus der Verschränkung von vertikalen Elementen (Familie, Gemeinde, Nation, Europa) und horizontalen Faktoren (Sprache, Religion und Bildungsniveau) ergibt. Kollektive Identität von großen Personengruppen, die über gemeinsame Merkmale miteinander verbunden sind, existiert auf unterschiedlichen Ebenen, deren bedeutendste die Nation ist. Demgegenüber ist die „europäische Identität" ein vielschichtiger, schwammiger Begriff geblieben, dem kein einheitliches Konzept zugrunde liegt und der sich noch dazu an den Wandel der inneren und äußeren Rahmenbedingungen laufend anpasst. Regionale und nationale Identitäten sind stärker verankert als das Bewusstsein, zu einem europäischen Kollektiv zu gehören. Dies muss aber kein Nachteil sein, weil nationale Identitäten – sofern sie nicht in Chauvinismus ausarten – als Vorbedingung und Vorbild für eine europäische Identität dienen können.

5.1   Wie wird die EU von den Bürgern eingeschätzt?

In den folgenden Überlegungen wird diskutiert, auf welchem Fundament eine „europäische Identität" errichtet sein müsste, welche Arten von Identitäten gegenwärtig im Wettstreit stehen und welche konkreten politischen Ausprägungen wir derzeit in Europa erleben.[1]

Eine Einleitung zu diesem Fragenkomplex bieten **Umfragen der EK zu Europafragen** im Rahmen des Eurobarometers. Die Ergebnisse solcher Umfragen werden seit 1974 regelmäßig veröffentlicht (siehe Nissen, 2004; Pichler, 2005). Die Umfrage vom Winter 2021/22 zeigt, dass sich die Bürgerschaft der 27 EU-Staaten im Gesamtdurchschnitt zu 71 % als „Bürger/Bürgerin der EU" fühlten (Abb. 5.1), im November 2014 (nach der Eurokrise und vor der Migrationskrise) waren es nur 63 %. Besonders kräftige Steigerungen gab es in Zypern (von 51 % auf 72 %), Portugal (von 66 % auf 85 %), Ungarn (von 67 % auf 81 %), Irland (von 70 % auf 84 %), Spanien (von 71 % auf 81 %) und Deutschland (von 74 % auf 82 %). Einen merklichen Rückgang verzeichnete Frankreich (von 63 % auf 56 %),

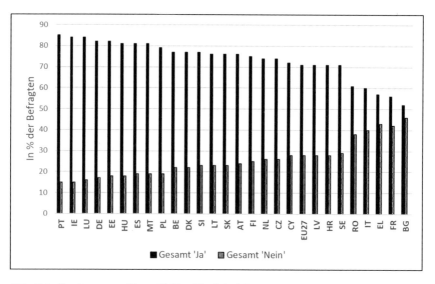

Abb. 5.1 Eurobarometer-Frage: Fühlen Sie sich als Bürger/Bürgerin der EU? (Daten: Europäische Kommission, Standard-Eurobarometer 93, Winter 2021/22, Frage QC2.1)

---

[1] Für einen Überblick siehe Berg (2019).

Schlusslicht war Bulgarien, dort fühlten sich nur 52 % der Befragten als BürgerInnen der EU. Interessant sind die weit über dem Durchschnitt liegen Zustimmungswerte in Polen und Ungarn, obwohl die Regierungen dieser Länder und die von ihnen kontrollierten Medien laufend gegen „Brüssel" wettern.

Hinsichtlich des Vertrauens in politische Einrichtungen kommen EU-Institutionen stets besser weg als vergleichbare nationale Stellen (Abb. 5.2). Auf beiden Ebenen schwankt das Vertrauen unter dem Eindruck von globalen Ereignissen. So haben die Finanzkrise und die nachfolgende Eurokrise einen nachhaltigen Vertrauensverlust der europäischen Institutionen bewirkt, der sich erst nach dem Abflauen der Flüchtlingskrise umkehrte. In der Coronakrise sind die bürgernahen Aktivitäten der nationalen Regierungen zunächst mit einem Vertrauenszuwachs belohnt worden, am Höhepunkt der Krise hat allerdings das Vertrauen in die EU-Institutionen deutlich zugelegt und ist auch während des Ukrainekrieges hoch geblieben.

Die EU hat also bei der Bürgerschaft durchaus einen hohen Stellenwert. Aber reicht das zur Schaffung und Bewahrung einer „europäischen Identität"? Vor allem die Auseinandersetzungen über die Behandlung von Flüchtlingen und Migranten hat die Frage belebt, ob die Bevölkerung mit Europa (und speziell mit der EU) einen konkreten Wertekatalog und entsprechende politische Haltungen verbindet.

Entwicklung und Stand des gesellschaftlichen Zusammenhalts in den EU-Ländern bildet der „*EU Cohesion Monitor*" ab, der erstmals für 2007 erstellt wurde und bis zur Coronakrise (für die es noch keine Gesamtauswertung gab) reicht

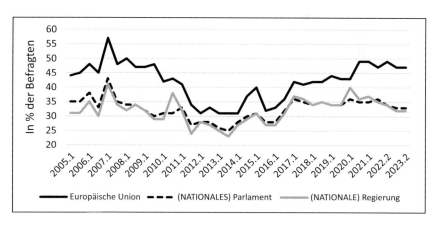

Abb. 5.2 Vertrauen in europäische und nationale Institutionen. (Daten: Europäische Kommission, Standard Eurobarometer 98, Winter 2022/23)

(Busse et al., 2020). Daten aus 42 Faktoren werden zu je 5 Indikatoren für den individuellen Zusammenhalt (Erfahrungen, Meinungen und Erwartungen der BürgerInnen) und den strukturellen Zusammenhalt (Makroebene eines Staates und seiner Wirtschaft) verdichtet.

Im Zeitablauf haben die Krisen und der mit ihnen einhergehende nationalistische Populismus die Kohäsion in der EU28 zunächst geschwächt, doch ist im Zuge der Brexit-Diskussion und der Coronakrise eine Gegenbewegung entstanden, die für 2019 zu dem in Abb. 5.3 dargestellten Muster geführt hat. Die Unterschiede von Land zu Land sind erheblich, bemerkenswert sind die beiden Ausreißer, nämlich Luxemburg mit sehr hohen und das UK mit sehr niedrigen Werten sowohl für den individuellen als auch strukturellen Zusammenhalt. Luxemburg ist wohl das am stärksten mit den benachbarten EU-Staaten verzahnte Land, das UK hat seine nur wenig ausgeprägte Kohäsion mit der EU durch einen Austritt besiegelt. Weitere Länder mit relativ geringer struktureller Kohäsion sind die Randstaaten Zypern und Irland, die aber eine umso stärkere individuelle Verbundenheit mit der EU aufweisen. Über einen nur geringen individuellen Zusammenhalt verfügen neben Italien und Frankreich die vier Visegrád-Staaten. Diese haben allerdings in den letzten Jahren ihre strukturelle Kohäsion deutlich erhöht. Über die gesamte Periode seit

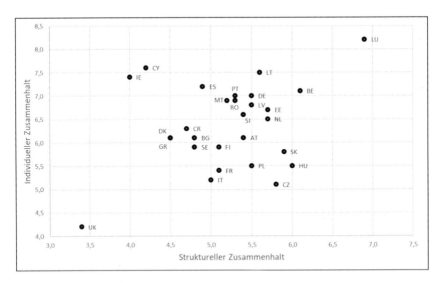

Abb. 5.3 Zusammenhalt in der EU28 (2019). (Datenquelle: EU Cohesion Monitor (Busse et al., 2020). – Anmerkung: Für die Makroindikatoren „Politikintegration" und „Sicherheit" reicht die Skala von 1 bis 7, um Raum für künftige Integrationsschritte zu lassen, für alle anderen Indikatoren von 1 bis 10)

2007 sind die strukturellen Faktoren ziemlich stabil geblieben, wogegen die individuellen Faktoren stärkeren Schwankungen ausgesetzt waren (Möller, 2019). Dies lässt den Schluss zu, dass auch in Zukunft eine Vertiefung der europäischen Identität in erster Linie über die individuellen Erfahrungen und Erwartungen zu erzielen sein wird.

5.2   Unvollständig gebliebene Europaidee

> „… Europe is suffering from an identity crisis in which its Christian and Enlightenment legacies are no longer secure (Krastev, 2017). "

Gruppenspezifische Identitäten entwickeln sich meist aus ethnischer Verwandtschaft, gemeinsamer Sprache und Geschichte mit gemeinsamem Brauchtum, oft unterstrichen durch selbst gesetzte Regeln oder durch Regeln, die von übergeordneten politischen Institutionen zur Unterstützung des sozialen Lebens oder zur Kontrolle gesetzt wurden. Über lange Zeiträume können solche gesellschaftlichen Identitäten zur Entstehung politischer Parteien, zur Nationenbildung oder zu nationenübergreifenden Gruppierungen führen. Identität ist dann sowohl Ausfluss der politischen Institutionen selbst als auch der Werte, denen sie ihr Dasein verdanken. Unabhängig von seiner Verwendung im täglichen Sprachgebrauch und in den Medien ist der Begriff der gesellschaftlichen Identität im wissenschaftlichen Diskurs oft als zu schwammig apostrophiert worden, um eine brauchbare politische Anwendung zu erlauben. Das gilt insbesondere für ökonomische Entscheidungen, in die auch Aspekte aus der Psychologie, Soziologie und Politologie einfließen.[2] Anders sieht das Schneider (2015), weil es dabei nicht um wissenschaftliche Präzision gehe, sondern um die Grundüberzeugungen in der Gesellschaftspolitik, die aber von jeweiligen politischen Kräfteverhältnissen abhängen und sich daher im Laufe der Zeit ändern können.

Die **europäische Identität** lässt sich am besten in einem Mehrebenensystem definieren, in welchem nationale und europäische Kontexte einander positiv ergänzen. Es kommt dabei nicht so sehr auf eine lange Entwicklungsgeschichte von Gemeinsamkeiten an als vielmehr auf deren Verwertung in den Visionen für die Zukunft (Wiesner, 2017). Eine weitere Ausprägung von Identität könnte die Exklusion von Personengruppen mit fremden Werten sein. Der Florenzer Professor Furio Cerutti (2006) meint allerdings, dass selbst liberale und tolerante Wertegruppen eine Unterscheidung zwischen „wir" und „die anderen" vornehmen müs-

---

[2] Zu „ökonomischer Identität" siehe Aiginger und Handler (2020).

sen, damit das Zusammenleben und die soziale Interaktion ermöglicht werden und Identität nicht zu einem diffusen Begriff degeneriert.

In der **Geschichte Europas** gab es viele Ereignisse, die zur Ausformung einer weitreichenden kollektiven Identität des Kontinents hätten beitragen können.[3] Beispiele nach der Zeitenwende reichen von der Pax Romana (1./2. Jh.) über die Karolingische Erneuerung (ab dem 8. Jh.), die Kreuzzüge (Schwerpunkt 12. bis 14. Jh.), die Einigungsbestrebungen Karls V. (Reichstag von Augsburg 1555), die Abwehr der osmanischen Expansion (insbesondere 15.–17. Jh.), den Westfälischen Frieden von 1648 bis zum Wiener Kongress von 1814/15. Weil es sich dabei weniger um tiefgreifende gesellschaftliche Prozesse als um die Durchsetzung von Herrschaftsansprüchen handelte, sieht der Innsbrucker Politikwissenschafter Anton Pelinka (2014) in der europäischen Integration nach dem Zweiten Weltkrieg *„nicht die Fortsetzung eines Europa von gestern". „Dieses Europa war nicht die aktuelle Version der alten Reiche – nicht des Römischen Reiches und nicht des Reiches Karls des Großen. Dieses Europa war neu, es verstand sich als Antithese zum Europa der Vergangenheit. Es definierte sich als das Gegenteil von dem, was Europa in der ersten Hälfte des 20. Jahrhunderts ausgemacht hatte. Es sollte ein transnationales Europa werden, mit der Zielrichtung eines Bundesstaates, bestimmt von einer Teilung politischer Macht zwischen den Mitgliedsstaaten und neuen, supranationalen Institutionen."* Deutlich weniger ambitioniert war in den 1960er-Jahren Frankreichs Staatspräsident Charles de Gaulle, der die französische Nation nur in ein „Europa der Vaterländer" einbringen wollte. Für den Wiener Ökonomen Felix Butschek (2019) ist die EU auch heute *„realistischer Weise nur als Europa der Vaterländer vorstellbar."*

Den Phasen der Integration standen viele Perioden gegenüber, die einer allenfalls aufkeimenden kulturellen und sozialen Gemeinsamkeit zuwiderliefen. Man denke an die kriegerischen Auseinandersetzungen während der Völkerwanderung (4. bis 6. Jh.), an das Ende der Reichsidee nach dem Tod Karls des Großen (814), an den Zerfall des Habsburgerreiches nach dem Tod Karls V. (1558), an den Dreißigjährigen Krieg (1618–48), die Napoleonischen Feldzüge, den Nationalismus des 19. Jahrhunderts und an die beiden desaströsen Weltkriege mit der Zweiteilung Europas nach 1945. Schließlich könnte man mit Lepenies (1989) meinen, dass die Europaidee ja auch ein Ziel von Napoleons imperialistischen Feldzügen und der Expansionspläne eines Adolf Hitler war, deren Ambitionen heute wohl kaum jemand zum Vorbild nehmen würde. Box 5.1 listet einige historische Momente auf, in denen schon früh ein vereinigtes Europa angedacht wurde.

---

[3] Eine umfassende Darstellung der europäischen Geschichte im Allgemeinen und der europäischen Integration im Besonderen bietet das Monumentalwerk des österreichischen Historikers Michael Gehler (2018), der in Hildesheim lehrt und forscht.

Box 5.1: Vorläufer der Idee eines integrierten Europas

- Manche Historiker setzen beim Konzept Karls des Großen an, der durch seine Eroberungen im 8. Jahrhundert (Langobarden, Bayern, Sachsen, Awaren) das Frankenreich auf Regionen erweiterte, die etwa den ursprünglichen sechs EWG-Staaten entsprechen. Als Verteidiger des Christentums wurde ihm im Jahre 800 vom Papst die römische Kaiserwürde verliehen. Noch heute wird der Internationale Karlspreis zu Aachen an Persönlichkeiten vergeben, die sich um die europäische Einigung verdient gemacht haben.
- Der Sachse Otto der Große wurde 962 in Rom vom Papst zum ersten Kaiser des Heiligen Römischen Reiches Deutscher Nation gekrönt.
- Der böhmische König Georg von Podiebrad verfasste 1461 eine konföderierte Ordnung der politischen Kräfte Europas, die ein Gegengewicht gegen die vordringenden Türken, die 1453 Konstantinopel erobert hatten, bilden sollte.
- Erasmus von Rotterdam, Erzieher des späteren Kaisers Karls V., verurteilte in seiner 1517 erschienen Schrift „Querela pacis" den Nationalismus zwischen europäischen Völkern. Er lehnte 1522 das ihm von Ulrich Zwingli angebotene Züricher Bürgerrecht ab, weil er sein Weltbürgertum nicht eingeschränkt sehen wollte.
- Der Philosoph Gottfried Wilhelm Leibniz warb 1683 mit der Parole „unitas in multitudine" erfolglos für die Vereinigung der christlichen Kirchen.
- Den Gedanken eines europäischen Parlaments ventilierte William Penn 1693 in seinem „Essay towards the Present and Future Peace of Europe", in welchem er die Voraussetzungen für einen dauerhaften Frieden in Europa einschließlich Großbritanniens skizzierte. Ein Reichstag aus Vertretern der europäischen Fürsten sollte Mehrheitsbeschlüsse fassen können und mit einer Armee ausgestattet sein, die sowohl nach innen als auch gegenüber den Türken für Frieden sorgen sollte (Gehler, 2018).
- George Washington soll 1786 in einem Brief an seinen europäischen Freund Marquis de Lafayette geschrieben haben: „*Eines Tages werden, nach dem Muster der Vereinigten Staaten, die Vereinigten Staaten von Europa gegründet werden.*" Dieses Zitat wird gerne als Beleg für die lange Tradition des europäischen Einigungsgedankens verwendet (z. B. Verhofstadt, 2006), doch findet es sich in keinem der erhaltenen Briefe Washingtons, weshalb ihre Originalität bezweifelt wird (Krieghofer, 2019).

- Die Französische Revolution von 1789 setzte viele der von der Aufklärung vertretenen Ideen um, insbesondere die Ablösung des Absolutismus und der Ständegesellschaft durch demokratische Verfassungen mit
Gewaltenteilung, Trennung von Kirche und Staat, Beachtung von Men-
schen- und Bürgerrechten, Einrichtung politischer Parteien. Gleichzeitig
wurde die Nation auf ihren historischen Wurzeln als Fundament der Gesellschaft etabliert.
- Immanuel Kant (1796) formulierte die aufklärerischen Bedingungen für
einen „ewigen Frieden" zwischen den Staaten. Er plädierte für einen
Völkerbund, der für Frieden unter den republikanischen Mitgliedstaaten
sorgt, aber deren Souveränität nur unwesentlich einengt.
- Der französische Schriftsteller und Politiker Victor Hugo hat 1842 seine
„Briefe an einen Freund" veröffentlicht und darin seiner Bewunderung
für den Rhein als Bindeglied zwischen Frankreich und Deutschland Ausdruck verliehen. In seiner Eröffnungsrede beim Friedenskongress von
Paris am 21. August 1849 appellierte er pathetisch an Frieden und Brüder-
lichkeit zwischen den Völkern und propagierte die „Vereinigten Staaten
von Europa".
- Um den drohenden Ersten Weltkrieg noch zu verhindern, rief 1914 der
Mitgründer der Labour Party, James Keir Hardie, ebenfalls zur Errichtung
der „Vereinigten Staaten von Europa" auf (Pelinka, 2014).
- Walther Rathenau, vor seiner Ermordung 1922 liberaler Außenminister
der Weimarer Republik, propagierte nach dem Ersten Weltkrieg eine
europäische „Gemeinwirtschaft" auf der Basis von demokratischen
Grundwerten, Völkerverständigung und Toleranz.
- Inspiriert vom Pazifismus des Friedensnobelpreisträgers Alfred Hermann
Fried veröffentlichte Richard Nikolaus Coudenhove-Kalergi 1922 seine
Paneuropa-Idee, die Großbritannien und Russland nicht mit einschloss.
Zu seinen prominenten Unterstützern zählten Albert Einstein, Thomas
Mann, Heinrich Mann, Franz Werfel, Aristide Briand, Gustav Strese-
mann, Otto Habsburg, Konrad Adenauer und Bruno Kreisky.
- Als sich der spätere deutsche Bundeskanzler Willy Brandt im Dezember
1939 im norwegischen Exil befand, sinnierte er in einem Artikel in Ber-
gens Arbeiderblad über eine europäische „Föderation in Etappen".
- Der frühere (und spätere) britische Premierminister Winston Churchill
forderte 1946 in einer Rede an der Universität Zürich: „*We must build a*

> *kind of United States of Europe.*" Großbritannien sollte dieser Union nicht angehören, sondern sich weiterhin an seinem Commonwealth orientieren.
> - Im Mai 1949 wurde der Europarat mit Sitz in Straßburg gegründet. Er widmet sich drei inhaltlichen Schwerpunkten – den Menschenrechten (Schutz und Förderung sowie Gewährleistung sozialer Rechte), der Demokratie und der Rechtsstaatlichkeit. Außerdem wurden Maßnahmen in den Bereichen Erziehung, Bildung, Kultur, Jugend und Sport diskutiert.
> - Am 9. Mai 1950 stellte der französische Außenminister Robert Schuman sein Projekt zur Gründung der Europäischen Gemeinschaft für Kohle und Stahl vor („Schuman-Plan"). In Erinnerung daran wird der 9. Mai jährlich als „Europatag" gefeiert.

Am Beginn des europäischen Einigungsprozesses stand in den 1940er-Jahren die Überzeugung (von Eliten formuliert, aber von breiter Zustimmung getragen), dass das Vorkriegs- und Kriegschaos des Zweiten Weltkrieges auf Basis der nationalen Identitäten nur durch Werte und Haltungen überwunden werden kann, die allgemein anerkannt sind und deren Verletzung gesellschaftlich geahndet wird. Diese **Grundwerte der EU**, wie sie der Artikel 2 des Vertrages über die Europäische Union (EUV) plakativ aufzählt, sind identitätsstiftend für die Gemeinschaft. Sie können wohl von der überwiegenden Zahl der Europäer unterschrieben werden – wohl auch deshalb, weil jeder einzelne von ihnen unterschiedliche Deutungsmöglichkeiten zulässt: *„Die Werte, auf die sich die Union gründet, sind die Achtung der Menschenwürde, Freiheit, Demokratie, Gleichheit, Rechtsstaatlichkeit und die Wahrung der Menschenrechte einschließlich der Rechte der Personen, die Minderheiten angehören. Diese Werte sind allen Mitgliedstaaten in einer Gesellschaft gemeinsam, die sich durch Pluralismus, Nichtdiskriminierung, Toleranz, Gerechtigkeit, Solidarität und die Gleichheit von Frauen und Männern auszeichnet."*

Länder, die die Grundwerte nicht anerkennen und selbst vertreten, können nicht Mitglied der EU werden. Alle Mitglieder müssen darauf vertrauen können, dass die Grundwerte überall in der Gemeinschaft gelten und gelebt werden. Erst dieses Vertrauen hält die Union zusammen. Im Zentrum der Werte steht für Schroeder (2022) die Rechtsstaatlichkeit, denn *„[n]ur wenn die Union sich gegenüber internen Bedrohungen ihrer Rechtsstaatlichkeit als resilient erweist, kann sie auch nach außen glaubwürdig und effektiv für Frieden und Freiheit eintreten."*

5.2.1   Vielfalt an Identitäten

Was kann man sich unter einer – von anderen Gruppenidentitäten abgrenzten – kollektiven „europäischer Identität" vorstellen? Der Begriff wird in der Literatur mit unterschiedlichen Inhalten gefüllt oder gar nicht näher spezifiziert. Walkenhorst (2009) unternimmt einen tauglichen Versuch mit einer stufenweisen Annäherung, indem er von Kernmodellen ausgehend deren mögliche Variationen untersucht und sie dann in ein breiteres Umfeld stellt. Damit lassen sich nicht nur konkrete Integrationsschritte zuordnen, sondern auch eine **politische Vision für ein zukünftiges Europa** entwickeln. Walkenhorst untersucht fünf Kernmodelle, die er aus den zu Beginn des Jahrhunderts erstellten Unterlagen für den europäischen Verfassungskonvent herausfiltert, um den Identitätsbegriff ganz allgemein, aber auch im Hinblick auf die EU einzugrenzen (Abb. 5.4):

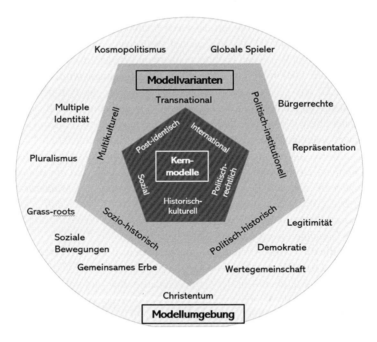

Abb. 5.4 Konzepte zur Umschreibung der europäischen Identität. (Quelle: Nach Walkenhorst (2009))

1. Historisch-kulturelle Identität, die sich auf die gemeinsame Geschichte und die dabei entwickelten gemeinsamen Werte bezieht;
2. Politisch-rechtliche Identität, die sich aus den demokratischen Grundrechten mit Bürgerbeteiligung ableitet;
3. Soziale Identität mit der Betonung auf Solidarität zum Wohle aller BürgerInnen;
4. Internationale Identität, die ein einheitliches Bild Europas in der Weltöffentlichkeit anstrebt; und
5. Nach-identische Gemeinsamkeit, die auf den Identitätsbegriff verzichtet und am ehesten dem EU-Motto von „Einheit in der Vielfalt" entspricht.

Eine **politische Vision für ein zukünftiges Europa** ergibt sich erst aus einer sinnvollen Kombination dieser Modelle, die aber nicht fix ist, sondern sich mit den jeweiligen zeitlichen Umständen laufend weiterentwickelt. Dabei sind gegenläufige Bewegungen nicht ausgeschlossen, wenn sich etwa eine aufklärerische Haltung zugunsten von mehr Toleranz gegenüber Andersdenkenden wieder umkehrt, wenn Überfremdung droht. Um die Integration Europas weiter voranbringen zu können, bedarf es einer gemeinschaftlichen Auffassung von europäischer Identität. In diesem Sinne ist Identität nicht der Ausgangspunkt, sondern das Endergebnis eines langwierigen Integrationsgeschehens (Walkenhorst, 2008).

Der Begriff der „**europäischen Identität**" scheint offiziell erstmals in den Dokumenten für den Gipfel der damals neun EG-Staats- und Regierungschefs in Kopenhagen vom Dezember 1973 auf. Zu seiner näheren Bestimmung erschien es damals erforderlich, *„das gemeinsame Erbe, die eigenen Interessen, die besonderen Verpflichtungen der Neun und den Stand des Einigungsprozesses in der Gemeinschaft zu erfassen, den bereits erreichten Grad des Zusammenhalts gegenüber der übrigen Welt und die daraus erwachsenden Verantwortlichkeiten festzustellen [und] den dynamischen Charakter des europäischen Einigungswerks zu berücksichtigen"* (EG, 1973).

Aus diesen Vorgaben leitet sich auch das (im Jahr 2000 eingeführte) Motto der EU „In Vielfalt geeint" ab,[4] das auf einem bestechenden Grundgedanken beruht: Die Betonung liegt nicht auf Zentralität, sondern auf Vielfalt, die in ausgewählten, wenn auch existenziellen Bereichen durch Gemeinsamkeit überlagert und zusammengehalten wird. **Ein fruchtbarer Diskurs über die Europaidee ist weder**

---

[4]Lateinisch „In Varietate Concordia", English "United in Diversity". Mit „E pluribus unum" haben die USA einen ähnlichen Wappenspruch. Bereits in der Nomadenlehre von Gottfried Wilhelm Leibniz wird „in varietate unitas" als Voraussetzung für Harmonie beschrieben, eine Auffassung, die sich bis auf den Pythagoras-Anhänger Philolaos (ca. 400 v. Ch.) zurückführen lässt (Portales, 2018).

von Zentralismus noch von Zerschlagung dominiert, sondern von der schwierigen Aufgabe, über die notwendigen gemeinsamen Bereiche Einigkeit zu erzielen.

Die Vielfalt steht in einem gewissen Widerspruch zur kollektiven Identität, die sich am besten in Gruppen mit einem homogenen kulturellen Kern entwickelt. Deshalb betont der spanische Soziologe Diéz Medrano (2010) die Gemeinsamkeiten und setzt nicht auf den abgrenzenden Begriff der Identität. Er spricht von der Idee eines gemeinschaftlichen europäischen Projekts, die schon früher von seinem berühmten Landsmann Ortega y Gasset (1931) vertreten wurde. Andererseits weist Bonciu (2015) auf die faktischen Unterschiede zwischen den Mitgliedstaaten hin und meint, die EU agiere nicht wie eine in sich geschlossene Einheit, sondern präsentiere sich als ein Feld komplexer Interaktionen von Traditionen, Werten und Interessen. „*Accepting reality means to embrace 'diversity', put the concept of diversity to the very core of the European Union and build a new organisation that allows for a flexible 'unity'.*"

Dementsprechend habe sich in der EU ohnehin bereits eine „variable Geometrie" etabliert, indem einzelne Mitgliedstaaten den Integrationsprozess mit unterschiedlichen Geschwindigkeiten vorantreiben (vergleiche dazu auch Abb. 5.5). Dies wird durch die in Artikel 326 AEUV etablierte „**Verstärkte Zusammenarbeit**" noch unterstützt. Seit dem Vertrag von Amsterdam (1997/99) bietet sie ein Instrument für zwischenstaatliche Abkommen mehrerer EU-Länder in Bereichen, die nicht ausschließliche Zuständigkeit der EU-Ebene sind.[5] Sie darf allerdings „*weder den Binnenmarkt noch den wirtschaftlichen, sozialen und territorialen Zusammenhalt beeinträchtigen. Sie darf für den Handel zwischen den Mitgliedstaaten weder ein Hindernis noch eine Diskriminierung darstellen noch darf sie zu Verzerrungen des Wettbewerbs zwischen den Mitgliedstaaten führen.*" Für Bonciu (2015) ist es ein Fehler, alle Mitgliedstaaten oder auch nur alle Euroländer über einen Kamm zu scheren. Man könne nicht davon ausgehen, dass Problemlösungen, die sich für Deutschland eignen, auch in Frankreich, Italien oder Griechenland zum Erfolg führen.

Einen bedeutenden Beitrag zur Ausformung einer staatenübergreifenden Identität lieferte die Rechtsprechung des EuGH, der die Integrationsverträge in einer Weise auslegt, wonach die Souveränität der Mitgliedstaaten den Integrationszielen der EU unterzuordnen ist (Schäfer & Kämmerer, 2020). Der Berkeley-Professor Neil Fligstein (2008) bringt einen wirtschaftssoziologischen Aspekt zur europä-

---

[5] Derartige Übereinkommen sind aber selbst im Rahmen des Binnenmarktes entstanden, z. B. 2011 hinsichtlich des EU-Patents.

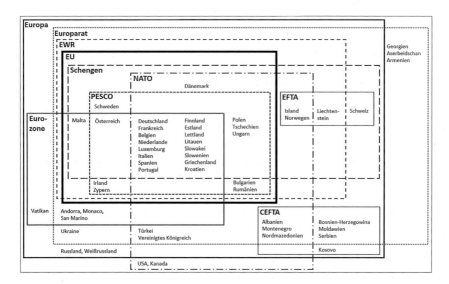

Abb. 5.5 Patchwork Europa. (Quelle: Eigene Zusammenstellung auf Basis von Wikiwand, „Europäische Integration")

ischen Identitätsbildung ein: Politischer Wille und rechtliche Instrumente waren die Basis für die wirtschaftliche Integration, aus der dann neue Bereiche an sozialer Interaktion entstanden sind. In einem „Tugendkreis" führt steigende wirtschaftliche Interdependenz zu vermehrter sozialer Integration und diese wiederum fördert weitere gemeinsame wirtschaftliche Aktivitäten. Auf persönlicher Ebene werden Möglichkeiten für positive Interaktionen genützt, wodurch die soziale Identifikation steigt, die wiederum zusätzliche positive Interaktionen auslöst. Allerdings ist für Fligstein die europäische Identität unterentwickelt geblieben, weil der wirtschaftliche Nutzen der Integration ungleich verteilt ist. Profitiert hätten vor allem die oberen Einkommensklassen, wogegen sich ärmere Schichten relativ benachteiligt fühlten, weshalb sie weitere Integrationsschritte ablehnten und Schutz bei ihren nationalen Identitäten suchten.

Dass Emotionen allein keine stabile Basis für die europäische Identität sind, offenbart sich bei gravierenden Änderungen der Rahmenbedingungen – wie durch die Osterweiterung der EU, die Pandemie oder den Ukrainekrieg. Dann kann es zu emotionalen Identitätsschwankungen kommen, die sich stabilisieren lassen, wenn mit der Identifizierung nicht nur Loyalität und Empathie, sondern auch ein materieller Nutzen verbunden sind. Pichler (2005) liest aber aus Eurobarometer-

Umfragen heraus, *„dass Gefühle einen wesentlich stärkeren Einfluss ausüben als die Wahrnehmung von Vorteilen der EU-Mitgliedschaft."*

5.2.2   Europäische Identität als Illusion?

Die Erweiterung der EU um die früheren Planwirtschaften des Ostens ab 2004 hat die Diskussion über die Europaidee und ihren Wertekatalog angefacht. Hinzu kamen die zu erwartenden Folgen eines möglichen EU-Beitritts der Türkei, der seit 2005 offiziell verhandelt wurde, nun aber – angesichts des schrittweisen Abdriftens der Türkei zu einem islamischen Einheitsstaat mit autoritären Zügen – zum Stillstand gekommen ist.

Die „europäische Identität" scheint vielen gefährdet, weil sich manche Gruppen von Zuwanderern schwertun, europäische Grundsätze wie Rechtsstaatlichkeit und Demokratie anzuerkennen und die hier üblichen Lebensformen anzunehmen. Diese sind – ungeachtet der Aufklärung des 19. Jahrhunderts – überwiegend geprägt durch christliche Tradition. In der angestammten Bevölkerung hat der massive Zustrom von Personen aus nichteuropäischen Kulturkreisen und nichtchristlichen Religionen seit 2015 zu **Überfremdungsängsten** geführt. Parallel dazu besteht ein unterschwelliges (durch asymmetrische Berichterstattung in den Medien geschürtes) Unbehagen, wonach mit Immigration auch eine Zunahme der Kriminalität verbunden sei. Empirische Studien finden im Allgemeinen keinen derartigen Zusammenhang (siehe etwa Maghularia & Uebelmesser, 2019 und die dort ausgewertete Literatur). Die vom Überlebenskampf der entwurzelten Zuwanderer geprägten Gesetzesverletzungen geschehen nicht häufiger als in der angestammten Bevölkerung.

Kritiker weisen darauf hin, dass forcierte europäische Identität zu unerwünschter Harmonisierung mit Tendenzen zum Ausschluss gedanklicher Modelle führen kann. Die nationale Identität würde so weit zurückgedrängt, dass der Identitätsbegriff aussagelos und überflüssig wäre. White (2012) meint provozierend, dass die europäische Identität eine „läppische Illusion" sei. Er definiert kollektive Identität als das kontinuierliche Selbstverständnis einer sozialen Gruppe, zu dem sowohl objektive Faktoren (sie sind ohne Zustimmung oder Wissen der Gruppenmitglieder vorhanden, wie das jüdisch-christliche Erbe der westlichen Welt) als auch subjektive Elemente (die individuelle Zustimmung etwa zum europäischen Integrationsprojekt) beitragen können. Da zwischen den BürgerInnen der europäischen Länder keine ausgeprägte wechselseitige Sympathie herrsche, sei die europäische Identität nur eine Fiktion, wenn auch in der praktischen Politik eine durchaus hilfreiche.

5.3 Mängel im EU-System

Basis vieler Identitätsprobleme sind die offensichtlichen Konstruktionsfehler der EU (und im Besonderen der Eurozone), die die Akzeptanz der Gemeinschaft in der Bevölkerung schwächen (Hartleb, 2011b). Dies gilt erstens allgemein für das *Demokratiedefizit*, das den gewachsenen Institutionen der EU nach wie vor anhaftet. Die meisten Beobachter bemängeln, dass Entscheidungen auf EU-Ebene oft wenig transparent erfolgen und der Bevölkerung nur wenige Mitwirkungsmöglichkeiten zukommen (Kaina & Karolewski, 2013). Und es gilt zweitens speziell auch für die *Austeritätspolitik*, deren negative wirtschaftliche und politische Folgen den Rettungsversuchen der internationalen Gemeinschaft (und nicht den schon früher auf nationaler Ebene begangenen Fehlern) angelastet werden.[6] So wie Griechenland offenbar zu früh der Eurozone beigetreten ist, stoßen auch Ambitionen zu neuerlicher *EU-Erweiterung* auf verbreitete Skepsis. Abgelehnt wird „die EU" auch bei gefühlter *Überregulierung*, selbst wenn die Treibenden dahinter oft in den Mitgliedstaaten sitzen.

Das Manko einer voll ausgeprägten europäischen Identität geht nach Fukuyama (2012b) auf das dominierende wirtschaftliche Motiv bei der Gründung der EWG als technokratisches Unterfangen zurück, um wirtschaftliche Effizienz zu erreichen. Als Beispiel nennt er die wohlhabende deutsche Gesellschaft, die zwar eine Umverteilung zugunsten ärmerer Bevölkerungsgruppen in Deutschland akzeptiere, aber keine Empathie gegenüber Griechenland in dessen Finanzkrise entfaltete. Letztlich beruhe die Europaidee auf dem Bemühen, die negativen Erfahrungen der Vergangenheit zu vermeiden, und zu wenig auf einem abgestimmten Bündel positiver Werte. Die europäische Integration sei stets ein Projekt der Eliten gewesen, die bei „unpassenden" Resultaten von Volksabstimmungen (Verfassungsreferenden 2005 in Frankreich und Niederlande, Brexit-Referendum 2016) dem Volk gerne unterstellten, einen Fehler begangen zu haben. **Die ökonomischen Werte reichen offenbar nicht aus, um eine transnationale Europaidee zu generieren und zu verfestigen.**

Seit vielen Jahren wird mit überschaubaren Erfolgen versucht, einen eklatanten Mangel im Integrationsgefüge der EU beheben, jenen in der **Sozialpolitik**. Die schwerpunktmäßig bei den Mitgliedstaaten angesiedelten sozialen Agenden wurden im Zuge des Maastricht-Vertrages erarbeitet, aber erst durch den Vertrag von Amsterdam (1997/99) in den primären Rechtsbestand der EU aufgenommen. Artikel 151 AEUV verweist auf folgende Ziele: *„die Förderung der Beschäftigung, die*

---

[6] Fetzer (2018) führt auch das positive Brexit-Votum auf die britische Austeritätspolitik zurück, die ab 2010 durch Einsparungen im Sozialbereich charakterisiert war.

Verbesserung der Lebens- und Arbeitsbedingungen, um dadurch auf dem Wege des Fortschritts ihre Angleichung zu ermöglichen, einen angemessenen sozialen Schutz, den sozialen Dialog, die Entwicklung des Arbeitskräftepotenzials im Hinblick auf ein dauerhaft hohes Beschäftigungsniveau und die Bekämpfung von Ausgrenzungen."

Einer der jüngsten markanten Schritte war die Proklamation der „Europäischen Säule sozialer Rechte" im November 2017. Dort sind 20 Grundprinzipien in folgenden Bereichen aufgelistet: Chancengleichheit und gleichberechtigter Zugang zum Arbeitsmarkt, faire Arbeitsbedingungen sowie Sozialschutz und Inklusion.[7] Für die Umsetzung der Sozialpolitik auf nationaler Ebene wurde ein sozialpolitisches Scoreboard eingerichtet. Die Förderung von Beschäftigung und sozialer Integration obliegt als Finanzierungsinstrument dem Europäischen Sozialfonds (ESF), der schon durch die Römer Verträge 1957/59 eingerichtet wurde und nun in Artikel 162 AEUV verankert ist.

Aiginger und Kreuz (2021) analysieren die Asymmetrie zwischen der gut ausgebauten Politik zur Vermeidung von makroökonomischen Ungleichgewichten und den unzureichenden Koordinationsmechanismen im sozialen Bereich. Die soziale Symmetrie zwischen Zentren und Randgebieten, aber auch zwischen Regionen mit starker Abwanderung und Zuwanderung, müsse mit neuen verteilungspolitischen Maßnahmen erhöht werden. Ungleichheit könne nicht auf Dauer mit Ex-post-Zahlungen ausgeglichen werden, vielmehr solle sie durch adäquate Maßnahmen etwa im Bildungssektor erst gar nicht entstehen.

Weitere strukturelle Mängel der EU betreffen die wenig effektiven Ansätze in der Sicherheits- und Außenpolitik, die Verfolgung von Kriminalität, den Umweltbereich, die Integration von Zuwanderern und generell die Struktur des EU-Budgets. Der in Princeton lehrende deutsche Politologe Jan-Werner Müller (2016) verweist darauf, dass (noch) *kein europäisches Volk* existiere, das systematisch die politische Richtung vorgibt, und dass jede Kritik am europäischen Einigungsprozess zu tiefer Verunsicherung der proeuropäischen Eliten führe.

„Das Urteil des deutschen Bundesverfassungsgerichts vom 30.6.2009 zum Lissabon-Vertrag hält dazu fest: „*Solange im Rahmen einer europäischen Bundesstaatsgründung nicht ein einheitliches europäisches Volk als Legitimationssubjekt seinen Mehrheitswillen gleichheitsberechtigt politisch wirksam formulieren kann, bleiben*

---

[7] Dokumente zur Europäischen Säule sozialer Rechte finden sich auf der Homepage der EK (https://commission.europa.eu/strategy-and-policy/priorities-2019-2024/economy-works-people/jobs-growth-and-investment/european-pillar-social-rights_de).

die in den Mitgliedstaten verfassten Völker der Europäischen Union die maßgeblichen Träger der öffentlichen Gewalt, einschließlich der Unionsgewalt" (Bundesverfassungsgericht, 2009)."

Die Aufklärung des 18. Jahrhunderts schuf eine intellektuelle Basis für die europäische Integration und ihr Wertesystem. Im deutschen Sprachraum war daran vor allem der Gedanke des „ewigen Friedens" von Immanuel Kant (1796) beteiligt. Die Aufklärung verlangt aber auch eine universelle Staatsbürgerschaft, weshalb sich die Frage stellt, warum das Projekt der **Unionsbürgerschaft** der EU noch so wenig identitätsstiftend ist. Die Unionsbürgerschaft wurde 1992 durch den Vertrag von Maastricht eingeführt (Artikel 20 AEUV), sie ersetzt die nationale Staatsbürgerschaft nicht, sondern ergänzt sie. Alle BürgerInnen eines Mitgliedsstaates der EU sind zugleich UnionsbürgerInnen. Damit sind die Rechte verbunden,

- sich im gesamten Gebiet der Union frei bewegen und aufhalten zu dürfen,
- in allen EU-Ländern wie ein Inländer behandelt zu werden (etwa bei der Arbeitsuche oder beim Wohnungskauf),
- das aktive und passive Wahlrecht bei Kommunalwahlen sowie bei den Wahlen zum Europäischen Parlament in seinem Wohnsitzland auszuüben, auch wenn man nicht dessen Staatsangehörigkeit besitzt, und
- sich in der Amtssprache seiner Heimat an alle Organe der EU wenden zu können und in der selben Sprache eine Antwort zu erhalten.

In ihrer zusammenfassenden Diskussion der Rolle der Unionsbürgerschaft für die Identitätsbildung in der EU weisen Kaina – Karolewski (2013) auch auf die Kehrseite einer ausgrenzenden Unionsbürgerschaft hin, wenn dadurch Zuwanderer von der vollen Teilnahme am gesellschaftlichen Leben ausgeschlossen werden. Fukuyama (2018) erklärt die zwiespältige Haltung zur Unionsbürgerschaft einerseits mit der eifersüchtigen Verteidigung nationaler Zuständigkeiten durch die Mitgliedstaaten und andererseits mit dem „Abstammungsprinzip" („ius sanguinis"), das in manchen EU-Ländern (z. B. in Deutschland und in Österreich) bei der Verleihung der Staatsbürgerschaften vorrangig angewendet wird. Als mögliche Lösung schlägt er vor, die Staatsbürgerschaftsgesetze der Mitgliedstaaten in Richtung des „Geburtsortprinzips" („ius soli") zu reformieren, weil damit die EU als Heimat besser zum Tragen käme. Im Gegenzug sollte – wie seit langem in den USA – die Einbürgerung von AusländerInnen strenger gehandhabt werden.

In der EU fällt es nicht leicht, über die gängigen Kommunikationskanäle identitätsstiftend tätig zu sein, weil es – im Gegensatz zu den USA – **politische Parteien** praktisch nur auf nationaler Ebene gibt. Die aus diesen Parteien heraus gewählten

Politiker erklären ihren Wählern laufend, welche Ziele sie für ihr Land erreicht haben oder wenigstens anstreben. Die EU-Ebene spielt in diesem Konnex eine untergeordnete Rolle. Anstelle von „europäischen" politischen Parteien existieren nur lose Interessengruppierungen von nationalen Parteien. Viele europäische Anliegen werden daher primär aus nationaler Sicht diskutiert (Beispiele: TTIP, CETA, Flüchtlingsfrage, Frontex-Einsatz).[8]

5.3.1   Einstimmigkeit im Rat als Entwicklungsbremse

In wichtigen Fragen der laufenden Arbeit und der grundsätzlichen Weiterentwicklung der EU stößt diese an die Grenzen des **Einstimmigkeitsprinzips**, das die Zustimmung aller Mitgliedstaaten in folgenden Bereichen vorsieht:

- in der Gemeinsamen Außen- und Sicherheitspolitik (mit Ausnahme einiger eindeutig festgelegter Fälle, in denen eine qualifizierte Mehrheit erforderlich ist)
- bei der Gewährung von Bürgerrechten
- bei der Aufnahme neuer Mitgliedstaaten
- bei der Harmonisierung nationaler Rechtsvorschriften zur indirekten Besteuerung
- in Fragen der EU-Finanzen (Eigenmittel, mehrjähriger Finanzrahmen)
- bei einigen Bestimmungen im Bereich Justiz und Inneres (europäischer Staatsanwalt, Familienrecht, operative polizeiliche Zusammenarbeit, usw.)
- für die Harmonisierung nationaler Rechtsvorschriften im Bereich soziale Sicherheit und Sozialschutz

So alt die Einstimmigkeitsregel bei historischen Konsensbemühungen schon ist, so wenig praktikabel ist sie, wenn die Zahl der Abstimmenden groß ist. Nach Thiele (2008) ist *Einhelligkeit* (Konsens ohne Gegenstimme) schon in vorgeschichtlicher Zeit angewendet worden, im Mittelalter war sie ein Element des kanonischen

---

[8]TTIP (Transatlantic Trade and Investment Partnership) ist das geplante Handels- und Investitionsschutzabkommen der EU mit den USA, das seit 2013 verhandelt wurde, aber seit 2017 auf Eis liegt, einerseits weil es in der EU auf heftigen Widerstand der Zivilgesellschaft stieß, und andererseits, weil es die frühere Regierung Trump nicht weiter verfolgen wollte. CETA (Comprehensive Economic and Trade Agreement) ist das Handelsabkommen der EU mit Kanada, das seit 21. September 2017 vorläufig gilt. Es tritt erst vollständig in Kraft, wenn es von allen nationalen Parlamenten ratifiziert worden ist. Deutschland stimmte im Dezember 2022 zu, von 10 Mitgliedstaaten stehen die Unterschriften noch aus, über die Ablehnung durch Zypern wird wohl noch nachverhandelt.

Rechts bei der Wahl von Päpsten und Bischöfen. Auch die Wahl einiger fränkischer und später deutscher Könige erfolgte einhellig und wurde dann als Ausdruck des göttlichen Willens (dessen Beachtung nicht immer gewaltlos erzielt werden konnte) interpretiert. Auch bei den Reichstagen im Heiligen Römischen Reich Deutscher Nation war auf Ebene der Reichsstände Einstimmigkeit erforderlich, um gültige Reichsabschlüsse zustande zu bringen.[9] Nach den Napoleonischen Wirren und dem Wiener Kongress war Einstimmigkeit unter den handelnden Mächten bei völkerrechtlich relevanten Abmachungen die Regel. Auch im 1815 gegründeten Deutschen Bund herrschte Einstimmigkeit in Grundsatzfragen, insbesondere in Religionsfragen. Auch bei der Pariser Friedenskonferenz 1919 und im Völkerbund wurden die Beschlüsse einstimmig gefasst.

Eine wichtige theoretische Grundlage – wenn auch eingeschränkt auf das Steuersystem – lieferte Knut Wicksell mit seinen 1896 erschienen „Finanztheoretischen Untersuchungen", in denen er bei Allokationsfragen (die Bereitstellung öffentlicher Leistungen betreffend) die Einstimmigkeit für unabdingbar hielt. In Verteilungsfragen sei sie hingegen nicht anwendbar, weil man von den negativ betroffenen Gruppen keine Zustimmung einfordern könne (Märkt, 2001). In Deutschland gab es während der Weimarer Republik eine verstärkte Hinwendung zum Mehrheitsprinzip, das aber unter den Nationalsozialisten in zentralen Fragen wiederum von der Einstimmigkeit (am einfachsten erzielt durch Akklamation) abgelöst wurde. Nach dem Zweiten Weltkrieg hat man bei der Gründung der Vereinten Nationen das Einstimmigkeitsprinzip insofern beibehalten, als im Sicherheitsrat für die ständigen Mitglieder (China, Frankreich, Großbritannien, Russland und USA) ein Vetorecht eingerichtet wurde, das nach wie vor gilt.

Das Einstimmigkeitsprinzip war in den Römer Verträgen von 1957 mit ihren sechs weitgehend homogenen Mitgliedstaaten einerseits als Schranke gegen eine von außen kommende Verwässerung der Grundprinzipien der EU gedacht. Andererseits bildete sie etwa in Fragen der Steuerpolitik und der Außenpolitik einen Riegel gegen eine zu weit gehende Verlagerung von nationaler Souveränität auf die Unionsebene. Allerdings war im Vertrag vorgesehen, dass mit 01.01.1966 im Ministerrat auf ein Verfahren mit qualifizierter Mehrheit überzugehen gewesen wäre.[10] Der französische Staatspräsident Charles de Gaulle wehrte sich gegen diese

---

[9] Die Rechtsregel „Quod omnes tangit debet ab omnibus approbari" (was alle betrifft, muss von allen gebilligt werden) lässt sich bis auf das Vormundschaftsrecht des römischen Kaisers Justinian im 6. Jahrhundert zurückführen (Hauck, 2013).

[10] Von den sechs Gründungsmitgliedern hätten Frankreich, Deutschland und Italien je 4 Stimmen, Belgien und die Niederlande je 2 Stimmen und Luxemburg 1 Stimme gehabt. Eine qualifizierte Mehrheit wäre mit 12 Stimmen zu erreichen gewesen.

Änderung, weil dann Frankreich bei der Finanzierung der Gemeinsamen Agrarpolitik hätte überstimmt werden können. Um seine Forderungen zu unterstreichen,
betrieb er die „Politik des leeren Stuhls": Frankreich blieb im zweiten Halbjahr
1965 allen Sitzungen der Ministerräte fern. Im Januar 1966 kam es dann zum „Luxemburger Kompromiss" (ausgehandelt vom Luxemburger Ratspräsidenten,
Premierminister Pierre Werner): Sieht ein Mitgliedstaat seine vitalen Interessen bedroht, sind die Verhandlungen solange fortzusetzen, bis ein Kompromiss erreicht
ist. Daraus hat sich die Praxis des Vetos im Rat entwickelt, mit der die Aktions-
möglichkeiten der Kommission jederzeit begrenzt werden konnten. **Eine Folge
davon war die Erstarrung der EU zu einer dünnen Hülle von vagen Grundsätzen, deren Interpretation der Willkür einzelner nationaler Politiker ausgesetzt war.**

> „Zu einer Lösung kam es erst, als 1986 mit der Einheitlichen Europäischen Akte das
> System der *qualifizierten Mehrheiten* auf folgende Fälle erweitert wurde: Änderung
> des gemeinsamen Zolltarifs, freier Dienstleistungsverkehr, freier Kapitalverkehr und
> gemeinsame See- und Luftverkehrspolitik, Binnenmarkt, Sozialpolitik, wirtschaft-
> licher und sozialer Zusammenhalt, Forschung und technologische Entwicklung sowie
> Umweltpolitik. Eine partielle Aufweichung bringt die im Vertrag von Lissabon (2009)
> geltende *Passerelle-Regelung* („Brückenklausel"), wonach der Europäische Rat ein-
> stimmig beschließen kann, dass der Rat in gewissen Fällen die erforderliche Ein-
> stimmigkeit durch eine qualifizierte Mehrheit ersetzen kann (Artikel 48 Absatz 7
> EUV). Dem Ergebnis müssen aber alle nationalen Parlamente und das Europäische
> Parlament zustimmen."

Bei den inzwischen erfolgten **Erweiterungen der EU** wurde (einstimmig) nicht
immer konsequent auf eine nachhaltige Akzeptanz der EU-Grundsätze geachtet,
sodass der EU nun eine Aushöhlung ihrer Prinzipien von innen droht. Halmai
(2018) weist darauf hin, dass die Transformation der ehemaligen Oststaaten zu
Demokratien mit neoliberalen Wirtschaftskonzepten hauptsächlich dem Traum
nach rascher Angleichung der Lebensstandards an den Westen zuzuschreiben war.
Als sich Enttäuschung über den nur langsam anlaufenden Konvergenzprozess und
über das Auseinanderklaffen der Einkommens- und Vermögensschere breitmachte,
geriet dieses Modell in Verruf und machte – insbesondere in Polen und Ungarn –
Platz für machtbewusste Populisten, die ihre Positionen durch autoritäre Praktiken
festigen.

Die EU hat darauf mit **Artikel-7-Verfahren gegen Polen und Ungarn** wegen
der Gefahr schwerwiegender Verletzungen von EU-Werten reagiert. Noch im
Herbst 2020 beschloss der Rat mehrstimmig, dass Verstöße gegen rechtsstaatliche
Grundsätze durch einen Mitgliedstaat mit einer Kürzung der EU-Mittel sanktio-
niert werden können (ohnehin nur, wenn aus einem Verstoß Nachteile für das

EU-Budget zu erwarten wären). Doch reagierten Polen und Ungarn – die beiden Länder mit den höchsten Nettozuwendungen aus dem EU-Budget – darauf mit einer Blockade des mehrjährigen Finanzrahmens 2021–2027 einschließlich der damit zusammenhängenden Hilfen gegen die Coronakrise. Auch wenn diese Blockade mittlerweile durch einen weichen Kompromiss beendet wurde, stellt sich die grundsätzliche Frage, wie sehr die laufende Entscheidungsfähigkeit und die strategische Weiterentwicklung der EU durch „*konfrontationslüsterne Kompromissunwilligkeit*" (Schneider, 2015) gehemmt wird und die gesamte EU dadurch Schaden nimmt.

Die EU ist auch weit davon entfernt, in der auf Konfliktlösung und internationalen Konsens ausgelegten **Gemeinsamen Außen- und Sicherheitspolitik** (GASP) eine einheitliche Linie zu finden. In Artikel 21 EUV ist zwar abstrakt festgehalten, dass sich die EU „*bei ihrem Handeln auf internationaler Ebene von den Grundsätzen leiten [lässt], die für ihre eigene Entstehung, Entwicklung und Erweiterung maßgebend waren und denen sie auch weltweit zu stärkerer Geltung verhelfen will: Demokratie, Rechtsstaatlichkeit, die universelle Gültigkeit und Unteilbarkeit der Menschenrechte und Grundfreiheiten, die Achtung der Menschenwürde, der Grundsatz der Gleichheit und der Grundsatz der Solidarität sowie die Achtung der Grundsätze der Charta der Vereinten Nationen und des Völkerrechts.*" In der praktischen Politik überwiegen dann oft die Partikularinteressen von Mitgliedstaaten, die verhindern, dass einstimmige Beschlüsse zustande kommen. So geschehen etwa im Mai 2021, als eine ausgewogene Position der EU zu den israelisch-palästinensischen Kampfhandlungen durch ein Veto Ungarns verhindert wurde.

Eine völlige Abschaffung des Einstimmigkeitsprinzips wäre weder realistisch noch empfehlenswert, weil man bei einer Änderung der Grundprinzipien der Union oder der Aufnahme neuer Mitglieder kein bisheriges Mitglied übergehen darf. Wenn aber Griechenland wegen eines Namensstreits das Aufnahmeverfahren mit (nunmehr) Nordmazedonien blockiert, liegt das unter jener Grundsatzschwelle, für die Einstimmigkeit vorgesehen sein sollte. Gleiches gilt für Zypern, wenn es Sanktionen gegen den weißrussischen Präsidenten Lukaschenko verhindert, weil nicht gleichzeitig Sanktionen gegen die Türkei verhängt werden. Lange Zeit war auch die Aufnahme Kroatiens in die EU durch Slowenien wegen des Grenzstreits in der Bucht von Piran verzögert. Solche Blockaden lassen sich oft nur dann beenden, wenn eine Zustimmung durch „Gegengeschäfte" erkauft wird. **Um sinnwidrige Blockaden zu vermeiden, sollte die Einstimmigkeitsregel in rein operativen Bereichen und in Finanzierungsfragen durch qualifizierte Mehrheiten ersetzt werden.**

5.3.2 Wenig Harmonie in Steuerfragen

Die EK ist erst im Januar 2019 mit dem Ansinnen gescheitert, in **Steuerfragen** von der Einstimmigkeit abzugehen. Richter (2019) meint allerdings, dass dies ohnehin eine Fehlentwicklung gewesen wäre, weil die Interessengegensätze unter den Mitgliedstaaten offene Konflikte hätten auslösen können. Auch demokratiepolitisch wäre es konsequenter, bei der Einführung einer Steuer auf EU-Ebene die Einstimmigkeit beizubehalten und dabei auf die demokratisch zustande gekommene Meinungsbildung in den einzelnen Mitgliedstaaten zu vertrauen. Um aber einer späteren Änderung der Rahmenbedingungen Rechnung zu tragen, sollte entweder von vornherein eine zeitliche Befristung vorgesehen sein oder allfällige Korrekturen mit qualifizierter Mehrheit der Mitgliedstaaten beschlossen werden können.

Viele Beobachter stufen das gesamte Steuersystem in der EU als mangelhaft ein. Das gilt besonders für die **Unternehmensbesteuerung**, die im globalen wie auch im innereuropäischen Wettbewerb einer anhaltenden Erosion ausgesetzt ist. In Europa sind die Steuereinnahmen in zweifacher Weise betroffen: einerseits durch die schrittweise Verringerung der offiziellen Körperschaftsteuersätze, die in ganz Europa zwischen 1995 und 2019 im Durchschnitt von 35 % auf 21 % gefallen sind; und andererseits durch die steuerschonenden Praktiken der großen multinationalen Unternehmen, die ihre Gewinne buchhalterisch weitgehend in außereuropäische Steueroasen verlagern können (Crivelli et al., 2021).

Seit vielen Jahren wird international und in der EU über eine *globale Besteuerung großer multinationaler Unternehmen* diskutiert. Als zunehmendes Ärgernis unter vielen europäischen Ländern (ausgenommen wohl Irland) wird die unter „Base Erosion and Profit Shifting" (BEPS) geläufige Steuerpraxis großer internationaler Konzerne empfunden, ihre Gewinne in Ländern mit vorteilhaftem Steuersystem zu verbuchen. In der EU haben die Freiheiten des Binnenmarktes bei unterschiedlichen nationalen Steuersystemen sowohl zu Gewinn- als auch zu Produktionsverlagerungen beigetragen. Um dieses Problem in Angriff zu nehmen, haben Uhl und Rixen (2007) die Einführung einer obligatorischen EU-weiten konsolidierten Bemessungsgrundlage sowie eines Mindeststeuersatzes vorgeschlagen. Damit könnten „*mindestens einige mitgliedstaatliche Handlungsspielräume für eine demokratische Gestaltung der Steuerpolitik wieder gewonnen werden.*"

Die OECD hat schon 2013 einen „BEPS Action Plan" entworfen (beschlossen 2015), der Mindeststandards für eine kooperative Vorgangsweise in grenzüberschreitenden Steuerfragen festlegt. Diese Standards sollen bei geplanten Digitalsteuern ebenso befolgt werden wie beim Komplex der Umweltsteuern (Gurría,

2021). Grundidee ist eine Verbreiterung der Steuerbasis, sodass Steuern nicht nur am Sitz des Unternehmens anfallen, sondern auch dort, wo die Erträge erwirtschaftet werden. Im Rahmen des Projektes „Inclusive Framework on BEPS", das von OECD und G20 gemeinsamen aufgesetzt wurde und von 140 Staaten getragen wird, einigte man sich im Oktober 2021, über diese zweite Säule eine Mindestbesteuerung von 15 % zu erreichen (OECD/G20, 2021). Zur Umsetzung dieses Vorhabens beschloss der Rat der EU (2022) im Dezember 2022 die Richtlinie 2022/2523 *„zur Gewährleistung einer globalen Mindestbesteuerung für multinationale Unternehmensgruppen und große inländische Gruppen in der Union".*

5.4 Wettstreit zwischen nationaler und europäischer Identität

Wie passt eine neu entstehende europäische Identität zu bereits bestehenden Ausprägungen kollektiver Identität (auf nationaler, regionaler und kommunaler Ebene)? Die Identifizierung mit Nationalstaaten lässt sich etwa 200 Jahre zurückverfolgen, jene mit einem europäischen Integrationsgebilde aber erst gut ein halbes Jahrhundert. Es ist deshalb nicht verwunderlich, dass regionale und nationale Identitäten nach wie vor stärker ausgeprägt sind als eine noch immer recht vage europäische Identität. Cerutti (2006) unterstreicht die Bedeutung der **Nation als Basis für die Legitimität der EU** und der von ihr verfolgten Politiken. Er unterscheidet zwischen nationaler Identität als einem emotional gestützten kulturellen Phänomen und der europäischen Identität als einem rein politischen Gebilde. Fukuyama (2012a, b) sieht in der Entwicklung einer „europäischen Identität" eine späte Reaktion auf den Nationalismus des 19. Jahrhunderts und seine verheerenden Folgen in den beiden Weltkriegen. Gleichzeitig unterstreicht er die Bedeutung der nationalen Identität als Vorbedingung einer staatenübergreifenden Kooperation, wenn er schreibt, *„national identity and nation-building are absolutely critical for the success of any society."* Die nationale Identität wiederum ist nach Schrott (2018) eine „voluntaristische Gemeinschaft" auf Basis eines „gleichberechtigten Wollens", für welches aber weder Abstammung noch Sprache noch Religion – und schon gar nicht künstlich errichtete, meist temporäre Staatsgrenzen – unabdingbare Kriterien sind. Die Europaidee scheint aber damit zu kämpfen, dass sie weder auf eine einheitliche Sprache noch auf ein Jahrhunderte währendes gemeinsames „Wollen" zurückgreifen kann.

Die relative Bedeutung von nationaler und europäischer Identität hat sich in der Vergangenheit nicht linear entwickelt. Durch den Zweiten Weltkrieg sind in Europa die früher dominierenden Nationalismen von einem gemeinsamen Aufbauwillen verdrängt worden, der die Entstehung der EGKS (1951/52) und der EWG (1957/58) ermöglichte. In weiterer Folge haben der Reihe nach das Schengen-Abkommen (1985) zur allmählichen Abschaffung der Personenkontrollen an Binnengrenzen, die Einheitliche Europäische Akte (1986/87) zur Schaffung des Binnenmarktes und der Vertrag von Maastricht (1992/93) mit der Gründung der EU weitere wichtige Integrationsschritte gebracht.

Mit dem Maastricht-Vertrag wurde gleichzeitig eine nationale Differenzierung eingeleitet: Die Vorbereitungen für eine Europäische Wirtschafts- und Währungsunion ließen erkennen, dass nicht alle Mitgliedsländer der EU bereit oder in der Lage sein würden, die Idee einer Einheitswährung und die damit verbundenen Auflagen (die Maastricht-Kriterien) mitzutragen. Als die WWU 1999 in Kraft trat, hatten in Großbritannien und Dänemark nationale Erwägungen eine Mitgliedschaft auf Dauer verhindert, in Schweden offiziell nur temporär. Die Finanzkrise ab 2008 hat zudem die unzureichenden Institutionen der Eurozone offengelegt und bewirkt, dass unter den übrigen Nicht-Euro-Mitgliedern der EU die Begeisterung für eine rasche Einführung der Gemeinschaftswährung merklich sank.

Nach dem Eintritt Kroatiens in die Eurozone mit Jahresbeginn 2023 bereitet sich nur Bulgarien auf eine Währungsumstellung vor, es ist seit Juli 2020 Mitglied des Wechselkursmechanismus II (WKM II). Dagegen legen Rumänien, Polen, Ungarn und Tschechien, ähnlich wie Schweden, bei der Erfüllung der Maastricht-Kriterien keine Eile an den Tag. Diese Haltung wurde aber selbst vom früheren Währungskommissar Pierre Moscovici bei der Vorstellung des Konvergenzberichts 2018 unterstützt. Er verwies auf die Lehren aus den letzten beiden Jahrzehnten, wonach *„Länder, die innerhalb des Euroraums florieren wollen, nicht nur eine nominale Konvergenz, sondern auch eine reale wirtschaftliche Konvergenz erreichen müssen"* – also auch die Steigerung der Produktivität und der Investitionen, die eine Verbesserung der Beschäftigungslage und die Bekämpfung von Ungleichheiten voranbringen müssen (EK, 2018a).

Wie schwierig es ist, die Europaidee zu vertiefen, zeigen die oft vergeblichen Versuche, auf Solidarität der Mitgliedstaaten zu setzen. **Statt gemeinschaftlicher Lösungen kommt es oft nur zu zwischenstaatlichen Vereinbarungen**, mit denen Parallelstrukturen zum Kernprojekt der EU aufgebaut werden. Manche Anläufe zu Gemeinschaftslösungen haben es nicht einmal so weit gebracht, dazu gehört etwa die europäische Sozialunion mit dem Anliegen einer gemeinschaftsweiten Arbeitslosenversicherung. Hier wollen manche Mitgliedstaaten ihre Zuständigkeiten nicht aufgeben, die wohlhabenderen Länder befürchten außerdem permanente Transfers zu ihren Lasten.[11] Mit zunehmender Heterogenität der EU-Mitgliedstaaten sinken die Aussichten auf Integrationsfortschritte im sozialen Bereich.

Aber erst die Flüchtlings- und Migrationskrise ab 2015 hat schließlich dazu geführt, dass die nationalen Identitäten wiederum die Oberhand über die europäische Identität gewonnen haben. Wie sehr die Einstellung der Bevölkerung zur EU mit der Zuwanderungsproblematik korreliert, wurde in einer empirischen Analyse von Ennser-Jedenastik und Gahn (2018) herausgearbeitet: *„Wer Migration ablehnt, ist mit hoher Wahrscheinlichkeit auch gegenüber der EU skeptisch eingestellt."* Beim Widerstreit von europäischer versus nationaler Identität geht es nicht darum, letztere zu verdrängen. **Vielmehr sollte die lokale Identität in die nationale und diese in die europäische Identität analog zum Subsidiaritätsprinzip eingebettet werden.**[12] Schließlich lassen sich auch nationale Identitäten nur allmählich aufbauen – man denke etwa an den mühsamen Identifikationsprozess, der Österreich in den Jahrzehnten nach dem Ersten Weltkrieg formte. Ähnliches gilt wohl auch für die Nachfolgestaaten des Osmanischen Reiches und die Länder des ehemaligen Ostblocks. In diesen breitet sich als Reaktion auf manche Enttäuschungen seit dem EU-Beitritt eine gewisse Renationalisierung aus, wie sie Gehler (2021a) für Österreich und die dortigen Wahlerfolge der populistischen FPÖ erörtert hat.

Die israelische Autorin Yuli Tamir (2018) geht einen Schritt weiter und verteidigt den Nationalismus ausdrücklich. Erst dieser habe die Entwicklung des Sozialstaates ermöglicht, außerdem hingen Fortschritte in der globalen Zusammenarbeit von starken Führungspersönlichkeiten in den Nationalstaaten ab. Ihren Landsmann Yuval Noah Harari (2018) zitierend meint auch Tamir, man könne daran zweifeln, *„dass eine Welt ohne Nationalismus automatisch friedlich und liberal wäre. Im Gegenteil, eine solche Welt würde wahrscheinlich in ein ‚Stammeschaos' abtauchen"* (mit Libyen als aktuelles Beispiel). Nationalismus sei daher ein notwendiger Bestandteil der politischen Stabilität. Er könne dazu beitragen, gut funktionierende Staaten zu stärken, indem er soziale und wirtschaftliche Ungleichheiten bekämpft und sich um zurückgelassene soziale Gruppen kümmert. Daher sei es besser, den Nationalismus nicht aufzugeben, sondern seine wohltuenden

---

[11] Das Für und Wider einer EU-Arbeitslosenversicherung analysieren etwa Dolls et al. (2014) sowie Kullas und Sohn (2015).

[12] Vergleiche Collier (2013). Ähnlich sieht dies auch Richeson (2019) für die USA, wenn sie schreibt, *„it is important not only to cultivate a common American identity ... but also to promote the idea of the United States as inclusive of multiple racial, ethnic, religious, and other types of identities"*.

Eigenschaften für die Wiederherstellung des Sozialstaates zu nutzen. Man müsse aber diese Art des Nationalismus von seiner hässlichen Form unterscheiden, die auf einen „brachialen Anti-Globalismus" hinauslaufe, unnötige Konflikte schüre und die Möglichkeit einer länderübergreifenden Zusammenarbeit untergrabe.

Um dieses Spannungsverhältnis aufzulösen, trifft Letendre-Hanns (2019) eine andere Unterscheidung, nämlich zwischen der **Nation** als politischer Gemeinschaft von Menschen, die eine gewisse Affinität zueinander haben, und dem exklusiven **Nationalstaat**, der eine nationalistische Abschottung gegen alles Fremde betreibt. Für ihn sind Nationalstaaten *„keine automatische Voraussetzung für die Existenz von Nationen. Es gibt zahlreiche historische Beispiele für multinationale Staaten."* Man muss gar nicht zurück etwa in das Römische Reich oder auch nur zum Doppelstaat Österreich-Ungarn gehen, auch heute gibt es zahlreiche Vielvölkerstaaten, darunter China, Indien oder in Europa neben Russland die Ukraine die Länder des Baltikums und die Schweiz.

5.5   Bipolare Lage der EU

Nun befindet sich die EU in einer bipolaren Situation – immer noch geprägt von der ursprünglichen Gemeinschaftsidee, aber zunehmend durch nationalistische Bewegungen in Frage gestellt. Diese Konstellation erinnert den bulgarischen Politologen Krastev (2017) an den Zerfall der Österreichisch-Ungarischen Monarchie und führt ihn zur Frage, ob der EU ein ähnliches Schicksal der Desintegration drohe. Der Präsident des Münchener ifo Instituts, Clemens Fuest (2019), hat diesen Gedanken mit folgenden Worten weitergesponnen: *„Europe is becoming increasingly similar to the late Habsburg Empire, a powerful example of fragmentation and tendencies towards disintegration arising in multinational, multi-linguistic, and multi-ethnic integrated economic entities."* Pelinka (2014) charakterisiert Österreich-Ungarn vor 1918 als *„die gescheiterte Generalprobe multikultureller, multinationaler, supranationaler Staatlichkeit."*

Ob es in Zukunft eine „europäische Identität" geben wird, hängt wesentlich davon ab, wo die **Entscheidungszentren der EU** liegen werden. Die Grundsätze, nach denen in einem demokratischen Rechtsstaat die Aufgaben zwischen zentralen und dezentralen Entscheidungseinheiten zu verteilen sind, lassen sich wie folgt zusammenfassen (vgl. etwa Keuschnigg, 2016):

- Da die Lebensumstände der Menschen und Unternehmen unterschiedlich sind, sollen Entscheidungen der Politik möglichst bürgernah (in der Gemeinde, Region) getroffen werden.

- Handelt es sich aber um Aufgaben mit einem großen geografischen Wirkungs-kreis, wird man Kooperationen zwischen Regionen anstreben, um Größenvor-teile zu realisieren, unterschiedliche externe Effekte auszugleichen und öffent-liche Güter bereitzustellen.
- Regionale Autonomie führt zu einem Wettbewerb um gute Ideen („best prac-tice") und eine effiziente Aufgabenerfüllung.
- Je heterogener die Regionen sind, umso mehr ist auf die Bedürfnisse der unte-ren Ebene einzugehen und umso dezentraler wird das Entscheidungssystem sein.

Nur wenn es verfassungsmäßig geregelte eindeutige Kompetenzen auf EU-Ebene gibt, die die Solidarität in der Gemeinschaft festigen, hat das „Projekt Europa" eine Zukunft. Wendet man die obigen Überlegungen auf die EU an, bedarf es **zentraler Kompetenzen auf Unionsebene** insbesondere in folgenden Bereichen: äußere und innere Sicherheit der Union (einschließlich gemeinschaftlicher Regeln für die Zu-wanderung), Stärkung der aus der Wirtschaftsunion abgeleiteten außenwirtschaft-lichen Kompetenzen (inklusive einer ausschließlichen Vertretung bei inter-nationalen Organisationen), Monitoring der transnationalen Elemente der Umwelt-politik, Errichtung transnationaler Verkehrs-, Energie- und Informationsnetzwerke sowie Steuerung der sozialen und wirtschaftlichen Kohäsion zwischen den Mit-gliedstaaten.

Eine Reihe anderer Zuständigkeiten, die heute auf EU-Ebene angesiedelt sind, können gemäß dem Subsidiaritätsprinzip den nachgeordneten Ebenen überlassen werden. Die EU bräuchte keine zentrale Kompetenz in der Agrarpolitik, sie könnte sich dort, wie auch in der Regionalpolitik, auf Ausgleichsmechanismen zurück-ziehen. Andererseits ist die Bewältigung der Corona-Pandemie mit nationalen Maßnahmen rasch an ihre Grenzen gestoßen, hier wäre mehr Zentralismus hilf-reich gewesen (siehe dazu auch Abschn. 8.2). In solchen Fällen behilft man sich mit aufwendigen **intergouvernementalen Entscheidungsmechanismen**, die von nationalen Interessen geprägt sind und es für die EU erschweren, eine Gemein-schaft mit eigener Identität zu werden.

In einer umfassenden Studie der Bertelsmann-Stiftung (Weiss et al., 2017) wurde mittels einer kontrafaktischen Analyse für konkrete Bereiche untersucht, ob bestehende Zuständigkeiten optimal sind. Die Bewertung erfolgte anhand von zu-sammengewichteten Indikatoren, die u. a. Skalenerträge von EU-Kompetenzen, unterschiedliche Präferenzen der WählerInnen sowie Trittbrettfahrer-Möglichkeiten auf Mitgliedstaaten-Ebene einschlossen. Aus den Resultaten wurden folgende Änderungsvorschläge abgeleitet, die gut nachvollziehbar erscheinen und wird wei-ter unten (Abschn. 8.2) noch in die Überlegungen zu den Kompetenzen im Gesund-heitsbereich einfließen werden:

- In der ausschließlich auf EU-Ebene angesiedelten *Gemeinsamen Agrarpolitik* (GAP) wird als Alternative zu den bisherigen Direktzahlungen auf EU-Ebene deren Verlagerung in die nationalen Wohlfahrtssysteme empfohlen. Damit könnten die Schieflage zwischen nationalen Beiträgen und Rückflüssen beseitigt und regionale Interessen besser berücksichtigt werden. Widerstand ist aus Frankreich zu erwarten, das vom gegenwärtigen System besonders profitiert.

- In der *Asyl- und Flüchtlingspolitik* sind derzeit die Mitgliedstaaten für die Aufnahme und Unterbringung verantwortlich, woraus sich erhebliche Unterschiede von Land zu Land ergeben. Die Einrichtung einer Gesamtkompetenz auf EU-Ebene könnte solche Unterschiede ausgleichen sowie einen Wettbewerb der Konditionen und innereuropäische Grenzschließungen vermeiden.

- Für die *Entwicklungshilfe* gibt es derzeit Programme sowohl auf nationaler als auch auf EU-Ebene. Eine Konzentration bei der EU würde die Effizienz der Förderungen erhöhen und Spillover-Effekte vermeiden.

- Die *post-sekundäre und tertiäre Ausbildung* liegt derzeit in den Händen der Mitgliedstaaten und sollte nach allen Indikatoren auch dort bleiben. Auf EU-Ebene wäre allerdings die Anerkennung von akademischen Diplomen zu harmonisieren.

- Im Bereich der *Verkehrspolitik* sind die Kompetenzen zwischen EU und Mitgliedstaaten geteilt, doch überwiegen die nationalen Interessen. Bei der Bahnfracht gibt es zwar einige Vorteile einer Kompetenzverlagerung zur EU (erhebliche Skalenerträge), die Nachteile (mehr Spillover-Effekte) müssen diesen aber gegengerechnet werden.

- Elemente einer gemeinsamen *Arbeitslosenversicherung* für die Euroländer erhöhen gegenüber rein nationalen Lösungen die Arbeitsmobilität und vermeiden einen sozialen Wettlauf nach unten.

- Für die früher weitgehend der nationalen Ebene überlassenen *Unternehmensbesteuerung* wurde eine Harmonisierung der Steuerbasis mit Festlegung der Steuersätze durch die Mitgliedstaaten vorgeschlagen. Mittlerweile gibt es das „Zwei-Säulen-Modell" von OECD/G20 und die EU-Richtlinie 2022/2523, die dem Steuerwettbewerb nach unten Grenzen setzen (Abschn. 5.3).

- Die *militärische Verteidigung* ist als öffentliches Gut nur auf EU-Ebene sinnvoll, wie dies in der GSVP seit dem Vertrag von Lissabon auch zum Ausdruck kommt. Dadurch würde der Markt für militärische Güter, der derzeit nicht den Binnenmarktregeln unterliegt, in diesen einbezogen werden. Da EU-Mitgliedstaaten überwiegend zugleich Mitglieder des Nordatlantikbündnisses NATO sind, wird auch diesem gegenüber eine Abstimmung erforderlich sein. Der russische Angriff auf die Ukraine hat dies als dringende Notwendigkeit ins Bewusstsein gerufen (siehe Kap. 9).

Ohne Klärung und Neuordnung der Zuständigkeiten droht ein Rückfall in ein zersplittertes Europa, wie es von seinen Verfechtern euphemistisch als „Europa der Vaterländer" angepriesen wird, dessen Folgen wir aber aus der Vergangenheit kennen: Es gäbe dann vielleicht weiterhin eine Zollunion, aber abgesehen davon dominierten einzelstaatliche Vorgangsweisen mit wiedererstandenen Binnengrenzen im Personenverkehr. Die kleineren Staaten unter den (dann ehemaligen) EU-Mitgliedern scharten sich ohne Mitspracherecht um einen großen Staat (vornehmlich wohl um Deutschland), der aber wiederum zu klein ist, um auf der Weltbühne eine tragende Rolle zu spielen (vgl. auch Karas, 2016).

Um die **Rolle der EU im Weltmaßstab** einzuordnen, empfiehlt sich ein Blick sowohl in die Geschichte als auch ein horizontaler Vergleich in der Gegenwart mit anderen Weltmächten. Aber kann man die EU überhaupt als Weltmacht einstufen? Gehler (2020) analysiert die Gemeinsamkeiten und Unterschiede im Vergleich zu historischen europäischen Reichen und modernen Weltmächten und meint, dass die EU nicht als klassisches Imperium zu verstehen sei. Es bestünden zwar gewisse Parallelen zum Römischen Kaiserreich sowie zu Russland und den USA (partiell gemeinsame Rechtsbasis einschließlich übergreifender Bürgerschaft, mehrstufige kollektive Identität), der EU fehlten aber entscheidende imperiale Kennzeichen (eindeutiges Machtzentrum, zentrale Führungsperson, starke Armee, Budgethoheit). Damit ist die Affinität zum Heiligen Römischen Reich etwas enger, wenn diese auch weder einen einheitlichen Binnenmarkt aufwies noch als wirtschaftliche Weltmacht gelten konnte.

Die EU ist heute weder militärisch noch politisch ein „Imperium". Sie ist aber eine wirtschaftliche und kulturelle Weltmacht mit großer Attraktivität nach außen und hoher Stabilität nach innen. Damit steht die EU im Gegensatz zu allen historischen und gegenwärtigen Weltmächten, weshalb sie Gehler als „postmodernes Konstrukt" einstuft. Für dieses Konstrukt wird in manchen Verschwörungszirkeln ein baldiges Ende herbeigeredet. Ein Rückblick in die Geschichte zeigt, dass bisher noch allen Wirtschafts- und Währungsunionen eine endliche Lebensdauer beschieden war. Dennoch bekennt sich eine große Mehrheit der Bürgerschaft zu einer weiteren Vertiefung, wenn auch die Vorstellungen über die konkreten Ziele und die Wege dorthin mitunter stark voneinander abweichen.

Um dem Szenario einer **Auflösung der EU vorzubeugen,** empfiehlt der Leiter des Österreichischen Instituts für Wirtschaftsforschung (WIFO), Gabriel Felbermayr (2020), auf folgende Bereiche zu achten:

- Mit dem wirtschaftlichen Bedeutungszuwachs Chinas und dem politischen Rückzug der USA muss die EU ihre geostrategische Position neu definieren und ihre ökonomische Souveränität sichern. Dazu muss sie ihre wirtschaft-

lichen Ziele und Instrumente in solche der Sicherheits- und Verteidigungspolitik einbetten, ohne deshalb in Protektionismus zu verfallen.

- Da die Wohlfahrtsgewinne der EU primär dem Binnenmarkt zu verdanken sind,
  drängt es sich auf, diesen weiter auszubauen und zu vervollständigen. Als
  Aktionsfelder bieten sich der Ausbau transnationaler Transportwege und die
  Wiederbelebung des Schengenraumes an.
- Der Euro muss zunächst als Einheitswährung abgesichert werden, darüber hinaus soll aber auch seine Rolle als internationale Reservewährung ausgebaut
  werden. Dies erfordert ein verbessertes Angebot an gemeinschaftlich finanzierten Euro-Schuldverschreibungen (siehe dazu auch Abschn. 8.4).
- Die EU muss sich für die Erhaltung einer (reformierten) WTO einsetzen und
  deren Streitbeilegungsmechanismus reaktivieren. Auf Basis der WTO-Regeln
  sollte die EU ein möglichst breites System an bilateralen Handelsverträgen auf-
  rechterhalten, die im Falle internationaler politischer Verwerfungen als
  wirtschaftliches Fangnetz dienen können.

Sollte die EU einmal schrittweise aufgelöst werden, sind für die einzelnen Mitgliedstaaten wegen ihrer Heterogenität ganz unterschiedliche negative Auswirkungen zu erwarten. Felbermayr et al. (2022a) schätzen die Einbußen an realem
Pro-Kopf-Einkommen, die der Wegfall des Binnenmarktes, der Schengengrenzen,
der Eurozone und von bilateralen Handelsverträgen der EU nach sich ziehen
würde, auf eine Bandbreite von 3 % für Griechenland bis zu 23 % für Luxemburg.
In Österreich liegt der Effekt bei minus 8 %, in Deutschland bei minus 5 %. Am
Praxistest des Brexits mit dem nur wenig betroffenen UK (minus 3 %) lässt sich er-
messen, mit welchen enormen Kosten andere austrittswillige Länder zu rechnen
hätten. An dem für diese Schätzungen verwendeten Modell des Münchener ifo-
Instituts bemängelt Breuss (2019), dass sich die Ergebnisse auf reine Handels-
effekte (Waren und Dienstleistungen) beschränken und somit noch nicht die Wirkungen über die Verlagerung von Produktionsfaktoren (Kapitalverkehr und
Personenfreizügigkeit) enthalten.

5.6   Nicht nur ein europäisches Phänomen

> „The new world order that is currently emerging will be defined less by shared prin-
> ciples, and more by the whims of individual leaders and governments." (Mark Leo-
> nard, 2018)

Der **Verlust länderübergreifender Identitäten** ist nicht auf Europa beschränkt.
Ähnliches gilt global für den schleichenden Bedeutungsverlust des Multi-

lateralismus seit der zweiten Hälfte des 20. Jahrhunderts. Der französische Ökonom Jean Pisani-Ferry (2018b) weist in diesem Zusammenhang auf die USA
unter Ex-Präsident Trump hin, der mit protektionistischen Maßnahmen und dem
angedrohten Ausstieg aus der Welthandelsorganisation (WTO) die nationale
Keule schwang. Aber auch China habe die Erwartungen nicht erfüllt, die es mit
seinem Beitritt zur WTO im Jahr 2001 auslöste. Nach wie vor ist Chinas Wirtschaft vom traditionellen Staatskapitalismus geprägt, dessen Instrumente zur
Wettbewerbsverzerrung im Welthandel beitragen. Das postkommunistische
Russland wurde unter Präsident Wladimir Putin zu einer Autokratie mit schrittweise Einschränkung von demokratischen Grundrechten ausgebaut. Wichtigste
Ambition Putins ist die Entwicklung einer großrussischen nationalen Identität,
als deren entscheidender Schritt das Auslöschen der ukrainischen Identität geplant war.

Die USA wollten in der jüngeren Vergangenheit die westliche liberale Demokratie wiederholt mit Waffengewalt durchsetzen – in allen Fällen mit drastischen
Misserfolgen (1999 in Serbien, 2001 in Afghanistan, 2003 im Irak, 2011 in Libyen,
ab 2013 in Syrien). Auch andere Großmächte versuchen immer wieder, ihren nationalen Interessen gegen das Ausland mit militärischen Mitteln Nachdruck zu ver-
leihen, z. B. Russland seit 2014 auf der Krim und in der Ostukraine, China permanent in Form von Drohungen gegenüber Taiwan und anderen Inseln im Chinesischen Meer. Für diese Entwicklungen sieht Pisani-Ferry (2018b) folgende globale
Ursachen:

- Die nach dem Zweiten Weltkrieg auf Anregung und Druck der USA entstandene
  geopolitische Balance zwischen dem „Westen" und dem Rest der Welt ist ins
  Wanken geraten, seit fraglich ist, ob sich die USA weiterhin uneingeschränkt
  dazu bekennen.
- Die ökonomischen und sozialen Folgen der Globalisierung werden heute nicht
  mehr einseitig positiv gesehen, vielmehr wird den prekären Verteilungswirkungen Aufmerksamkeit geschenkt.
- Die in der zweiten Hälfte des 20. Jahrhunderts entstandenen internationalen Organisationen (insbesondere die WTO) erweisen sich als nicht mehr geeignet, die
  neuen weltwirtschaftlichen Probleme zu lösen (z. B. geistiges Eigentum, globale
  Wertschöpfungsketten, globale Finanzzyklen, Klimawandel, Pandemien).

Hinzu kommt die schiere Komplexität der internationalen Beziehungen und die
Heterogenität der Teilnehmer, die entsprechend vielschichtige Steuerungs-
mechanismen erfordern. Die Lösung dieser Probleme sieht Pisani-Ferry weder in

einem konservierenden Ansatz, der die bestehende internationale Ordnung unangetastet lässt, noch in einer völligen Aufgabe dieser Ordnung. Vielmehr sei eine kombinierte Variante anzustreben, die von einigen wenigen universell anerkannten Prinzipien ausgeht und bei den Details ausreichend Flexibilität zulässt, um geografische oder branchenbezogene Besonderheiten abzudecken.

Zusammenfassung
- Wenn die vielen möglichen Abgrenzungen von gesellschaftlicher Identität nicht exklusiv verstanden werden, können sie nebeneinander existieren oder einander überlappen. Idealerweise sollte (dem Subsidiaritätsprinzip entsprechend) die lokale Identität in die nationale und diese in die europäische Identität eingebettet sein.
- In Umfragen bekennt sich in jedem Mitgliedstaat stets eine Mehrheit der Befragten zur EU, ihre Institutionen schneiden stets besser ab als vergleichbare nationale Institutionen. Die EU ist aus dem Bedürfnis entstanden, das Chaos nationaler Identitäten auf Basis gemeinsamer Werte hinter sich zu lassen. Insofern ist die europäische Identität die Antithese zum grassierenden nationalistischen Populismus. Mit der zunehmenden Heterogenität der EU-Mitgliedstaaten wird es aber immer schwieriger, sich auf gemeinsame Werte zu einigen. Weiterentwicklungen erfolgen oft über zwischenstaatliche Vereinbarungen, an denen nicht alle EU-Staaten teilnehmen.
- In diesem Prozess hat sich die europäische Identität vom ursprünglichen Solidaritätsgedanken entfernt und dient manchen nur als Abwehrkonstrukt gegen fremde Einflüsse, wieder andere stufen sie als Fiktion ein. Ein augenfälliges Beispiel in der Migrationsfrage ist das Schengen-System, das noch dazu die Frontstaaten völlig asymmetrisch belastet. Aber selbst der Maastricht-Vertrag hat solche Asymmetrien eröffnet, indem die Übernahme der Einheitswährung hinausgeschoben (Schweden) oder abgelehnt werden konnte (Dänemark).
- Die EU leidet seit ihrer Gründung an einer Reihe von Konstruktionsfehlern (Demokratiedefizit, unscharfe Gewaltenteilung, gefühlte Überregulierung), die das Konzept eines liberal-demokratischen Staatenverbundes auf der Basis von Rechtsstaatlichkeit, Solidarität und Beachtung der Menschenrechte vernebeln. Wenig hilfreich ist auch, dass politische Parteien nur auf Ebene der Mitgliedstaaten existieren, weshalb PolitikerInnen europäische Anliegen meist nur aus nationaler Sicht verfolgen.

- Eine Bereinigung der Kompetenzen zwischen nationaler Ebene und Unionsebene im Sinne des Subsidiaritätsprinzips könnte die Gemeinschaftsidee stärken. Für die Bewältigung externer Krisen bräuchte es mehr Kompetenzen für die EU-Ebene, dafür könnte man in einigen anderen Bereichen (Agrarpolitik als Beispiel) auf zentrale Kompetenzen verzichten.
- Beschlüsse auf EU-Ebene scheitern oft am Einstimmigkeitsprinzip, das dringend auf einige wenige Fragen eingeschränkt werden müsste. Zu überlegen wäre die Umgestaltung der EU zu einer „flexiblen Demokratie" mit einer Gliederung der politischen Aktivitäten nicht nach Nationen, sondern nach Funktionen, oder wenigstens die Einführung eines Zwei-Kammer-Systems für das Europäische Parlament. Dies würde auch die oft fälschlich der EU-Ebene zugeschriebene Regulierungswut eindämmen und vielleicht auch helfen, weitere Schwachstellen bei den gemeinschaftlichen Zielen (Sozialpolitik, Nachhaltigkeit) und ihren Instrumenten (europäische politische Parteien, Unionsbürgerschaft, Digitalisierung) auszumerzen.
- Die EU muss ihre Rolle unter den Weltmächten erst finden. Sie ist bisher nur als Wirtschaftsmacht von Bedeutung, die sich (sicherheits)politisch auf die USA verlassen muss. Das wiederholte Aufflammen militärischer Konflikte am Rande der EU (Balkan, Ukraine) sollte die Bündelung der eigenen Kräfte vorantreiben.

Nationaler Populismus als Ideologie und Methode

6

> *„[P]opulism is an expression, not a denial of democracy"*
>
> *(Urbinati, 2019b).*

Zusammenfassung

Der gemeinsame Wunsch aller Initiatoren des europäischen Integrationsprojekts war es, Auseinandersetzungen auf dem Kontinent in Zukunft nicht durch Weltkriege, sondern in Verhandlungen zu lösen. Bei aller Kritik an den mangelhaften demokratischen Einrichtungen auf Gemeinschaftsebene kann sich das Ergebnis sehen lassen. Es dient als Vorbild für das friedliche Miteinander unterschiedlicher Länder mit nicht deckungsgleichen Kulturen. Zu einer übergreifenden „europäischen Identität" ist es nur in Ansätzen gekommen, die Rechtspopulisten lehnen eine Einschränkung der nationalen Souveränität und Identität ohnehin ab. Im Folgenden wird auf die Ursachen von Populismus, das Spannungsverhältnis zwischen Populismus und Demokratie sowie auf den Zusammenhang mit der europäischen Identität eingegangen.

6.1 Dimensionen des Populismus

Populismus ist keine Neuerscheinung aus jüngerer Zeit, Gemmingen (2013) führt seine Entstehung ins Römische Reich zurück, als Publius Clodius Pulcher (93–52 v. Ch.), um Volkstribun zu werden, nicht nur vom Patrizier zum Plebejer

147

mutierte, sondern auch Wahlversprechen einsetzte. Etwa gleichzeitig war auch Gaius Julius Cäsar (100–44 v. Ch.) zunächst als Pontifex Maximus, dann als Konsul und später als Diktator durch Selbstinszenierungen erfolgreich. Im 19. Jahrhundert entstanden verschiedene populistische Strömungen im agrarischen Bereich, so etwa die Farmerbewegung in Amerika und die Narodniki-Bewegung in Russland. Im 20. Jahrhundert galten in Europa Stalin und Hitler als mörderische Populisten im Interesse einer kleinen herrschenden Klasse, in Lateinamerika entstand eine Reihe populistischer Gruppierungen, die sich gegen die Regierenden richteten und bis heute ihren Einfluss ausüben. In den letzten Jahren haben solche Bewegungen auch in den Industriestaaten an Einfluss gewonnen, sie sind in den USA (Donald Trump) ebenso zu finden wie in vielen Ländern Europas, z. B. die griechische Syriza, die italienische Fünf-Sterne-Bewegung, die Alternative für Deutschland, die FPÖ in Österreich.

Parallel zu den parteiaffinen populistischen Gruppierungen, teilweise mit ihnen auch verwoben, existieren viele informelle oder über soziale Medien gut organisierte Strömungen, die mit **Verschwörungsmythen** aller Art arbeiten oder diese über Desinformationskampagnen in die Welt setzen. Beispiele sind in Europa die Identitären (siehe Box 6.1) und in den USA die QAnon-Bewegung.[1] Im Zusammenhang mit den US-Präsidentschaftswahlen 2020 haben solche rechtspopulistischen bis -extremen *„Fake News"-Bewegungen* ihre Mobilisierungskraft bewiesen und am 6. Januar 2021 den Sturm auf das Capitol in Washington organisieren können.

Box 6.1: Identitäre Bewegungen

Das hier unter (kollektiver) „europäischer Identität" verstandene Bündel an liberal-demokratischen Werten ist streng zu unterscheiden von „identitären Bewegungen", die am äußeren rechten Rand des politischen Spektrums agieren und sich geradezu als Gegenbewegung zur Demokratie westlicher Prägung verstehen. Noch weiter rechts stehen nur noch die militanten neonazistischen Gruppen (vgl. etwa White, 2012; Kaina & Karolewski, 2013, Kaina et al., 2016; Hafeneger, 2014).

Der Ursprung der seit der Jahrhundertwende verstärkt in Erscheinung getretenen identitären Bewegungen liegt in der französischen „Génération Iden-

---

[1] Zu den während der Coronakrise entstandenen Verschwörungserzählungen siehe Kap. 8.

titaire", einer der führenden Ideengeber ist Renaud Camus (2016), der mit seinem Buch „Le grand remplacement" einen Anstoß zum rechtsradikalen Kampf gegen den „Großen Austausch" durch Immigration lieferte. Heute bestehen in vielen europäischen Ländern (z. B. in Deutschland, Österreich, Italien, UK, Irland) und in den USA weitere identitäre Gruppierungen. Ihre SympathisantInnen sind online gut vernetzt, die Kommunikation erfolgt weitgehend über soziale Medien, ihr Aktionismus ist medienwirksam, aber meist friedlich. Sie grenzen sich daher gerne von (rassistisch orientierten und oft gewaltsam agierenden) neonazistischen Gruppen ab, auch wenn sie mit diesen inhaltlich in vielen Punkten übereinstimmen und an den Rändern personell verflochten sind. Wie diese fördern auch die identitären Bewegungen ihren Zusammenhalt mit historischen Symbolen, in ihrem Fall mit dem griechischen Buchstaben Lambda, der sie an die Schlacht auf den Thermopylen (480 v. Ch.) erinnert. Damals lieferten die spartanischen Kämpfer (gekennzeichnet durch ein Lambda auf ihren Schildern) den persischen Eroberern einen heroischen, wenn auch letztlich erfolglosen Abwehrkampf.

Die identitären Bewegungen agieren extrem nationalistisch und fremdenfeindlich, um das eigene „Volk" vor Globalisierung, Einwanderung und der EU zu schützen. Sie wollen die EU zerstören und streben nach ethnisch homogenen Staaten auf dem Kontinent. Zúquete (2018) nennt als soziokulturelle Hintergründe, die diesen Bewegungen Zulauf bescheren, vor allem die Angst vor einer multikulturellen und multiethnischen Transformation der traditionellen Gesellschaftsordnung in Europa. Damit lassen sich radikale Positionen und Aktionen mobilisieren. Die Aushöhlung der herkömmlichen Werte von innen durch liberale Politiken und von außen durch Immigration würde letztlich dazu führen, dass die indigene Bevölkerung Europas zur Minderheit würde. Der transnationalen „europäischen Identität" im Sinne der EU setzen sie ihre ethnokulturelle Identität entgegen (siehe dazu auch Handler, 2019).

Populismus ist laut Duden eine *„von Opportunismus geprägte, volksnahe, oft demagogische Politik, die das Ziel hat, durch Dramatisierung der politischen Lage die Gunst der Massen (im Hinblick auf Wahlen) zu gewinnen"*. Aber lässt sich „Populismus" so einfach definieren oder wenigstens abgrenzen? Viele PolitologInnen und SoziologInnen verneinen dies.

In einer richtungweisenden Arbeit sieht der niederländische Politikwissenschafter Cas Mudde (2004) im Populismus *„a thin-centered ideology that considers* *society to be ultimately separated into two homogenous and antagonistic groups"*, nämlich in das „wahre Volk" und die „korrupten Eliten", wobei die Politik gefordert ist, den Volkswillen umzusetzen. Unter „thin-centered" ist eine eindimensionale Ideologie zu verstehen, die keine tiefschürfenden Antworten auf soziale und politische Fragen liefert. Explizit nicht als inhaltlich definierte Ideologie versteht Paris Aslanidis (2016) den Populismus. Für ihn ist Populismus ein „Diskursrahmen" für die politische Auseinandersetzung des souveränen Volkes gegen die korrupten Eliten, in welchem aber unterschiedliche ideologische Ausprägungen ihren Platz finden und einer empirischen Evaluierung zugänglich sind. Aslanidis greift dabei auf Jagers und Walgrave (2007) zurück, die im Populismus einen politischen Kommunikationsstil sehen, der sich auf drei charakteristische Elemente stützt:

- das Volk als abstrakter Bezugspunkt aller politischen Aktivitäten, sowohl aktiv (das Volk als oberste Entscheidungsinstanz) als auch passiv (das Volk als Ziel von politischen Maßnahmen);
- die korrupten Eliten, die sich auf Kosten des Volkes bereichern; und
- die monolithische Struktur des (wahren) Volkes, in der Minderheiten keine Rolle spielen (dürfen).

Populismus in einem radikalen Sinn („thick concept of populism") bezieht sich auf alle drei Elemente, der geringfügige Populismus („thin concept") aber nur auf den ersten Punkt. Dieser „dünne" Populismus trägt keine inhaltliche Punze, er kann als reines Instrument der Kommunikation politisch sowohl links als auch rechts eingesetzt werden. Die einzige Vorbedingung, um als Populismus eingestuft zu werden, besteht in der Berufung auf das wie immer definierte „Volk". In der verschärften Form des radikalen Populismus wird das „wahre Volk"zugleich vertikal (gegen die „da oben", die Eliten und die Medien) und horizontal (gegen die „da drüben", zugunsten der homogenen ethnischen Mehrheit) abgegrenzt. Mudde und Rovira Kaltwasser (2011) sehen im rechten Gerede vom „wahren Volk" weniger eine Erscheinung des Populismus als vielmehr des *Nativismus*, also jener Kombination von Nationalismus und Xenophobie, die einem ethnisch homogenen Nationalstaat das Wort redet.

Unter den wenigen Ökonomen, die sich mit dem Thema auseinandersetzen, umschreiben Guriev und Papaioannou (2022) den modernen Populismus mit folgenden Punkten:

- Mangel einer gemeinsamen Ideologie,
- Verunglimpfung von Eliten und Experten,

- Ablehnung von Globalisierung und europäischer Integration,
- Anti-Pluralismus mit autoritärem Stil und
- aggressive Kommunikation einfacher Inhalte, vorzugsweise über soziale Medien.

In diesem Sinne versteht auch der Wirtschaftshistoriker und Berkeley-Professor Barry Eichengreen (2018) unter Populismus eine politische Bewegung mit „anti-elitären, autoritären und nativistischen" Tendenzen. In der politischen Realität Europas ist der Populismus eine Anti-Bewegung, die durchaus auf „Inklusion" ausgerichtet sein kann, wenn benachteiligte Gruppen der eigenen Ethnie angesprochen werden, meist aber „Exklusion" propagiert, wenn missliebige Gruppen vom etablierten Sozialsystem ferngehalten werden sollen. Albertazzi und McDonald (2008) definieren Populismus als eine Ideologie, die das rechtschaffene und homogene Volk gegen die Eliten und sonstigen gefährlichen „anderen" stellt, die es seines Wohlstands, seiner Rechte und Werte sowie seiner Stimme und Identität berauben wollen. Dabei gibt es kaum Einschränkungen hinsichtlich parteipolitischer Richtungen, wie etwa Sheran (2020) überblicksmäßig und Manow (2018) im Detail ausführen.

Fragen des Populismus werden in der Literatur mit unterschiedlichen **Forschungsmethoden** und Datensätzen analysiert. Einen umfassenden Ansatz wählen Gidron und Bonikowski (2013), die – wie schon Priester (2011) – zwischen Populismus als Ideologie, als Stil und als Strategie unterscheiden. In diesem Rahmen erfassen sie sowohl theoretische als auch empirische Arbeiten für Europa, die USA und Lateinamerika (Tab. 6.1).

Steht der politische Stil im Vordergrund, geht es weniger um Inhalte als um die Rhetorik und Glaubwürdigkeit bei ihrer Verbreitung. Der Populismus als Strategie wiederum setzt sich oft mit Organisationsfragen und den Möglichkeiten der Mobilisierung gegen soziale und ökonomische Missstände im bestehenden System auseinander. Der **Populismus als Ideologie** setzt sich dagegen mit Inhalten auseinander. Diesen können nach Hartleb (2011a) die folgenden stilgebenden Dimensionen zugeordnet werden:

- *technischer Populismus* mit vereinfachendem Politikstil und bilderreicher Sprache (für das „Volk", gegen die „Eliten"),
- *inhaltlicher Populismus* mit mobilisierungsfähigen Protestthemen (gegen Einwanderer, Islamismus, Globalisierung, Sozialschmarotzer),
- *führungsgesteuerter Populismus* über eine zentrale Figur mit Ausstrahlung (charismatischer Anführer) und
- *medialer Populismus* mit Blick auf Schlagzeilen in Massenmedien und sozialen Medien, vielfach um von ungelösten Problemen abzulenken.

Tab. 6.1 Methodische Ansätze in der Populismusforschung

	Definition von Populismus	Untersuchungsgegenstand	Relevante Methoden	Forschungsbeispiele
Politische Ideologie	Eine Gruppe zusammenhängender Ideen über die Natur von Politik und Gesellschaft	Politische Parteien und Parteiführer	Qualitative und automatische Textanalyse, hauptsächlich von parteibezogener Literatur	Mudde und Rovira Kaltwasser (2012)
Politischer Stil	Art und Weise, wie Politik gemacht wird; Charakteristika des politischen Diskurses	Texte, Reden, öffentliche Auseinandersetzung über Politik	Interpretative Textanalyse	Panizza (2005)
Politische Strategie	Art der Mobilisierung und Organisation	Parteien und ihre Strukturen, soziale Bewegungen, politische Führer	Vergleichende historische Analyse, Fallstudien	Jansen (2011)

Quelle: Nach Gidron und Bonikowski (2013)

In der politischen Praxis ist Populismus regelmäßig eine Mischform dieser Dimensionen, die sich in den letzten Jahren in unzähligen Spielarten manifestiert hat: als ethnischer Nativismus wie in manchen Nachfolgestaaten Jugoslawiens; als Nationalismus à la Donald Trump in den USA; in autokratischen Regierungsformen wie in der Türkei; oder in Regierungen mit illiberalen Tendenzen wie in Ungarn und bis 2023 auch in Polen. Dazu kommt noch eine breite Palette linker Populismen, von Syriza in Griechenland bis Podemos in Spanien und dem Chavismus in Venezuela.

6.2   Entstehungsfaktoren populistischer Strömungen

Als wichtige **Ursachen für das Entstehen populistischer Bewegungen** gelten einerseits institutionelle Unzulänglichkeiten (der Staat versagt bei der Bewältigung von Flüchtlingswellen, die Eliten eignen sich Volksvermögen an), andererseits eine negative Entwicklung der Lebensumstände oder auch nur der Aussicht darauf. Die Finanzkrise und die zur Bewältigung eingesetzte Austeritätspolitik haben die schon vorher als Folge der Globalisierung und von technologischen Innovationen latent bestehende Unsicherheit offengelegt. Waren von der Globalisierung hauptsächlich Gruppen mit niedriger Qualifikation und niedrigen Einkommen betroffen, verbreitete sich nun auch im Mittelstand eine generelle Unsicherheit über künftige Job- und Einkommenschancen, verbunden mit Ängsten vor dem Verlust der sozialen Inklusion. Diese Gruppen sind besonders anfällig für populistische Agitation, bei der es in erster Linie um den „sozialen Kontrakt" geht, also um die Rechte und Pflichten der Bürgerschaft in einem Staat und wie diese zu gestalten sind, um der tatsächlichen oder gefühlten Ungleichheit in der Gesellschaft entgegenzuwirken (Shafik, 2018). Typische Reaktionen auf die Finanzkrise bestanden in einer kräftigen Zunahme von rechtspopulistischen Stimmen bei Wahlen zu Lasten von regierenden Mitte-Rechts- und Mitte-Links-Parteien. Dies hat zu politischen Unsicherheiten beigetragen und hat gemeinsame Lösungen zur Krisenbewältigung erschwert (Funke et al., 2015).

In die **ökonomische Richtung** zielt die Arbeit von Acemoğlu et al. (2011), die eine Theorie für die linkslastigen Strategien lateinamerikanischer Populismen liefert. Als populistisch werden Politiken zur Umverteilung eingestuft, die vordergründig gegen die „reiche Elite" gerichtet sind, aber de facto die Interessen der ärmeren Mehrheit schädigen. Vor Wahlen wollten nämlich alle KandidatInnen für politische Funktionen dartun, dass sie dem Mehrheitswunsch nach Umverteilung entsprechen werden. Sie verschrieben sich daher einer Rhetorik, die links von ihrer eigenen Position (und späterer Handlungsweise) angesiedelt ist. Zu einer solchen „*linkspopulistischen Schlagseite*" der Politik komme es häufig, wenn die demokratischen Institutionen schwach sind und Korruption kaum geahndet wird.

In vielen europäischen Ländern entstanden populistische Bewegungen als Reaktion auf etablierte Regierungen bzw. *Koalitionen der „Mitte"*, die über viele Jahre das politische Leben bis zur Versteinerung der Ideen und Personen bestimmen konnten. Am Rande des politischen Spektrums, aber durchaus auch unter Anhängern der Mitte, führte dies zu einem Gefühl der Machtlosigkeit, wenn es um die Verwirklichung von Reformen ging, die dem „Establishment" hätten Nachteile bringen können. Jan-Werner Müller (2016) setzt die politische Repräsentationsform der Nachkriegszeit mit ihren linken und rechten „*Volksparteien*" dem Vorwurf aus, die politischen Eliten hätten wenig Interesse an ihrem „Volk", weshalb dieses auf außerparlamentarische Opposition angewiesen sei. Für die belgische Politologin Chantal Mouffe (2007, 2015) verschwimmen in dieser breiten Mitte die Unterschiede zwischen Links und Rechts, es komme zu einem „Stillstand der Konsenspolitik" mit einer Hegemonie der neoliberalen GlobalisierungsvertreterInnen, die keine Debatten über Alternativen zulasse.[2] Der heutige Rechtspopulismus ist für sie eine Folge der ideologischen Konzentration der regierenden Parteien auf die Mitte der Gesellschaft und damit des Verlustes von Freund-Feind-Auseinandersetzungen (siehe auch Mehrig, 2018; Müller, 2011).

6.2.1   Kulturelle und ökonomische Faktoren

Die Wählerunterstützung für populistische Politiken wird von Inglehart und Norris (2016) mit zwei Theoriengruppen erklärt: Einerseits mit dem „*cultural backlash*", wenn neue kulturelle Einflüsse die traditionelle Lebensweise in Frage stellen. Andererseits mit „*economic insecurity*", wenn wirtschaftliche Ereignisse die Einkommensverteilung verändern oder die Sicherheit des Arbeitsplatzes beeinträchtigen. Zwischen diesen Theoriengruppen wird es zwar Überschneidungen geben, doch kommt Rodrik (2019) zur Auffassung, dass bei den (rechts)populistischen Bewegungen seit der Jahrhundertwende dem langfristigen Wandel der kulturellen Werteordnung die tragende Rolle zukommt. Tendenzen zur Urbanisierung und zu höherer Bildung tragen dazu ebenso bei wie die allmähliche Verringerung der Konformität mit traditionellen Werten (Religiosität, feste Familienstrukturen). Die nicht selten anzutreffende **Nähe von religiösen Institutionen zum Rechtspopulismus** erklären Guriev und Papaioannou (2022) mit übereinstimmenden

---

[2] Rummens (2009) hat sich schon früher mit Mouffes kämpferischem Politikmodell kritisch auseinandergesetzt.

Position in den zentralen Fragen der Gruppenidentität, der Ablehnung von pluralistischen Gesellschaftsformen und der Skepsis gegenüber wissenschaftlichen Erkenntnissen. Nicht selten geraten solche Änderungen mit demokratischen Spielregeln in Konflikt. Kurz- bis mittelfristig kann dieser Wandel noch von ökonomischen Schocks überlagert werden. Sie sind demokratiepolitisch meist weniger problematisch, weil man mit inklusiven Politiken sowie Bekämpfung von Ungleichheit und Unsicherheit gegensteuern kann.

Mudde und Rovira Kaltwasser (2011) betonen den inhaltlichen Unterschied der **Populismen in Europa und Lateinamerika**: Dem in Europa dominierenden Rechtspopulismus steht in Lateinamerika ein ebenso vorherrschender Linkspopulismus gegenüber (in Brasilien allerdings relativiert durch das rechtspopulistische Regime des früheren Präsidenten Jair Bolsonaro). Dominieren in Europa Fragen der gesellschaftlichen Identität, so sind es in Lateinamerika ökonomische Faktoren. Hier haben sich populistische Bewegungen primär an Industrialisierungsprojekten entzündet, mit welchen über Importsubstitution und expansiver Fiskalpolitik mehr Arbeitsplätze geschaffen und Verteilungsfragen gelöst werden sollten.

In den späten 1980er-Jahren hat der US-Ökonom Jeffrey Sachs (1989) zu einer (akademischen) Trendwende beigetragen, als er die „populistische Spirale" von expansiver Geld- und Fiskalpolitik über steigende Inflation und folgender Zahlungsbilanzkrise an die Wand malte. Populistische Wirtschaftspolitik verstärke die sozialen Probleme und resultiere in steigender Armut. Dieser Schwenk wurde in den 1990er-Jahren von den „Neopopulisten" mit einer rein neoliberalen Wirtschaftspolitik auf die Spitze getrieben und löste eine Gegenbewegung in Form der „sozialistischen Populisten" (wie Hugo Chávez in Venezuela und Evo Morales in Bolivien) aus. Aus den sehr unterschiedlichen wirtschaftspolitischen Ansätzen in dieser Phase ziehen Mudde und Rovira Kaltwasser (2011) den Schluss, dass die Wirtschaftspolitik doch nicht als konstitutives Element des lateinamerikanischen Populismus zu verstehen sei.

In Europa wurde in den 1980er- und 1990er-Jahren argumentiert, dass neoliberale Politikansätze (z. B. Forderung nach Steuersenkungen und ausgewählten Privatisierungen) den Ausgangspunkt für das Entstehen von populistischen Strömungen gebildet haben. Mudde und Rovira Kaltwasser sehen darin aber kein Hauptmerkmal, vielmehr hätten politische Motive (die Abwahl der herrschenden Regime) den Populismus charakterisiert. Als Beispiel nennen sie die Freiheitliche Partei Österreichs (FPÖ), die ihre neoliberale Rhetorik mit „freier" Marktwirtschaft bald zugunsten des Modells der „fairen" Marktwirtschaft aufgegeben hätte. Im Wahlkampf um das Referendum zur EU-Mitgliedschaft Österreichs schwenkte die FPÖ zu einer EU-kritischen Position um und folgte damit dem französischen Front

National (heute Rassemblement National), der sich schon im Gefolge des Maastricht-Vertrages gegen weitere Vertiefungen der EU gewandt hatte. Zusammenfassendwird dem **europäischen Rechtspopulismus nur wenig Bezug zu neoliberalem Gedankengut zugeschrieben, vielmehr basiere er auf Nationalismen, die auch einen großzügigen Wohlfahrtsstaat einschließen, sofern dieser dem angestammten Volk zugutekommt**.

Rodrik (2020) fasst empirische Ergebnisse aus Studien zusammen, die den **Einfluss ökonomischer Ereignisse** auf das Wahlverhalten zugunsten oder zulasten von populistischen Strömungen untersuchen. Er ordnet diese Einflüsse nach den Kategorien Handel, Immigration, Finanzglobalisierung und ökonomische Unsicherheit. Weiters definiert er vier ökonomische Kausalketten, über welche nach einem Globalisierungsschock die Wahl von populistischen Parteien und deren KandidatInnen unterstützt wird (Abb. 6.1). Die Relevanz der Nachfragekanäle A (direkter Einfluss) und B (indirekter Einfluss über Identitätseffekte) wird empirisch im Allgemeinen bestätigt, wogegen die Kanäle C (Einfluss auf Parteiprogramme) und D (Rückwirkung auf Identitätseffekte) weniger Bedeutung haben dürften. Sie kommen allenfalls ins Spiel, wenn negative ökonomische Faktoren über die Agitationen der politischen Parteien auf die kulturellen Faktoren zurückwirken und auf diese Weise die Wahl von Rechtspopulisten

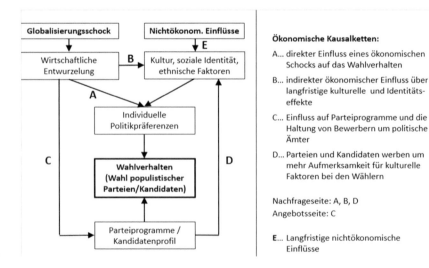

Abb. 6.1 Kausale Einflüsse auf die Wahl populistischer Parteien. (Quelle: Auf Basis von Rodrik, 2020)

begünstigen. Der Kanal E erfasst alle anderen kulturellen Faktoren, die langfristig ebenfalls auf das Wahlverhalten wirken.

Eine seit 2015 wirkende Einflusskategorie ist die **Immigration**. Eine Welle von Einwanderern mit niedriger beruflicher Qualifikation aus anderen Kulturkreisen löst Aversionen bei der angestammten Bevölkerung aus und fördert deren Zustimmung zu rechtspopulistischen Akteuren. Guriev (2020) meint daher, *„in order to reverse the rise of populism, mainstream politicians should invest in the integration of immigrants and refugees.“*

Die Hintergründe für die Aversionen können wiederum sowohl ökonomisch (Angst vor Lohndruck oder der Verdrängung vom Arbeitsmarkt) als auch kulturell sein. Im Kanal A finden sich jene WählerInnen, deren Arbeitsplätze von ImmigrantInnen direkt gefährdet werden. Der Kanal B repräsentiert dagegen jene kulturell homogenen Wählergruppen, deren gewohnte soziale Identität durch Einwanderer aus fremden Kulturkreisen bedroht wird. Unterschwellig herrscht weitverbreitet eine „angeborene“ Angst vor allem Fremden. Naturkatastrophen und Kriege führen aber in einer globalisierten Welt mit rapide zunehmender Bevölkerung zu vermehrten Kontakten mit Fremden. Aufgabe einer aufgeklärten Politik wäre es, die Angst davor in Neugier umzuwandeln und damit die Integration von Neuankömmlingen zu ermöglichen.

Auf die Zuwanderung von hochqualifizierten Personen trifft dies alles nicht zu, sie wird mit Vorteilen für die Wirtschaft und Gesellschaft des Ziellandes verbunden und lässt die Anhängerschaft von rechtspopulistischen Parteien schrumpfen. Eine empirische Untersuchung von Moriconi et al. (2018) über das Wahlverhalten in 12 EU-Ländern im Zeitraum 2007–2016 bestätigt diese Zusammenhänge: **Die Immigration vieler gering-qualifizierter Personen fördert die Zustimmung zum Rechtspopulismus, hochqualifizierte Zuwanderer verringern sie.**

Unter die ökonomischen Faktoren für die Erfolge nationalistischer Populisten sind die Entwicklungen einzuordnen, welche die **Finanzkrise** von 2008 ausgelöst und zu ihren Folgen geführt haben, also insbesondere die Globalisierung der Güter- und Finanzmärkte mit ihren asymmetrischen Verteilungsfolgen zu Lasten unterer Einkommens- und Vermögensschichten. Wie Funke et al. (2015) an Beispielen seit 1870 herausgearbeitet haben, bestanden die Reaktionen der Wähler auf Finanzkrisen und eine darauf folgende Austeritätspolitik typischerweise in einer kräftigen Zunahme von rechtspopulistischen Stimmen zu Lasten von regierenden Mitte-Rechts- und Mitte-Links-Parteien. Doerr et al. (2020) bestätigen das für Deutschland in den 1930er-Jahren. Ähnliche Effekte zugunsten von Rechtspopulisten ergeben sich, wenn als Folge von Automatisierung, Digitalisierung und Arbeitsmarktreformen Gruppen von Verlierern entstehen, die für die entstandenen Unsicherheiten nicht adäquat entschädigt werden.

Wie für die USA liegt auch für Europa eine Reihe von Studien vor, die einen kausalen Einfluss des von Billigimporten aus China ausgehenden *Globalisierungsschocks* auf die Wahlerfolge von Rechtspopulisten nahelegen. Ganz allgemein äußert sich dies in der abnehmenden Unterstützung für die Demokratie und ihre liberalen Werte, ein spezielles Ergebnis war die Entscheidung des UK für den Austritt aus der EU (Colontane & Stanig, 2018). Rodrik (2020) weist in diesem Zusammenhang auf die Skepsis der Europäer gegenüber neuen Handelsverträgen hin (wie bei TTIP mit den USA und CETA mit Kanada), weil diese stets auch Elemente der Handelsliberalisierung enthalten. Als Beispiele, dass sich Populisten nicht immer gegen Globalisierung stemmen, nennt er die USA im späten 19. Jahrhundert, als Populisten der Demokratischen Partei Zollsenkungen forderten, und in Europa Großbritannien, wo populistische Brexit-Befürworter für Freihandel eintreten und die EU als protektionistischen Klub einstufen.

6.2.2   Methodische Verwandtschaft von Links- und Rechtspopulismus

Populismus ist nicht auf eine bestimmte politische Richtung beschränkt, häufig wird daher zwischen Links- und Rechtspopulismus unterschieden, wobei die Rechten den Zusammenhalt der Nation (ohne Rücksicht auf Verteilungsfragen) forcieren und die Linken die Klassenunterschiede einebnen wollen (ohne Rücksicht auf nationale Grenzen).

Methodisch besteht kaum ein Unterschied zwischen alten linkspopulistischen und neuen rechtspopulistischen Bewegungen. Inhaltlich sind die Unterschiede in der Regel groß, es sei denn, dass bei überspitzten Forderungen die Methode die Inhalte dominiert. Dann kann es zu einer merkwürdigen Verschränkung von weit auseinander liegenden inhaltlichen Positionen kommen (Hank, 2018). Nach der *„Hufeisentheorie"* kann man sich die Positionen der extrem linken Anarchisten und der extrem rechten Neo-Nazis als zwei Enden eines Hufeisens vorstellen, die einander (methodisch) sehr nahe kommen (Handler, 2019). Ein Beispiel auf staatlicher Ebene ist die zwischen Januar 2015 und Juli 2019 in Griechenland regierende Koalition zwischen den dominierenden „Radikalen Linken" (SYRIZA) mit der kleinen rechtspopulistischen Fraktion der „Unabhängigen Griechen" (ANEL).

Bobbio (1997) trifft die **Unterscheidung anhand der Ungleichheiten** zwischen Menschen: Gehen die Rechten davon aus, dass Ungleichheiten etwas Natürliches und Positives sind, betrachten die Linken sie als Produkt der Gesellschaft und etwas Unerwünschtes, das durch staatliche Eingriffe einzudämmen sei. Für Mouffe (2015) geht es in beiden Fällen um Exklusion: Rechtspopulismus definiert

ein „wahres Volk", indem er MigrantInnen ausschließt, Linkspopulismus bekämpft
den wie immer definierten politischen und ökonomischen Neoliberalismus. Wie erwähnt geht auch Rodrik (2018) von den ökonomischen Wurzeln der Globalisierung
aus und betrachtet den Linkspopulismus als Folge von Ängsten vor Einkommenseinbußen wegen bedrohlicher Güter- und Finanzströme, den Rechtspopulismus
hingegen als Folge kulturell bedrohlicher Zuwanderung.

Karin Priester (2012), ehemalige Soziologie-Professorin an der Universität
Münster, bezeichnet als Linkspopulisten jene Gruppierungen, die *„durch Partizipa-
tion und Ressourcenumverteilung die Inklusion unterprivilegierter Bevölkerungs-
schichten in ein parastaatliches, direkt an die Person des ‚Führers' gebundenes,
parlamentarisch nicht kontrolliertes Klientelsystem"* anstreben. *„Rechter Populismus betreibt umgekehrt die Exklusion von Menschen (‚Sozialstaatsschmarotzer',
Immigranten, Asylbewerber, ethnische Minderheiten) und reserviert politische und
soziale Teilhaberechte nur für die eigene, autochthone Bevölkerung."* Nach Younge
(2018) bekämpfen Linkspopulisten jene Eliten, die die wirtschaftliche Macht reprä-
sentieren und das Land in ihrem eigenen Interesse nach der „Goldenen Regel" re-
gieren, d. h. wer das „Gold" hat, macht auch die Regeln. Rechtspopulisten dagegen
wenden sich gegen jene Eliten, die als transkulturelle Meinungsmacher auftreten
und den Kontakt zum „gewöhnlichen Volk" verloren haben. Jan-Werner Müller
(2019) sieht im Linkspopulismus den Versuch, zwei Ziele zu erreichen: erstens jene
WählerInnen wieder zu gewinnen, die von der in die politische Mitte gerückten
Sozialdemokratie enttäuscht sind; zweitens aber – und hier besteht eine enge Verwandtschaft mit rechtspopulistischen Methoden – der Ausbeutung der Bevölkerung
durch die Finanzoligarchen entgegenzuwirken.

In Europa haben sich auf Basis ökonomischer Faktoren deutliche **regionale
Unterschiede** herausgebildet (Manow, 2018): In Südeuropa dominiert der Linkspopulismus, der dort gegen „Neoliberalismus" und „Austerität" auftritt, wogegen
in Kontinental- und Nordeuropa der Rechtspopulismus mit seinem Kampf gegen
„Massenzuwanderung" vorherrscht. Die ärmeren Staaten Südeuropas leiden mangels ausreichender Wettbewerbsfähigkeit unter dem freien Güter- und Kapitalverkehr, die nördlichen Wohlfahrtsstaaten mit ihren großzügigen Sozialsystemen und
offenen Grenzen hingegen unter der freien Bewegung von Personen. Dieses
Spannungsfeld stellt für Manow auch den Hintergrund der Merkelschen
„Willkommenspolitik" dar. In der Griechenlandkrise hatte man sich im August
2015 gerade auf das dritte Hilfsprogramm geeinigt, als der Flüchtlingszustrom seinen Höhepunkt erreichte und sich von Griechenland mehr oder weniger un-
gehindert Richtung Deutschland ausbreitete und zum Aussetzen der Dublin-Regeln
führte. Hätte man die Griechen damals mit der Flüchtlingskrise allein gelassen,
wäre das Hilfsprogramm zusammengebrochen und das Ausscheiden Griechen-

lands aus dem Euroraum („Grexit") kaum abzuwenden gewesen – mit unabsehbaren Folgen für den Bestand der Eurozone überhaupt. Ein augenfälliges Ergebnis dieses Zusammenhanges war, dass *die Eurokrise der Peripherie zeitverschoben als Flüchtlingskrise des Zentrums wiederauftauchte."*

Wie sieht die **ökonomische Bilanz von populistischen Regierungen** aus? Um dieser Frage nachzugehen, erstellten Funke et al. (2020) zunächst eine Liste einschlägiger Regierungen seit Beginn des 20. Jahrhunderts. Abgesehen von den wesentlichen Ausnahmen der faschistischen Perioden in Italien und Deutschland in der Zwischenkriegszeit und bis zum Ende des 2. Weltkriegs dominierten bis in die späten 1980er-Jahre die Linkspopulisten. Erst in den 1990er-Jahren breitete sich der Rechtspopulismus aus, ab der Jahrhundertwende zusätzlich auch wiederum der Linkspopulismus, dieser vor allem in Lateinamerika.

Um die langfristigen wirtschaftlichen Auswirkungen populistischer Regierungen abzuschätzen, konstruierten die Autoren für jede untersuchte Episode eine „Doppelgänger-Wirtschaft" ohne populistische Regierung und verglichen diese dann mit der aktuellen Entwicklung. Die Ergebnisse, die mit Resultaten aus anderen Studien abgeglichen wurden, waren eindeutig: **Populistische Regierungen – gleichgültig ob links oder rechts – dämpfen das reale BIP über 15 Jahre im Durchschnitt um etwa 10 %.** Je länger eine populistische Regierung am Ruder ist, desto schwerer ist der Rückschlag. Teilt man die gesamte betrachtete Periode (1900–2018) in zwei Blöcke (bis 1990 und danach), sind für die Einkommenseinbußen in der ersten Periode primär Linkspopulisten und in der zweiten Periode vor allem Rechtspopulisten verantwortlich. Zwischen Links und Rechts bestehen empirische Unterschiede in Verteilungsfragen: Die Ungleichverteilung sinkt unter Linkspopulisten und steigt unter Rechtspopulisten. In der Außenwirtschaftspolitik setzen alle populistischen Regierungen auf Protektionismus, internationale Wirtschaftsorganisationen werden oft als volksfeindliche Elitevereinigungen hingestellt. Die Globalisierung wird undifferenziert an den Pranger gestellt, Handelsverträge werden als einseitige Beeinträchtigung der eigenen Souveränität abgelehnt. Über das Ökonomische hinaus bestätigt die Evidenz, dass **populistische Regierungen beider Richtungen dazu tendieren, die Wahlordnungen so weit zu ihren Gunsten zu verändern, dass sich letztlich autokratische Regime etablieren können.**

6.2.3   Erscheinungsformen des Rechtspopulismus

Vom Linkspopulismus weht den Politiken zur Weiterentwicklung der EU gegenwärtig kein heftiger Wind entgegen. Dies gilt nicht für den **Rechtspopulismus**

oder „nationalen Populismus" (siehe etwa Eatwell & Goodwin, 2018), dessen
AnhängerInnen sich durch äußere Umstände, die sie selbst nicht beeinflussen
können (Globalisierung, Migration, COVID-19, Ukrainekrieg), benachteiligt
fühlen. Sie sehen verunsichert in die Zukunft und spüren, dass sich Verteilungsfragen nicht mehr durch Wirtschaftswachstum entschärfen lassen, sondern Ver-
teilungskonflikte auslösen. In seiner „weichen Form" ist der Rechtspopulismus
nicht von vornherein gegen die Entscheidungsmechanismen der liberalen Demokratie und möchte durchaus auch die EU bewahren – wenn auch mit einer geänderten Identität.

Davon zu unterscheiden ist der **Rechtsextremismus**, der nicht als „populistisch" verharmlost werden darf (Mudde, 2019). Er verneint die Gleichheit aller
Menschen und weiß mit Demokratie nichts anzufangen. Er tritt antiliberal und
antipluralistisch auf und will die Interessen des „wahren Volkes" über ein
autoritäres Herrschaftssystem durchsetzen. In dieser „harten Form" steht die
„Nation" als kulturelles Band eines ethnisch homogenen Volkes im Vordergrund. Eine Beschränkung ihrer Souveränität durch internationale Abkommen
wird abgelehnt, die EU wäre am besten zu zerstören. Verbindet sich dieser
Nationalismus auch noch mit Xenophobie, resultiert daraus der „**Nativismus**"
(Mudde, 2007).

Da in der politikwissenschaftlichen Literatur wie auch in politischen Auseinandersetzungen die Begriffe für die rechte Seite des politischen Spektrums oft
sehr vage umschrieben sind, versucht Mudde (2019) eine Klärung durch folgende
Unterscheidungen:

- „*mainstream right*" umfasst die traditionellen konservativen und liberalen
  Parteien;
- „*far right*" sind alle Parteien des rechten Randes; zu ihnen gehören die
  - „*radical right*", die nicht gegen Demokratie sind, aber einige Aspekte der li-
    beralen Demokratie bekämpfen; und die
  - „*extreme right*", die die Demokratie selbst in Frage stellen und daher auch
    nicht mehr zum Populismus gerechnet werden können.

In den folgenden Ausführungen bedeutet Rechtspopulismus nicht immer nur die
weiche Form, doch sollte dies aus dem jeweiligen Zusammenhang ersichtlich sein.

Zwischen Rechtspopulismus und Rechtsextremismus gibt es inhaltliche und
methodische Überschneidungen, weshalb sie oft auch in einen Topf geworfen werden. In der Vergangenheit hat es zuweilen enge Verschränkungen zwischen beiden
Formen gegeben, wie etwa beim Nationalsozialismus oder beim italienischen

Faschismus (Decker, 2018). Ein wesentliches Unterscheidungsmerkmal zwischen den hier genannten extremen Positionen ist aber die Art des Gegners: Beim Rechtspopulismus ist es die Elite, beim Nativismus sind es die ethnischen Minoritäten.

Otero-Iglesias (2018) vergleicht die Reaktionen auf die Migrationskrise mit jenen auf die Globalisierung und sieht in beiden Phänomenen Auslöser für den sich ausbreitenden Rechtspopulismus: Beide bringen Gewinner und Verlierer hervor, in keinem Fall ist es den regierenden Politikern gelungen, die Verlierer angemessen zu entschädigen. Selbst wenn beide Phänomene erheblich zum Abbau von weltweiter Armut beitragen, sind es stets die wenig qualifizierten heimischen Mitglieder der Gesellschaft, die sich durch die Veränderungen in ihrer sozialen Stellung und in ihrem Einkommen bedroht fühlen. Dazu kommt das Gefühl, dass die politischen Eliten die Folgen nicht im Griff haben: Bei der Migration dauern die Asylverfahren viel zu lange, es gibt keine Vereinbarungen mit Herkunftsländern über die Rücknahme von AsylwerberInnen mit negativem Bescheid, viele dieser Personen bleiben illegal im Land und erhöhen das Potenzial für kriminelle Aktivitäten. Erforderlich sei daher eine Politik der strengen Kontrolle bei der Zuwanderung, mehr und bessere Rückführungsabkommen und Kontrollen zur Verhinderung illegaler Beschäftigung. Nach Edo und Giesing (2020) könnte der nationale Populismus mit einer stärker auf Fachkräfte ausgerichteten Einwanderungspolitik eingedämmt werden.

Nationalpopulistische Rechtsparteien, wie die „Alternative für Deutschland" (AfD), erreichen ihre Erfolge nicht nur mit der Ansage einer „Politik des sozialen Friedens", sondern auch mit einer Absage an den Neoliberalismus und einer Verdammung der Globalisierung. Viele ihrer populistischen Forderungen (Schulterschluss mit benachteiligten Gruppen der angestammten Bevölkerung, Kampf dem Kapitalismus) könnten auch von weit links angesiedelten Parteien stammen.

Wie kann man den **Rechtspopulismus messen** und empirisch analysieren? Gaubinger (2020) versucht, aus den Daten des European Social Survey für 2004 und 2016 „rechtspopulistische Einstellungen" über die Kernelemente Populismus (gegen Eliten), Nativismus (Kombination von Nationalismus und Xenophobie) und Autoritarismus (charismatische Führungsfigur, starker Staat) herauszufiltern. Aus einer konfirmatorischen Faktoranalyse[3] ergibt sich dann, dass im EU-Durchschnitt rechtspopulistische Einstellungen insgesamt an Einfluss verloren haben. Dagegen sind nativistische Haltungen in einzelnen Staaten (Österreich, Tschechien, Ungarn und Polen) stärker hervorgetreten.

---

[3] Mit der „Confirmatory Factor Analysis" (CFA) werden Annahmen über die in den Daten enthaltenen unkorrelierten Hauptfaktoren überprüft.

Auf der Suche nach den Hintergründen für die gegenwärtigen rechtspopulistischen Strömungen findet Chambers (2019) viele **Parallelen zu den 1930er-Jahren**. Damals hätte der Goldstandard zur Erhöhung der Lebenshaltungskosten in ärmeren Ländern und zu Finanzkrisen beigetragen, heute wäre es der Euro. Die Einkommensungleichheit innerhalb der großen Staaten ist heute wiederum so hoch wie damals. Beide Perioden sind durch zunehmenden Nationalismus und Tendenzen zum Rassismus gekennzeichnet.

Warum waren nach der Finanzkrise von 2008 nicht linkspopulistische, sondern überwiegend rechtspopulistische Wahlgruppierungen erfolgreich? Maßgeblich dafür könnte der lange anhaltende Aufbauprozess nach der Krise gewesen sein (Funke et al., 2018). Rechte Parteien nährten die Angst vor Wohlstandsverlust und versprachen Abhilfe für sozial benachteiligte Gruppen. Die Autoren sehen darin Parallelen zum Aufstieg Hitlers in Deutschland und zur Wahl Trumps in den USA. Auch im heutigen Europa können sich rechtspopulistische Gruppierungen vielfach auf Führungsfiguren stützen, die ihre Linie beständig und glaubwürdig über Jahre hindurch vertreten, wobei sie von den Fehlern ihrer Gegner lernen und profitieren. Teilweise übernehmen sie auch orthodoxe Wirtschaftspolitiken, die auf Wachstum und Preisstabilität setzen.

Einige Krisen später hat sich das Umfeld für die Rechtspopulisten nochmals deutlich verbessert. Der Albtraum nach der Zerstörung des World Trade Center in New York am 11. September 2001, die Finanzkrise von 2008, die Eurokrise von 2010, die Flüchtlingskrise ab 2015, die COVID-19-Pandemie ab 2020 und der Ukrainekrieg ab 2022 haben Verunsicherung ausgelöst und die Zukunftsaussichten gedämpft. Als Ergebnis gehen die Rechtspopulisten gestärkt aus nationalen Wahlen hervor und ziehen auch Mitte-Rechts-Parteien in ihr Fahrwasser (als Beispiele bieten sich neben Österreich auch Großbritannien, Italien und Bayern an).

Die in der Spätphase des 20. Jahrhunderts entstandenen nationalistischen Bewegungen werden von der britischen Politologin Margaret Canovan (2004) als „Neue Populisten" bezeichnet. Sie fügen sich in die bestehende politische Landschaft ein, greifen lokal relevante Themen auf, bestreiten die Legitimität der etablierten politischen Parteien und nehmen für sich in Anspruch, den Willen der vergessenen Teile der Gesellschaft zu vertreten. Um diesen Willen zu dokumentieren und durchzusetzen, verlangen sie Volksabstimmungen, mit denen die etablierten parlamentarischen Instrumente umgangen werden können. Sie bedienen sich oft einer plakativen, undiplomatischen Sprache und entfalten sich am besten in parlamentarischer Opposition oder in außerparlamentarischen NGOs.

In Deutschland befasste sich eine Untersuchung mit den „*völkisch-populistischen Orientierungen von betrieblich aktiven, gewerkschaftlich organisierten und teilweise in Betriebsräten aktiven Arbeitern*" (Dörre et al., 2018). Ein Resultat von Befragungen war, dass sich im Alltagsbewusstsein vorhandene „*Protestmotive mit einer Ethnisierung der sozialen Frage verbinden*" können. „*Weil es aussichtslos erscheint, als ungerecht empfundene Verteilungsverhältnisse grundlegend zu korrigieren, neigen Lohnabhängige spontan dazu, Auseinandersetzungen zwischen oben und unten in Konflikte zwischen innen und außen umzudefinieren.*" Dabei bezieht sich „innen" auf ein homogenes Volk von Einheimischen, das durch Geburt, Blutsbande, Tradition und Kultur zusammengehalten wird. Gegen die von „außen" wehren sich überdurchschnittlich viele ArbeiterInnen, Gewerkschaftsmitglieder und Erwerbslose sowie BewohnerInnen ländlicher und strukturschwacher Regionen, Frauen sind dabei unterrepräsentiert.

Auf nationaler Ebene haben potenzielle Regierungsparteien unterschiedliche Strategien gegen rechtspopulistische Konkurrenten verfolgt. Eine Variante ist die Ausgrenzung, also die konsequente Ablehnung jeglicher Zusammenarbeit, wie in Belgien gegenüber dem Vlaams Blok und in Frankreich gegenüber dem Rassemblement National (Bryder, 2009). Diese Politik hat sich als nicht besonders erfolgreich herausgestellt. Eine alternative Variante ist die Einbindung der PopulistInnen in Regierungsverantwortung und damit Übernahme eines Teils ihrer Forderungen.

Insgesamt hat sich noch keine Herangehensweise an den Rechtspopulismus als beispielgebend herausgestellt. Die Lösung kann aber sicher nicht im Ignorieren liegen, sondern in faktenbasierter Überzeugungsarbeit und im Korrigieren vergangener Fehlentscheidungen.

6.3   Populismus und Europaidee

Das Projekt der wirtschaftlichen und politischen Integration Europas ist stets von linken Strömungen als zu wenig sozial und nachhaltig kritisiert worden, wird aber von rechten Nationalisten grundsätzlich in Frage gestellt. Die Kritiker von links beschränken sich in der Regel nicht auf populistische Argumente. Sie sehen in der EU die Verwirklichung neoliberaler Ideen, wenden sich gegen weitere Globalisierung, fordern Maßnahmen gegen den Klimawandel und wollen die Verlierer der bisherigen Entwicklung durch Umverteilung entschädigen. Zunehmender Euroskeptizismus lässt sich nach Pelinka (2007) auch durch unerfüllte Erwartungen und die verbreitete Auffassung erklären, die EU sei nicht über den Status eines Elitenprojektes hinausgekommen, das in entscheidenden Phasen mit Ablehnung in nationalen Abstimmungen rechnen muss (z. B. beim Verfassungsvertrag 2005 in Frankreich und den Niederlanden, beim Lissabon-Vertrag 2008 zunächst auch in Irland).

Die Rechtspopulisten wollen dagegen die traditionelle repräsentative Demokratie umbauen, indem sie selbst als Vertreter des „wahren Volkes" die Entscheidungsgewalt in allen Staatsgewalten (Legislative, Exekutive, Gerichtsbarkeit) übernehmen. Sie lehnen die EU in ihrer derzeitigen Form ab, denn sie schränke die nationale Souveränität und Identität ein. Zudem werden die grundlegenden Werte der EU als zu liberal empfunden, insbesondere werde zu viel Wert auf Minderheitsrechte gelegt und es würden die Interessen der Mehrheit vernachlässigt. Wenn die EU die Gleichheit der Menschen fordere, meine sie damit forcierte Säkularität, die die christliche Geschichte des Kontinents und die Rolle der Kirche unterminiere. Die Gründung der EU ist also weniger gemeinsamen liberalen Werten zu danken, als vielmehr der Erkenntnis, dass das Fehlen solcher Gemeinsamkeiten früher in zerstörerische Kriege münden konnte (Bet-El, 2018).

Die rechten Nationalisten in Europa übersehen allerdings, dass mit der Schwächung – oder im Extremfall mit dem Wegfall – einer europäischen politischen Struktur die Einzelstaaten vom nächstgelegenen Hegemonen dominiert würden. Wirtschaftlich ist dies in Europa zweifellos Deutschland, das seine Strategien noch nachhaltiger durchsetzen könnte, weil der Zwang zum europaweiten Kompromiss entfiele (Moring, 2017). Deutschland selbst wäre allerdings im Weltmaßstab weniger bedeutend als die EU, sodass die größeren und militärisch durchsetzungsstärkeren Weltmächte (USA, China, längerfristig wohl auch Russland) die zentralen Entwicklungslinien bestimmten. **Dagegen könnte die europäische Integration zum Vorbild für die friedliche Koexistenz von Ländern mit nicht deckungsgleichen Kulturen werden.** Allerdings müsste es noch gelingen, den bereits gelebten Humanismus vom rassistischen Beiwerk zu befreien und die Diversität als kreative Kraft einzusetzen (Hanappi, 2018).

Eine immer wiederkehrende **Kritik an den Institutionen der EU** ist, dass sie *bestenfalls indirekt der demokratischen Willensbildung unterliegen.* Entscheidungen fallen primär in der EK als monokratischem Entscheidungsorgan sowie im Europäischen Rat der Staats- und Regierungschefs, wogegen das durch Volkswahl legitimierte Europäische Parlament vergleichsweise wenig Bedeutung hat – auch nach der Stärkung durch den Vertrag von Lissabon. Von Populisten wird vor allem die auf Kommissionsebene häufig praktizierte „Politik hinter verschlossenen Türen" kritisiert, weil die Eliten mit den Lobbyisten gegen die Interessen des Volkes agierten. Hier läge es an den Institutionen der EU, Abhilfe zu schaffen, z. B. durch einen offenen Zugang zu Verhandlungsmaterialien bei geplanten internationalen Verträgen. Wasser auf die Mühlen der Populisten war auch der Kompromissvorschlag des Europäischen Rates zugunsten von Ursula von der

Leyen als Kommissionspräsidentin, mit dem das vom Europäischen Parlament bevorzugte „Spitzenkandidatenmodell" ausgehebelt wurde.

Jan-Werner Müller (2016) argumentiert zu Recht, dass das parlamentarische Repräsentationssytem sowohl auf nationaler Ebene wie auch beim EP überwiegend kurzfristigen Interessen dient. Zur Behandlung und Verwirklichung solidarischer Anliegen für Gesamteuropa bedürfte es einer Repräsentation, die nationale Interessen in den Hintergrund drängt und ein EP mit erweiterten Kompetenzen und Wahlen mit gesamteuropäisch agierenden Parteien vorsieht. Arbeitsbündnisse zwischen gleichgesinnten nationalen Parteien reichen dazu offenbar nicht.

Der wiederholt vorgebrachten Kritik an der EU über deren Mangel an demokratischen Einrichtungen kann auch Krastev (2017) einiges abgewinnen: Die EU eigne sich schlicht nicht für direkte Demokratie, weil ihr politisches Credo in Verhandlungen und Kompromissen bestehe. Referenden führten dagegen zu endgültigen Volksentscheiden, über die keine Verhandlungen mehr zulässig wären. Krastev ist skeptisch, dass die nationalen WählerInnen je eine EU, die den Euro als Einheitswährung hat, auch als politische Union mit gemeinschaftlicher Fiskalpolitik unterstützen würden. Er schließt daher nicht aus, dass die EU einmal an ihren inneren Widersprüchen zerbrechen könnte. Andererseits sieht er Anzeichen, dass die vielen Krisen – mehr als die von Brüssel verfolgten „Kohäsionspolitiken" – dazu beitragen, unter Europäern ein Gefühl der Zusammengehörigkeit wachzurufen. Es ginge in Zukunft nicht darum, die EU-GegnerInnen zu besiegen, sondern deren Anliegen aufzugreifen und teilweise mitzunehmen (einschließlich der Forderung nach Sicherung der Außengrenzen und der Behandlung der Globalisierungsfolgen).

Vor der Wahl 2019 zum Europäischen Parlament gab es viele Stimmen, die das Ergebnis als entscheidend für die künftige Ausprägung der Gemeinschaft im internen Wettkampf zwischen europäischer und nationaler Identität sahen. Für Pisani-Ferry (2018a) ging es erstmals bei EP-Wahlen nicht mehr um die traditionelle Alternative zwischen Rechts und Links, vielmehr stand nun eine Entscheidung zwischen illiberalen Nationalisten und liberalen Pro-Europäern an. Allerdings fehlten unter den „Europäern" die einenden Persönlichkeiten, die sich erfolgreich gegen die „Nationalisten" hätten in Stellung bringen können. Selbst Emmanuel Macron, den Pisani-Ferry im französischen Präsidentschaftswahlkampf beraten hat, würde diese Führungsfunktion nicht ausfüllen können. Der frühere belgische Premierminister und liberale Abgeordnete zum EP, Guy Verhofstadt (2018b), knüpft an die „Gelbwesten"-Proteste gegen die Politik Macrons an und meint: „*We need to make the EU far more democratic, transparent, and effective – which is to say, more sovereign – than it is today*". Dafür gäbe es auch viele Vorbilder (u. a. Jean Monnet, Paul-Henri Spaak, Robert Schuman, Alcide de Gasperi), die eine schlanke europäische Regierung, die Direktwahl zum EP und das Mehrstimmigkeitsprinzip propagiert hätten. Ähnlich sah auch Hoffmann (2018) diese Wahl als entscheidend, *„ob sich die EU zu einem Konglomerat von Kleinstaaten als Satelliten der großen Wirtschaftsmächte zurückentwickelt oder als starkes politisches und soziales Gewicht in der globalisierten Welt auftreten kann."* Das Wahlergebnis hat allerdings solche Befürchtungen nicht bestätigt, und die Coronakrise hat die Ausgangslage ohnehin verändert.

In Bezug auf die EU als einer politischen Einheit wollen viele Linke eher eine Stärkung der gemeinschaftlichen Institution, die Rechten eine Schwächung oder gleich einen Austritt aus der EU. Die Linken wollen eine Ausweitung der Kompetenzen von EU und EZB zur Unterstützung von Wachstum und Beschäftigung, die Rechten einen Abbau der Eingriffe in die nationale Souveränität. Beide Gruppierungen wollen Änderungen in der Sozialpolitik, die Linken auf EU-Ebene, die Rechten auf nationaler Ebene. Die Migrationsprobleme wollen die Linken mit sicheren Routen, Abkommen mit den Herkunftsländern, Verteilungsquoten in der EU und Integration in den Zielländern lösen, die Rechten setzen auf nationale Souveränität, auch im Hinblick auf die Freizügigkeit innerhalb der EU. Die Agentur für die Grenz- und Küstenwache (Frontex) wird von beiden Seiten kritisiert, die Linken erblicken in ihr das Symbol für eine „Festung Europa", die Rechten wollen die nationalen Grenzen selbst schützen.

In einer empirischen Studie zum Einfluss des *Bildungsniveaus von Einwanderern* auf das Wahlverhalten bei nationalen Präsidentschaftswahlen in Frankreich seit 1988 finden Edo et al. (2019), dass von einer verstärkten Zuwanderung aus nichteuropäischen Ländern die extrem rechten KandidatInnen profitieren, weil dann die Sicherheit des Arbeitsplatzes gefährdet erscheint. Dagegen verlieren weit links stehende KandidatInnen etwas an Stimmen, weil dann Verteilungsfragen weniger Aufmerksamkeit erhalten. Rechtslastige KandidatInnen profitieren besonders in Gegenden mit vielen geringqualifizierten ImmigrantInnen, hingegen kaum, wenn unter den Zuwanderern qualifizierte Fachkräfte dominieren. Zu vergleichbaren Ergebnissen für die FPÖ in Österreich unter ihrem früheren Vorsitzenden Jörg Haider kommen Halla et al. (2017). Hohe Zuwanderung begünstigte die Partei bei Wahlen nicht nur aus Angst vor Arbeitsplatzproblemen, sondern auch aus vielfältigen sozialen Gründen („compositional amenities"), die von der Fahrzeit in die beste Schule bis zum Angebot an Betreuungseinrichtungen reichen. Die Coronakrise und der Ukrainekrieg lieferten weiteres Material für Verschwörungstheorien aller Art.

Die hinter solchen Erfahrungen stehenden **Ängste sind zu berücksichtigen**, wenn Lösungen des Flüchtlings- und Migrationsproblems gesucht werden. Für Ivan Krastev (im Interview mit Seifert, 2018) hat die massive Zuwanderung die generellen Ängste der Öffentlichkeit offengelegt, wonach die Regierungen allmählich die Kontrolle über die zunehmend globalisierte Welt verlieren. Hier treffen die Argumente der Anti-Migrationsparteien (für sie sind die Wanderungsbewegungen außer Kontrolle geraten) und der Anti-Markt-Parteien (für sie ist die Globalisierung weit über das Ziel geschossen) aufeinander: Beide Richtungen erwecken mit Symbolpolitik den Anschein, die Unterstützung des „wahren Volkes" gegen die etablierten Institutionen mobilisieren zu können. Krastev sieht in der provinziellen Sichtweise der Populisten die Gefahr, dass sie sich auf die emotionalisierten Wünsche der WählerInnen konzentrieren, dabei aber die wirklich großen Probleme aus den Augen verlieren. „*Ein globaler Clash der Provinzialismen erscheint mir deshalb gefährlicher als ein Clash der radikalen Ideologien.*" Und: „*... für den populistischen Politiker ist es nicht am wichtigsten zu zeigen, dass man besser ist als der Mainstream, sondern für [ihn] geht [es] darum, anders zu sein.*" Über den früheren US-Präsidenten und sein „America First"-Prinzip sagt Krastev: „*Trump ist der Meinung, dass in einer Welt des Chaos der Stärkere einen deutlichen Vorteil gegenüber dem Schwächeren hat.*" Auch in Europa grassiert auf Kosten von Solidarität ein „My nation first"-Virus, und zwar in der Coronakrise stärker als noch vor einigen Jahren in der Eurokrise (Gabriel, 2020).

Die Regeln des europäischen Binnenmarktes (verstärkt in der Eurozone durch die gemeinsame Währung) haben zu *regionalen Unterschieden* geführt: Der „Süden" leidet eher am freien Güteraustausch (und tendiert zum Linkspopulismus), der „Norden" muss mit seinen gut ausgebauten Sozialsystemen die Personenfreizügigkeit (die vorwiegend Rechtspopulisten auf den Plan ruft) verkraften.

Um den gegen die EU als Institution gerichteten Rechtspopulismus, vor allem aber dem autoritären Rechtsextremismus die Stirn zu bieten, müssen mehrere Faktoren zusammenwirken (vgl. Aiginger & Handler, 2020). Man muss die PopulistInnen jedenfalls ernst nehmen und ihren oft absurden Behauptungen und Verschwörungserzählungen mit Fakten und deren glaubwürdigen Quellen entgegentreten. Man muss sich mit ihren exkludierenden Positionen auseinandersetzen und auf die von ihnen geschürten Ängste mit konkreten Politikangeboten eingehen. Dazu gehören auch Überlegungen, wie man die Migrationsströme so lenken kann, dass nicht einzelne EU-Länder über die Grenzen ihrer Aufnahmefähigkeit asymmetrisch belastet werden. Neben einer Reform des Schengen-Systems bedarf es auch einer effektiveren Kontrolle der EU-Außengrenzen.

Eine demokratiepolitisch bedenkliche Entwicklung der jüngsten Zeit sind einerseits die Fake-News-Propagandisten, andererseits aber auch die dagegen ankämpfenden Aktionen. Die substanzlosen Behauptungen Donald Trumps, ihm sei die Wiederwahl zum US-Präsidenten von Wahlbetrügern „gestohlen" worden, haben sich in diversen „Echokammern" weiterverbreitet und bis zu strafrechtlichen Taten verdichtet. Anderseits sorgt aber auch die temporäre Sperre Trumps bei

Facebook und Twitter für Diskussionen, wo denn die **Grenzen der Meinungsfreiheit** zu setzen sind. In der EU haben die Europäische Kommission und die frühere Hohe Vertreterin für Außen- und Sicherheitspolitik, die Italienerin Federica Mogherini, im Dezember 2018 einen „Aktionsplan gegen Desinformation" (JOIN(2020) 8 final) vorgelegt, um die rechtlichen Rahmenbedingungen für die dominierenden Meinungsplattformen so zu gestalten, dass persönliche Rechte gewahrt werden und gleichzeitig die Meinungsvielfalt gesichert bleibt. Eine Ergänzung erfolgte während der COVID-19-Pandemie in einer Gemeinsamen Mitteilung vom 10. Juni 2020 (JOIN(2020) 8 final), um der grassierenden „Infodemie" den Kampf anzusagen.

6.4   Euroskeptiker auf dem Vormarsch?

Die Euroskeptiker dürfen für sich das Verdienst in Anspruch nehmen, die Debatten über Legitimität, Effizienz und das Wie von Integration angestoßen zu haben. Der Euroskeptizismus ist für viele Gruppierungen ein Mittel, um ihre nationalen Wahlziele zu erreichen, „Brüssel" ist oft nur der willkommene Sündenbock. Jan-Werner Müller (2016) verweist darauf, dass der Euroskeptizismus in hoch globalisierten Ländern (Niederlande, Österreich) verstärkt in Erscheinung tritt, weil sich dort die Globalisierungsverlierer besonders benachteiligt fühlten.

Hartleb (2011b) greift die Unterscheidung in einen „weichen" und einen „harten" Euroskeptizismus auf. Danach stehen die weichen *Rechtspopulisten* im Grunde hinter dem Integrationsprojekt der EU, kritisieren aber einzelne Aspekte daraus. Dagegen verschreiben sich die *Rechtsextremisten* der harten Form und lehnen jegliche „Fremdbestimmung" von außerhalb der eigenen Nation ab. Die von Hartleb zusammengestellten Erfolge von rechtspopulistischen Parteien in Westeuropa bei nationalen Wahlen und Europawahlen sind in der folgenden Tab. 6.2 um neuere Daten ergänzt. Die Entwicklung dieser Parteien über die Zeit ist nicht einheitlich, nationale Sonderentwicklungen verschleiern das Bild. Bemerkenswert ist aber der mit einem Auftrag zur Regierungsbildung verbundene Spitzenplatz der niederländischen Freiheitspartei (PVV) bei den Wahlen im November 2023. Für Österreich verwischt die Tabelle das zwischenzeitliche Hoch der FPÖ (26 % Stimmenanteil bei der Nationalratswahl 2017) und zeigt nicht ihren Absturz nach der „Ibiza-Affäre" und ihre nunmehrigen Spitzenwerte bei Umfragen vor allen anderen Parteien. Die Dänische Volkspartei (DF) wurde nach ihrem Höhenflug bei der Folketingswahl 2015 (21,1 %) in den folgenden Jahren von Konkurrenzparteien bedrängt und erreichte 2022 nur noch 2,6 % der Stimmen. Die italienische Lega Nord konnte ihren Erfolg bei der letzten Europawahl (34,3 %) auf nationaler Ebene nicht wiederholen. Insgesamt haben die Rechtspopulisten aber ein beachtliches Niveau gehalten, es hat sich in jüngster Zeit durchaus nicht abgeschwächt.

Tab. 6.2 Erfolge von rechtspopulistischen Parteien in Westeuropa

Land	Politische Partei	Daten bei Hartleb (2011b)		Neuere Daten	
		Nationale Wahlen	Europawahl 2009	Nationale Wahlen	Europawahl 2019
		Datum	Ergebnisse in %	Datum	Ergebnisse in %
Finnland	Wahre Finnen (PS)	17.04.2011	19,0	9,8	02.04.2023	20,1	16,5
Österreich	Freiheitliche Partei Österreichs (FPÖ)	28.09.2008	17,5	12,7	29.09.2019	16,2	17,2
Niederlande	Freiheitspartei (PVV)	09.06.2010	15,5	17,0	22.11.2023	23,5	3,5
Dänemark	Dänische Volkspartei (DF)	15.09.2011	12,3	15,3	01.11.2022	2,6	10,8
Italien	Lega Nord (LN)	13.04.2008	8,3	10,2	25.09.2022	8,8	34,3
Belgien	Vlamms Belang (VB)	13.06.2010	7,7	9,9	26.05.2019	12,0	11,4
Schweden	Schwedendemokraten (SD)	19.09.2010	5,7	3,3	11.09.2022	20,5	15,3
Frankreich	Front National (FN, nun RN)	10.06.2007	4,3	6,3	19.06.2022	18,7	23,3
Deutschland	Alternative für Deutschland (AfD)	–	–	–	26.09.2021	10,3	11,0

Quelle: Hartleb (2011b) und eigene Ergänzungen

In einer Studie vor der **Wahl zum deutschen Bundestag** im Jahr 2017 (Vehr-kamp & Wratil, 2017) wurde erhoben, dass 29,2 % der wahlberechtigten deut-schen StaatsbürgerInnen populistisch eingestellt sind, weitere 33,9 % stimmen den Populisten teilweise zu und nur 36,9 % bezeichnen sich unpopulistisch. Es handelt sich dabei um die zusammengefassten Ergebnisse der Zustimmung zu oder Ablehnung von acht typisch populistischen Positionen. Vehrkamp und Wratil halten auch fest, dass Populisten zwar im Grunde gegen das Establishment und gegen pluralistische Gesellschaftsformen auftreten, dass damit aber nur bedingt auch eine Gegnerschaft zur EU verbunden sein muss. In Deutschland jedenfalls ist die Skepsis gegenüber der EU keine Grundsatzkritik an der Integration. Die Populisten meinen aber zu 79 % ganz oder eher, dass der Einigungsprozess zu weit gegangen sei, bei den Nichtpopulisten sind das nur 32 %. Den moderaten Strömungen stehen jene radikalen Populisten gegenüber, die ihre Wut auf die Ge-sellschaft durch zerstörerische Aktivitäten auslassen. Die Ausschreitungen in Chemnitz von Ende August 2018 offenbarten das Pulverfass, das mit dem Aus-länderhass binnen kurzem über soziale Medien mobilisiert und zur De-stabilisierung des gesellschaftlichen Lebens eingesetzt werden kann. Dort zeigte sich auch eine bedenkliche Nähe zu Neonazi-Banden, die sich überregional orga-nisieren und keine Gewalt scheuen (Kuhn, 2018).

Die Wahlerfolge der migrationskritischen AfD in Deutschland wurden von Manow (2018) anhand gängiger Theorien über die Anhängerschaft rechts-populistischer Parteien untersucht. Die häufig vertretene „*Modernisierungsverlierer-Hypothese*", die sich auf die ökonomisch Benachteiligten bezieht (Geringverdiener verlieren im Zuge der Globalisierung), passe aber ebenso wenig auf die AfD wie der mit kultureller Entfremdung argumentierende „*Spaltungslinien-Ansatz*". Viel-mehr dürften die Stimmen eher von „Arbeitsmarkt-Insidern" kommen, die nichts gegen internationalen Handel (der in Deutschland Arbeitsplätze sichert), wohl aber gegen die Konkurrenz durch Zuwanderer haben. Dabei spielt Reminiszenz eine wichtige Rolle: AfD-Stimmen kamen vor allem von Gruppen, die in der Ver-gangenheit Arbeitslosigkeit erfahren haben (oder durch die Agenda 2010 mit der Verkürzung der Bezugszeit des Arbeitslosengeldes konfrontiert waren) und nun-mehr durch die Flüchtlingspolitik zusätzlich verunsichert wurden. Die ursprüng-lich mit der Agenda 2010 verbundene Protestbewegung nach links habe sich zu einer Protestbewegung nach rechts gewandelt, weil die linke Opposition in Flücht-lingsfragen keine Alternative zur Regierungspolitik angeboten habe. „*Am Wohl-fahrtsstaat, nicht am Arbeitsmarkt oder am liberalen Außenhandel entzündete sich also der Konflikt.*"

Falkner und Platter (2018) haben die Programme der rechtsradikalen Parteien in EU-Ländern auf ihre Aussagen im Hinblick auf mehr oder weniger Integration in einzelnen Bereichen empirisch untersucht. Behandelt wurden die Bereiche GASP, Anti-Diskriminierungspolitiken und Binnenmarkt. Tendenziell plädieren diese Parteien erwartungsgemäß eher für eine Beseitigung der EU als für ihre Stärkung, sie sind aber weit von einer einheitlichen Meinung entfernt. Geeint gegen den liberalen Mainstream in der EU sind sie vor allem in Fragen der Diskriminierung (AusländerInnen, Religion). Weniger deutlich ist die Anti-EU-Stimmung bei der Außen- und Verteidigungspolitik sowie beim Binnenmarkt auszumachen.

6.5   Populismus und Demokratie

„Die Demokratie, die Rechtsstaatlichkeit und die Grundrechte bilden die Grundlagen, auf die sich die Europäische Union stützt" (EK, 2020d). In den letzten Jahren häufen sich jene Fälle, in denen Gruppen von populistischen Akteuren gegen einzelne liberale Grundwerte agieren und die demokratische Entscheidungsfindung zu unterminieren versuchen. In stabilen Demokratien werden solche Feldzüge ohne besondere Auswirkungen bleiben, wogegen in Ländern mit schwachen demokratischen Institutionen weitere Destabilisierungen ausgelöst werden können (Gidron & Bonikowski, 2013). Tab. 6.3 enthält eine Zusammenstellung von möglichen Auswirkungen des Populismus auf die liberale Demokratie.

Solange der Populismus nur eine Methode ist, mit den politische Inhalte den WählerInnen schmackhaft gemacht werden, muss kein Widerspruch zur liberalen Demokratie entstehen. Es kann auf populistische Art auch für deren Grundwerte gekämpft werden. Die italienisch-amerikanische Politologin Nadia Urbinati (2019a) sieht daher im Populismus nicht primär eine Bedrohung der liberalen Demokratie, sondern erkennt darin auch eine Chance zur demokratischen Erneuerung. Auch aus der Umfrage von Vehrkamp und Wratil (2017) folgt nicht, dass sich RechtspopulistInnen generell als Feinde der Demokratie einstufen ließen, viele von ihnen sind nur vom Funktionieren der Demokratie enttäuscht.

Mit dem **Antagonismus zwischen Demokratie und Populismus** setzt sich Damböck (2017) aus dem Blickwinkel der Philosophie des Wiener Kreises (und dessen logischem Empirismus) auseinander. Populismus ist für ihn *„grob gesprochen, die Summe aller Spielarten der demokratischen Selbstaufhebung der Demokratie."* Der dazu erforderliche Volkswille wird aber *„nicht länger in Wahlen oder Umfragen bestimmt …, sondern ausschließlich durch die Meinung des populistischen Führers: das Volk schrumpft auf die Gruppe derjenigen zusammen, die genau so denken wie dieser"*. In eine Metapher gegossen kann Populismus auch als „Spiegelung der Demokratie" in zweifacher Weise gesehen werden: als original-

Tab. 6.3 Auswirkungen des Populismus auf liberal-demokratische Regime

Positive Effekte	Negative Effekte
Populismus gibt jenen Gruppen eine Stimme, die sich durch die Eliten nicht vertreten fühlen; Populisten sprechen Themen an, die der „schweigenden Mehrheit" wichtig sind.	Populismus kann die Idee und die Praxis der Souveränität des Volkes ausnützen, um die „checks and balances" der Demokratie auszuhebeln.
Populismus kann benachteiligte Gruppen der Gesellschaft mobilisieren und ihre politische Integration verbessern.	Populismus kann die Idee und die Praxis des Mehrheitssystems ausnützen, um Minderheitsrechte zu unterdrücken.
Populismus kann vernachlässigte Bevölkerungsteile vertreten und sich um deren Anliegen kümmern.	Populismus kann neue politische Spaltungen bewirken, die die Entwicklung stabiler politischer Koalitionen verhindern.
Populismus kann eine ideologische Brücke bilden, indem sie wichtige politische und soziale Koalitionen bilden, auch solche über Klassengrenzen hinweg.	Populismus kann den Moralismus in der Gesellschaft verstärken, wodurch es schwer (wenn nicht unmöglich) wird, Kompromisslösungen zu finden.
Populismus kann die demokratische Verantwortung stärken, indem politische Themen öffentlich diskutiert werden.	Populismus kann die plebiszitäre Transformation der Politik begünstigen, wodurch die Legitimität politischer Institutionen und nichtgewählter Einrichtungen beschädigt werden kann.
Populismus kann die Konfliktdimension der Politik eingrenzen („democratization of democracy")	Durch die Öffnung des politischen Lebens gegenüber den Nicht-Eliten kann der Populismus zu einem Rückzug aus dem „Politischen" beitragen.

Quelle: Nach Rovira Kaltwasser (2012)

getreue Wiedergabe (abgesehen von Verschmutzungen und Verzerrungen) und als Umkehrung (die das Original ins Gegenteil verkehrt).

Wichtiger als die Gegnerschaft zu den Eliten ist den PopulistInnen aber der Kampf gegen Pluralismus und die repräsentative Demokratie. Sie wollen den in einer liberalen Demokratie üblichen, aber komplizierten Willensbildungsprozess verkürzen, indem sie „einer einzigen korrekten, letztlich symbolischen Repräsentation eines vermeintlich einheitlichen Volkswillens" nachhängen und gleichzeitig andere Repräsentationsformen als elitenfreundlich brandmarken. Populismus sei daher „der Tendenz nach immer antidemokratisch", er könne als „Schatten der repräsentativen Demokratie" eingestuft werden, meint Jan-Werner Müller (2016). Populistische Vorstellungen von Demokratie gehen von der Repräsentation des „wahren" Volkes aus, zu der es keine legitime Opposition geben könne. Müller sieht bei den PopulistInnen folgende Herrschaftspraktiken verankert, die er als „diskriminierenden Legalismus" bezeichnet:

- Sie nehmen den Staatsapparat in Besitz, indem ihre Gefolgsleute an neuralgischen Stellen die neutralen und missliebigen Beamten ersetzen.
- Sie sichern ihre Macht durch „Massenklientelismus", indem ihre Anhänger mit Vergünstigungen belohnt werden. Als anschauliches Beispiel wird Jörg Haider mit seiner Verteilung im Jahr 2008 von 100-Euro-Scheinen an Kärntner Bedürftige erwähnt.
- Kritischen Teilen der Zivilgesellschaft wird unterstellt, dass ihre Aktivitäten von ausländischen Agenten ferngesteuert würden.

Die verstärkte öffentliche Auseinandersetzung mit nationalen Identitäten hängt eng mit der populistischen Art zusammen, wie Informationen, **„Fake News"** und Meinungen transportiert werden. Für die Stammtische und die „breite Masse" der Bevölkerung bleiben populistisch aufbereitete Nachrichten in der Tageshektik leichter in Erinnerung als komplizierte Sachargumente. Politische Diskussionen setzen sich daher oft nur mit schlagwortartigen Meldungen auseinander, deren Bedeutung und Wahrheitsgehalt nicht weiter hinterfragt werden. In der Methode sind „Fake News" nicht neu (man denke an die in Deutschland nach dem Ersten Weltkrieg verbreitete „Dolchstoßlegende"), sie gewinnen aber in Zeiten globaler Vernetzungsmöglichkeiten an Bedeutung und können Meinungsumfragen und Abstimmungen (à la Brexit und Trump-Wahl) entscheidend beeinflussen. Um die Macht der Internet-Plattformen nicht ausufern zu lassen, kann man entweder gesetzlich vorgehen[4] oder für mehr Wettbewerb sorgen, indem beispielsweise die Portabilität von Daten zwischen den Providern erleichtert wird. Gegen gesetzliche Verbote hat sich heftiger Widerstand formiert, weil Falschmeldungen schwer zu definieren sind und damit in das Grundrecht der Meinungsfreiheit eingegriffen wird.

Fukuyama et al. (2021) warnen vor der geballten Marktmacht, die durch das Zusammentreffen von globalem Unternehmertum und **unkontrollierten Internet-Plattformen** entstehen kann. Sie sehen ein großes Manko in der herkömmlichen Wettbewerbspolitik, die auf die Maximierung der Konsumentenwohlfahrt in einem Wettbewerbsmarkt ausgerichtet ist. Damit konnte nicht verhindert werden, dass sich weltweit riesige Produktions- und Verteilungskonglomerate gebildet haben, die in ihrem Bereich sowohl die Qualität als auch die Preise des Leistungsangebots entscheidend gestalten können. Es wäre daher angebracht, die neoklassischen Paradigmen der alten „Chicago School" durch die umfassende Sichtweise der „*New Brandeis Movement*" zu ersetzen, die auf

---

[4] In der EU ist 2016 die Datenschutz-Grundverordnung (DSGVO), 2016/679, beschlossen worden, mit der der Schutz personenbezogener Daten sichergestellt werden soll.

eine faire Machtverteilung in der Wirtschaft setze.[5] Louis Brandeis erkannte, dass **wirtschaftliche Macht die Konzentration von politischer Macht begünstigt und damit die Demokratie gefährden kann.** In diesem Sinne ist die neue Macht von „Big Tech" wegen des Datenoligopols und der dahinterstehenden Netzwerke zunächst ein Problem für die Wettbewerbspolitik, darüber hinaus aber auch eine Herausforderung für die liberale Demokratie, für deren Sicherung sich die Politik laufend einsetzen muss.

6.5.1 Volk oder Recht: Wer entscheidet?

Sowohl Populismus als auch Demokratie berufen sich auf die Souveränität des Volkes als zentrale Gewalt im Staat. Abts und Rummens (2007) treffen folgende Abgrenzung: Während Populismus auf die direkte Entscheidungsgewalt eines homogenen Volkes abzielt, wird (konstitutionelle) Demokratie als ein Regime bezeichnet, in welchem sich RepräsentantInnen des Volkes um einen Ausgleich unterschiedlicher Interessen bemühen. Antal (2019) verschärft diese Sicht noch in seiner Theorie der „*populistischen Demokratie*": Letzte Entscheidungsgewalt beim Populismus habe das (wie immer definierte) „Volk", in der Demokratie hingegen das „Recht" (verstanden wohl im Sinne von Naturrecht). Wenn es aber in der modernen konstitutionellen Demokratie nicht gelingt, die beiden einander oft widersprechenden Standbeine des Rechts und des Volkes auszutarieren, ergibt sich eine Chance für PopulistInnen, die entstandene Lücke zu schließen. Rechtsstehende PopulistInnen befürworteten eine Staatsform, in der die Mitglieder des „wahren Volkes" alle Nichtmitglieder der Kontrolle des Volkes unterwerfen können. Nach Wahlerfolgen tendieren populistische Parteien dazu, die Demokratie von einem Instrument der Inklusion in ein solches der Exklusion zu transformieren (Krastev 2017).

Der britische Politikwissenschafter Paul Taggart (2000) nennt folgende **Charakteristika von populistischen Bewegungen**: (i) Gegnerschaft zur repräsentativen Demokratie, (ii) Vorstellung von einem mythischen Kernland für das wahre Volk, (iii) Fehlen von ideologischen Überzeugungen (linke und rechte Ideologien können gleichermaßen mit Populismus verbunden sein), (iv) Reaktion auf eine immanente Krisengefahr, (v) Selbstbeschränkung wegen innewohnender Dilemmata und (vi) Einordnung in die jeweilige politische Land-

---

[5] Die „Chicago School" beruft sich auf die Nobelpreisträger Milton Friedman und George Stigler, die „New Brandeis Movement" auf das frühere Mitglied des US Supreme Court, Louis Brandeis. Siehe dazu etwa Khan (2018) und die Kritik von Coniglio (2018).

schaft. Taggart (2012) spricht sich gegen eine Dämonisierung des Populismus aus: Statt ihn als Konzept zu bekämpfen, müssten vielmehr die von PopulistInnen aufgegriffenen Problembereiche zum Gegenstand liberal-demokratischer Politik werden, also insbesondere Immigration, Multikulturalismus und europäische Integration. De Wagt (2016) geht so weit, von der Auseinandersetzung mit populistisch agierenden Politikern einen Beitrag zur Pluralität in der liberalen Demokratie zu erwarten – solange diese nicht grundsätzlich in Frage gestellt wird. Taggart (2000) verweist auf das Dilemma zwischen der Ablehnung der repräsentativen Demokratie und der Voraussetzung einer solchen, damit sich der Populismus als eine politische Kraft etablieren kann. Daher fordern PopulistInnen häufig die Verwirklichung direkt-demokratischer Verfahren, über welche sie Einfluss auf die Eliten und ihr politisches Wirken zu erhalten hoffen. Ihre Anpassungsfähigkeit an die politischen Umstände beweisen PopulistInnen durch Flexibilität bei inhaltlichen Anliegen, z. B. von strikter Ablehnung bis zu kritischer Befürwortung der europäischen Integration. Kommt der Populismus tatsächlich an die Macht, wird er oft autoritär ausgeübt und bedeutet dann in der Regel das rasche Ende jeglicher oppositioneller Populismen. Insofern **ermöglicht Demokratie nicht nur den Aufstieg von populistischen FührerInnen, sie ist in der Folge möglicherweise auch deren Opfer** (Urbinati, 2019a).

Wie kann man demokratiefeindlichen Populismen begegnen? Naheliegend wären nach Damböck (2017) unmittelbar umsetzbare politische Strategien zur Verringerung von Ungleichheit und zur Erhöhung intergenerationaler Mobilität, Klarnamenpflicht in Onlineforen und Maßnahmen gegen Verhetzung, Reform der EU zur Stärkung der nationalen demokratischen Einrichtungen, Entwicklung einer konsistenten Migrationspolitik und einer effektiven Integrationspolitik. Langfristig lassen sich aber Fehlentwicklungen, die durch populistische Politik verursacht wurden, nur durch Maßnahmen im Bildungsbereich korrigieren. Denn *„Bildung macht Demokratie-affin, sobald sie in einem demokratischen Geist funktioniert. Nur so lässt sich erklären, warum heute in der gesamten westlichen Welt die Bildungselite nur in minimalem Ausmaß populistische Strömungen unterstützt."* Das Schulsystem und die Erwachsenenbildung sollten sich also nicht nur um Aufklärung über die Vorzüge von demokratischen Idealen wie wissenschaftliche Objektivität, freie Medien, freie und gleiche Mitbestimmung gegenüber autokratischen Systemen bemühen. Darüber hinaus wäre der *„Anteil der gebildeten Bevölkerung – der heute bei ungefähr einem Drittel liegt – so weit zu erhöhen, dass er 50 % übersteigt. Es gäbe dann eine Sperrmajorität der Wissenden"*, die sich als ausreichend informierte BürgerInnen eine unabhängige Meinung bilden und die demokratische Willensbildung gestalten.

6.5.2 Liberale und illiberale Demokratie

Die politischen und medialen Diskussionen der letzten Jahre haben die Dichotomie von „liberaler" und „illiberaler Demokratie" geboren. Diese Zweiteilung ist insofern nicht absurd, als Demokratie (die Herrschaft der Mehrheit des Volkes) nur unter bestimmten Annahmen auch liberal (die Freiheit des Einzelnen achtend) sein wird. In einem Beitrag in Foreign Affairs charakterisierte der indisch-US-amerikanische Journalist Fareed Zakaria (1997) die **liberale Demokratie** als die Symbiose von repräsentativer Demokratie und konstitutionellem Liberalismus, wie wir sie vielfach in den westlichen Demokratien nach dem Zweiten Weltkrieg erlebt haben. Er umschreibt die liberale Staatsform als ein politisches System mit bürgerlichen Freiheiten. Zu diesen zählen jedenfalls freie und faire Wahlen, Rechtsstaatlichkeit, Gewaltenteilung und Schutz der persönlichen Grundfreiheiten wie Rede- und Versammlungsfreiheit, freie Religionswahl und -ausübung sowie Schutz von privaten Eigentumsrechten. Von diesen inhaltlichen Eigenschaften unterscheidet er die Demokratie, bei der es um die Möglichkeit der direkten Bekundung des politischen Willens bzw. um die Art der Wahl von Repräsentanten gehe.

Daraus entsteht für Canovan (2004) ein „*demokratisches Paradoxon*": Einerseits sollen möglichst viele BürgerInnen in die politischen Prozesse eingebunden werden, wofür aber andererseits komplexe institutionelle Voraussetzungen zu schaffen sind, die für die meisten Menschen nicht unmittelbar verständlich sind. Solche Spannungsverhältnissen nützen auch die nationalen Populisten mit ihren illiberalen und antidemokratischen Haltungen aus. Zakaria (1997) nennt als ein Gegenbeispiel zur liberalen Demokratie die liberale Autokratie, die er im historischen Beispiel der Österreich-Ungarischen Monarchie verwirklicht findet. Ein zweites Gegenbeispiel ist für ihn die **illiberale Demokratie**, ein Begriff, der wohl erstmals von ihm publizistisch verwendet wurde.[6] Er bezweifelt, dass der politische Liberalismus als Vollendung der Demokratie westlicher Prägung zu deuten sei, vielmehr gewinne die illiberale Demokratie heute schrittweise an Einfluss. Der ehemalige deutsche Vizekanzler Joschka Fischer (2019) charakterisiert die illiberale Demokratie als ein System, in welchem „*Mehrheit alles und Minderheit nichts ist*", für Buruma (2019) handelt es sich dabei um eine „*repressive Einparteienherrschaft, in der der Kapitalismus trotzdem florieren kann*". Die Wahlerfolge der illiberalen politischen Gruppierungen sieht Orenstein (2019) in der Kombination von autoritärem Nationalismus, der die Zuwanderung attackiert, mit einer Wirtschafts-, Sozial- und Familienpolitik, die den DurchschnittsbürgerInnen zugutekommt.

---

[6] Jan-Werner Müller (2016) zieht für diese Staatsform die Bezeichnung „defekte Demokratie" vor.

Liberale und illiberale Ausprägungen der Demokratie unterscheiden sich insbesondere durch ihr Verständnis, wie die **politische Willensbildung** erfolgen soll.
In der gängigen liberalen Demokratie gibt es ein mehrschichtiges System, in welchem auf den verschiedenen staatlichen Ebenen Repräsentanten gewählt werden,
die rechtlich verbindliche Entscheidungen treffen können, worüber sie aber ihren
WählerInnen jederzeit Rechenschaft ablegen müssen. Sie können bei periodischen
Wahlen wiedergewählt oder abgewählt werden. Illiberale Formen setzen dagegen
weitgehend auf direkt-demokratische Entscheidungsfindung, in der das gesamte
(besser das „wahre") Volk zur Abstimmung gerufen wird. In der Praxis erweist sich
diese Form einerseits als zu aufwendig, andererseits als zu anfällig für politische
Agitation. Bewährt hat sie sich offenbar in den überschaubaren Einheiten der
Schweizer Kantone und in Ausnahmefällen auch in größeren Staaten, wenn hin
und wieder über Volksabstimmungen Verfassungsfragen zu entscheiden sind.

Offenbar finden sich **Schwachstellen in liberal-demokratischen Systemen**,
die Widerstand erzeugen und illiberale Tendenzen erstarken lassen. Eine häufig anzutreffende Methode von RechtspopulistInnen, eine einmal errungene politische
Macht gegen demokratische Änderungen abzusichern, besteht in der schrittweisen
Aushöhlung der verfassungsmäßigen Unabhängigkeit von Judikatur und Medien.
Eingriffe dieser Art lassen sich in den letzten Jahren in der Türkei, in Indien, auf
den Philippinen, aber auch in Großbritannien und in den USA unter Donald
Trump feststellen. Selbst manche EU-Länder sind davor nicht gefeit, wie die von
der Kommission eingeleiteten Vertragsverletzungsverfahren gegen Polen und
Ungarn zeigen.

In seiner an Hegel und Marx orientierten Geschichtsbetrachtung hat Fukuyama
(1989, 1992) gleich nach dem Fall der Berliner Mauer „*das Ende der Geschichte*"
ausgerufen, weil er meinte, dass sich die liberale Demokratie und die Marktwirtschaft nicht nur in Europa, sondern weltweit als optimale Staats- und Regierungs-
form durchsetzen werde. Heute weiß man, dass von diesem Wunsch weder Russland noch China berührt wurden und dass sich selbst die USA in der Trump-Ära
weit von diesem Ideal entfernt haben. Fukuyama (2012a) bemüht daher auch die
„*Zukunft der Geschichte*", in der es wiederum Wettbewerb zwischen politischen
Systemen gibt und in der das Schicksal der liberalen Demokratie an einem breiten,
sozial gut abgesicherten Mittelstand hängt. Eingeengt und bedroht werde diese
Mittelschicht im globalisierten Kapitalismus von theokratisch-autoritären Systemen und vom Aufschwung der populistischen Rechten ebenso wie von einer anä-
mischen Linken, die nicht mehr ausreichend für den sozialen Ausgleich kämpfe.
Die Globalisierung müsse wirtschaftspolitisch genützt werden, um den Mittelstand
zu verbreitern und damit die Einkommens- und Vermögensverteilung flach zu halten. Reckwitz (2019) grenzt die aufstrebende neue Bildungsbürgerschaft in zwei

Richtungen ab: einerseits von einer „alten", an Bedeutung verlierenden Mittelschicht, die für die Industriegesellschaft charakteristisch war, jetzt aber verunsichert ist, und andererseits von der früher wie heute bestehenden Unterschicht. Nur die „spätmoderne" neue Gruppe sei offen für die europäische Integration und strebe nach einer liberalen Gesellschaftsform, die in ein für alle geltendes Regulierungssystem „eingebettet" ist. Die beiden Verlierergruppen wären hingegen anfällig für die Propaganda der illiberalen Rechtspopulisten.

Auch der deutsche Ökonom Henning Vöpel (2022) diskutiert das „Ende der Geschichte", nun schon mit den Erfahrungen aus dem Ukrainekrieg, mit dem er eine *„Rückkehr der Geschichte und mit ihr das Aufbrechen geopolitischer Konflikte und geoökonomischer Rivalität"* verbindet. In Anlehnung an Rodriks „Globalisierungsparadox" (Abschn. 3.1) entwirft er ein „geoökonomisches Dreieck der globalen Unordnung", mit dem er den *„Übergang in eine multipolare Ordnung … durch eine sich fragmentierende Globalisierung sowie eine schwächere internationale Koordination der Makropolitiken"* begleitet sieht. Mit dem Zerfall der bisherigen geopolitischen Ordnung kommt es zu *„einer Regionalisierung von Einflusssphären und der damit verbundenen Fragmentierung der globalen Märkte."* In diesem Prozess muss auch Europa auf eine gewisse „strategische Souveränität" achten, um nicht in den ökonomischen und politischen Würgegriff anderer Weltmächte zu geraten.

Eine etwas andere Dichotomie findet sich beim britischen Journalisten David Goodhart (2017), der nicht von staatlichen Strukturen ausgeht, sondern von **individuellen Haltungen**. Er teilt die BürgerInnen eines Staates in zwei Gruppen ein. Die *„Anywheres"* machen jenen offenen Teil der Gesellschaft aus, der seine durch eigene Anstrengung erworbenen Identitäten räumlich mobil einsetzt und sich flexibel an neue Situationen anpasst. Es handelt sich bei ihnen um die Kosmopoliten sowohl bei den wirtschaftlich-liberalen Rechten als auch bei den sozial-liberalen Linken. Diese „progressiven Individualisten" hätten im Grunde keine Bedenken gegen Immigration, befürworteten die europäische Integration und setzten auf Selbstverwirklichung. Dagegen sind die *„Somewheres"* örtlich stark verwurzelt und finden sich mit den ihnen zugeschriebenen Identitäten am ehesten in Gruppen von Gleichgesinnten zusammen. Dazu zählen vor allem jene Menschen, die sich von der gesamtgesellschaftlichen Entwicklung benachteiligt fühlen. Viele von diesen „anständigen Populisten" denken national und fühlen sich durch rasche gesellschaftliche Veränderungen, insbesondere durch Massenimmigration, verunsichert und bedroht. Am britischen Beispiel schätzt Goodhart auf Basis verschiedener Umfragen, dass etwa ein Viertel der Bevölkerung zu den „Anywheres" und die Hälfte zu den „Somewheres" zu zählen sind, der Rest sind diese beiden Kategorien überlappende „Inbetweeners". Nach Goodhart hätten die „Anywheres" in der Vergangenheit die gesellschaftliche Entwicklung zu stark dominiert, deshalb sei es zu einer Gegenbewegung in Form des rechten Populismus gekommen.

An illiberalen Beispielen mangelt es nicht. In EU-Ländern ist es wiederholt zu Demonstrationen durch Gruppierungen gekommen, die dem rechten Rand des politischen Spektrums zuzurechnen sind. Identitäre, QAnon-Anhänger, „Reichsbürger", „Querdenker" und sonstige Anhänger von Verschwörungsmythen („Aluhutträger", vgl. Klosa-Kückelhaus, 2020) ziehen seit dem Auftreten von COVID-19 oft gemeinsam mit Impfverweigerern gegen die Regierenden ins Feld. In der EU sind die Mitgliedstaaten Polen und Ungarn zweifellos demokratisch organisiert, die bürgerlichen Freiheiten sind hingegen eher auf dem Rückzug. Gegen beide Länder laufen Verfahren nach Artikel 7 EUV, der in Fällen anzuwenden ist, wenn die eindeutige Gefahr einer schwerwiegenden Verletzung der grundlegenden Werte durch einen Mitgliedstaat besteht. Eine solche Verletzung hat die Europäische Kommission 2017 wegen der frühzeitigen Zwangspensionierung unabhängiger Richter in Polen festgestellt und in weiterer Folge im September 2021 beim EuGH finanzielle Sanktionen gegen Polen beantragt. Gegen Ungarn hat das Europäische Parlament 2018 ein Verfahren wegen systemischer Bedrohung der Demokratie, der Rechtsstaatlichkeit und der Grundrechte eingeleitet. Dahinter standen Vorkommnisse wie die Gleichschaltung missliebiger Medien in Polen und Ungarn, die Vertreibung der vom „Staatsfeind" George Soros gegründeten Central European University aus Budapest oder die (formal durchaus verfassungskonform zustande gekommenen) Vollmachten für den Premier Viktor Orbán. Dazu kommt die Ansammlung von Vermögen in der Hand von Familienmitgliedern und Freunden der politischen Führungselite (Krakowsky, 2019).[7]

Diese Beispiele lassen sich fortsetzen, etwa mit dem Feldzug des früheren italienischen Innenministers Salvini gegen die Minderheit der Roma und phasenweise mit Regierungsbeteiligungen in der Slowakei, in Österreich, Bulgarien, Griechenland und Finnland, um nur einige zu nennen. Halmai (2018) folgert daraus, dass *„membership in the EU is not a guarantee for having liberal democratic regimes in all Member States."*

Ein Element rechtspopulistischer Parteien in Europa – Orbáns Fidesz eingeschlossen – sind ihre vielfältigen **Beziehungen zu Russland**. Der liberale belgische EU-Abgeordnete Guy Verhofstadt (2018a) sieht darin nicht nur eine spalterische Politik, sondern auch sicherheitspolitisch eine potenzielle Bedrohung der EU. Dies war interessanterweise auch ein vordringliches Anliegen der US-Regierung unter Donald Trump, der mit Sanktionen drohte, sollte das

---

[7]Zu dem nur teilweise gelungenen Versuch, die Corona-Finanzhilfen der EU an das Kriterium der Rechtsstaatlichkeit zu binden, siehe Abschn. 8.5.

russisch-deutsche Gaspipeline-Projekt „Nord Stream 2" nicht gestoppt werden. Trump agierte dabei auf Basis eines vom Kongress 2017 beschlossenen Gesetzes,[8] dessen Anwendung aber sein Nachfolger Joe Biden ausgesetzt hat. Dies wirft die grundsätzliche Frage auf, ob sich die EU durch ein Gesetz eines Drittstaates in ihrer Energiesouveränität beschränken lassen kann und will. Eine kurze Stellungnahme der Kommission vom August 2020 stellt klar, dass die „*extraterritoriale Anwendung von Sanktionen*" als völkerrechtswidrig verurteilt wird. Mit der anonymen Sprengung der Pipeline am 26. September 2022 hat sich diese Frage ohnehin erledigt.

Illiberale Entwicklungen sind auch **in anderen Teilen der Welt** zu beobachten. In Israel hat sich das manifestiert, als im Juli 2018 das „Grundgesetz: Israel – Der Nationalstaat des Jüdischen Volkes" verabschiedet wurde. Es schränkt das Recht auf nationale Selbstbestimmung auf seine jüdische Bevölkerung ein und sorgt dadurch bei seiner arabischen Minderheit für Empörung. Natan Sznaider (2018) bemerkt dazu, dass Israel nie ein liberaler Staat war und dass im neuen Nationalstaatsgesetz „*nur der Zionismus konsequent zu Ende gedacht*" ist. Viel grundlegender formuliert er: „*Liberale Prinzipien sind Prinzipien der Gleichheit. Ethno-nationale Prinzipien sind Prinzipien der Ungleichheit. Liberale Prinzipien sind Prinzipien der Universalität, ethno-nationale Prinzipien sind solche der Partikularität.*" Massive Demonstrationen hat auch die im Juli 2023 verabschiedete Justizreform ausgelöst, mit der die Möglichkeiten des Höchsten Gerichts eingeschränkt werden, Regierungsentscheidungen als unangemessen zurückzuweisen.

Ausgereifte Demokratien werden dem (dünnen) Populismus standhalten, manche BürgerInnen können davon sogar zur Teilnahme am politischen Leben motiviert werden. In seiner radikalen Version setzt der Populismus aber auf Ausgrenzung und direkte Entscheidungen des homogenen Volkes, wogegen in der repräsentativen Demokratie ein Ausgleich zwischen unterschiedlichen Interessen gesucht wird. Für Mudde (2018) bekennen sich die Populisten zu Beginn des 21. Jahrhunderts überwiegend zur Demokratie (im Sinne von Volkssouveränität und Mehrheitswahlrecht), nicht aber zur liberalen Demokratie (die auch noch Rechtsstaatlichkeit, Gewaltentrennung und Minderheitenschutz umfasst).

Die politische Geschichte des europäischen Kontinents mit den unzähligen kriegerischen Auseinandersetzungen macht es zunächst unverständlich, dass die ungemein schätzenswerten Erfahrungen der vergangenen Friedensjahrzehnte unter demokratischen Regeln nunmehr von autoritären Elementen bedroht werden. Worauf ist diese Entwicklung zurückzuführen? Handelt es sich dabei nur um ein „An-

---

[8] „Countering America's Adverseries Through Sanctions Act" (CAATSA).

gebotsphänomen", indem sich autoritär agierende Politiker mit populistischen Methoden die Gunst und Stimme des Volkes erschleichen? Für Pippal Norris (2021) wäre das eine unzulässige Vereinfachung, weil die „Nachfragefaktoren" für eine Machtübernahme durch autoritäre Populisten ebenso wichtig seien. Sie sieht solche Faktoren in den tatsächlichen Ungleichheiten und wirtschaftlichen Ängsten vor der Zukunft ebenso wie in unzulänglichen politischen Institutionen, wenn sie illiberale Entwicklungen nicht verhindern. Als Beispiel nennt Norris das Mehrheitswahlrecht, welches wahlwerbenden Gruppen bei einfacher Stimmenmehrheit alle Mandate zuerkennt und die Minderheit unberücksichtigt lässt („the winner takes all"). Mit der Wahl von Donald Trump zum US-Präsidenten und dem Brexit-Votum im UK sei offenbar geworden, dass über das Mehrheitswahlsystem autoritäre Populisten in die Lage versetzt werden können, Grundrechte von Minderheiten zu ignorieren.

Die Auswertung von Eurobarometer-Umfragen durch Tichy (2020a) lässt aber weder eine generelle Gefährdung der Demokratie in Europa noch eine bedrohliche Skepsis gegenüber der EU erkennen. Wohl aber besteht beim Vertrauen in die nationalen demokratischen Einrichtungen (Parlament, Regierung) ein deutliches Gefälle vom europäischen Nordwesten mit hohen Vertrauenswerten nach Südosten mit einem vergleichsweise großen Mangel an Vertrauen.

Zusammenfassung

- Populismus ist keine Erfindung unserer Zeit, er gehört bis zu einem gewissen Grad zum politischen Tagesgeschäft und zur Werbung für politische Ideen. Er kann als bloßer politischer Stil in Erscheinung treten oder als Strategie oder er versteht sich selbst als politische Ideologie. Populismus ist mit ähnlichen Methoden in allen politischen Richtungen zu finden, inhaltlich bestehen große Unterschiede: Linkspopulismus steht für gesellschaftliche Inklusion, Rechtspopulismus für Exklusion. Zur Entstehung von populistischen Richtungen tragen langfristig kulturelle Elemente bei, die immer wieder von ökonomischen Unsicherheiten überlagert werden können.
- Populismus nimmt dann überhand, wenn der Staat bei der Krisenbewältigung versagt und wenn Regierungen aus Zentrumsparteien die Ränder der Gesellschaft vernachlässigen. Diese Ränder unterscheiden sich von Land zu Land, sie haben sich zudem im Laufe der Zeit in Abhängigkeit von der jeweiligen Einkommensverteilung und von externen Bedrohungen deutlich verschoben. Regional dominieren in Europa eher

die kulturellen Aspekte, in Lateinamerika hingegen ökonomische Verteilungsfragen. Die enorm gestiegene weltwirtschaftliche Bedeutung Chinas, die Finanzkrise, die Austeritätspolitik im Zuge der Eurokrise, die Migrationswelle und schließlich die Coronakrise haben dem nationalen Populismus zugearbeitet.

- Die Unterscheidung in Linkspopulisten und Rechtspopulisten spielt eine Rolle für das europäische Integrationsprojekt. Die Linken streben tendenziell nach einer gewissen Einebnung von Klassenunterschieden, bei welcher sie sich von starken gemeinschaftlichen Institutionen Unterstützung erwarten. Derzeit überwiegt aber der Rechtspopulismus, der den Zusammenhalt der Nation forciert und auf eine Schwächung der EU oder gleich auf deren Ende hinarbeitet.

- Der radikale Rechtspopulismus in Europa stellt die gelebte liberale Demokratie auf die Probe, insbesondere wenn er in Form von Rechtsextremismus und Nativismus in Erscheinung tritt. Ein Dilemma für die Demokratie entsteht, weil sie einerseits Voraussetzung für die Ausbreitung von Populismen ist, aber andererseits von diesen dann bedroht werden kann. Ausgereifte Demokratien lösen dieses Spannungsfeld, indem die Anliegen demokratiefeindlicher Populismen aufgegriffen und Diskussionen darüber zugelassen werden. Eine kluge Politik wird an der Stärkung liberal-demokratischer Einrichtungen arbeiten, die auch eine funktionierende Gewaltenteilung zwischen Gesetzgebung, Exekutive und unabhängiger Judikatur umfasst. Fehlt eines dieser Elemente, entstehen „illiberale" Formen der Demokratie, die als Vorstufe zu autoritären Systemen zu sehen sind.

Die EU auf dem Weg zur Konsolidierung?

7

„[T]he Brexit story is mainly about values, not economic inequality"

(Eric Kaufmann, 2016)

Zusammenfassung

Als die EWG 1958 Wirklichkeit wurde, herrschte Euphorie unter den sechs Mitgliedern. Es gab berechtigte Hoffnung, dass die damals bestehenden wirtschaftlichen Unterschiede (insbesondere zwischen Deutschland und Frankreich) im Laufe der Zeit einem homogenen Gebilde Platz machen würden. Die erste Erweiterung der EU im Jahr 1973 (um das Vereinigte Königreich, Irland und Dänemark) wurde für alle Seiten als politischer und wirtschaftlicher Erfolg verbucht. In den folgenden Jahrzehnten ist das UK stets gegen eine Vertiefung der Integration aufgetreten und hat sich in entscheidenden Bereichen eine Sonderstellung erarbeitet. Nach dem knapp erfolgreichen Austrittvotum vom Juni 2016 endete seine Mitgliedschaft nach 47 Jahren am 31. Januar 2020. Die Zeit dazwischen wurde genützt, um die künftigen Beziehungen zu regeln, nur in der Nordirlandfrage (mit oder ohne harte Grenze zur Republik Irland) konnte erst 2023 eine von den Verhandlungspartnern als fair bewertete Lösung gefunden werden, deren Bestand sich erst bewähren muss.

7.1 Vorgeschichte und Verwirklichung des Brexits

Will man die Hintergründe für den Austritt der Briten aus der EU verstehen, muss man in der Geschichte weit zurückgehen und auch an Ereignisse wie die spanisch-englisch/britische Konkurrenz bei der Besiedelung Nordamerikas sowie die Abspaltung der Anglikanischen Kirche von Rom und die damit zusammenhängenden kriegerischen Auseinandersetzungen zwischen Spanien und England mitbedenken. In der Folge weitete sich das British Empire nicht nur in Nordamerika, sondern auch in Afrika (Sklavenhandel, Ägypten und Suez-Kanal, Südafrika), Australien und Asien (Indien, China) aus. Gegen Ende des 18. Jahrhunderts erhielt dieser Prozess wesentliche Impulse durch die Industrielle Revolution. Erfindungen wie die Dampfmaschine und der mechanische Webstuhl lösten in Großbritannien sehr früh einen Strukturwandel von der Agrarwirtschaft und handwerklicher Erzeugung zu industrieller Großfertigung aus. Dies begünstigte ein Umdenken bei den Rechtsgrundlagen für die Wirtschaft.

„Ein markantes Beispiel war am Ende der Napoleonischen Kriege die Auseinandersetzung des früheren Börsenmaklers David Ricardo mit dem Ökonomen Thomas Malthus über die von britischen Großgrundbesitzern unterstützten „Corn Laws" aus 1815.[1] Malthus befürwortete deren Ziele, durch hohe Zölle zu verhindern, dass billiges Getreide aus Osteuropa nach Großbritannien eingeführt wird. Ricardo sprach sich als Parlamentsabgeordneter gegen Importrestriktionen aus und entwickelte in der Folge seine „Theorie der komparativen Kosten", wonach es (unter neoklassischen Annahmen) für ein betrachtetes Land auch dann Sinn macht, Außenhandel zu betreiben, wenn es gegenüber dem Ausland nur Kostenvorteile aufweist. Beim Vergleich mit dem Ausland käme es nämlich nicht (wie noch bei Adam Smith zu finden) auf die absoluten, sondern auf die relativen Kosten an: In der vereinfachten Betrachtung von zwei Ländern und zwei Gütern soll jedes Land das Gut produzieren und in das andere Land exportieren, bei dem es einen relativen Kostenvorteil in der Produktion hat.

Daraus hat sich die britische Freihandelspolitik des 19. Jahrhunderts entwickelt, die bis heute im britischen Unterbewusstsein zu finden ist. Dies erklärt bis zu einem gewissen Grad die britische Aversion gegen so manche Regulierung in der EU (vgl. hierzu auch Otte, 2017)."

„Die „Corn Laws" selbst wurden erst 1846 nach Ernteausfällen und der Hungersnot in Irland auf Drängen des konservativen Premierministers Robert Peel beseitigt. Peel spaltete damit seine Partei und verlor selbst sein Amt (Irwin & Chepeliev, 2020). "

---

[1] Zur Ricardo-Malthus-Kontroverse siehe etwa Dorfman (1989).

Seine größte Ausdehnung erreichte das britische Reich zum Ende des Ersten Weltkriegs, als es Teile des zerfallenden Osmanischen Reichs und der deutschen Afrika-Kolonien (Deutsch-Ostafrika, Teile Kameruns und West-Togo) auf Basis von Völkerbundmandaten übernahm. In der Zwischenkriegszeit entstanden Unabhängigkeitsbewegungen (Irland, Indien, Palästina), die das Imperium schrittweise schwächten. Nach dem Zweiten Weltkrieg war das UK praktisch bankrott und von der Wirtschaftshilfe der USA abhängig. Die Dekolonialisierung setzte sich fort (Jordanien 1946, Ägypten 1947, Indien und Pakistan 1947, Israel 1948) und erreichte markante Höhepunkte in der Aufgabe des Suez-Kanals (1956) und Hongkongs (1997). Zwischendurch konnte die verbliebene britische Macht ihr Selbstbewusstsein mit der Wiedereroberung der Falkland-Inseln nach dem argentinischen Überfall (1982) stärken.

7.2 Vom Eintritt zum Austrittsreferendum

Um den Frieden zu sichern, unterstützte gegen Ende des Zweiten Weltkriegs der damalige britische Premierminister Winston Churchill eine tiefe wirtschaftliche Zusammenarbeit zwischen Frankreich und Deutschland, das UK selbst wollte er nicht als Mitglied einbringen. In seinem Modell der „drei Kreise" sollte das UK zwar auf die Entwicklung in Kontinentaleuropa Einfluss nehmen, daneben aber auch Interessen im British Commonwealth of Nations und in der weiteren englischsprachigen Welt verfolgen (Deliperi, 2015; MacShane, 2020).

Die Beziehungen des UK zu den Vorläufern der EWG waren aber eng, insbesondere durch das Assoziationsabkommen mit der Montanunion (1955) und mit dem Versuch, die Integrationsdiskussion in Richtung eines großen europäischen Freihandelsblocks zu lenken. Dahinter standen wirtschaftliche und politische Interessen, weil mit dem in der EWG dann verwirklichten gemeinsamen Zolltarif das Präferenzzollsystem des britischen Commonwealth hätte aufgegeben werden müssen. Das UK entschloss sich daher, die Gründung der Europäischen Freihandelsassoziation EFTA zu forcieren (Tab. 7.1). Dennoch folgte bereits 1961 unter dem konservativen Premierminister Harold Macmillan ein erstes Ansuchen um Aufnahme in die EWG, gefolgt von einem zweiten 1967 unter Labour-Premier Harold Wilson. Ein Beitritt kam allerdings nicht zustande, weil sich der französische Präsident Charles de Gaulle beide Male mit der Begründung querlegte, die Briten wären zu wenig „europäisch" und zu sehr am Commonwealth und an den USA orientiert. Dahinter stand aber die mögliche Bedrohung der dominierenden Stellung Frankreichs in der EWG.

Tab. 7.1   Zeittafel zum Brexit

1960	Gründung der Europäischen Freihandelsassoziation (EFTA)
1961	Erstes Ansuchen des UK um Aufnahme in die EWG
1967	Zweites Ansuchen des UK um Aufnahme in die EWG
1973	EU-Beitritt des UK, Ausscheiden aus der EFTA
1975	Erfolgloses Austrittsreferendum
1984	„Britenrabatt" vermindert Beiträge des UK zum EU-Budget
1990	Keine Teilnahme des UK am Schengen-System
1992	Maastricht-Vertrag mit Ausnahmen für das UK (kein Beitritt zur Eurozone)
2007	Ausnahmen für das UK bei der Säule „Inneres und Justiz" des Maastricht-Vertrages
2012	Keine Teilnahme des UK am Fiskalpakt
2013	Ankündigung eines Referendums über den Austritt aus der EU
2016	Austrittsreferendum am 23. Juni
2017	Mitteilung des UK am 29. März an die EU über den geplanten Austritt gem. Art. 50 EUV
2020	Austritt aus der EU wird am 31. Januar wirksam, Übergangsfrist beginnt
2021	Neues Handelsabkommen mit der EU, ab 1. Januar vorläufig, ab 1. Mai endgültig in Kraft
2022	Brit. Regierung bringt die „Northern Ireland Protocol Bill" im Parlament ein
2023	Einigung zwischen brit. Regierung und EK über den „Windsor-Rahmen"

Quelle: Eigene Zusammenstellung

Nach der Ära de Gaulle kam es ab 1971 zu neuerlichen Beitrittsgesprächen, die 1973 unter dem konservativen Premier Edward Heath zum Ausscheiden aus der EFTA und zum **EU-Beitritt** führten (gemeinsam mit Irland und Dänemark).[2] Nach dem Regierungswechsel zum Labour-Chef Harald Wilson kam es zu Nachverhandlungen und 1975 zu einer Volksabstimmung, die den Beitritt mit 67,2 % Pro-Stimmen bestätigte. Im UK selbst taten sich in der Beitrittsfrage tiefe Gräben innerhalb und zwischen den politischen Parteien auf. Im britischen Unterhaus gab es die größten Widerstände von der Labour Party, die einen unerträglichen Eingriff in das britische Rechtssystem an die Wand malte.

Dass sich die *Briten in der Gemeinschaft nie wohl gefühlt haben*, zeigt sich in einer Reihe von Entscheidungen, an Weiterentwicklungen der EWG/EU nicht teilzunehmen bzw. solche Entwicklungen zu blockieren, wenn Einstimmigkeit erforderlich war. Aus britischer Sicht entwickelte sich die EU schleichend hin zu einem umfassenden Wirtschafts-, Währungs- und Sozialbündnis und entfernte sich schrittweise von den ursprünglich dominierenden Wirtschaftsinteressen. Zwar blieb ein erstes

---

[2] Mit Norwegen war ebenfalls verhandelt worden, doch lehnte dessen Bevölkerung in einem Referendum im September 1972 einen Beitritt ab.

Austrittsreferendum 1975 erfolglos, doch erreichte die konservative Premier-ministerin Margaret Thatcher 1984 den „*Britenrabatt*" für die Beiträge an das EU-Budget – als Ausgleich für eine gefühlte Benachteiligung bei den Agrarsub-ventionen der EU. 1990 blieb das UK *außerhalb des Schengen-Systems*. Es beteiligte sich zunächst am Europäischen Wechselkursmechanismus (WKM), um die Kurs-schwankungen des Pfund Sterling einzudämmen, schied aber im September 1992 nach einer Spekulationswelle gegen das Pfund Sterling („Schwarzer Mittwoch") wieder aus und erhielt im Maastricht-Vertrag eine Ausnahmegenehmigung von der Einbindung in das spätere *Eurosystem*. Die britische Zentralbank (Bank of England) verfolgt seither eine Politik des „Inflation Targeting", bei dem nicht der Wechselkurs, sondern die Inflationsrate als geldpolitische Zielgröße dient.

Die **Sonderstellung des UK in der EU** wurde durch eine Reihe weiterer Fest-legungen untermauert. Als es 2005 zu einer Diskussion über den Britenrabatt kam, verhinderte das UK monatelang einen Beschluss über das mehrjährige EU-Budget. Für die Zustimmung zum Vertrag von Lissabon 2007 erreichte es das Opt-in bei der Innen- und Justizpolitik (bei jedem neuen Rechtsakt konnte das UK dessen An-erkennung verweigern). Im Zuge der Eurokrise wendete sich das UK gegen den Fiskalpakt und drohte, den Mehrjährigen Finanzrahmen 2014–2020 zu blockieren. Knapp vor dem Referendum erklärte es seine Nichtteilnahme an der weiteren politi-schen Integration der EU. Zusammengenommen etablierte sich „*Großbritannien als ,Meister' der differenzierten Integration*" (Tekin, 2016), es konnte daher im Gegenzug auch nur wenig von der europäischen Integration profitieren (Felbermayr et al., 2018).

Schließlich kündigte Premierminister David Cameron 2013 eine **Volks-abstimmung** an, um einerseits nicht WählerInnen an die aufstrebende rechts-populistische und EU-feindliche „United Kingdom Independence Party" (UKIP) zu verlieren und andererseits den KritikerInnen in seiner Partei entgegenzu-kommen. In der Abstimmung vom 23. Juni 2016 setzten sich die Austrittsbefür-worterInnen knapp mit 51,9 % durch. Die stets skeptische Einstellung der briti-schen Politik gegenüber dem Kontinent war und ist durch ihre Fokussierung auf den ökonomischen Nutzen, die Bevorzugung intergouvernementaler Kooperations-formen und das Werben um neue EU-Mitglieder „*mit dem Ziel, eine eher lose inte-grierte Europäische Union zu schaffen*" (Tekin, 2016) charakterisiert. Das Ab-stimmungsergebnis ist aber auch ein weiterer Beleg für den Erfolg einer rechts-populistischen Agitation, denn die Abstimmung diente auch als Votum über innenpolitische Auseinandersetzungen.[3]

---

[3] Das hatte schon früh Margaret Thatcher erkannt, die ein Referendum ablehnte und sich dabei auf die Worte des seinerzeitigen Labour-Parteivorsitzenden Clement Attlee aus 1945 („*it is a splendid weapon for demagogues and dictators*") bezog. Siehe das Unter-haus-Protokoll vom 11. März 1975.

Über die **dominierenden Motive im Leave-Lager** ist viel geschrieben worden. Nach der Analyse von Kaufmann (2016) ist die Zustimmung zum Brexit nicht so sehr mit wirtschaftlichen Ungleichheiten zu erklären, sondern mit persönlichen Faktoren und kulturellen Werten (Alter, Bildung, ethnische Zugehörigkeit). Für Jafari und Britz (2017) hätten Verteilungsfragen durchaus eine Rolle gespielt, ebenso wie Spannungen in der britischen Parteipolitik. Besonders aber wäre es die tatsächliche und politisch hochgespielte Unzufriedenheit mit der Globalisierung ganz allgemein und mit der EU im Besonderen gewesen – sei es wegen Überregulierung, Kontrollverlust oder die unbefriedigenden Versuche, die Finanzkrise und die Flüchtlingsproblematik in den Griff zu bekommen.

Thomas Sampson (2017) von der London School of Economics kommt in seiner umfassenden Analyse zur Auffassung, dass die Brexit-Entscheidung nur zu einem geringen Teil auf wirtschaftliche Faktoren zurückzuführen gewesen sei. Die aus seiner Sicht wichtigen Argumente fasst er in folgenden zwei Kategorien zusammen:

(i) *Nationalbewusstsein:* Die Abstimmenden fühlten sich mehrheitlich als Briten und nicht als Bürger der EU. Sie legten Wert auf die volle Souveränität des UK, um nicht an die Rechtsentwicklung in der EU gebunden zu sein und gegen Immigration vorgehen zu können.

(ii) *EU als Sündenbock:* Bei wirtschaftlichen Schwierigkeiten auf nationaler Ebene tendierten Politiker und Medien (nicht nur, aber auch im UK) oft dazu, die Ursachen zunächst einmal auf die EU zu schieben – auch wenn es dafür keine Belege gibt. Ansprechbar für solche Fehlinformationen und die entsprechenden Schuldzuweisungen waren vor allem sozial vernachlässigte Gruppen, worunter sich oft ältere Personen mit niedrigem Bildungsgrad und unbefriedigender wirtschaftlicher Lage befinden.

Für die TeilnehmerInnen am Referendum (und für die Politik) ergeben sich aus den beiden Kategorien unterschiedliche Folgerungen: Will man primär die nationale Souveränität wiederherstellen, wird man den Brexit ohne Rücksicht auf Wohlfahrtsverluste als Erfolg empfinden. Sucht man hingegen nur einen Schuldigen an der misslichen persönlichen Lage, wird man vom Brexit keine Verbesserung erwarten können.

Die populistisch akzentuierte Austrittskampagne bediente sich auch *xenophobischer Argumente*, die keinen Bezug mehr zur einstigen Weltoffenheit der Briten aufweisen. Zudem halten die vor allem von UKIP geschürten Ängste, mit Zuwanderung würden Arbeitsplätze von Einheimischen gefährdet, einer empirischen Überprüfung nicht stand. Die Analysen von Wadsworth et al. (2016) haben ergeben, dass die schwache Einkommensentwicklung in den Jahren vor dem Referendum eine Folge der globalen Finanzkrise war und nicht mit der Immigration aus der EU zusammenhängt. Diese Zuwanderung hatte besonders nach der Ostöffnung der EU zugenommen, sodass in der Länderverteilung aller ImmigrantInnen aus der EU im Jahr 2015 Polen mit 29 % weit vor dem zweitplatzierten Irland (12 %) lag. In einer detaillierten Analyse der Einwanderung aus EU-Ländern erstellte das Migration Advisory Committee der britischen Regierung (MAC, 2018) folgenden empirischen Befund:

- Die Migration aus der EU hat im Durchschnitt weder die Beschäftigungsmöglichkeiten noch das Lohnniveau von Einheimischen verringert.
- Die Einwanderung aus der EU wirkt sich generell (und verstärkt bei hoch qualifizierten Immigranten) positiv auf die Produktivität im UK aus.
- Die Zuwanderung (besonders von niedrig qualifizierten Personen) drückt die Preise von persönlichen Dienstleistungen.
- MigrantInnen aus der EU zahlen mehr Steuern, als sie an Sozialleistungen erhalten und an öffentlichen Dienstleistungen in Anspruch nehmen.
- Es gibt keine Hinweise, dass Migration das Kriminalitätsniveau erhöht.

Schlagende **Argumente, die für einen Verbleib des UK in der EU gesprochen hätten**, finden sich etwa bei Palmer (2019), die unter anderem auf Folgendes hinweist:

- Das Friedensprojekt EU habe auch zum Frieden in Nordirland beigetragen, der 1998 mit der Unterzeichnung des „Good Friday Agreement" besiegelt wurde.
- Der Klimawandel könne nicht in Isolation, sondern nur durch Kooperation mit möglichst vielen anderen Staaten bekämpft werden: „*When it comes to global warming, nationality is irrelevant*".
- In der Weltpolitik hat nur die EU, nicht aber ein einzelnes europäisches Land eine Chance, mit den etablierten Weltmächten USA, China und Russland und selbst mit den aufstrebenden Ländern Indien und Brasilien mitzuhalten.
- Die demokratischen Entscheidungsmechanismen der EU und die „4 Freiheiten" hätten auch dem UK viele Vorteile gebracht. Dies gelte zunächst für den freien Kapitalverkehr, aber auch für die Niederlassungsfreiheit und besonders für den Ausbau sozialer Sicherheiten.

Sampson bemüht zusätzlich noch Rodriks Globalisierungstrilemma (Abb. 3.1), um die Hintergründe des Brexits auszuleuchten. Aus der möglichen Unvereinbarkeit von Nationalstaat, Demokratie und Globalisierung könne nämlich der Brexit als demokratische Reaktion auf den schleichenden Verlust an britischer Souveränität im Zuge der fortschreitenden Integration in die EU interpretiert werden. Daraus wäre für die EU abzuleiten, dass eine immer tiefere Integration der Mitgliedstaaten mit dem Fortbestand von nationaler Demokratie im Widerspruch steht. Sampson folgert daraus, dass die Demokratie in Europa nur dann gesichert werden kann, wenn sich entweder eine kollektive europäische Identität (an Stelle der bisherigen nationalen Identitäten) herausbildet oder die supranationale Komponente der EU reduziert wird. Ansonsten sei mit weiteren Austritten von Ländern aus der EU zu rechnen. Die EU müsse sich mehr den Anliegen von benachteiligten Gruppen widmen und zugleich die strikten Binnenmarktregeln soweit flexibilisieren, dass die Mitgliedsländer mehr Spielraum bei der Bekämpfung von ökonomischen Schocks erhalten. Die EU hätte die Wahl zwischen einer Aufweichung dieser Regeln und der Gefahr des Auseinanderfallens der Union.

Dies mag eine spezifisch britische Sicht sein, wo die aus dem Binnenmarkt resultierende Personenfreizügigkeit schon seit Jahren am Pranger stand und die unbeschränkte Immigration aus anderen EU-Staaten (vornehmlich aus Polen und Rumänien) die Integrationsdiskussion dominierte.[4] In der Folge gab es Überlegungen, den Binnenmarkt nicht nur als Resultante aller vier Freiheiten (Waren, Dienstleistungen, Kapital und Arbeit) zu sehen, sondern im Falle des UK auf die Personenfreizügigkeit zu verzichten. Kohler und Müller (2017) meinen, die Mitgliedschaft des UK in der EU wäre der höhere Wert, wogegen Breuss (2019) an der Unteilbarkeit des Binnenmarktes festhält. Ex post ist diese Frage müßig, aber sie könnte jederzeit in Bezug auf andere Mitgliedstaaten wieder virulent werden.

Aus den regionalen Unterschieden in den Motiven der beiden antagonistischen Gruppen zieht Goodwin (2016) folgende Schlüsse: Für die *Leave-Gruppe* war entscheidend, mit der Unabhängigkeit von der EU die nationale Identität zu stärken und an frühere Großmachtverhältnisse anzuknüpfen. Empfänglich für die Argumente dieser Gruppe (unterstützt besonders von der Partei UKIP) waren vor allem Personen, die sich gesellschaftlich und wirtschaftlich benachteiligt fühlen, darunter Ältere und solche mit relativ geringer Ausbildung. Dagegen spielten Unterschiede in der Zahl an Zugewanderten aus der EU eine vernachlässigbare Rolle, wohl aber förderte die rasche Ausweitung der Immigration im halben Jahrzehnt vor dem Referendum die Unterstützung für den Brexit. Unter den „*Remainers*" waren junge Leute, Personen mit höherer Bildung und solche aus oberen Einkommens-

---

[4] Im Gegensatz zu anderen Mitgliedstaaten hatte das UK nach der Ostöffnung nicht die Möglichkeit ergriffen, die Personenfreizügigkeit in einem Übergangszeitraum einzuschränken. Spätere Ansuchen des UK fanden keine Mehrheit in der EU.

klassen überrepräsentiert. Das sind zugleich jene mobileren Gruppen, die am ehesten von der Zusammenarbeit auf EU-Ebene profitiert haben.

Mit dem besonderen **Identitätsverständnis der Briten** befasst sich Diéz Medrano (2010), indem er für seine Befragungen auf der Makroebene zunächst zwischen horizontaler (exklusiver) Identität und hierarchischer Identität („nested identity") unterscheidet. Er findet letztere etwa in Deutschland und Spanien als dominierend, hier bekennen sich viele Befragte sowohl zu ihrem Heimatstaat als auch zu Europa. Für die meisten Briten hingegen steht die europäische Identität neben (oder hinter) der nationalen Identität, viele empfinden alles Europäische sogar als Bedrohung des Britischen. In kulturell homogenen Ländern wirkt die nationale Identität eher ausschließend gegenüber den „Anderen", die heterogene EU hingegen wirkt inklusiv, indem sie eine zusätzliche identitätsstiftende Hülle bildet. Eine der bereits weiter oben genannten Ursachen für diese unterschiedliche Haltung zu Europa mag historisch darauf zurückgehen, dass Großbritannien zu einer Zeit (im 19. und frühen 20. Jahrhundert) noch als Großmacht fungierte, als Deutschland und Spanien dazu längst nicht mehr in der Lage waren.

„Deliperi (2015) setzt sich mit einer Bemerkung des früheren US-Außenministers Dean Acheson aus 1962 auseinander, der mit seiner Aussage, „*Great Britain has lost an Empire but not yet found a role*", viel Aufmerksamkeit erregte. Im Dilemma zwischen „Altanticism" und „Europeanism" sei das UK immer noch auf der Suche nach einer adäquaten „Rolle", die auch durch die EU-Mitgliedschaft nicht beendet werden konnte. Für Martill (2017) ist damit alles nur noch schlimmer geworden: „*Having renounced the EU and sought comfort in narratives of past glory, Britain has lost a role and failed to find an empire*". Mit dem Schlagwort „Global Britain" versuchte der frühere Premierminister Boris Johnson über seine rechtspopulistischen Think-Tanks ein außen- und sicherheitspolitisches Konzept zu entwerfen, das an die grandiosen Zeiten der britischen Vergangenheit anschließt (HM Government, 2021; Kettle, 2021)."

7.3   Austrittsvertrag und Handelsabkommen

In der **Phase nach dem Referendum** hat das UK gemäß Artikel 50 EUV am 29. März 2017 formell mitgeteilt, dass es die EU zu verlassen beabsichtigt.[5] Das Austrittsdatum wurde auf Wunsch der Briten mehrmals verschoben, der Brexit

---

[5] Artikel 50 EUV trat 2009 mit dem Vertrag von Lissabon in Kraft und ermöglicht jedem Mitgliedstaat, in einem geordneten Prozess aus der EU auszutreten.

aber letztlich auf Basis des *Austrittsvertrages*[6] am 31. Januar 2020 umgesetzt. Von da bis zum Jahresende 2020 lief eine Übergangszeit, in der zu entscheiden war, ob das Ausscheiden „weich" (mit einem bilateralen Handelsvertrag, der die irisch-britische Grenze offenlässt) oder „hart" (mit internationalen Handelsregeln gemäß WTO) erfolgen würde. Für die Zeit danach wurden viele Varianten diskutiert, die man in folgenden Modellen zusammenfassen kann (vgl. auch Pisani-Ferry et al., 2016; Jafari & Britz, 2017):

- „*Norwegische Option*" mit fortgesetzter Teilnahme am europäischen Binnenmarkt, jedoch ohne Teilnahme an deren Weiterentwicklung (wie für alle Mitglieder des Europäischen Wirtschaftsraums, EWR);
- „*Schweizer Option*" mit einem umfassenden Handelsabkommen in Form vieler Einzelverträge, jedoch mit Einschränkungen bei der Dienstleistungsfreiheit und der Personenfreizügigkeit;
- „*Türkische Option*" in Form einer Zollunion ohne Landwirtschaft;
- „*Kanadische Option*" eines Freihandelsabkommens mit ergänzenden Bestimmungen über nichttarifäre Handelshemmnisse und zum Investitionsschutz (ähnlich dem CETA-Abkommen zwischen EU und Kanada); und
- „*WTO-Option*" ohne jegliches Handelsabkommen.

Die Übergangsfrist wurde bis zuletzt ausgeschöpft und führte schließlich zu einem Freihandelsabkommen sui generis, das seit 01.05.2021 endgültig in Kraft ist und Sonderregeln für die soziale Absicherung der Bürgerschaft im jeweils anderen Gebiet, für Nordirland, für Standards im Wettbewerb und für die Fischerei enthält („Britische Option"). Daneben gilt weiterhin der Austrittsvertrag mit dem Protokoll zu Nordirland.

Das Freihandelsabkommen (**Trade and Cooperation Agreement**, TCA) geht etwas weniger weit als die oben genannte „Norwegische Option", ist aber umfassender als die „Kanadische Option". Sapir (2021) sieht im TCA eine zweifache Ironie des Schicksals: Einerseits hätte das UK unter Premierministerin Margret Thatcher die Verwirklichung des Binnenmarktes entscheidend vorangetrieben, um nun gegen eine seiner wesentlichen Folgen (die Personenfreizügigkeit) zu Felde zu ziehen. Andererseits war das UK in der Geschichte der europäischen Integration stets bestrebt, nicht hinterherzuhinken (daher auch die Gründung der EFTA), um

---

[6] „Abkommen über den Austritt des Vereinigten Königreichs Großbritannien und Nordirland aus der Europäischen Union und der Europäischen Atomgemeinschaft" (2019/C 66 I/01) – https://eur-lex.europa.eu/legal-content/DE/TXT/PDF/?uri=CELEX:12019W/TXT&from=DE.

nun erst recht vom weiteren Integrationsprozess der EU abgeschnitten zu sein. Eine andere Besonderheit des TCA liegt für Kirkegaard (2021) in seiner Bestimmung, die Zurücknahme einer Wirtschaftsbeziehung zu managen, wogegen Freihandelsabkommen regelmäßig die Handelsbeziehungen erweitern. Wie wurden nun die besonders strittigen Punkte im Handelsabkommen gelöst?

- Es entsteht eine Freihandelszone besonderer Art, in der es bei weitgehender Zollfreiheit im Handel zwischen EU und UK bleibt. Die Grenze zwischen der Republik Irland und Nordirland bleibt grundsätzlich offen. Nordirland erhält im UK einen Sonderstatus, sodass Kontrollen nicht an der Grenze zwischen der Republik Irland und Nordirland anfallen, sondern zwischen Nordirland und dem Rest des UK.
- Zollfreiheit in der Freihandelszone bedeutet, dass Ursprungsnachweise geliefert werden müssen, die eine bürokratische Hürde darstellen und Kosten verursachen.
- Das UK scheidet zwar aus dem Binnenmarkt aus, übernimmt aber die derzeit gültigen Produkt-, Sozial- und Umweltstandards der EU ebenso wie die Regeln für staatliche Beihilfen. Künftige Änderungen durch die EU wird es nicht automatisch mitmachen. Für diesen Fall sind neue Handelsformalitäten und Kontrollen vorgesehen.
- Die für das UK besonders wichtigen Finanzdienstleistungen werden in einem späteren Zusatzabkommen geregelt. In einer entsprechenden Absichtserklärung ist bisher nur ein regelmäßig tagendes Gesprächsforum eingerichtet worden. Eine bis Juni 2025 befristete Ausnahmeregel erlaubt es britischen Clearing-Häusern, in der EU tätig zu sein.
- Streitfragen in den Handelsbeziehungen werden von einem neuen „Partnerschaftsrat" behandelt und entschieden. Bei Verstößen gegen das Abkommen können Strafmaßnahmen ergriffen werden.
- Die gegenwärtigen Fangquoten für EU-Fischer in UK-Gewässern werden zunächst um 25 % gekürzt und bis Juni 2026 schrittweise zugunsten des UK verschoben. Danach werden die Fangquoten jährlich neu verhandelt.
- Die Polizei- und Justizbehörden sollen weiterhin zusammenarbeiten und Daten (Vorstrafenregister, Fingerabdrücke, Passagierdaten) austauschen, solange sich das UK an die Europäische Menschenrechtskonvention hält.
- Das UK nimmt weiterhin an bestimmten EU-Forschungsprogrammen teil, sobald das entsprechende Protokoll unterzeichnet ist (Horizon Europe, Satellitenüberwachungssystem SST, Kernfusionsreaktorprojekt Iter, Forschungs- und Ausbildungsprogramm der Europäischen Atomgemeinschaft). Das UK beteiligt sich ab 2021 nicht mehr am „Erasmus+"-Programm, bereits genehmigte Aufenthalte im UK können aber abgewickelt werden.

- Bei Übersiedlungen von Personen zwischen EU und UK sollen erworbene soziale Rechte (Krankenversicherung, Pension) erhalten bleiben.
- TouristInnen, die länger als 90 Tage im UK bleiben wollen, benötigen in Zukunft ein Visum.
- Einer Absprache zwischen Spanien und dem UK zufolge wird Gibraltar Mitglied des Schengenraums, sodass im Personenverkehr zwischen Spanien und Gibraltar keine Passkontrollen anfallen. BritInnen, die nach Gibraltar wollen, müssen sich hingegen entsprechend ausweisen.

Am heftigsten umstritten ist das **Nordirland-Protokoll** zum TCA, mit dem die Unvereinbarkeiten zwischen Brexit (mit der neuen Grenze zum EU-Binnenmarkt auf der irischen Insel) und dem „Karfreitagsabkommen" aus 1998 (das als Teil des Friedensprozesses in Nordirland offene Grenzen zur Republik Irland zusicherte) aufgelöst werden sollen. Das Protokoll sieht Grenzformalitäten zwischen Großbritannien und Nordirland vor, gegen die sich vor allem die lange Zeit dominierende Democratic Unionist Party (DUP) sperrte. Um ihre Forderung zu unterstreichen, zog sie sich im Februar 2022 aus der Regierung zurück und blockierte danach die Regierungsbildung. Sie übte Druck auf den damaligen Premier Boris Johnson aus, den Entwurf einer „Northern Ireland Protocol Bill" in das Parlament einzubringen, mit dem Teile des Protokolls außer Kraft gesetzt würden (vgl. Sargeant, 2022). Einen entsprechenden Gesetzesbeschluss hätte die EU als Bruch eines internationalen Abkommens eingestuft und möglicherweise mit Handelssanktionen beantwortet. Die unter Premier Rishi Sunak wieder aufgenommenen Verhandlungen führten im Februar 2023 zum *Kompromiss von Windsor*, wonach der Handelsverkehr zwischen Großbritannien und Nordirland nach dem Zielort zweigeteilt wird: Die für Nordirland bestimmten Güter werden nur noch stichprobenweise kontrolliert, wogegen Güter, die in die Republik Irland und damit in den EU-Binnenmarkt gebracht werden, den üblichen Zollformalitäten unterliegen. Wie sauber sich diese beiden Warenströme auseinanderhalten lassen, muss erst die Praxis erweisen.

Ist mit dem Brexit Churchills „Europa", sprich Kontinentaleuropa, Wirklichkeit geworden? Haben sich die Visionen von Charles de Gaulle bewahrheitet, wonach das UK kulturell ohnehin nicht zu „Europa" passe? Neben diesen rhetorischen Fragen ergeben sich unmittelbar relevante praktische Konsequenzen sowohl für die EU als auch für das UK. Was bedeutet der Brexit für die wirtschaftlichen Beziehungen beider Seiten, welche Anpassungen müssen die BürgerInnen auf sich nehmen? Welche Folgen wird der Brexit für das internationale Standing der EU haben? Wie werden sich die transatlantischen Beziehungen einschließlich NATO

entwickeln? Was bedeutet der Brexit für die militärische Position der EU? Einige
der wirtschaftlichen Aspekte werden im Folgenden erörtert.[7]

7.4   Wohlfahrtsverluste auf beiden Seiten

Die politischen und ökonomischen Auswirkungen des Brexits auf das UK und die
EU sind eng miteinander verwoben. Sie lassen sich aber für den wirtschaftlichen
Bereich eher in Zahlen fassen als für den politischen, bei welchem qualitative Ele-
mente dominieren. Einen ersten Eindruck erhält man, wenn man sich die **Größen-
verhältnisse** vor Augen führt, um die es hier geht. Gemessen am Anteil des (ge-
schätzten) nominellen BIP im letzten gemeinsamen Jahr 2019 in der gesamten
EU28 lag das UK mit 15,3 % gleich hinter Deutschland (20,3 %) auf dem zweiten
Platz. Der Bevölkerungsanteil des UK betrug 13 %, das war (gemeinsam mit
Frankreich) ebenfalls Platz zwei hinter Deutschland mit 16,2 % (Abb. 7.1).

Im **Außenhandel mit dem UK** erzielt die EU27 seit Jahren laufend Überschüsse, im Jahr 2021 waren es 135,9 Mrd. €. Damals lieferte die EU27 13 % ihrer
Warenexporte in das UK, den zweitwichtigsten Absatzmarkt hinter den USA. Bis

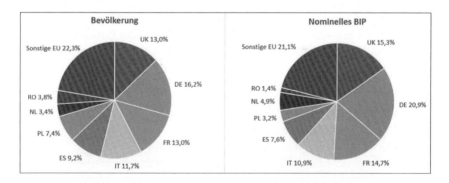

Abb. 7.1 Bevölkerung und BIP in der EU28 im Jahr 2019, Länderanteile in %. (Daten:
Eurostat)

---

[7] Ein Überblick über die durch das Brexit-Referendum aufgeworfenen Probleme findet sich
etwa in einem von Baldwin (2016a) herausgegebenen Sammelband. Den Ablauf des Brexit-
Verfahrens und die Situation danach analysiert Breuss (2021).

2016 lag das UK sogar an erster Stelle, seither sinken die Anteile von Jahr zu Jahr, ähnlich wie auch auf der Importseite. Hier bezog die EU27 zuletzt (2021) 10 % ihrer Gesamteinfuhren aus dem UK als drittwichtigstem Bezugsland nach China und den USA (Abb. 7.2). Für das UK ist der Außenhandel mit der EU27 von viel höherer Bedeutung: 2021 gingen 42 % der britischen Exporte in die EU27, von dort bezog das UK 45 % seiner Importe. Mit dem letztlich vereinbarten „weichen" Brexit wird sich die Verlagerung von Handelsströmen in Grenzen halten, weil es im direkten Warenverkehr weiterhin keine Zölle oder mengenmäßigen Beschränkungen geben wird. Da es aber keinen gemeinsamen Binnenmarkt mehr gibt, fallen bei Grenzüberschreitungen Zollformalitäten an, bei denen der Ursprung der Waren und die Vereinbarkeit mit sonstigen Regelungen (Produktsicherheit, Gesundheitsschutz, Antidumpingbestimmungen) geprüft wird. Für das UK fällt darüber hinaus ins Gewicht, dass mit dem Austritt aus der EU die bilateralen Handelsabkommen der Gemeinschaft mit Drittstaaten ihre Anwendung verlieren. Diese neue „Freiheit" war letztlich ein wichtiges Argument in der Kampagne für den Brexit.

Insgesamt sollten also die Auswirkungen des Brexits für beide Seiten ohne gravierende Verwerfungen zu bewältigen sein, insbesondere weil nun schon mehrere Jahre vergangen sind, die Zeit für Anpassungen geboten haben. Allerdings wurde in dem Gerangel, ob es sich letztlich um einen „weichen" oder einen „harten" Austritt handeln würde, viel Zeit für Anpassungsmaßnahmen vergeudet. In den Tagen vor Ende der Übergangsfrist wurde auch noch eine französische Blockade des Warenverkehrs mit dem UK wirksam, die offiziell gegen das Einschleppen einer Coronavirus-Mutation verhängt wurde. Die dadurch ausgelösten Staus an

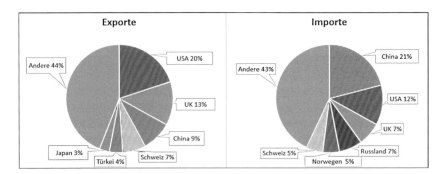

Abb. 7.2 Regionale Prozentanteile am Außenhandel der EU27, 6 wichtigste Länder, 2022. (Daten: Eurostat, Extra-EU trade in goods)

LKW-Transporten haben aber vielleicht das Zustandekommen eines für beide Seiten akzeptablen Kompromisses beim Handelsabkommen unterstützt.

Noch vor dem Wirksamwerden des Brexits wurde in vielen Studien versucht, die **makroökonomischen Auswirkungen** abzuschätzen, wobei zwischen kurzfristigen Effekten (für die nächsten ein bis zwei Jahre) und langfristigen Anpassungsprozessen zu unterscheiden ist. Frühe Studien zu den *langfristigen Effekten* kamen zum Schluss, dass die mit neuen Handelsbarrieren verbundenen Effizienzverluste für das UK höher sein würden als die Vorteile aus eingesparten fiskalischen Kosten. Der Brexit würde auch für die EU27 mit Nachteilen verbunden sein, die aber (mit Ausnahme Irlands) geringer wären als beim UK. Drittländer könnten hingegen vom Brexit etwas profitieren, weil mit geringfügigen Handelsverlagerungen zu ihren Gunsten zu rechnen wäre (Sampson, 2017; Felbermayr et al., 2022b).

Eine umfassende Analyse der britischen Regierung zu den langfristigen Auswirkungen (nach etwa 15 Jahren) ergab deutliche Unterschiede je nach dem Arrangement, das mit der EU für die Zeit nach Wirksamwerden des Austritts erzielt wird (HM Government, 2018). Das BIP läge danach bei einem „harten" Brexit ohne Freihandelsabkommen, aber mit weiter bestehender Möglichkeit der Zuwanderung zum britischen Arbeitsmarkt, um 7,7 % niedriger als ohne Brexit, mit einem durchschnittlichen Handelsabkommen um 4,9 % und bei anhaltender Teilnahme am Binnenmarkt um 1,4 %. Ist eine freie Zuwanderung aus der EU nicht möglich, liegen die Ergebnisse noch einmal um ein bis zwei Prozentunkte niedriger (Tab. 7.2).

In einer übergreifenden Analyse für die EU (bzw. die Eurozone) fassen L'Hotellerie-Fallois und Vergara Caffarelli (2020) Untersuchungen aus dem Zeitraum zwischen 2017 und Anfang 2019 zusammen, in denen die langfristigen Brexit-Effekte auf den Außenhandel, auf ausländische Direktinvestitionen und auf die Migration untersucht werden. Für den Außenhandel wird aus den Studien der Schluss gezogen, dass ein harter Brexit mit MFN-Zöllen (Drittland-Zollsätze nach

Tab. 7.2 Langfristige Brexit-Auswirkungen auf das BIP

	„Harter" Brexit	Handelsabkommen („Kanadische Option")	EEA-Lösung („Norwegische Option")
Personenfreizügigkeit gegenüber EU	−7,7	−4,9	−1,4
Keine Personenfreizügigkeit	−9,3	−6,7	−2,5

Daten: HM Government (2018)

dem Meistbegünstigungsprinzip der WTO) viel gravierendere Folgen für das UK als für die EU insgesamt gehabt hätte. Weniger gravierend, aber ebenfalls zu Ungunsten des UK, fällt ein weicher Brexit mit FTA-Zöllen aus. Für die einzelnen EU-Mitgliedstaaten sind die Auswirkungen ganz unterschiedlich: Irland ist viel stärker negativ betroffen als etwa Österreich. Bei den ausländischen Direktinvestitionen haben sich die Aktivitäten schon seit dem Referendum von 2016 verringert, eine Entwicklung, die sich wohl fortsetzen wird. Keine großen Unterschiede zwischen den beiden Brexit-Szenarien ergaben sich für die Migration aus der EU in das UK, die in jedem Fall stark eingedämmt wird.

Als langfristiges Ergebnis dieser Studien kommt es auf beiden Seiten des Kanals zu Wohlfahrtsverlusten, die aber im UK höher sind als in der EU27.

Die *unmittelbaren Effekte* des Brexit-Referendums waren vor allem im Wechselkurs des britischen Pfundes (GBP) zu sehen. Dieser hat bereits im Zuge der internationalen Finanzkrise 2007/2008 stark an Wert verloren (von 1,47 € im Durchschnitt 2006 auf etwa 1,10 € im ersten Quartal 2009), hat sich danach aber kontinuierlichen erholt und erreichte Mitte 2015 ein Zwischenhoch bei phasenweise über 1,40 €. Die Diskussionen um das Brexit-Referendum und dessen Erfolg am 23. Juni 2016 ließen das Pfund neuerlich auf 1,16 € im Durchschnitt des zweiten Halbjahres 2016 absacken (Abb. 7.3). Der Einbruch war noch stärker gegen-

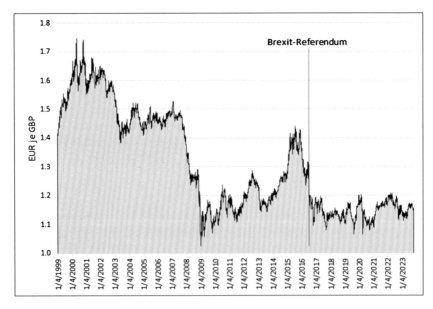

Abb. 7.3 Entwicklung des Euro-Wechselkurses je Pfund-Sterling. (Quelle: Macrotrends, Tagesdaten, letzter Wert vom 07.10.2023: 1,15 €)

über dem US-Dollar, weil gleichzeitig auch der Euro etwas an Wert einbüßte. In den Jahren seither hat sich das Pfund nicht wieder erholt, geringfügige Kursschwankungen spiegeln die politischen Querelen um die Art des Brexits und das Nordirland-Protokoll, eine längerfristige Tendenz ist daraus nicht abzulesen. Anfang Dezember 2023 lag der Pfundkurs bei 1,16 €.

Ein wichtiger Aspekt bei den Brexit-Verhandlungen waren die Auswirkungen auf das **EU-Budget**, und zwar einmal hinsichtlich der nunmehr entfallenden jährlichen Netto-Zahlungen durch das UK (2019 waren es 6,82 Mrd. € oder 0,27 % des UK-BIP) und dann auch die Notwendigkeit, nach dem Ende des „Britenrabatts" das gesamt Rabattsystem neu zu ordnen. Letzteres ist im Gefolge der Pandemie mittlerweile geschehen, aber nicht, indem man etwa sämtliche Rabatte abgeschafft hätte. Auf Druck der „Sparsamen Vier" (Österreich, Dänemark, Niederlande und Schweden) und Deutschlands, die alle vergleichsweise wenige Mittel aus dem Corona-Wiederaufbaufonds erhalten, werden diesen Ländern für weitere sieben Jahre Beitragsrabatte zugestanden.

Vorweg gelöst wurde auch die Frage der noch offenen Zahlungsverpflichtungen des UK gegenüber der EU, deren Bandbreite vor Beginn der Verhandlungen je nach Interpretation zwischen 15 Mrd. € und 100 Mrd. € lag (Becker, 2017). Schätzungen des HM Treasury (2022) kommen für die gesamte Periode seit Januar 2020 auf 42,4 Mrd. € (35,6 Mrd. GBP), die bis zum Jahr 2065 zu leisten sind, der größte Teil davon in den ersten fünf Jahren.

Der Brexit wird in einigen **Teilbereichen der britischen Wirtschaft** merkliche Spuren hinterlassen. Oster und Schlichting (2017) weisen insbesondere auf den Immobilienmarkt in London und auf die Funktion Londons als Finanzzentrum hin. London ist weltweit immerhin der zweitwichtigste Finanzplatz der Welt hinter New York und vor Singapur[8] und hat sich zum bedeutendsten Handelsplatz für Devisen in Euro entwickelt. Es bestand daher großes Interesse des UK an einer Fortsetzung des „*Passporting*", also des unbeschränkten Zugangs zu den Finanzmärkten der EU – auch wenn dies im Widerspruch zur generellen britischen Verhandlungslinie stand, keinesfalls den Binnenmarktregeln unterworfen zu bleiben. Für die Finanzmärkte, die nicht vom allgemeinen Handelsvertrag erfasst sind, gilt zunächst weiterhin eine Übergangsfrist, in der Äquivalenz besteht und die je nach Teilbereich noch ein bis drei Jahre anhalten wird (Hall, 2020; Stojanovic & Wright, 2020). Auf mittlere Sicht ist zu erwarten, dass sich die Finanzmarktregulierung in der EU von jener im UK allmählich auseinanderentwickelt, London wird aber weiterhin einer der bedeutendsten Finanzplätze der Welt sein (Christie & Wieser, 2020).

---

[8] Gemessen am Global Financial Centres Index 33 (GFCI 33) von März 2023.

Breuss (2021) erörtert weitere mögliche Folgen des Brexits für die EU27. Dazu gehören die Machtverschiebung unter den verbleibenden Mitgliedstaaten (mit einem relativen Machtzuwachs der großen Länder) ebenso wie die Beispielwirkung auf andere austrittswillige Mitgliedstaaten oder Regionen, die auf staatliche Selbstständigkeit drängen (Katalonien, Schottland). Auf der globalen Ebene und in internationalen Organisationen verliert die EU deutlich an Einfluss, der durch die beabsichtigte Partnerschaft mit dem UK nur oberflächlich kaschiert werden kann. Einen wichtigen Impuls erhielt diese Partnerschaft in der gemeinsamen Unterstützung der Ukraine zur Abwehr des russischen Eroberungsfeldzugs.

Zusammenfassung und Folgerungen

- Die britische Skepsis gegenüber den deutsch-französisch dominierten Einigungsbestrebungen auf dem europäischen Kontinent mündete in einigen entscheidenden Ausnahmeregeln für das UK, die ihm eine Sonderstellung in der EU eintrugen (eigene Währung, Britenrabatt, Opt-out vom Schengenraum, Opt-in bei Innen- und Justizpolitik).
- Der Brexit ist aufgrund einer populistischen innenpolitischen Konstellation zustande gekommen, ohne Rücksicht darauf, dass die ökonomischen Konsequenzen sowohl für das UK als auch für die EU27 negativ sind. Hier ging es also nicht (nur) um wirtschaftliche Aspekte, sondern auch um eine Reihe von Aversionen (gegen den europäischen Kontinent, gegen die immigrierenden Polen) und zugunsten von rechtspopulistisch befeuerten Mythen über ein (längst vergangenes) britisches Imperium.
- Der vordergründige Freudenschrei des damaligen Premiers Boris Johnson am 01.01.2021, wonach das UK nun endlich seine Freiheit und Selbstbestimmung zurückerlangt habe, unterdrückt die etwa 1250 Seiten an Selbstbindung durch den Handelsvertrag mit der EU und die noch folgenden Bindungen, die das UK mit aller Welt separat wird eingehen müssen. Alle empirischen Studien über die ökonomischen Auswirkungen des Brexits zeigen Verluste für beide Seiten, jedoch höhere für das UK als für die EU27.
- Der Brexit hat zwar eine gewisse Solidarität der zurückbleibenden EU27 mobilisiert, er ist aber auch Anlass zur Besinnung auf regionale Partikularitäten wie in Schottland, aber auch in Katalonien. Von gesamteuropäischer Solidarität ist dabei wenig zu spüren, und es ist nicht ausgeschlossen, dass sich sowohl im UK als auch in der EU manche Auflösungserscheinungen verfestigen.

- Dennoch liefert der Brexit auch Hinweise, womit künftig in der EU zu rechnen ist und welche Politiken erforderlich sind, um die Grundidee der europäischen Einigung nicht verkommen zu lassen. Nach Colantone und Stanig (2018) muss sich die Politik vor allem um eine sichtbare Unterstützung der Globalisierungsverlierer kümmern, damit diese nicht in antiliberalen Nationalismen Zuflucht suchen. Eine gewisse Unterstützung kommt dazu von der Corona-Pandemie, deren gesundheitliche, wirtschaftliche und soziale Schäden eine unverhoffte Stärkung der Solidarität in der EU mit sich brachte. Eine Wiederbelebung der Achse zwischen EU und UK brachte auch der Krieg in der Ukraine, hier ergänzen einander beide Seiten in der Unterstützung des angegriffenen Landes.
- Mit der Verkleinerung der EU nach dem Brexit geht ihr an der liberalen Flanke ein markanter Vertreter eines „Europa der Vaterländer" verloren. Nach innen vereinfacht sich die Entscheidungsfindung nicht nur, weil ein großer Spieler entfällt, sondern auch wegen dessen politischer Positionen, die sich in vielen Fällen ausschließlich am nationalen Interesse orientierten (insbesondere in Fragen der Währung, der Personenfreizügigkeit und des Budgets). Nach außen verliert die EU einen wichtigen Player in Sicherheitsfragen (militärisch als Atommacht, politisch als permanentes Mitglied des UN-Sicherheitsrates), in Handelsfragen (das UK war 2019 in der EU das zweitgrößte Importland und das fünftgrößte Exportland) und auf den internationalen Finanzmärkten (London als zweitwichtigster Finanzplatz der Welt hinter New York).

COVID-19 deckt viele Schwächen der EU auf

8

„Demokratie kann nicht funktionieren, wenn die Leute zu Hause bleiben müssen"

(Ivan Krastev, 2020).

Zusammenfassung

Die EU wurde von der COVID-19-Pandemie in einem Zeitpunkt getroffen, als sie gerade noch in der Bewältigung der Vorgängerkrisen verfangen war und eine neue Kommission ihre Pläne in Umsetzung bringen wollte. Im Unterschied zur Finanzkrise, die von wirtschaftlichen Ungleichgewichten ausgelöst wurde, waren Ungleichgewichte nun eine Folge der Krise. Im Vergleich zur Flüchtlingskrise, deren Bedrohung man in Zahlen erfassen konnte, bestand nun die Gefahr eines Kollapses des Gesundheitssystems. Zur Begrenzung der wirtschaftlichen Schäden der Pandemie waren auf nationaler und EU-Ebene enorme Mittel aufzuwenden, um Wachstum anzuregen, Arbeitslosigkeit einzudämmen und Verteilungsprobleme zu begrenzen. Insgesamt hat die Coronakrise den Wert der EU sowohl bei der Koordination der Gesundheitspolitik als auch der Finanzierung von Hilfsprogrammen hervorgehoben.

8.1   Wirtschaftliche und soziale Verwerfungen

Nach den vielfältigen Herausforderungen an die Solidarität in der EU trat Anfang 2020 die durch das Corona-Virus SARS-CoV-2 ausgelöste COVID-19-Pandemie verschärfend hinzu. Ihre Auswirkungen waren zunächst *medizinischer Natur*. Es ging um die Versorgung der Schwerkranken, die Eindämmung der Ausbreitung, die Erforschung von Medikamenten und Impfstoffen, deren Produktion und Verteilung. Die Politik musste diesen Prozess an vielen Stellen steuern und die Bevölkerung motivieren, die teilweise freiheitsbeschränkenden Maßnahmen auf Sicht mitzutragen.

Je weniger erfolgreich sie dabei war, desto gravierender waren die *ökonomischen Schäden*, die durch Grenzschließungen, Ausgangssperren und Betriebsschließungen entstanden und in der Folge auch zu Einkommensverlusten wegen entfallener Umsätze bei Unternehmen, Kurzarbeit und Arbeitslosigkeit führen. Für das Krisenmanagement war relevant, dass der Schock (im Gegensatz zur Finanzkrise) diesmal nicht von wirtschaftlichen Ungleichgewichten herrührte, sondern diese erst verursacht hat. Um die Schäden möglichst gering zu halten, bedurfte es enormer Stützungsmaßnahmen aus staatlichen Budgets. Im Unternehmenssektor ging es um eine (teilweise) Kompensation von Einnahmenausfällen und die Möglichkeit zu gezielten Investitionen, um bestehende Strukturschwächen zu beseitigen und absehbare gar nicht entstehen zu lassen. Die Politik stand vor der Herausforderung, die begrenzten Fördermittel auf die überlebensfähigen Projekte zu konzentrieren. Kurzfristig half bei der Bewältigung die zeitweilige Suspendierung der fiskalpolitischen Schranken des Stabilitäts- und Wachstumspakts (SWP) und die Anpassung des geldpolitischen Rahmens durch die EZB.

Als dritter wichtiger Faktor traten während der Pandemie *psychologische Probleme* auf, weil viele Leute mit der neuen Situation nicht zu Rande kamen. Dies konnte sich in Resignation äußern oder aber in Wut auf alles und alle, insbesondere auf jene, denen es gerade besser ging als einem selbst, und auf „die da oben", die alles falsch gemacht hätten.

Damit schließt sich der Kreis zum Populismus. Die Coronakrise lieferte vor allem den Rechtspopulisten neues Material für ihre Verschwörungsmythen. Die Ausbreitung des COVID-19-Virus und seiner Mutationen wurde je nach ideologischem Hintergrund einmal als Strafe Gottes (fundamentalistische Christen), Ablenkungsmanöver eines linksliberalen Pädophilenrings (QAnon), oder auch nur als eine „Plandemie" eingestuft, somit als ein „*sorgfältig inszeniertes und geplantes Ereignis*", um „*einigen wenigen Organisationen und Unternehmen globale Kontrolle, Macht und Wohlstand zu bringen*" (Fife, 2020). Zum letzten Punkt werden mit Vorliebe Namen wie Bill Gates, Warren Buffet und George Soros genannt. Für Deutschland haben Decker und Brähler (2020) konstatiert, dass es sich dabei nicht um ein neues Phänomen handelt. Es hat schon lange vor der Coronakrise ein hohes Niveau an Verschwörungserzählungen gegeben, das nun noch einen zusätzlichen Schub erhalten hat.

Soziale Spannungen werden von rechtsextremen Gruppierungen gerne genützt, um autoritäre Politiken zu propagieren. Auch in manchen liberal organisierten Staaten tendieren autokratisch veranlagte PolitikerInnen dazu, die temporär erforderlichen Schutzmaßnahmen gegen die Pandemie zur anhaltenden Aushebelung demokratischer Gepflogenheiten zu nützen. Beispiele in Europa sind Ungarn und Polen, aber auch in anderen Teilen der Welt (Türkei, Israel, Indien, Brasilien, USA unter der Trump-Administration) hat die Coronakrise die schon davor vorhandenen demokratiefeindlichen Tendenzen verstärkt (Diamond, 2020; Ben-Ghiat, 2020). Aus Sorge über diese Entwicklung unterzeichnete eine große Gruppe von Nobelpreisträgern, ehemaligen Regierungschefs und anderen in der Öffentlichkeit stehenden Persönlichkeiten im Juni 2020 einen „Aufruf zur Verteidigung der Demokratie", in welchem eindringlich vor den politischen Folgen der Krise gewarnt wurde (IDEA, 2020): *„Die COVID-19-Pandemie bedroht mehr als nur das Leben und die Lebensgrundlagen von Menschen auf der ganzen Welt. Sie ist auch eine politische Krise, die die Zukunft der liberalen Demokratie bedroht".*

Viele Aspekte der Coronakrise erinnern an überwundene Vorgängerkrisen: Grenzschließungen gemahnen an die Flüchtlingskrise, die enormen staatlichen Hilfen und ihre Finanzierung an die Eurokrise. Dennoch meint Krastev (2020): *„Der von COVID-19 ausgelöste Nationalismus ist etwas völlig anderes als der ethnische Nationalismus im Gefolge der Flüchtlingskrise."* Damals konnte man die Bedrohung in konkreten Flüchtlingszahlen messen, nun wäre es ein abstrakter Feind, der uns medizinisch, wirtschaftlich und psychisch fordert.

Wie haben sich frühere Pandemien auf Wirtschaftswachstum und Einkommensverteilung ausgewirkt? Eine empirische Analyse von Saadi Sedik und Xu (2020) für 133 Länder im Zeitraum 2001–2018 ergab, dass Pandemien kurzfristig das reale Wachstum dämpfen (der stärkste Effekt tritt im Durchschnitt nach zwei Jahren ein) und mittelfristig die Verteilung ungleicher werden lassen (gemessen an steigenden Gini-Koeffizienten). Beide Faktoren können soziale Unruhen auslösen, wodurch ein neuer Zyklus an Wachstumsdämpfung und vermehrter Ungleichheit losgetreten wird. Um diesem Teufelskreis zu entkommen, bedarf es einer Wirtschafts- und Sozialpolitik, die sowohl am Wachstum als auch an der Verteilung mit dem Ziel ansetzt, die soziale Lage und die Aufstiegschancen der untersten Einkommensschichten zu verbessern.

Einen konzeptuellen Unterbau hat die italienisch-amerikanische Wirtschaftswissenschafterin Mariana Mazzucato (2018) schon vorher mit der explizit auch für die EU propagierten „mission-oriented policy" geliefert: In einer Krise funktionieren manche Märkte nicht mehr, weshalb es Aufgabe der öffentlichen Hand sei, gezielt gegen die Folgen der Krise vorzugehen und die erforderlichen Finanzierungsmittel aufzubringen und gebündelt einzusetzen. Mazzucato geht noch einen Schritt weiter und empfiehlt diese Vorgangsweise nicht nur für die Krisenbewältigung, sondern ganz allgemein für Bereiche, in denen Märkte nicht funktionieren (z. B. weil sie von wirtschaftlicher Macht verzerrt werden). Das führt dann zur Frage, ob der Wohlstand der Gesellschaft eher vom Staat oder von privaten Machtinteressen gesichert wird. Die Antwort darauf ändert sich im Zeitablauf und ist in liberalen Demokratien dem parlamentarischen Rechtssetzungsprozess unterworfen.

Die **ökonomischen Auswirkungen der Coronakrise** lassen sich bereits näherungsweise abschätzen. Abb. 8.1 zeigt den dramatischen Einbruch des realen BIP in der gesamten Welt, der im Durchschnitt des Jahres 2020 2,8 % ausmachte – in der EU waren es 5,6 %, das größte Jahres-Minus seit dem 2. Weltkrieg. Damit ist die EU noch einmal hinter die USA zurückgefallen, die von ihrer lockeren Fiskalpolitik und den vergleichsweise einheitlichen Gesundheitsmaßnahmen profitierte. Dieses Manko konnte 2022 nur teilweise wieder wettgemacht werden.

Die Coronakrise bietet die Chance, aus den politischen Fehlern bei früheren Krisen zu lernen. Bei der Bewältigung der globalen Finanzkrise und der Sonderentwicklung der Eurokrise konnte man nicht umhin, die finanziellen Hilfsmittel durch den Finanzsektor zu schleusen – mit nur eingeschränkten wirtschaftspolitischen Möglichkeiten, das Durchsickern in die reale Wirtschaft zu beschleunigen. Die Coronakrise bietet im Vergleich dazu viel bessere Ansatzpunkte, die eingesetzten Mit-

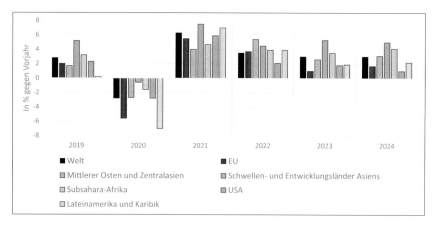

Abb. 8.1 Wirtschaftsentwicklung in der Coronakrise (Veränderungsraten des realen BIP). (Datenquelle: International Monetary Fund, World Economic Outlook Update, July 2023)

tel direkt mit Projekten in der Realwirtschaft zu verknüpfen, auch wenn der Finanzsektor als Transmissionsriemen fungiert und die Staaten bei der Projektentwicklung zwischengeschaltet sind.

8.2   Mangelnde Kompetenzen auf EU-Ebene

Hier interessiert nicht die Frage, wie man eine Pandemie medizinisch in den Griff bekommen kann. Erwähnenswert ist aber, dass sich die Gesundheitspolitik in der EU insgesamt im Vergleich zu anderen Mächten als besonders qualitätsorientiert, aber im Notfall als langsam und wenig flexibel erwies (Aiginger, 2021). Dies liegt an der in den EU-Verträgen vorgesehenen **Kompetenzverteilung** zwischen Mitgliedstaaten und EU-Ebene, die der Union bestenfalls eine koordinierende Funktion zuweist. Diese ist während der Coronakrise von der Öffentlichkeit immer wieder eingefordert und von der nationalen Politik durchaus gerne in Anspruch angenommen worden – jedenfalls von jenen Ländern, die in einem Wettkampf um den Corona-Impfstoff über wenig Marktmacht verfügten.

In der Folge musste „Brüssel" auch in der Coronakrise als Sündenbock herhalten, wenn zu Hause nicht alles nach Plan lief. Statt sich auf EU-Ebene gemeinsam auf hilfreiche Aktivitäten zu verständigen, handelten einige Mitgliedstaaten auf eigene Faust. Manche haben sogar gegen alle Regeln des europäischen Binnenmarktes die Auslieferung von schützenden Gesichtsmasken über die eigene Landesgrenze verhindert. Und nur mit viel Mühe konnte eine gemeinsame Strategie bei der Impfstoffversorgung auf die Beine gestellt werden. Um in Zukunft zu verhindern, dass gesundheitliche Schutzmaßnahmen dem Verdrängungswettbewerb zwischen den Mitgliedern ausgeliefert sind und damit das Recht des Stärkeren gilt, **muss die EU-Ebene eine Zuständigkeit für Pandemien erhalten**.

Da Infektionskrankheiten nicht an den Landesgrenzen haltmachen, hat der Rat der EU auf Basis von Artikel 168 AEUV schon vor Beginn der Corona-Pandemie auf ein Programm zur Zusammenarbeit bei der Bekämpfung vermeidbarer Krankheiten beschlossen,[1] das eine Vielzahl von Maßnahmen empfiehlt, darunter:

*   Bekämpfung der Impfskepsis;
*   Aufstellung und Umsetzung nationaler und/oder regionaler Impfpläne;

---

[1] Siehe Empfehlung des Rates vom 7. Dezember 2018 zur verstärkten Zusammenarbeit bei der Bekämpfung von durch Impfung vermeidbaren Krankheiten (2018/C 466/01).

- Erarbeitung von Optionen für einen einheitlichen Impfpass, der einen grenz-übergreifenden elektronischen Austausch ermöglicht;
- Einrichtung eines EU-weiten Data-Warehouse (virtuelles Register) mit Daten zu Impfstoffbeständen und -bedarf zwecks Senkung des Risikos von Versorgungsengpässen;
- Bildung einer Impfkoalition aus Experten, die die Öffentlichkeit korrekt informieren, irrige Annahmen widerlegen und bewährte Verfahren austauschen.

Mit diesem Programm sollte vor allem die Durchimpfungsrate bei Masern angehoben werden. Es eignete sich aber auch bei COVID-19 als Blaupause für die Koordination folgender Aktivitäten auf EU-Ebene:

- Abschluss von Verträgen mit verschiedenen Impfstofferzeugern zu einem Zeitpunkt, als die einzelnen Impfstoffe erst getestet wurden und ihre Zulassung durch die EK (auf Grundlage von Empfehlungen durch die Europäische Arzneimittelagentur EMA) unsicher war;
- Verteilung der angelieferten Impfstoffe nach einem gemeinschaftlich erarbeiteten Länderschlüssel;
- Entwicklung eines gemeinsamen Rahmens für Antigen-Schnelltests mit gegenseitiger Anerkennung von Testergebnissen.

Dennoch ist es bei der Bewältigung der Coronakrise in der EU zu erheblichen Friktionen gekommen (Gehler, 2021b). Der EK wurde vorgeworfen, auf die falschen Hersteller gesetzt zu haben, zu spät und zu wenige Impfstoffe bestellt zu haben und von den Erzeugerfirmen bei den Konditionen über den Tisch gezogen worden zu sein. Manche Länder (z. B. Deutschland) wollten über eigene Verträge schneller sein als der EU-weite Bestellvorgang. Ausfuhrverbote aus Produktionsstandorten standen im Raum. Panikartige Grenzschließungen bremsten mögliche EU-weite Absprachen über Reisebeschränkungen frühzeitig aus. Diese Spannungen konnten weitgehend durch gemeinsames Reden aufgelöst werden, sie kosteten aber Zeit, welche die EU im Vergleich zu anderen Regionen (UK, USA) bei der COVID-Bekämpfung verlor. Rückblickend wird diese Kritik als Fußnote der Geschichte gelten, jedenfalls im Vergleich zur gemeinschaftlichen Erkenntnis, dass Pandemien nicht sinn- und wirkungsvoll auf nationaler Ebene allein bekämpft werden können.

Wie hat die Pandemie den **Zusammenhalt in der Union** beeinflusst? War die Solidarität in der EU ausreichend belastbar, um die wirtschaftlichen Auswirkungen gemeinsam zu stemmen und die Finanzierung von Gegenstrategien zu organisieren? Solche Strategien dürfen nicht auf die momentane Kompensation von entgangenen Einkommen begrenzt bleiben, sie müssen auch die langfristigen Problemfelder einbeziehen, mit denen die Gesellschaft schon bisher konfrontiert war und die durch die Pandemie möglicherweise noch verstärkt wurden: nachhaltiges Wirtschaften, soziale Gerechtigkeit, menschenwürdige Behandlung aller MitbürgerInnen.

Wie empfanden die BürgerInnen der EU die für die Bewältigung der Coronakrise zur Verfügung stehenden Institutionen und deren Management? In einer Eurobarometer-Umfrage von März/April 2021 (European Parliament, 2021a) wurde die Frage gestellt, ob die *EU mehr Kompetenzen* erhalten soll, um Krisen wie die Corona-Pandemie besser bewältigen zu können. Berücksichtigt man sowohl die volle als auch die teilweise Zustimmung der Befragten, wurde in allen EU-Ländern mehrheitlich mit Ja geantwortet, die niedrigste Zustimmung mit knapp unter 60 % gab es in Tschechien und Dänemark, in Deutschland waren es 65 %. Für die EU im Durchschnitt erteilten von den 74 % positiver Antworten 28 % volle Zustimmung (Abb. 8.2).

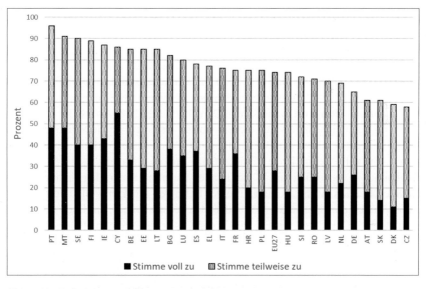

Abb. 8.2 Soll die EU zur Krisenbekämpfung mehr Kompetenzen erhalten? (Daten: Eurobarometer-Umfrage (European Parliament, 2021a), QA3: „To what extent do you agree with the following statement: the EU should have more competencies to deal with crises such as the Coronavirus pandemic?")

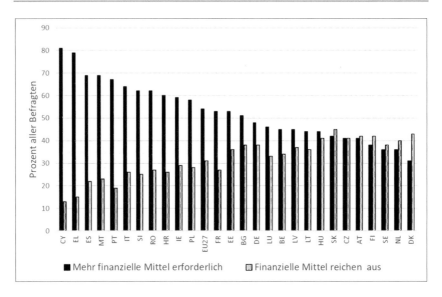

Abb. 8.3 Soll die EU mehr Finanzmittel zur Bekämpfung der Coronakrise erhalten? (Daten: Eurobarometer-Umfrage (European Parliament, 2020b), Q9: „Which of the statements is closest to your opinion?")

Stärker polarisierend war die im Herbst 2020 gestellte Frage, ob die *EU mehr Finanzmittel* zur Bekämpfung der Coronakrise erhalten soll (European Parliament, 2020b). Die meisten Befürworter fanden sich in Zypern (81 % der Befragten) und Griechenland (79 %), die wenigsten in Dänemark mit 31 % (Abb. 8.3).

Wenig schmeichelhaft waren die Ergebnisse zur Frage, ob die *Solidarität* unter den Mitgliedstaaten bei der Bekämpfung der Coronakrise zufriedenstellend war. Eine „sehr zufriedenstellende" Einschätzung gab es mit mehr als 10 % der Befragten nur in Österreich und Irland, in allen anderen Ländern lag sie nur im einstelligen Bereich. Mehr als die Hälfte der Befragten drückten volle und teilweise Zufriedenheit nur in etwa der Hälfte der Mitgliedstaaten aus, am Ende stand Belgien mit 31 % (Abb. 8.4). Die EU wird in der Krise zwar vermehrt als entscheidende Lenkungsinstitution anerkannt, die dazu erforderliche Solidarität der Mitgliedstaaten wird hingegen als wenig zufriedenstellend eingestuft.

Die Befürworter von mehr Krisenkompetenzen für die EU würden ihr hierfür im Großen und Ganzen auch mehr Finanzmittel zugestehen. In diese Gruppe fallen überwiegend Länder aus der südlichen Peripherie der EU mit Italien und Spanien als wichtigste Repräsentanten. Aber auch Irland gehört dazu, in diesem Land sind

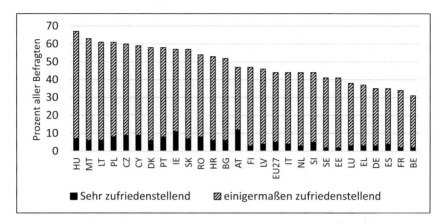

Abb. 8.4 Wie zufriedenstellend ist die Solidarität der EU-Mitgliedstaaten in der Corona-krise? (Daten: Special Eurobarometer 95,1 (European Parliament, 2021a), QA4: „How satis-fied are you with the solidarity between EU Member States in fighting the Coronavirus pandemic?")

zugleich die meisten Befragten zufrieden mit der Solidarität während der Corona-krise. Da im Befragungszeitraum auch die entscheidenden Verhandlungen über die Folgen des Brexits für Irland stattfanden, könnte dies zur positiven Stimmung bei-getragen haben.

8.3 Kompromisse bei den Maßnahmen

Manche der über Jahre entstandenen politischen und wirtschaftlichen Risse zwi-schen den EU-Ländern wurden durch den COVID-19-Schock kurzfristig zu-gedeckt. Sie traten aber wieder hervor, als die ersten Notmaßnahmen die Pandemie eindämmten. Dazu kamen neue, durch die Coronakrise selbst ausgelöste Zwiste, etwa um die Zulassung und Verteilung von Impfstoffen oder um binnenmarkt-widrige Grenzschließungen.[2] Die Konfliktlösung kostete nicht nur Zeit, sondern

---

[2] Der Schengener Grenzkodex (Schengen Border Code, SBC) – Verordnung (EU) 2016/399 des EP und des Rates vom 9. März 2016 – ermöglicht es den Teilnehmerländern, in außer-gewöhnlichen Umständen temporär Grenzkontrollen einzuführen. Während der CO-VID-19-Pandemie haben viele Länder davon Gebrauch gemacht (Madatali, 2021).

erforderte auch Kompromisse, die (wieder einmal) die politischen Schranken für die Integrationsbereitschaft in Europa aufzeigten.

Nach ersten Erfolgen bei der Eindämmung der Pandemie bedurfte es eines grenzenlosen Einsatzes (im doppelten Wortsinn) aller politischen Möglichkeiten, um die wirtschaftlichen und gesellschaftlichen Folgen in den Griff zu bekommen. Die Gegenmaßnahmen haben sich im Bereich der Wirtschaftspolitik auf folgende Felder erstreckt: *fiskalpolitisch* musste die Diskussion um das mehrjährige EU-Budget abgeschlossen, ein Soforthilfeprogramm auf EU-Ebene eingerichtet und die Notfallsklausel zur befristeten Suspendierung der Budgetregeln für die Mitgliedstaaten aktiviert werden (European Parliament, 2020a); *geldpolitisch* war das Eurosystem gefordert, die Banken mit außerordentlicher Liquidität zu versorgen und Anreize für die Kreditvergabe an die privaten Nichtbanken zu schaffen; *aufsichtsrechtlich* wurden die Eigenmittelvorschriften der Banken temporär gelockert und die Gewinnausschüttung eingeschränkt. Gleichzeitig waren Forderungen zu verhandeln, wonach die Vorsichtsregeln wegen notleidender Darlehen verringert und die prozyklische Wirkung der Bilanzierungs- und Bewertungsvorschriften gemildert werden sollte.

Im Bemühen, die Pandemie unter Kontrolle zu bringen, eine Pleitewelle unter den Unternehmen zu verhindern, Einkommensausfälle und Unsicherheiten auf der Nachfrageseite einzugrenzen und gleichzeitig auch sektorspezifische Infrastrukturinvestitionen zu ermöglichen, stießen die Regierungen auf persönliche und sachliche Kapazitätsgrenzen – schon im Gesundheitsbereich bei Ärzten, Pflegepersonal, Krankenhäusern und Medikamenten. Darüber hinaus gab es in den laufenden Staatsbudgets kaum Vorsorgen, die finanziellen Ressourcen waren vor allem bei den hoch verschuldeten Ländern erschöpft.

8.3.1   Sinnloses Promillefeilschen

Der Streit zwischen den EU-Mitgliedstaaten über den *mehrjährigen Finanzrahmen 2021–2027* (MFR) hat sich lange Zeit an symbolischen Zahlen festgebissen, obwohl sie für das Erreichen der EU-Ziele von sekundärer Bedeutung waren. Denn erstens handelt es sich beim MFR um einen auf sieben Jahre angelegten Prognoserahmen, dessen Parameter zu Beginn der Periode nur ungefähr bekannt waren. Zweitens muss das laufende EU-Budget ohnehin jährlich neu ausdiskutiert und unter Berücksichtigung aktueller Ereignisse beschlossen werden. Und schließlich fehlte es an einer eingehenden Zieldiskussion, auf deren Basis erst die Finanzierungsfrage zu stellen gewesen wäre. Stattdessen wurde das Pferd vom Schwanz her aufgezäumt: Man wusste zwar noch nicht genau, wohin die Reise gehen sollte, aber man bestimme zunächst einmal den (finanziellen) Weg dorthin.

Dabei ging es in der heftigen Auseinandersetzung der Staats- und Regierungs-chefs auf dem Europäischen Rat am 20./21. Februar 2020 um vergleichsweise ge-ringe Beträge gemessen an dem von der EU27 im Jahr 2019 erwirtschafteten Bruttonationaleinkommen (BNE) von etwa 16 Billionen EUR. Es wurde darüber gestritten, ob das EU-Budget im Durchschnitt der nächsten sieben Jahre höchstens 1 % (wie von den „Sparsamen Vier" und Finnland gefordert) oder doch 1,074 % (Kompromissvorschlag des Ratspräsidenten Charles Michel) oder 1,114 % (Kommissionsvorschlag) oder gar 1,3 % (Wunschvorstellung des Europäischen Parlaments) betragen dürfe. Dieses Gerangel um Prozentzahlen bis in die Tausenderstellen hinter dem Komma statt um Ziele spiegelt eine Schwäche des politischen Systems: Hier kann trefflich um das Ausmaß einer längerfristigen Selbstbindung gestritten werden, damit man sich im laufenden Betrieb die wieder-kehrenden Forderungen aller Arten von Lobbyisten vom Leibe halten kann.

Die „Sparsamen Vier" – also Österreich, Dänemark, Niederlande und Schwe-den – wollten lange nicht vom 1 %-Deckel loslassen. Diese „Nettozahler" betonten immer wieder ihre gönnerhaften Leistungen an die „Nettoempfänger" und unter-drückten dabei geflissentlich den Mehrwert, der auch ihnen aus dem Ausbau der EU-weiten Infrastruktur (z. B. bei Forschung, Klimawandel, Sicherheit) zugute-kommt. Deutschland als größter Nettozahler hat sich dieser vordergründigen Argu-mentation nicht angeschlossen. Pisani-Ferry (2020) hat jüngst vorgeschlagen, die nationalen Nettoanteile am EU-Budget in Abhängigkeit von der jeweiligen Wirt-schaftskraft vorweg außer Streit zu stellen und unabhängig davon – losgelöst von den nationalen Interessenlagen – das Gesamtbudget und die damit verbundenen Zielprioritäten auszuhandeln. Auf diese Weise könnte man sich das kleinliche (von momentanen nationalen Interessen geprägte) Schachern um die Finanzierung neuer Herausforderungen ersparen.

Die Coronakrise machte überdeutlich, wie sinnlos das Promillefeilschen war. Vielleicht hätten ein paar hundert Millionen Euro zum Budget-Kompromiss geführt, nun werden ohne viel Aufhebens viele hundert Milliarden Euro zur Ver-fügung gestellt. Geht man einmal davon aus, dass das Zahlengerangel am Gipfel nicht nur der Aufmerksamkeit in den heimischen Medien diente, dann böte sich als weiterer Ansatzpunkt für eine Lösung eine konsequentere **Umsetzung des Sub-sidiaritätsprinzips** an. Als Beispiele für eine Ausweitung der Zuständigkeit auf nationaler Ebene können die beiden größten Ausgabenbereiche im EU-Budget die-nen, der Agrarbereich (im Kommissionsvorschlag knapp 30 %) und die Kohäsions-mittel (29 %). Weniger Möglichkeiten finden sich wohl im reinen Verwaltungs-bereich der EU (unter 7 % der Gesamtausgaben), es sei denn, die Mitgliedstaaten einigten sich beispielsweise auf eine radikale Einschränkung des Übersetzungsauf-wandes in alle EU-Sprachen.

Die **Agrarpolitik der EU** lässt sich heute nur verstehen, wenn man in die Ent-
stehungsgeschichte der EU zurückblickt und das Interesse Frankreichs an einem
umfassenden gemeinsamen Agrarmarkt bedenkt. In der Zwischenzeit hat sich
durchgesetzt, die unternehmensbezogenen Direktzahlungen von den gemeinschafts-
relevanten Förderungen zu unterscheiden (heute Säule 1 und Säule 2 der EU-Agrar-
politik). Das EU-Budget könnte drastisch verkleinert werden, wenn man nur die
Säule 2 (Förderung des ländlichen Raums) im EU-Budget beließe und die Säule 1
(Einkommensstützung und Marktmanagement) weitgehend aus der EU-Ver-
antwortung in die nationale Politik verlagerte. Das würde weniger Einmischung aus
Brüssel bedeuten, die Bürokratie verringern und der Landwirtschaft im Durchschnitt keinen Schaden zufügen: Die Mitgliedstaaten müssten dann weniger ins
EU-Budget einzahlen und könnten die eingesparten Mittel für eine den regionalen
Bedürfnissen angepasste Unterstützung der Agrarwirtschaft verwenden. Als die
Kommission im November 2017 einen derartigen Vorschlag ins Spiel brachte, war
der Widerstand der Mitgliedstaaten enorm – vordergründig wegen daraus allfällig
folgender Wettbewerbsverzerrungen. Natürlich würde dies nicht alle Staaten gleich-
mäßig treffen, andererseits aber das Subsidiaritätsprinzip stärken.

Ähnliches gilt auch für die **Kohäsionspolitik der EU.** Dort ist es das über-
geordnete Ziel der EU, langfristig einen Ausgleich der Lebensniveaus zwischen
den Mitgliedstaaten zu unterstützen. Die Einzelmaßnahmen sind ohnehin weitgehend auf nationaler Ebene umzusetzen, sie bedürften bei rein nationaler Finanzierung nicht der aufwendigen Evaluierung durch EU-Behörden – eine wett-
bewerbspolitische Kontrolle steht dem nicht entgegen. An einem Beispiel
ausgeführt, es muss nicht auf EU-Ebene entschieden, finanziert und kontrolliert
werden, welche Golfplätze im Burgenland errichtet werden. Hierfür reichen die
beihilfe- und vergaberechtlichen Rahmenbedingungen des EU-Rechts.

Zeitlich vorgelagert bedarf es jedenfalls einer Auseinandersetzung über die nur
auf EU-Ebene erreichbaren Ziele. Aktuelle Themen, die dringend einer gemeinschaftsweiten Einigung bedürften, sind nicht nur der Umweltschutz, sondern
weiterhin die Sicherung der Außengrenzen, die Verteilung und Integration von Einwanderern und auch ein gemeinschaftlicher Rahmen für die Gesundheitspolitik.

8.3.2   Die Coronakrise rettet das mittelfristige EU-Budget

Die Coronakrise kam zu einem Zeitpunkt, als in der EU gerade die Verhandlungen
über das künftige EU-Budget Fahrt aufnahmen. Die Gespräche wurden bald von
den Erfordernissen dominiert, Finanzhilfen auf EU-Ebene zu gewähren, um in
Ergänzung zu den nationalen Anstrengungen einen Zusammenbruch ganzer Wirtschaftsbereiche zu verhindern. Die Kommissionspräsidentin propagierte die Er-

richtung eines „Marshall-Plans für Europa", um in strategisch wichtige Bereiche zu investieren (von der Leyen 2020). Nach den im Februar 2020 gescheiterten Auseinandersetzungen um den Mehrjährigen Finanzrahmen 2021–27 verständigten sich Bundeskanzlerin Angela Merkel und der französische Präsident Emmanuel Macron darauf, einen Wiederaufbaufonds einzurichten: Die Mittel sollten über den EU-Haushalt in Form von Zuwendungen an die Mitgliedstaaten vergeben und einmalig über eine gemeinschaftliche Anleihe der EU finanziert werden.

Wie schon beim MFR war der Sturm der Entrüstung der „Sparsamen Vier" enorm, noch bevor erörtert werden konnte, welchem Zweck diese Mittel zugeführt werden sollten. Abgelehnt wurde sowohl die solidarische Finanzierung als auch die Vergabe von nicht rückzahlbaren Zuschüssen. Der Alternativplan der Vier sah einen auf zwei Jahre befristeten Notfallfonds vor, der neben dem regulären EU-Budget einzurichten gewesen wäre und der unter bestimmten Auflagen Kredite an Mitgliedsländer vergeben hätte. Bei der Lösung des Zwiespalts half letztlich die Einsicht, dass die Nothilfe nicht primär das Problemfeld der Staatsverschuldung betraf, sondern dass es um den Aufbau bzw. Wiederaufbau einer krisenresistenten Infrastruktur zum Vorteil der gesamten EU ging.

Das Ergebnis besteht aus einem Paket von zwei zentralen Komponenten: **Neben dem MFR** 2021–27 wurde das **temporäre Aufbauinstrument „Next Generation EU"** (NGEU) ins Leben gerufen, beide zusammen mit einem Gesamtvolumen von 1824,3 Mrd. € zu Preisen von 2018. Von den 750 Mrd. € des NGEU-Programms, die die EU langfristig (bis 2058) auf dem Kapitalmarkt refinanziert, entfallen 390 Mrd. € auf nicht rückzahlbare Finanzhilfen, 360 Mrd. € werden als langfristige Darlehen vergeben (Abb. 8.5).

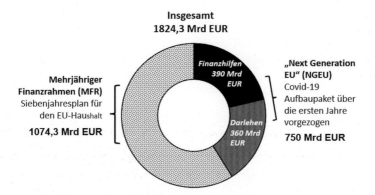

Abb. 8.5 Ausgaben der EU 2021–2027 zu Preisen von 2018. (Quelle: Europäischer Rat, Infografik – EU-Haushalt 2021–2027 und Aufbauplan)

Die über das NGEU-Programm zu vergebenden Mittel werden überwiegend (672,5 Mrd. €) über die **Aufbau- und Resilienzfazilität, ARF** (Recovery and Resilience Facility, RRF) abgewickelt, die übrigen 77,5 Mrd. € verteilen sich auf sechs kleinere Programme (Tab. 8.1). Im Rahmen der ARF können öffentliche Investitionen und Reformen mit direkten Finanzhilfen (312,5 Mrd. €) und Darlehen (360 Mrd. €) unterstützt werden. Dazu legten die Mitgliedstaaten **Nationale Aufbau- und Resilienzpläne (NARPs)** vor, die im Rahmen des Europäischen Semesters auf Basis der länderspezifischen Empfehlungen des Rates abgewickelt werden (Abb. 8.6). Inhaltlich ist die ARF in die folgenden sechs Säulen gegliedert:

1. Übergang zu einer grünen Wirtschaft,
2. digitaler Wandel,
3. wirtschaftlicher Zusammenhalt,
4. Produktivität und Wettbewerbsfähigkeit,
5. sozialer und territorialer Zusammenhalt,
6. Resilienz in den Bereichen Gesundheit, Wirtschaft und Soziales sowie auf institutioneller Ebene und
7. Strategien für die nächste Generation.

Tab. 8.1 Verteilung der Mittel aus MFR 2021–27 und NGEU

	Betrag (Mrd. EUR)	
Titel (bei MFR: Rubriken)	MFR	NGEU
Binnenmarkt, Innovation, Digitales	132,8	10,6
Zusammenhalt, Resilienz und Werte	377,8	721,9
Natürliche Ressourcen und Umwelt	356,4	17,5
Migration und Grenzmanagement	22,7	–
Sicherheit und Verteidigung	13,2	–
Nachbarschaft und Welt	98,4	–
Europäische öffentliche Verwaltung	73,1	–
Gesamt	**1074,3**	**750,0**
Davon NGEU: Aufbau- und Resilienzfazilität (ARF)		672,5
REACT-EU		47,5
Fonds für einen gerechten Übergang		10,0
Landwirtschaftsfonds f.d. ländl. Raum (ELER)		7,5
Fonds „Invest EU"		5,6
Horizont Europa		5,0
Katastrophenschutzverfahren (rescEU)		1,9

Daten: Europäische Kommission, „Der nächste langfristige Haushalt der EU und NextGenerationEU: Wichtige Fakten und Zahlen", 11. November 2020

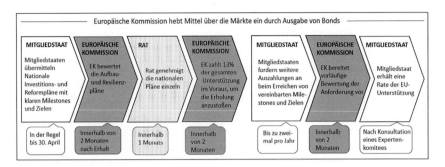

Abb. 8.6 Verfahren bei der Aufbau- und Resilienzfazilität. (Quelle: Auf Basis von European Commission, Recovery and Resilience Facility)

Quantitative Vorgaben gibt es für die ersten beiden Säulen: Von den in den NARPs vorgesehenen Ausgaben an Investitionen und Reformen müssen mindestens 37 % zugunsten der Klimaziele und mindestens 20 % für den digitalen Wandel eingesetzt werden (EK, 2021a).[3]

Für die fiskalischen Maßnahmen auf EU-Ebene zur Bewältigung der Coronakrise gab es überwiegend Zustimmung, weil sie wesentlich zur *Stabilisierung* der gesamtwirtschaftlichen Entwicklung beigetragen haben. Kritisiert wird hingegen, dass dabei die *Allokationsfunktion* zu kurz gekommen sei. Das Programm NGEU wäre mit der Vorgabe gestartet, den Klimaschutz und die Digitalisierung maßgeblich voranzutreiben. In der Umsetzung fehle allerdings die klare Trennung zwischen jenen Aufgaben, die nur von der öffentlichen Hand erfüllt werden können, und rein privaten Aktivitäten mit individueller Gewinnerwartung. Hinsichtlich der *Verteilungsfunktion* gewährten die NGEU-Mittel nicht primär eine Absicherung gegen Schäden aus der Coronakrise. Da sie netto von reicheren zu ärmeren Ländern (gemessen am BIP/Kopf) umverteilten, ergänzten sie bloß die bisherige Kohäsionspolitik (Fuest, 2021).

Bei aller Kritik am komplexen Hilfsprogramm wird anerkannt, dass die EU in Krisenzeiten in der Lage ist, rote Linien zu überschreiten, um die Wohlfahrt in der Gemeinschaft zu optimieren. Ob tatsächlich das angepeilte beste Ergebnis zustande kommt, hängt davon ab, wie weit die nun anstehenden Umsetzungsschritte den gemeinsam erarbeiteten Vorgaben gerecht werden. In der Folge ist auch noch der Rückzug hinter die roten Linien zu verkraften.

---

[3] Für weitere Details siehe etwa Schaller und Schmidt (2021), Bachtrögler-Unger et al. (2021).

8.3.3   Unterstützende Maßnahmen der Geld- und Finanzpolitik

Zur Begrenzung der wirtschaftlichen Folgen der Coronakrise hat die Europäische Zentralbank seit dem Frühjahr 2020 eine Reihe von **Lockerungsmaßnahmen** beschlossen, um die Funktion der Banken als Finanzintermediäre und Risikoträger aufrecht zu halten. Ihren Spielraum für konventionelle geldpolitische Maßnahmen hatte die EZB bis dahin weitgehend ausgeschöpft: Der Zinssatz für die Hauptrefinanzierungsgeschäfte lag seit März 2016 bei 0,00 %. Ergänzend zu den bereits aus der Eurokrise laufenden Maßnahmen (siehe Abschn. 2.5) hat der EZB-Rat im März 2020 den neuerlichen Schock zunächst mit folgenden Maßnahmenpaketen zu meistern versucht (vgl. etwa Neyer, 2020; Pekanov, 2021):

- Lockerung der Kriterien für Kreditbesicherungen;
- Ausweitung der längerfristigen Refinanzierungsgeschäfte (LTROs) als Mengentender mit Vollzuteilung zu einem festen Zinssatz;
- die gezielten längerfristigen Refinanzierungsgeschäfte (TLTRO III) werden rekalibriert und nur Banken angeboten, die bestimmte Zielgrößen bei der Kreditvergabe an private Unternehmen und Haushalte erfüllen;
- das „*Quantitative Easing*" (QE) wird durch weitere Ankäufe im Rahmen des Asset Purchase Programme (APP) mit monatlich 20 Mrd. € fortgesetzt. In Zukunft können auch kurzfristige Geldmarktpapiere der Privatwirtschaft (commercial papers) erworben werden;
- über das befristete Pandemie-Notfallankaufprogramm (Pandemic Emergency Purchase Programme, PEPP) erwirbt die EZB Anleihen von Banken und Unternehmen, um diesen direkt Liquidität zuzuführen.

Mit der Ausweitung der Refinanzierung und der Wertpapierkäufe durch die EZB sollen die Kreditzinsen gesenkt und über eine Ankurbelung der Kreditnachfrage auch die Inflationserwartungen angehoben werden. Der Rahmen für PEPP lag anfangs (April 2020) bei 750 Mrd. €, ist aber ab Juni 2020 auf 1350 Mrd. € und ab Dezember 2020 weiter auf 1850 Mrd. € (fast 17 % des nominellen BIP der Eurozone 2020) angehoben worden. Das Programm ist wie vorgesehen im März 2022 ausgelaufen, doch werden die vor 2024 fälligen Tilgungsbeträge reinvestiert.

Im Laufe des Jahres 2020 wurden noch folgende Aktionen beschlossen:

- Durchführung weiterer LTROs, nämlich der „Pandemic Emergency Longer-Term Refinancing Operations" (PELTROs);

- Anpassungsmaßnahmen bei der mikro- und der makroprudenziellen Aufsicht über das Bankensystem, wodurch die Anforderungen an das Eigenkapital effektiv reduziert werden;
- Verlängerung der Repo-Fazilität für Zentralbanken (EUREP) und der Swap- und Repo-Linien mit Zentralbanken außerhalb des Euroraums (zuletzt wegen der Ukrainekrise bis 15. Januar 2024).

Als Ergebnis dieser Politik ist die **Liquidität im europäischen Bankensektor massiv angestiegen**. Während der Coronakrise (zwischen März 2020 und März 2022) hat sich das Refinanzierungsvolumen auf 2,1 Billionen EUR mehr als verdreifacht und die QE-Wertpapierbestände haben sich auf knapp 5,0 Billionen EUR fast verdoppelt (Abb. 8.7). Die als Folge der rapiden Liquiditätsvermehrung über die Quantitative Lockerung von vielen befürchtete Inflation ist kurzfristig nicht eingetreten, doch hat sich auch die private Nachfrage erst mit Verzögerung erholt. Die Maßnahmen fanden ihren Niederschlag primär im Bankensektor in einer Ausweitung der *Überschussreserven*, die schon durch die EZB-Maßnahmen in der Eurokrise 2012 und dann wieder ab 2015 im Zuge des Anleiheankaufsprogramms zur Inflationsstabilisierung stark zugenommen hatten (Klose, 2020). Parallel dazu

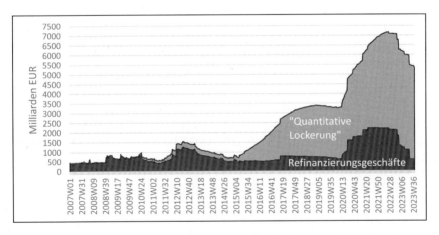

Abb. 8.7 Wochenweise Liquiditätsbereitstellung durch die EZB an Kreditinstitute. (Datenquelle: Europäische Zentralbank, Statistical Data Warehouse)

kam es im privaten Nichtbankensektor zu einem Anstieg der *Sparquote*, die sich auch in einer entsprechenden Ausweitung der Bargeldhaltung niederschlug. Ein vergleichbares Verhaltensmuster entstand in allen von der Pandemie stark betroffenen Weltregionen.

Die Maßnahmen des Eurosystems haben maßgeblich dazu beigetragen, eine Destabilisierung der Finanzmärkte zu verhindern. Das gezielte Zuführen von Liquidität kombiniert mit einer Lockerung von Eigenkapitalbestimmungen hat das Bankensystem erst in die Lage versetzt, seine Finanzvermittlung aufrechthalten und damit in weiterer Folge den Kreditbedarf im Unternehmenssektor zu decken (Altavilla et al., 2020). Einen weiteren Schritt setzte die EZB am 8. Juli 2021 mit der (seit Bestehen des Eurosystems erstmaligen) Anpassung des mittelfristigen Inflationsziels von bisher „unter zwei Prozent" (seit 2003 präzisiert auf „unter, aber nahe zwei Prozent") auf nunmehr „zwei Prozent".

Neben den unmittelbaren Liquiditätseffekten bei den Banken hatte die geldpolitische Expansion positive Beschäftigungseffekte in jenen Fällen, in denen mit dem Ankauf von Unternehmensanleihen ein liquiditätsbedingter Stellenabbau vermieden werden konnte und Anreize für Investitionen geschaffen wurden. Ein rasches Eingreifen der Fiskalpolitik war notwendig, um die gesundheitlichen, sozialen und wirtschaftlichen Folgen der Coronakrise zu dämpfen.

Kritik an den Maßnahmen der EZB gab es mit folgenden Argumenten:

- Die EZB habe mit QE den Boden der Geldpolitik verlassen und damit verbotene monetäre Staatsfinanzierung (gemäß Artikel 123 AEUV) betrieben. Dies gelte besonders, seit über das PSPP die öffentlichen Anleihen auch von Problemländern der Eurozone angekauft würden. Um dies zu sanieren, empfiehlt Neyer (2020) eine Erweiterung des Mandats der EZB, womit ihr eine explizite Kompetenz zur Gewährleistung von Finanzmarktstabilität zuerkannt würde.
- Mit zunehmendem Umfang der QE-Maßnahmen sinkt die Bonität der angekauften Papiere, unter denen sich nun auch Anleihen von Problemländern befinden.
- Aus dem Bankensystem kommt Kritik wegen des niedrigen Kreditzinsniveaus, das die Ertragsmöglichkeiten der Finanzinstitute begrenzt.
- Die Sparer beschweren sich aus dem gleichen Grund über ihre „Enteignung", doch hat Tichy (2019) dargelegt, dass die niedrigen Sparzinsen überwiegend der hohen Spareigung geschuldet sind.
- Mit expansivem QE (nicht sterilisierten APP-Käufen) sinkt ceteris paribus der Wechselkurs des Euro.

- Die lockere Geldpolitik sorgt für einen stetigen Höhenflug der Aktienkurse, wodurch die Vermögensungleichheit weiter zunimmt (Schick und Peters, 2021).
- Schick und Peters (2021) monieren zudem, dass die EZB ihre Maßnahmen zu sehr unter das Prinzip der Marktneutralität stelle und ihre sekundäre Aufgabe vernachlässige, die allgemeine Wirtschaftspolitik der Union (also auch jene im Bereich des Klimawandels) zu unterstützen.

Einige Kritiker wiesen auf das **Potenzial einer bevorstehenden Inflation** hin, das in den Maßnahmen der EZB steckte. James (2021) unterscheidet in diesem Zusammenhang zwischen „guter" und „schlechter" Inflation: *„Gute" Inflation* entsteht bei Angebotslücken, wie sie etwa bei der Produktion von elektronischen Chips für die Autoindustrie eingetreten sind. Wenn es dadurch sektoral zu Preissteigerungen komme, würden Signale an den Markt gesendet, die im Idealfall mittelfristig die Produktion anregten und die Preise wieder sinken ließen. Davon zu unterscheiden wäre eine rein monetär induzierte *„schlechte" Inflation*, die über Nachfragesteigerungen bei Vollauslastung vorgegebener Kapazitäten nur eine Preis-Lohn-Spirale in Gang setzt und die Realeinkommen unverändert lässt. Gegen Ende der COVID-19-Pandemie wies das Anziehen der Rohstoffpreise auf eine „gute" angebotsseitige Inflation hin, von einer Vollauslastung der Kapazitäten in den nachgelagerten Produktionsbereichen konnte noch keine Rede sein. Bis dahin war die positive Wirkung der Maßnahmen im monetären Bereich und zur Finanzmarktstabilisierung weitgehend anerkannt. Mit dieser Politik wurde verhindert, dass die übrigen Hilfsmaßnahmen auf europäischer und nationaler Ebene an Finanzierungsgrenzen stießen.

Aus der expansiven Geldpolitik der EZB hat Congdon (2021) abgeleitet, dass eine Überhitzung der Wirtschaft mit folgender Nachfrageinflation (mit Inflationsraten bis zu 5 %) eintreten könnte. In das gleich Horn stieß Eichengreen (2021b) für die USA, als er der Biden-Administration riet, die massiven Investitionsprogramme zur Überwindung der Coronakrise weitgehend durch Steuern zu finanzieren.

Auf einen wichtigen Unterschied zwischen der Geldpolitik unter PEPP und den fiskalpolitischen Maßnahmen unter NGEU und SURE (siehe Abschnitt 8.4) weisen Reiss und Valderrama (2020) hin: Das PEPP verfolgte vornehmlich EU-weite Ziele (Deflation vermeiden, Finanzmarktstabilität sichern) und bediente nur sekundär auch nationale Anliegen (Verringerung von Risikoprämien bei Problemländer-Staatsanleihen), wogegen die Programme NGEU/SURE direkt Mittel zu den nationalen Regierungen pumpen. Sie erhöhen dort die Liquidität, senken die Finanzierungskosten und stärken das internationale Vertrauen in den Staat. Weiters unterscheiden sich diese Instrumente in der zeitlichen Wirksamkeit: sie erstreckt sich bei PEPP und SURE auf die Jahre 2020–22, bei NGEU auf 2021–26. Ob die EU mit NGEU/SURE eine „central fiscal capacity" errungen hat, mit der sie auch künftig bei Finanzierungsproblemen der Mitgliedstaaten helfend eingreifen kann, muss derzeit wohl offen bleiben.

Mit dem militärischen Angriff der Russischen Föderation auf die Ukraine im Februar 2022 waren die Überlegungen zur Preisstabilisierung ohnehin obsolet. Die durch den Krieg ausgelösten Sanktionen des Westens und die Unsicherheiten über die künftige Öl- und Gasversorgung haben die Energiepreise weltweit drastisch in die Höhe getrieben. In der EU wird seither versucht, die Abhängigkeit von russischen Lieferungen zu reduzieren und auf andere Energiequellen auszuweichen. Um die vom Ukrainekrieg ausgehende Inflation nicht ausufern zu lassen, hat die EZB ab Mitte 2022 zunächst den Leitzinssatz schrittweise erhöht. Ab November 2022 wurden die QE-Wertpapierbestände allmählich verringert und das Refinanzierungsvolumen zurückgefahren (siehe dazu auch Abschn. 2.3).

8.4   Refinanzierung der Coronahilfen

8.4.1   Umstrittene Corona-Bonds

Nach der schwierigen Einigung über gemeinschaftliche Hilfsleistungen zur Bewältigung der Coronakrise stellte sich die Frage nach der Refinanzierung der erforderlichen Mittel auf den Finanzmärkten. Sind von einer Krise alle Mitgliedstaaten mehr oder weniger gleich betroffen (wie von der COVID-19-Pandemie), reichen nach Meyer (2020) nationale Finanzierungsquellen aus. Für andere Fälle und wenn für die Problemlösung ohnehin auf der EU-Ebene erfolgt, werden seit der Finanzkrise sogenannte „**Eurobonds**" diskutiert, die nun als Muster für die „Corona-Bonds" dienen. Vereinfacht sind dies von mehreren Staaten gemeinsam begebene Schuldverschreibungen, für die sie gemeinschaftlich haften und mit deren Erlösen gemeinsame Ausgaben finanziert werden.

In der ökonomischen Literatur findet man eine Reihe von Vorschlägen, die das Grundkonzept der **Euroanleihen** entwickeln und auf diesem aufbauen. Eine frühe Arbeit über die möglichen Vorteile koordinierter Emissionen von Staatsanleihen legte schon bald nach Beginn der Eurozone die Arbeitsgruppe um Giovannini et al. (2000) vor. Damit würde der fragmentierte Markt für Staatstitel übersichtlicher und der Marktzugang vor allem für kleinere Länder einfacher. Wegen der damals ohnehin engen Bandbreite der Renditen nationaler Staatspapiere enthält dieser Bericht keine Empfehlung für einheitliche Anleihen der gesamten Eurozone. In den Wirren der globalen Finanzkrise nahm dann eine Gruppe von Börsenhändlern den zehnten Jahrestag der WWU zum Anlass, die steil auseinanderlaufenden Zins-spreads durch ein gemeinschaftliches Papier einzufangen (SIFMA/EPDA, 2008). Damit sollte auch ein Gegengewicht gegen die auf dem Weltmarkt dominierenden US Treasuries aufgebaut werden und der Euro allmählich zu einer internationalen Reservewährung heranreifen. Dies ist insofern nicht gelungen, als der Euro heute wie bei seiner Gründung nur etwa ein Fünftel zu den Weltwährungsreserven beiträgt.

Unter dem Eindruck der Finanzkrise hat die Europäische Kommission (EK, 2011) in ihrem Grünbuch die Einführung von „Stabilitätsanleihen" für die laufende Finanzierung der Mitgliedstaaten des Euroraums durch gemeinsame Emissionen vorgeschlagen. Um allen Bedenken gerecht zu werden, sind in dem Papier ver-schiedene „machbare" Alternativen für Eurobonds entwickelt worden, woraus Am-tenbrink et al. (2016) folgende Gliederungsmerkmale ableiten:

- nach dem Haftungsumfang: gesamtschuldnerische Haftung „zur ungeteilten Hand" (joint and several liability) oder teilschuldnerische Haftung für einen vorweg bestimmten Teil der Schuld;
- nach der Ersatzrate für nationale Anleihen: Ersatz aller nationalen Emissionen oder nur bis zu einer bestimmten Höhe der Verschuldung (z. B. „safe assets" bis 60 % des BIP);
- nach den begleitenden Maßnahmen zur Abwendung von „moral hazard" (also von der Versuchung, den eigenen Informationsstand zum Nachteil anderer Län-der auszunützen);
- nach dem Zeithorizont: Haftung nur für bereits eingegangene Verschuldung und/oder auch für zukünftige Schulden.

Das Finanzierungsmodell mit **solidarischer Gesamthaftung** aller beteiligten Län-der ist auf besonders viel Kritik gestoßen, es bietet aber *aus ökonomischer Sicht* einige Vorteile. Hoch verschuldete Staaten profitieren vor allem in Krisenzeiten von der Bündelung der Risiken mit einer Verringerung ihrer Zinsenlast. Die Teil-nehmerländer mit höherer Bonität haften mit und sind nun mit gestiegenen Zins-kosten konfrontiert, die aber wenigstens teilweise durch die verbesserte Liquidität der Papiere kompensiert werden (Monteiro, 2023). Als weitere Vorteile gegenüber einzelstaatlicher Finanzierung gelten die zu erwartende Zunahme an finanzieller Stabilität des Euroraumes, die einfachere Transmission der Geldpolitik und die Stärkung der Rolle des Euro im globalen Finanzsystem. Dem wird entgegen-gehalten, dass in den Schuldnerstaaten mit der Streuung des Kreditrisikos der Druck zur Sanierung der Staatsfinanzen nachlässt. *Aus rechtlicher Sicht* bedürften solidarische Gesamthaftungen wegen der Nichtbeistands-Klausel („No-bailout-

Prinzip") in Artikel 125 AEUV wohl einer Vertragsänderung. Dort heißt es stark verkürzt: *„Ein Mitgliedstaat haftet nicht für die Verbindlichkeiten der ... Einrichtungen des öffentlichen Rechts oder öffentlicher Unternehmen eines anderen Mitgliedstaats und tritt nicht für derartige Verbindlichkeiten ein.*"

Das Tranchen-Modell gliedert die Staatsschulden jedes Landes in zumindest zwei Gruppen, in „safe assets" und andere Verbindlichkeiten. Bei Delpla und von Weizsäcker (2010, 2011) würden die Staatsanleihen von finanzstabilen Ländern bis zu jeweils 60 % ihres BIP in einem Pool an „Blue Bonds" zusammengefasst und unter gemeinschaftlicher Haftung als besonders sichere Anlagen vermarktet. Die übrigen Schuldtitel der teilnehmenden Länder würden am Markt als nachrangige „Red Bonds" gehandelt. Ein ähnliches Tranchen-Modell in Form von „European Safe Bonds" (ESBies), die keine gemeinschaftliche Haftung erfordern und primär der Entkoppelung des Banken-Staatsschulden-Nexus dienen sollen, stammt von Brunnermeier et al. (2016). Heftig kritisiert wurde das Tranchen-Modell etwa von De Grauwe und Ji (2018), weil es sich nicht für Krisenzeiten eigne. Die Investoren auf den Finanzmärkten würden dann aus den gebündelten „sicheren" Anleihen fliehen und lieber in „wirkliche Werte" (z. B. deutsche Bundesanleihen) anlegen.

Die Grenze zwischen **Befürwortern und Gegnern von Eurobonds** verläuft entlang politischer und ökonomischer Überlegungen. Politisch werden Eurobonds in jenen Ländern verteidigt, die wegen geringer Kreditwürdigkeit sonst keinen Zugang zu den Kapitalmärkten hätten; aus Angst vor einem nachlassenden Reformdruck auf diese Länder werden sie von Ländern mit hohem Kreditstanding abgelehnt. Ökonomisch geht es um die Frage, ob die Zinsspreads zwischen den Ländern eher auf Unterschiede in der Liquidität der Anleihen oder der Ausfallwahrscheinlichkeit der Schuldner reagieren. Die empirischen Untersuchungen von Favero und Missale (2011) weisen dem Kreditrisiko die weitaus größere Bedeutung zu. Daraus lässt sich ableiten, dass Eurobond-Programme nur dann zur Verringerung der Spreads beitragen werden, wenn strikte Vorgaben zur fiskalischen Konsolidierung einen *„moral hazard"* von vornherein ausschließen. Ein solches „moralisches Risiko" kann entstehen, wenn wegen gemeinsamer Haftung die fiskalische Sorgfalt in den wenig kreditwürdigen Ländern nachlässt.

8.4.2 Finanzielle Solidarität ist nichts Neues in der EU

Der reflexartige Widerstand einzelner EU-Länder gegen gemeinschaftliche Finanzierungen von Hilfsleistungen an die am meisten von der Krise betroffenen Länder Italien, Spanien und Frankreich ist insofern bemerkenswert, als solidarische Zuschussfinanzierungen in der EU keinesfalls neu sind. Sie reichen vom EU-Budget selbst bis zu Finanzierungen über die EIB, den ESM und die EZB. Seit 1975 (damals im Zuge der Ölpreiskrise) hat es fallweise EU-Anleihen gegeben, wenn auch bisher nur für vergleichsweise unbedeutende Projekte. Von Bedeutung sind aber das *EU-Budget* selbst und die folgenden ausgelagerten Finanzierungssystemen, für welche die Mitgliedstaaten der EU bzw. des Euroraums direkt oder indirekt haften:

- Am einfachsten liegen die Dinge bei *Anleihekäufen der EZB*, wenn sie nur der allgemeinen Liquiditätssteuerung in der Eurozone dienen. Die EZB handelt hier nur nach ihren internen Veranlagungsregeln, die beim neuen PEPP besonders locker gehalten sind: Bei der befristeten Corona-Krisenhilfe kann die EZB auch Anleihen von hoch verschuldeten Peripherieländern erwerben.
- Die *Europäische Investitionsbank* (EIB) ist gemäß Artikel 309 AEUV eine EU-Institution mit einem gezeichneten Kapital von 243 Mrd. €. Die ausstehenden Darlehen dürfen bis zu 250 % dieses Betrages ausmachen. Auch die EIB refinanziert sich auf den internationalen Kapitalmärkten. Als Beitrag zur Bewältigung der Coronakrise hat sie bis zu 40 Mrd. € an Überbrückungskrediten und Zahlungsaufschüben für kleine und mittlere Unternehmen in Aussicht gestellt.
- Der 2012 mit einem zwischenstaatlichen Vertrag der Euro-Staaten gegründete *Europäische Stabilitätsmechanismus* (ESM) vergibt langfristige Darlehen, für die im Artikel 136 AEUV „strenge Auflagen" vorgesehen sind. Die Mittel für seine Aktivitäten beschafft sich der ESM über Anleihen, die er auf dem Weltmarkt platziert. Für sie haftet zunächst das von den Mitgliedstaaten eingezahlte Kapital von mehr als 80 Mrd. € und in weiterer Folge die Mitgliedstaaten selbst (mit einem abrufbaren Kapital von weiteren 624 Mrd. €). Derzeit kann der ESM über 410 Mrd. € frei verfügen, die zur Krisenfinanzierung eingesetzt werden könnten. Als Instrument stünden die ungenützten vorsorglichen Kreditlinien („Precautionary Credit Lines") zur Verfügung, deren Nutzung ebenfalls an Auflagen gebunden ist.

Die EU verfügt über vier **Darlehensprogramme** zur gezielten Unterstützung von Mitgliedstaaten und Drittländern, die sich in finanziellen Schwierigkeiten befinden. Es sind dies

- der Europäische Finanzstabilisierungsmechanismus (EFSM) aus 2010 (siehe Abschn. 2.5),
- das Zahlungsbilanzprogramm (Balance of Payments Assistance Facility, BoP) für EU-Staaten außerhalb der Eurozone,

- die Makrofinanzhilfe (MFA), über die seit 1990 Finanzhilfen an für Partnerstaaten gewährt werden (siehe Abschn. 11.3), und
- das „Europäische Instrument zur vorübergehenden Unterstützung bei der Min-
  derung von Arbeitslosigkeitsrisiken in einer Notlage" (SURE).

Finanziert werden die Programme weitgehend über die Finanzmärkte mit einer
Absicherung durch ein System freiwilliger Garantien, die die Mitgliedstaaten der
EU zusagen. SURE („European instrument for temporary Support to mitigate Unemployment Risks in an Emergency") ist das erste Instrument auf EU-Ebene, über
welches die Konjunktur mit kurzfristigen Überbrückungsdarlehen zu günstigen
Bedingungen (bis zu einem Gesamtvolumen von 100 Mrd. €) gestützt werden
kann. Die von der EU für dieses Programm emittierten „Sozialanleihen" garantieren dem Anleihekäufer die zweckgemäße Verwendung der Mittel.

8.4.3 Denken in Alternativen für die Finanzhilfen

Keines der Eurobond-Modelle mit Solidarhaftung bietet sich als vertragskonformes
Finanzierungsmodell für die allgemeine staatliche Mittelbeschaffung in der Gemeinschaft an. Die Coronakrise hat aber die Frage aufgeworfen, ob man in der EU die
besonders betroffenen Staaten sowohl gesundheitspolitisch als auch finanziell einfach sich selbst überlässt oder ob so viel Solidarität aufzubringen ist, um länderübergreifende Pandemie-Kompetenzen auf der EU-Ebene zu bündeln und gleichzeitig
temporär gemeinsame Finanzhilfen auf die Beine zu stellen. Bei den „Corona-
Bonds" ist die Haftungsfrage ohnehin im Hintergrund, Länderrisiken treten im Höhepunkt einer globalen Krise in den Hintergrund. Vielmehr geht es um eine flächen-
deckende Hilfestellung im Sinne des Artikel 122 AEUV, die allen EU-Mitgliedstaaten
zugutekommt, unabhängig davon, in welchen Regionen Maßnahmen vordringlich zu
finanzieren sind – so auch ein Appell aus der EU-Kommission (Gentiloni und Breton
2020). Allerdings muss dann noch die Frage geklärt werden, welche (möglichst unabhängige) Institution über den Einsatz der Gelder entscheidet. **Die Politik sollte
jedenfalls bei der Krisenfinanzierung flexibel sein und in Alternativen denken,
statt kategorisch einzelne Instrumente auszuschließen.**

Solche Finanzierungsinstrumente sind etwa die von George Soros (2020) propagierten „ewigen Anleihen". Soros bedauert, dass Europa nicht von den „consols"
der britischen Regierung im 18. Jahrhundert oder den „perpetual bonds" zur
Schuldenkonsolidierung der US-Staaten im 19. Jahrhundert gelernt hat, welche
Vorteile gemeinschaftliche Finanzierungen haben und wie sie zu gestalten wären.

Er schlägt für kooperationswillige Mitgliedstaaten der EU – unter Anwendung der Verstärkten Zusammenarbeit gemäß Artikel 326 ff. AEUV – ein separates Budget und als Finanzierungsinstrument Anleihen vor, die nie oder jedenfalls nicht zu einem vorweg fixierten Datum zurückgezahlt werden müssen. Damit könnten Budgetblockaden wie 2020 durch Polen und Ungarn wirkungsvoll umgangen werden.

Speziell für die Bewältigung der Coronakrise ist von Bénassy-Quéré et al. (2020) ein Finanzierungskonzept vorgelegt worden, das die langwierigen rechtlichen und praktischen Geburtsprobleme von Eurobonds umgeht. Im Rahmen des Europäischen Stabilitätsmechanismus würde eine langfristige „Covid Credit Line" (CLL) eingerichtet, aus der die teilnehmenden Länder zweckgebundene Mittel nach medizinischer und ökonomischer Notwendigkeit abrufen könnten. Jedes Land wäre bei geringer Konditionalität für die von ihm beanspruchten Mittel direkt dem ESM gegenüber zur Rückzahlung verpflichtet. Seine anerkannte Bonität würde es dem ESM ermöglichen, sich zu günstigen Konditionen auf dem Weltmarkt zu refinanzieren.

Letztlich konnte in der Frage der Krisenfinanzierung ein Kompromiss gefunden werden, der die EK ermächtigt, zweckgebundene „Corona-Bonds" mit solidarischer Haftung der Mitgliedstaaten zu emittieren. Wichtig war den Skeptikern die Einmaligkeit der Aktion, sodass es nicht automatisch zu einer Fortführung oder Wiederholung kommen kann. Die Finanzierung muss gemäß Artikel 310(4) AEUV über einen entsprechenden Eigenmittelbeschluss erfolgen. Dieser wurde am 14. Dezember 2020 vom Rat verabschiedet (Beschluss 2020/2053) und bis Ende Mai 2021 von allen Mitgliedstaaten ratifiziert.

8.4.4 Nicht Staaten, sondern Projekte finanzieren

In wirtschaftlichen Krisenzeiten erwartet die Bevölkerung, dass der Staat neue Aufgaben übernimmt: von der Stabilisierung der Wirtschaft über die soziale Absicherung bis zu ausreichender Gesundheitsvorsorge. Ein Teil dieser Aufgaben fällt nur temporär an, aber es geht auch darum, langfristig in die Infrastruktur zu investieren, um gegen künftige Krisen gewappnet zu sein. Die Coronakrise hat das Augenmerk der Politik asymmetrisch auf Gesundheitsbereiche gelenkt, die zuvor vernachlässigt worden waren (z. B. die Kapazität an Intensivbetten in Spitälern).

Blickt man über die unmittelbare Krisenbekämpfung hinaus, ist bei einer **dauerhaften Lösung** die Finanzierung herkömmlicher (im MFR budgetierter)

Staatsausgaben von den Corona-bedingten Sonderaufwendungen zu unterscheiden. Für erstere gelten wie bisher die Verfahrensregeln des Europäischen Semesters, wenngleich mit der Aktivierung der allgemeinen Ausweichklausel des Stabilitäts- und Wachstumspakts[4] im März 2020 die fiskalischen Maastricht-Kriterien bis auf Weiteres suspendiert sind. Nun kommen die temporären Finanzhilfen der EU dazu, die ebenfalls in die Abläufe des Europäischen Semesters einzubinden sind. In Angriff genommen werden die in den NARPs der Mitgliedstaaten genannten und von der Europäischen Kommission gutgeheißenen Investitionsprojekte. Für rein kommerzielle Projekte mit laufenden Erträgen eignen sich rückzahlbare Kredite, für gemeinnützige Vorhaben aber besser Zuschüsse. Diese Vorgangsweise ist in der ARF-Verordnung vom 12. Februar 2021 festgehalten, wobei die Unterstützung aus der Fazilität *„mit Ausnahme von hinreichend begründeten Fällen nicht die wiederkehrenden nationalen Haushaltsausgaben ersetzen"* darf. Aufgabe der Kommission ist es nun, die NARPs auf Tendenzen zur reinen Budgetfinanzierung (bzw. zur Finanzierung schon längst geplanter Investitionen) zu prüfen – „Mitnahmeeffekte" sollen möglichst ausgeschlossen werden – und aus den nationalen Mosaiksteinen ein Gesamtkonzept erwachsen zu lassen.

Eine **optimale Lösung** für die massive Bekämpfung der Coronakrise wäre ein modifiziertes Verfahren gewesen, in welchem die EK förderwürdige Projekte auf Vorschlag einer unabhängigen Expertengruppe (nach Richtlinien, die auf Vorschlag der EK vom EP erstellt werden) ausgewählt hätte. Die Richtlinien hätten für eine sachliche Begrenzung der Projekte (z. B. nur in den Bereichen Gesundheit, Klimaschutz, Forschung, Sicherheit) ebenso zu sorgen gehabt wie für die in den jeweiligen Krisenregionen anzustrebenden Zielwerte. Um die demokratische Kontrolle sicherzustellen, wären EK und Expertengruppe dem EP berichts- und rechenschaftspflichtig gewesen.

Realistischer ist zweifellos ein Verfahren, bei dem auch der Rat der EU ein wichtiges Mitspracherecht hat, doch sollte sich das möglichst nicht auf die Umsetzung erstrecken. Auch wenn die Ausgestaltung eines derartigen Verfahrens, die Richtlinien und die Auswahl der ExpertInnen dem zeitaufwendigen Hickhack zwischen den Mitgliedstaaten ausgesetzt wären, könnte man danach das Hauptziel der Krisenbewältigung zum Vorteil der gesamten EU ohne große Reibungsverluste ansteuern. Dieses Verfahren stünde außerdem für allfällige spätere Krisen als Modell zur Verfügung.

---

[4] Die allgemeine Ausweichklausel wurde 2011 über den Six-Pack zur Reform des SWP eingeführt, um es in einer umfassenden Krisensituation zu ermöglichen, in koordinierter und geordneter Weise vorübergehend von den regulären Anforderungen abzuweichen.

8.5   Rechtsstaatlichkeit auf dem Prüfstand

Welchen Stellenwert hat „Solidarität" in Corona-Zeiten, wenn es um die Einhaltung von Rechtsstaatlichkeit geht? Dazu soll einmal näher auf die beiden Eckpunkte dieser Fragestellung eingegangen werden. Unter *Solidarität* versteht man landläufig den Zusammenhalt in einer Gemeinschaft, die gemeinsame Ziele verfolgt und sich dabei um den Ausgleich verschiedener Interessen bemüht. In der EU wird sie in Grundsatzfragen vorausgesetzt, muss aber in laufenden Angelegenheiten und in der Krise oft erst erarbeitet werden. Als *Rechtsstaat* bezeichnet man einen Staat, in dem die politische Herrschaft über die BürgerInnen nur aufgrund und im Rahmen des Rechts ausgeübt wird. Wesentliche Merkmale sind die demokratische Legitimation und die Stabilität des Rechtssystems (Rechtssicherheit), die Bindung des Gesetzgebers an die Verfassung und eine Gewaltenteilung, in der staatliche Entscheidungen durch unabhängige Richter überprüft werden können.

Die Mitgliedstaaten der EU sind aufgrund des Lissabon-Vertrages verpflichtet, die Grundwerte der EU, zu denen explizit die Rechtsstaatlichkeit gehört, zu beachten (Artikel 2 EUV). Die Rechtsentwicklung in Polen und Ungarn hat öffentliche Zweifel an der Einhaltung der Rechtsstaatlichkeit ausgelöst, weshalb gegen beide Länder Verfahren nach Artikel 7 EUV eingeleitet wurden (im Dezember 2017 von der Kommission gegen Polen und im September 2018 vom Europäischen Parlament gegen Ungarn). Als es im Zuge der COVID-19-Pandemie in vielen Ländern die persönlichen Freiheitsrechte eingeschränkt wurden, entwickelte die Europäischen Kommission (EK, 2020b) einen **Rechtsstaatlichkeitsmechanismus**, um in einem laufenden Dialog mit den Mitgliedstaaten die Rechtsstaatlichkeit abzusichern.

„Das *Verfahren nach Artikel 7 EUV* ist äußerst schwerfällig und führt kaum zu Sanktionen. Es bedarf zunächst einer Vier-Fünftel-Mehrheit der Mitgliedstaaten im Rat, um festzustellen, ob die „*eindeutige Gefahr einer schwerwiegenden Verletzung der in Artikel 2 genannten Werte*" vorliegt. Im nächsten Schritt muss der Europäische Rat einstimmig „*eine schwerwiegende und anhaltende Verletzung*" dieser Werte feststellen. Erst dann kann der Rat mit qualifizierter Mehrheit beschließen, bestimmte Rechte eines Mitgliedstaates (z. B. Entzug des Stimmrechts) auszusetzen."

Die zu Beginn der Coronakrise noch an einem Strang ziehenden Mitgliedstaaten konnten sich im Juli 2020 einstimmig auf ein Budgetvolumen für den MFR und das NGEU-Programm einigen. In den Schlussfolgerungen des Europäischen Rates vom 20. Juli 2020 ist unter Punkt A24 und im Punkt 22 der Anlage festgehalten, dass die „*finanziellen Interessen der Union … insbesondere im Einklang mit den Werten gemäß Artikel 2 EUV*" zu schützen sind. Ausdrücklich unterstreicht der

Europäische Rat in seinem einstimmigen Beschluss *„die Bedeutung, die der Achtung der Rechtsstaatlichkeit zukommt."* Der Punkt 23 der Anlage zu diesem Beschluss sieht vor, dass *„eine Konditionalitätsregelung zum Schutz des Haushalts und von ‚Next Generation EU' eingeführt"* wird. *„In diesem Zusammenhang wird die Kommission im Fall von Verstößen Maßnahmen vorschlagen, die vom Rat mit qualifizierter Mehrheit angenommen werden."* Das ist dankenswerterweise auch von Polen und Ungarn mit unterzeichnet worden.

Im September 2020 bemühte sich die deutsche Ratspräsidentschaft um eine Kompromissformel, wonach bei einem Streit um Fragen der Rechtsstaatlichkeit nur dann finanzielle Sanktionen verhängt werden können, wenn sie von einer qualifizierten Mehrheit der Mitgliedstaaten beschlossen werden. Im Rat erreichte dieser Vorschlag zwar die erforderliche qualifizierte Mehrheit, aber gegen die Stimmen von Polen und Ungarn, die daraufhin erklärten, ihr Veto gegen den Budgetbeschluss einzulegen. Dies war umso erstaunlicher, als die offizielle Haltung beider Länder stets war, sich ohnehin der Rechtsstaatlichkeit verpflichtet zu fühlen. In einem mühsam errungenen Kompromiss konnte das gesamte Budget dann im Dezember 2020 doch noch beschlossen werden.

Der Rechtsstaatlichkeitsmechanismus wurde zwar nicht mehr aufgeschnürt, aber soweit entschärft, dass nunmehr auch Polen und Ungarn zustimmen konnten. Die in der Verordnung 2020/2095 vom 16. Dezember 2020 („Konditionalitätsverordnung") niedergelegte „Allgemeine Konditionalitätsregelung" dient nur dem „Schutz des Haushalts der Union" (ist also weder bei Beschränkung der Medienvielfalt noch in Flüchtlings- oder Minderheitsfragen anzuwenden) und kann von den betroffenen Ländern beim EuGH angefochten werden. Dies haben Polen und Ungarn auch getan, doch wies der EuGH im Februar 2022 die Klagen der beiden Länder ab. Somit kann die Europäische Kommission COVID-19-Finanzhilfen an jene Länder zurückhalten, in denen eine ordnungsgemäße Verwendung der Mittel nicht gewährleistet ist.

Damit wird ein grundsätzliches Problem jeder föderalen Organisation offenbar. Selbst wenn die Aufgabenverteilung zwischen den verschiedenen Ebenen einvernehmlich festgestellt wurde, können gemeinsame Politiken in der Umsetzungsphase noch scheitern. Entscheidungen bedürfen mühsamer Vorbereitungen und Abstimmungen, und ihre Verwirklichung ist zwischen unterschiedlichen Verwaltungseinheiten zu koordinieren. So wie dies bei Entscheidungen in föderalen Staaten (Deutschland, Österreich) auf nationaler Ebene zu Verzögerungen führen kann, müssen auch in der EU im Allgemeinen zuerst die Meinungen von 27 Mitgliedstaaten unter einen Hut gebracht werden, bevor Maßnahmen umgesetzt werden können. Dies sollte man bedenken, wenn man von der nationalen Ebene her die „Brüsseler Bürokraten" für allzu lange dauernde Entscheidungsprozesse verantwortlich macht.

So geschehen bei der gemeinsam erarbeiteten „Impfstrategie" gegen die Verbreitung des COVID-19-Virus, als der Europäischen Kommission aus den Mitgliedstaaten heraus Fehler bei der Bestellung und Verteilung der Impfstoffe angelastet wurden. Ihr ist es – mit völlig unzureichenden EU-Kompetenzen in der Gesundheitspolitik – zu danken, dass überhaupt eine Strategie zustande kam. Sie verhinderte einen heillosen Wettbewerb zwischen den Mitgliedstaaten, der vielleicht einigen potenten Ländern Vorteile gebracht, aber die finanzschwächeren Länder stark benachteiligt hätte. Am Ergebnis der gemeinsamen Anstrengungen kann man zweifellos manches kritisieren, aber man sollte nicht die Impfgeschwindigkeiten in Israel oder im UK, und selbst nicht jene in den USA, als Vergleich heranziehen. Die Entscheidungswege und die finanziellen Möglichkeiten sind doch zu unterschiedlich.

Man kann den Rechtsstaatsmechanismus durchaus kritisieren und generell auf manche Defizite in der demokratischen Legitimation von EU-Instanzen hinweisen, aber **die Rechtsstaatlichkeit selbst darf nicht in Frage gestellt werden, wenn es um Kompromisse in Finanzierungsfragen geht.** Die vor dem letztlich erreichten Kompromiss zunächst angedachte Lösung mit einem zwischenstaatlichen Vertrag (ohne Polen und Ungarn) hätte jedenfalls dem Solidaritätsgedanken in der EU einen weiteren Tiefschlag versetzt.

Für Kochenov – Bárd (2018) greift die Debatte um die Einhaltung der Rechtsstaatlichkeit insofern zu kurz, als die grundlegenden Werte der EU gemäß Artikel 2 EUV nicht am Beginn des Integrationsprojektes standen, sondern erst allmählich herausgearbeitet wurden. Daher ist das gegenwärtige Rechtssystem der EU nicht in der Lage, wirkungsvoll auf Verstöße gegen die Rechtsstaatlichkeit zu reagieren. Dazu wäre das Integrationsprojekt neu aufzusetzen, sodass Demokratie und Rechtsstaatlichkeit zu Grundelementen des Rechtssystems (der „jurisdictio") werden und nicht Teil der Rechtsumsetzung (des „gubernaculum") bleiben.

An den Beispielen Ungarn und Polen macht die Göttinger Volkswirtin Renate Ohr (2017) deutlich, dass sich *„manche Mitglieder durch die EU-Regeln und Vorgaben in ihren nationalen Notwendigkeiten beschränkt fühlen."* Hier müsse man realistisch bleiben und zugestehen: *„Integration, Solidarität, gemeinsame Wertvorstellungen und Präferenzen sowie gemeinsames Handeln kann man nicht erzwingen."* Es gelte daher, die bisherigen Errungenschaften der europäischen Integration, insbesondere des europäischen Binnenmarktes, zu betonen und die Integrationsbereitschaft nicht durch Forderungen nach einer „immer engeren Union" aufs Spiel zu setzen. An die Stelle von „mehr Europa" sollte „ein besseres Europa" propagiert werden, das den Mitgliedstaaten mehr Flexibilität zugesteht. Nur wenn nicht immer alle Mitglieder mit ihren unterschiedlichen wirtschaftlichen und sozialen Rahmenbedingungen sämtliche von der Mehrheit durchgesetzten Integrationsschritte mitmachen müssen, werden sie sich weiterhin mit der Union identifizieren.

Die Auseinandersetzungen mit Polen und Ungarn sollten Anlass für einen Diskussionsprozess mit dem Ziel sein, entweder in Finanzfragen von der Einstimmigkeit zu qualifizierter Mehrheit überzugehen (wegen der Einstimmigkeit ist das wohl unrealistisch) oder mittelfristig die EU selbst umzugestalten: Das schon heute bestehende System mit unterschiedlichen Rechten und Pflichten der Mitgliedschaft (nicht alle Länder gehören dem Eurosystem an, wieder andere tragen das Schengen-System nicht mit) sollte zu einer **Kernunion** verdichtet werden, deren Mitglieder sich voll zu den Werten der EU-Verträge bekennen. Um diese herum könnten Ländergruppen mit unterschiedlichen rechtlichen Beziehungen zum Kern angesiedelt sein. Seit dem Ukrainekrieg ist diese Frage in den Hintergrund gerückt, sie könnte aber wiederum virulent werden, sollte sich ein Mitgliedstaat nicht an die vereinbarten Grundsätze halten. Neben der jetzt bestehenden Austrittsmöglichkeit und allfälligen Sanktionen nach Artikel 7 EUV bei Verletzung der im Artikel 2 EUV genannten Werte der EU (z. B. Stimmrechtsentzug bei Missachtung der Rechtsstaatlichkeit, Suspendieren von EU-Fördergeldern) wäre allenfalls auch ein Ausschlussverfahren vorzusehen.

Dies mag zwar dem gegenwärtigen Anspruch der EU zuwiderlaufen, in Europa eine möglichst breit aufgestellte liberale Demokratie zu formen und auf der Weltbühne mit den wirtschaftlichen Großmächten auf Augenhöhe mithalten zu können. Davon kann die EU auch angesichts des Brexits nur träumen. **Vom Brexit sollte die EU lernen, dass ein Gleichklang bei den Grundwerten wichtiger ist als vordergründige Größe.**

Zusammenfassung
- Das holprige Anlaufen von nationalen und gemeinschaftlichen Maßnahmen gegen die Verbreitung von COVID-19 gab den Populisten Spielraum, ihre Verschwörungsmythen auch auf dieses Betätigungsfeld auszuweiten. Maskenverweigerer, Lockdown- und Impfgegner konnten sich mit jenen verbünden, die durch die Krise in wirtschaftliche Schwierigkeiten geraten waren. In Umfragen spricht sich die Bevölkerung mehrheitlich (aber mit Schwerpunkt im Süden der EU) für eine allfällige Erweiterung der EU-Kompetenzen in Gesundheitsfragen aus. Sie empfindet die Solidarität der Mitgliedstaaten bei der Bekämpfung der Pandemie als wenig zufriedenstellend.

- Eines der Hauptprobleme bei der Eindämmung der Coronakrise war die eingeschränkte, nur koordinierende Kompetenz der EU-Ebene in Gesundheitsfragen. Nach heftigen Auseinandersetzungen unter den Mitgliedstaaten und dieser mit der EU-Ebene gelang es aber, tragbare Lösungen sowohl in medizinischen Fragen (Besorgung und Verteilung der Impfstoffe) als auch in Finanzierungsfragen zu erreichen.
- Erst durch die Coronakrise gelang es, den mehrjährigen Finanzrahmen der EU zu verabschieden und umfassende Coronahilfen zu beschließen, die über gemeinschaftliche Schuldtitel mit solidarischer Haftung aller Mitgliedstaaten („Corona-Bonds") finanziert werden. Ähnliche Finanzierungsmodelle gibt es unter verschiedenen Auflagen schon lange, sie werden von Skeptikern als verbotener Schritt in eine unkontrollierbare Schuldenexpansion gebrandmarkt. Die Coronakrise bietet ausreichend Anlass, weiter über vertragskonforme solidarische Finanzierungen nachzudenken und diese nicht von vornherein auszuschließen.
- Für die Verwendung der Wiederaufbaumittel nach der Coronakrise wurde nicht der sachlich gebotene Weg über gemeinsam definierte Aufbauprojekte, sondern wiederum über die Budgets der Mitgliedstaaten gewählt. Mit Ungarn und Polen musste ein komplexer Kompromiss gefunden werden, um die Mittelverwendung an das (selbstverständliche) Kriterium der Rechtsstaatlichkeit binden zu können.
- Da es in Grundsatzfragen keine Kompromisse geben kann, stellt sich zunehmend die Frage, ob es beim Ausscheren eines Mitgliedstaates in Einzelfragen nur den Austritt aus der EU als Lösung geben soll (wie beim Brexit) oder ob und in welcher Form es Raum für eine Peripherie von Mitgliedstaaten mit eingeschränkten Rechten und Pflichten geben kann.
- Völlig verabsäumt wurde die Gelegenheit, gleich auch die schon lange anstehende Strukturbereinigung im EU-Budget anzugehen und mit einer Vertiefung des Subsidiaritätsprinzips zu verknüpfen. In der Agrarpolitik wäre dies mit einer Verlagerung von Einkommensstützung und Marktmanagement (Säule 1) auf die nationale Ebene ebenso möglich wie in der Kohäsionspolitik. Andererseits müssten gemeinschaftsrelevante Fragen des Klimawandels, der menschenwürdigen Behandlung von Flüchtlingen und der Pandemiesteuerung auf die EU-Ebene verlagert werden.
- Die EZB hat ihre expansive geldpolitische Linie während der Coronakrise fortgesetzt und massiv Liquidität in das Bankensystem gepumpt. Die reale Nachfrage hat darauf nicht unmittelbar reagiert, vielmehr sind die

Überschussreserven der Banken und die private Sparquote stark angestiegen. Der Ukrainekrieg hat die Energiepreise nach oben getrieben und einen Nachfrageschub ausgelöst, beides wurde durch den Liquiditätsüberhang im privaten Sektor alimentiert, sodass gegen Ende 2022 die Inflation in der Eurozone auf zweistellige Werte kletterte.

- Hat die Coronakrise die Nationalismen verstärkt oder doch einen Zug zu mehr Solidarität gebracht? Diese Frage lässt sich wohl nicht endgültig beantworten, tatsächlich sind beide Aspekte stärker zutage getreten. Letztlich geht es nicht so sehr um eine Auseinandersetzung zwischen mehr oder weniger Europa, sondern um ein besseres Europa mit klaren Kompetenzen und der nötigen Flexibilität hinsichtlich der Integrationstiefe jedes einzelnen Mitgliedstaates.

Europa in Trümmern – neue Identität gesucht

9

„The extraordinary challenges created by Russia's invasion must be met with extraordinary policies"

(Barry Eichengreen & Vladyslav Rashkovan, 2022).

Zusammenfassung

Mit dem Ukrainekrieg hat der russische Präsident Wladimir Putin jene politischen und wirtschaftlichen Bande zerschnitten, die seit dem Zerfall der Sowjetunion zwischen Russland, den übrigen Nachfolgestaaten und dem restlichen Europa aufgebaut worden sind. Der Krieg und das Stopp-Signal des Westens in Form von Sanktionen ziehen nun eine tiefe politische und wirtschaftliche Furche durch Europa und bedingen dort neuerlich eine Grenze, die den Osten vom Westen trennt. Damit kommt zu dem noch lange nicht überwundenen Nord-Süd-Gefälle, das die Eurokrise charakterisierte, nun auch eine politische und wirtschaftliche Kluft zwischen West und Ost, also zwischen (halbwegs) demokratisch organisierten Ländern und Autokratien. Innerhalb der EU herrscht eine überwältigende Unterstützung der Ukraine in ihrem Überlebenskampf, gepaart mit dem Bewusstsein, dass eine glaubwürdige Sicherheitspolitik der Union auf die NATO-Partnerschaft angewiesen ist.

9.1   War die Ukrainekrise vorhersehbar?

Der kriegerische **Überfall der Russischen Föderation auf die Ukraine** am
24. Februar 2022 hat ein neues europäisches Zeitalter eingeleitet. In den drei Jahrzehnten davor herrschte eine scheinbare politische Stabilität, frühere russische
Machtdemonstrationen lagen weit zurück. Vergessen waren die Niederschlagung
des ungarischen Volksaufstandes 1956 und des Prager Frühlings 1968 durch Truppen des Warschauer Paktes – des zwischen 1955 und 1991 bestandenen Ver-
teidigungsbündnisses des früheren Ostblocks unter Führung der Sowjetunion. Vergessen die durch die Prager Ereignisse ausgelöste „Breschnew-Doktrin" von der
begrenzten Souveränität sozialistischer Bruderstaaten.[1] Nach dem Zusammenbruch der Sowjetunion im Jahr 1991 bestand im Westen Hoffnung auf eine
wirtschaftliche und politische Konsolidierung der einzelnen Nachfolgestaaten einschließlich der Russischen Föderation. Seit 1997 war das Partnerschafts- und Kooperationsabkommen (Partnership and Cooperation Agreement, PCA) der EU mit
Russland in Kraft. 2008 wurden Verhandlungen über ein neues Abkommen aufgenommen, wobei auch eine Freihandelszone und visumloses Reisen Gesprächs-
themen waren. Die Verhandlungen kamen allerdings zum Stillstand, als Russland
im Kaukasuskrieg vom August 2008 die Loslösung Abchasiens und Südossetiens
von Georgien militärisch unterstützte und daraufhin Georgien seine Bemühungen
um eine NATO-Mitgliedschaft intensivierte.

Im Rahmen ihrer „Europäischen Nachbarschaftspolitik" (ENP) richtete die EU
2008 die Östliche Partnerschaft (Eastern Partnership, EaP)[2] ein und führte mit den
teilnehmenden Ländern Gespräche über eine engere politische und wirtschaftliche
Assoziierung. Im März 2012 paraphierte die Ukraine ein Assoziierungsabkommen
mit der EU, woraus sich im November 2014 die „Vertiefte und umfassende Freihandelszone" (Deep and Comprehensive Free Trade Area, DCFTA) entwickelte.
Russland hatte zunächst versucht, das Abkommen zu torpedieren, und forcierte selbst
die „Eurasische Wirtschaftsunion" (EAWU).[3] Im März 2014 besetzte Russland die
Krim, die EU reagierte mit Sanktionen, Russland antwortete mit Gegensanktionen.
Die darauffolgenden Friedensgespräche in Minsk im „Normandie-Format" (unter

---

[1] Der sowjetische Staatschef Leonid Breschnew verkündete am 12. November 1968 den Anspruch der UdSSR, Oppositionsbewegungen in den Paktstaaten allenfalls mit Gewalt nieder-
zuschlagen.

[2] Teilnehmer an der EaP sind außer den EU-Staaten: Armenien, Aserbaidschan, Georgien,
Moldau, Ukraine und Weißrussland (dessen Mitgliedschaft derzeit ausgesetzt ist).

[3] Die EAWU wurde im Mai 2014 mit den Gründungsmitgliedern Russland, Weißrussland
und Kasachstan errichtet und später um Armenien und Kirgisistan erweitert.

Mitwirkung Frankreichs und Deutschlands) blieben erfolglos, und Russland setzte seine Aggression im Februar 2022 mit dem Überfall auf die Ukraine fort. Damit ist die bisherige Politik der EU gegenüber Russland in sich zusammengefallen. **Der russische Angriff auf die Ukraine hat die Vision eines gedeihlichen und wechselseitig befruchtenden Zusammenlebens von EU und Russischer Föderation platzen lassen.**
Der blutige Krieg in der Ukraine hat in der EU eine beispiellose Solidarität ausgelöst und hat die NATO veranlasst, die Sicherheitsmaßnahmen an ihrer Ostflanke drastisch zu verstärken. Die vorher paktfreien EU-Länder Finnland und Schweden haben sich zum NATO-Beitritt entschlossen, selbst im neutralen Österreich wird eine partielle Zusammenarbeit mit der NATO diskutiert. Die wirtschaftlichen Sanktionen gegen das Putin-Regime werden (sieht man vom derzeit autokratisch geführten Ungarn ab) auch von integrationskritischen Regierungen in der EU weitgehend mitgetragen.

9.1.1   Russland und Ukraine: Ein historisch zwiespältiges Verhältnis

Der russische Krieg gegen die Ukraine ist nicht völlig überraschend gekommen, hat doch Putin (2021) wenige Monate vor Kriegsbeginn eine historische Begründung geliefert und schon davor wiederholt anklingen lassen, dass eine Einbeziehung der Ukraine in das westliche Militärbündnis nicht mit Russlands Sicherheitsinteressen vereinbar wäre.[4] Obwohl die Vorbereitungen der russischen Streitkräfte schon Wochen vor dem Angriff eindeutig waren, blieb bis zum Schluss die Hoffnung, Putin würde es bei Drohgebärden belassen, um seine Interessen über Verhandlungen durchzusetzen. Mit dem Kriegsziel einer völligen Auslöschung des ukrainischen Staatswesens haben diese Aktionen aber eine neue Qualität erhalten, die zunächst Europa, in weiterer Folge aber die geopolitische Stabilität insgesamt bedrohen.
Der frühere EU-Sonderbeauftragte für Bosnien und Herzegowina, der österreichische Diplomat Wolfgang Petritsch (2023), versucht – bei aller Verurteilung des Krieges selbst – ein gewisses Verständnis für die russischen Motive aufzubringen und meint, „… *die Geringschätzung der russischen Sicherheitsbedürfnisse zum eigenen Nachteil haben diesen verbrecherischen Krieg zwar nicht verursacht, ihn jedoch über die Jahre plausibler erscheinen lassen; jedenfalls für Russlands*

---

[4] Mearsheimer (2014) ruft in Erinnerung, dass 1962 auch die USA eine drohende sowjetische Militärpräsenz auf Kuba zu verhindern wussten.

Bevölkerung." Dem hält der Yale-Professor Timothy Snyder (2022) entgegen: *„If one of the richest men in the world, in command of a huge army, claims that a neighboring country does not exist, this is not just an example of free expression. It is genocidal hate speech, a form of action that must be resisted by other forms of action.*"

Die **Wurzeln für den Ukrainekrieg** reichen weit zurück. Der Krieg ist nur die jüngste Phase einer schwierigen Beziehung, die sich bis auf die Kiewer Rus im späten 9. Jahrhundert zurückführen lassen und über die letzten Jahrhunderte ganz unterschiedliche Ausprägungen genommen hat (vgl. etwa Gehler, 2018, S. 714 ff.; Kappeler, 2021). In Russland wird bis heute gerne an die glorreichen zaristischen Eroberungen seit Peter dem Großen zu Beginn des 18. Jahrhunderts erinnert. In der Ukraine ist dagegen die sowjetische Phase mit den Gräueln der Stalin-Diktatur und des Holodomor der 1930er-Jahre im Gedächtnis haften geblieben.

Beim *Zerfall der Union der Sozialistischen Sowjetrepubliken (UdSSR)* im Jahr 1991 erklärten sich zunächst die drei baltischen Staaten (Estland, Lettland, Litauen) für unabhängig, gefolgt vom gemeinsamen Auflösungsbeschluss der Russischen, der Ukrainischen und der Weißrussischen SSR. Im Russisch-Ukrainischen Freundschaftsvertrag von 1997 anerkannten die beiden Staaten wechselseitig die territoriale Integrität und Unverletzlichkeit ihrer Grenzen und schlossen gleichzeitig den Beitritt zu einem gegen den Vertragspartner gerichteten Bündnis aus – dies unter dem Eindruck der im selben Jahr abgeschlossenen „NATO-Russland-Grundakte".[5]

Zwar ging für Russland die politische Weltmachtstellung verloren, doch konnte es das sowjetische Atomwaffenarsenal ab 1994 bei sich konzentrieren, als die Ukraine, Weißrussland und Kasachstan dem Atomwaffensperrvertrag (NPT) beitraten und ihre Bestände vernichteten.[6] Im Gegenzug haben Russland, die USA und das UK diesen Ländern im **Budapester Memorandum** vom Dezember 1994 zu-

---

[5] Die „Grundakte über gegenseitige Beziehungen, Zusammenarbeit und Sicherheit zwischen der NATO und der Russischen Föderation" (NATO-Russland-Grundakte) ist als völkerrechtliche Absichtserklärung am 27. Mai 1997 in Paris unterzeichnet worden, um die sicherheitspolitischen Interessen der Vertragspartner abzustimmen. Die Zusammenarbeit auf dieser Ebene ist wiederholt ausgesetzt worden: bereits 1999 im Kosovokrieg durch Russland, 2008 wegen der kriegerischen Aktivitäten Russlands im Kaukasus und seit der russischen Besetzung der Krim 2014 durch die NATO.

[6] Stillschweigend zur Kenntnis genommen wurde auch die Mitteilung des russischen Präsidenten Boris Jelzin vom 24. Dezember 1991 an den UN-Generalsekretär Javier Pérez de Cuéllar, wonach die Russischen Föderation die bisherige UN-Mitgliedschaft der UdSSR fortsetze (Unser, 2008). Dies hat die Ukraine nun zum Anlass genommen, Russlands Sitz als ständiges Mitglied im UN-Sicherheitsrat zu hinterfragen.

gesichert, ihre territoriale Unversehrtheit und politische Unabhängigkeit zu achten. Im Text für die Ukraine versichern sie speziell, dass sie *„keine ihrer Waffen gegen die Ukraine einsetzen werden, es sei denn zur Selbstverteidigung."* Präsident hat nun den fortschreitenden Prozess der Meinungsbildung in der Ukraine, sich stärker an die EU und allenfalls an die NATO anzulehnen, als Notwendigkeit zur Selbstverteidigung interpretiert. Der vorbeugende militärische Eroberungsversuch ist aber angesichts der defensiven Politik der Ukraine weder durch das Budapester Memorandum noch vom Völkerrecht gedeckt. Er ist ausschließlich dem Ziel einer gewaltsamen Verwirklichung der Putinschen Vision eines neuen Großrusslands zuzuschreiben.

In der Ukraine entwickelte sich allmählich eine eigene, von der russischen losgelöste nationale Identität (Von Hagen, 1995). Diese wurde wiederholt in Massenprotesten getestet, etwa 2004, als es bei der Präsidentschaftswahl zu Wahlfälschungen kam, die die unblutige „Orange Revolution" auslösten. Sie stärkte jene Kreise, die eine engere Anbindung an die EU anstrebten und dies 2014 in den Euromaidan-Protesten unterstrichen. Das EU-Assoziierungsabkommen wurde schließlich in zwei Schritten im März und Juni 2014 unterzeichnet.

Prorussische Separatisten im Donbas trugen diese Annäherung an die EU nicht mit, sie riefen die Oblaste Donezk und Luhansk als von der Ukraine unabhängige Regionen aus. Mittlerweile hatte Russland bereits militärische Vorbereitungen für die Annexion der Halbinsel Krim getroffen. Im März 2014 wurde der Anschluss vollzogen und durch ein wohl vorbereitetes „Referendum"[7] unterstützt. Die parallel zur militärischen Entwicklung laufenden Friedensbemühungen blieben erfolglos. Im September 2014 war auf dem „neutralen" Boden Weißrusslands unter Mitwirkung der OSZE[8] ein begrenzter Waffenstillstand ausgehandelt worden (*„Minsker Protokoll"*), den auch VertreterInnen der Separatistengebiete zur Kenntnis nahmen. Der Waffenstillstand hielt aber nicht, und Russland setzte mit der Anerkennung der Volksrepubliken Donezk und Luhansk als unabhängige Regionen seine Provokationen gegen die Ukraine fort. Auf Initiative Deutschlands und Frankreichs kam es im Februar 2015 zum Abkommen *„Minsk II"*, das einen Waffenstillstand, eine

---

[7] Dessen Relevanz zeigt sich etwa am Beispiel von Sewastopol, wo 123 % der Wahlberechtigten für den Anschluss an Russland gestimmt haben sollen (Plokhy, 2016).

[8] Die Organisation für Sicherheit und Zusammenarbeit in Europa (OSZE) ist 1995 aus der ab 1973 tagenden Konferenz über Sicherheit und Zusammenarbeit in Europa (KSZE) hervorgegangen, die 1975 mit der Schlussakte von Helsinki ein vorläufiges Ergebnis brachte. Ziel der Konferenz war es, in Zeiten des Kalten Krieges einige Grundregeln für das friedliche Zusammenleben der europäischen Völker (Achtung der Menschenrechte, territoriale Integrität aller Teilnehmerstaaten, Nichteinmischung in innere Angelegenheiten der anderen Staaten, Unverletzlichkeit bestehender Grenzen) zu erörtern und festzulegen.

waffenfreie Zone an der Grenze zu Russland und den Abzug ausländischer Kräfte aus der Ostukraine vorsah und von der OSZE zu überwachen war. Da es keinen Zeitplan für die Umsetzung gab, der Waffenstillstand von beiden Seiten wiederholt verletzt wurde und das ukrainische Parlament die vereinbarte Verfassungsreform immer wieder hinauszögerte, ist das Abkommen nie effektiv geworden. Im Mai 2015 tauchten dann „grüne Männchen" (Soldaten in Uniform, aber ohne Hoheitsabzeichen) im Donbas auf, um auch dort eine Annexion durch Russland vorzubereiten.

Der Aufmarsch russischer Truppen an der Grenze zur Ukraine ist im Westen lange Zeit als Drohgebärde missverstanden worden. Im Februar 2022 hat Putin dann die Minsker Waffenstillstandsgespräche für gescheitert erklärt und seine „militärische Spezialoperation" mit der Begründung in Gang gesetzt, der Ukraine mangle es an Eigenstaatlichkeit und sie müsse von ihrem „Nazi-Regime" befreit werden. Ein derartiges Regime hat nie bestanden, wohl aber hat sich nach Ende der Sowjetherrschaft – wie auch in Russland – ein Oligarchenregime ausgebreitet. **Mittlerweile sind die ukrainischen Oligarchen von demokratischen Kräften abgelöst worden, in Russland sind Oligarchen nach wie vor ein Machtfaktor.** Die zwiespältige Rolle der ukrainischen Oligarchen muss erst noch aufgearbeitet werden. Nach Erreichen der Unabhängigkeit nutzten reiche Ukrainer die Privatisierungen, um wirtschaftlichen und politischen Einfluss zu gewinnen. Im November 2013, knapp vor Beginn des Euromaidan, machte das aggregierte Vermögen der reichsten 50 Ukrainer etwa 45 % des BIP aus (Wilson, 2016). Im September 2021 beschloss das ukrainische Parlament ein Gesetz zur „De-Oligarchisierung" (Koshiw, 2022).

Eine neue Dimension erreichte der Krieg, als Russland Ende September 2022 in den nur teilweise russisch besetzten Oblasten Luhansk, Donezk, Saporischschja und Cherson illegale und unkontrollierbare Scheinreferenden über eine Eingliederung in die Russische Föderation abhielt, deren Ergebnis von vornherein feststand. Wenige Tage später wurde die Eingliederung vollzogen und am 2. Oktober 2022 vom russischen Verfassungsgericht als rechtmäßig abgesegnet. Putin kann seither – nicht international anerkannt,[9] aber für seine heimische Klientel – jeden Einsatz des ukrainischen Militärs als Angriff auf eigenes Territorium darstellen. Die russische Verfassung erlaubt im Fall der Selbstverteidigung sogar den Einsatz von Atomwaffen, womit Putin unverhohlen droht. Unabhängige Beobachter

---

[9] Die UN-Vollversammlung hat am 12. Oktober 2022 mit 143 von 193 Stimmen eine Resolution verabschiedet, in der die völkerrechtswidrigen Annexionen durch Russland verurteilt werden. Es gab zwar wichtige Stimmenthaltungen (darunter China und Indien), aber nur 5 Gegenstimmen: Weißrussland, Nordkorea, Syrien, Nicaragua und Russland selbst.

werten die unter militärischem Zwang erfolgten „Volksabstimmungen" als Farce, bei der freie Meinungsäußerung ausgeschlossen war (vgl. etwa Sinmaz et al., 2022). Mit Putins „Staatsphilosophie" wäre es durchaus vereinbar gewesen, gleich die gesamte Ukraine in die Russische Föderation „aufzunehmen" – ein Scheinreferendum hätte sich wohl auch dafür organisieren lassen. In den westlichen Nachbarstaaten Russlands wird diese Haltung als latente Bedrohung empfunden, aus der die NATO ihre neue Attraktivität schöpft.

Aus westlicher Sicht hat Putins Russland seine Rolle als wichtiger geopolitischer Akteur verspielt und wird ohne Systemänderung nicht so bald wieder als positiv gestaltende Kraft auf die Weltbühne zurückkehren können. Eine derartige Rolle wäre sowohl historisch begründet, als auch wegen der Größe und militärischen Potenz des Landes angemessen – außerhalb Europas und Nordamerikas stößt Russland mit dieser Sicht durchaus auf Verständnis.

Putin rechtfertigt den Krieg vor sich und dem russischen Volk durch einen interessengeprägten Rückgriff auf die jüngere Geschichte (siehe u. a. Possoch & Dittrich, 2022):

- Zu seinen Argumenten zählt ein angeblicher Wortbruch des Westens: Im Februar 1990 habe der damalige deutsche Außenminister Hans-Dietrich Genscher seinem sowjetischen Kollegen Eduard Schewardnadse versichert, dass sich im Gegenzug zur deutschen Wiedervereinigung die NATO nicht weiter nach Osten ausdehnen werde.[10]
  Möglicherweise hat es eine derartige „Zusicherung" gegeben, die aber bestenfalls die Einzelmeinung eines westlichen Politikers war, in der NATO selbst ist derartiges selbst in Zeiten des Warschauer Paktes nie beschlossen worden.[11] Die darauffolgende massive NATO-Osterweiterung in mehreren Stufen um Nachfolgestaaten der Sowjetunion (Tab. 9.1) war für diese Staaten rein defensiv mit dem erklärten Ziel, ihre Unabhängigkeit und Sicherheit vor allfälligen russischen Gebietsansprüchen zu wahren.
- Russland fühlt sich durch die erweiterte NATO zusätzlich bedroht, weil diese nun mit ihrem Raketenarsenal Moskau in wenigen Minuten erreichen kann.

---

[10] Eine ausführliche Darstellung zum (vermeintlichen) Wortbruch des Westens gegenüber der Sowjetunion findet sich bei Gehler (2018, S. 504 ff.). Siehe auch Kellerhoff (2022).

[11] Allerdings meint auch die nunmehrige US-Politologin Nina Khrushcheva (Urenkelin von Nikita Chruschtschow), die russischen Politiker hätten westliche Äußerungen zur Nicht-Erweiterung der NATO als inoffizielle Zusicherung verstanden (Solana & Khrushcheva, 2022).

Tab. 9.1   Erweiterungen der NATO nach Ende des Kalten Krieges

Jahr	NATO-Beitritte
1999	Polen, Tschechien, Ungarn
2004	Bulgarien, Estland, Lettland, Litauen, Rumänien, Slowakei, Slowenien
2009	Albanien, Kroatien
2017	Montenegro
2020	Nordmazedonien
2023	Finnland
(Mai 2022)	Beitrittsansuchen Schwedens (gemeinsam mit Finnland)
(Oktober 2022)	Beitrittsansuchen der Ukraine

Quelle: Eigene Zusammenstellung

Aber das gilt in umgekehrter Richtung genauso, und die NATO hat sich – jedenfalls gegenüber dem nachsowjetischen Russland – stets defensiv verhalten und Abkommen zu verstärkter Sicherheit angeboten.

• Die Ukraine sei historisch stets ein Teil Russlands gewesen und habe nie eine staatliche Eigenständigkeit besessen. Ukrainer und Russen seien ein gemeinsames Volk, das nur durch westliche Propaganda gespalten werde. Das in Kiew an der Macht befindliche Marionettenregime des Westens übe eine verbrecherische Nazi-Herrschaft aus, die eine „Zwangsassimilierung" der auf ukrainischem Boden lebenden Russen verfolge.

Von diesen Vorwürfen stimmt lediglich, dass sich Russland und die Ukraine von der schon im 13. Jahrhundert zerfallenden Kiewer Rus ableiten lassen, deren Teile danach aber unterschiedliche identitätsbildende Entwicklungen durchgemacht haben. Abgesehen davon hat sich die Welt seither dem *Selbstbestimmungsrecht der Völker* verschrieben, das im Grunde auch von Russland akzeptiert wird (daher auch die Scheinabstimmungen in den besetzten ukrainischen Gebieten).

Mit der versuchten neuen Grenzziehung will Putin die ethnischen Russen und Russinnen im Donbas und auf der Krim heim in sein Reich holen. Mit dieser Politik bedroht er implizit auch die Baltischen Staaten, die sich aber seit ihrer Unabhängigkeit eindeutig für die westliche Lebensweise entschieden haben.

Keiner der westlichen Nachfolgestaaten der Sowjetunion hat je daran gearbeitet, zu einer militärischen Bedrohung für Russland zu werden. Auch dient die NATO-Mitgliedschaft einiger dieser Länder nur der Selbstverteidigung und entspringt der Angst vor dem zunehmenden Einfluss jener russischen Politiker, die – so wie Wladimir Putin – wiederholt geäußert haben, eine angeblich bedrohte russische Minderheit in den Nachbarstaaten schützen zu dürfen. Dass diese Politik nicht nur verbal vorgetragen wurde, zeigen die militärischen Einsätze Russlands in Tschetschenien, Georgien, Transnistrien und letztlich auf der Krim und im Donbas.

Im Vergleich dazu verblassen die zweifellos vereinzelt anzutreffenden **Benachteiligungen der russischen Minderheiten** in den Nachfolgestaaten. Am bedeutendsten sind solche Minderheiten in Lettland und Estland (Tab. 9.2). Im Baltikum sind die ethnischen RussInnen nicht automatisch BürgerInnen der neuen Staaten geworden, sie müssen dafür in der Regel Sprachkenntnisse in der Landessprache nachweisen und sich explizit zum neuen Staat bekennen. Obwohl die Regierungen dieser Länder eine Reihe von Maßnahmen zur Integration von Nicht-Staatsbürgern ergriffen haben, sind die Erfolge bescheiden geblieben. Gründe dafür liegen in mangelnder Sprachbeherrschung ebenso wie in den Vorteilen eines russischen Reisepasses, mit dem man sowohl nach Russland und die übrigen Länder der Gemeinschaft Unabhängiger Staaten (GUS) als auch in alle EU-Staaten reisen kann. In allen baltischen Staaten wären Nachschärfungen zur Durchsetzung der in der EU anerkannten Grundwerte zu empfehlen. Nur so kann der wiederholt von Russland geäußerten Kritik an der Minderheitenpolitik in Estland und Lettland entgegengetreten werden (Croft, 2016).

Die Ukraine ist historisch und gegenwärtig ein **zweigeteiltes Land**: Der Westen befand sich phasenweise im Einflussbereich von Polen-Litauen und Österreich-Ungarn und war damit einer Vielfalt an politischen und religiösen Denkrichtungen ausgesetzt. Dagegen stand der Osten seit dem späten 17. Jahrhundert ununterbrochen unter russischem Einfluss. Gemeinsam mit natürlichen Gegebenheiten haben sich daraus markante Unterschiede in der Wirtschaftsstruktur herausgebildet: Im Osten dominieren Industrie und Bergbau, im Westen die Landwirtschaft und der Dienstleistungssektor rund um Kiew. Connolly (2014) vergleicht die beiden Landesteile in einer speziellen Abgrenzung (zum Osten zählt er jene Oblaste, in denen 2010 der russophile Präsidentschaftskandidat Janukowytsch die Stimmenmehrheit erhielt): Danach weist der industrielle Osten ein höheres durchschnittliches Monatseinkommen auf (320 Dollar) als der agrarische Westen

Tab. 9.2 Russische Minderheiten in den Baltischen Staaten

Staat	Russische Minderheit in % der Gesamtbevölkerung			Gesamtbevölkerung 2022
	1989	2011	2020	
Estland	30,3	24,8	24,7	1326,062
Lettland	34,0	31,2	24,9	1850,651
Litauen	6,3	5,4	4,5	2750,055

Quelle: PopulationPyramid.net, Coolican (2021)

(291 Dollar). Auch für die Zukunft sah Connolly (noch vor der Krim-Annexion) für die Ost-Ukraine wegen deren Reserven an Schiefergas die besseren Wirtschaftsaussichten.

9.1.2   Zwei Sichtweisen zur Sicherheitslage

Den Sicherheitsinteressen Russlands stehen jene der Nachfolgestaaten der UdSSR gegenüber, wenn auch das Bedrohungspotenzial sehr verschieden ist: Eine militärische Bedrohung der Atommacht Russland durch den Westen bestand nie, hingegen hat Russland wiederholt Ansprüche auf die von russischen Minderheiten besiedelten Gebiete in den Nachfolgestaaten erhoben.

Schon seit 1990 herrscht eine völlig unterschiedliche Sichtweise über die Sicherheitslage in Europa: Der Westen, geführt von den USA und wesentlich mitgetragen von der EU, hatte nach dem Zusammenbruch der Sowjetunion keinerlei Anlass, von dort eine militärische Bedrohung zu erwarten. Das geschwächte Russland hingegen empfand jede Erweiterung der NATO in Richtung seiner Grenzen als potenziell bedrohlich und als weiteren Stachel im Fleisch einer verlorenen Großmachtstellung. Die NATO trug durch vielseitige Kooperationsformen mit Drittstaaten an den Grenzen Russlands nicht unwesentlich dazu bei. Ihr ist darüber hinaus anzulasten, auch ohne Mandat des UN-Sicherheitsrates offensiv auf den Plan zu treten (z. B. 1999 mit der „humanitären Intervention" im Kosovo), doch gab es derartiges nie gegen Russland. Die laufenden diplomatischen Kontakte hätten – wie schon im Kalten Krieg – reichen müssen, für ausreichende Sicherheiten zu sorgen.

Die russische Sensibilität in Sicherheitsfragen ist von den maßgeblichen Politikern im Westen nicht in ihrer letzten Konsequenz wahrgenommen worden. In Russland selbst geriet der machtbewusste, vom Zerfall der Sowjetunion tief getroffene Wladimir Putin an die Macht. In seiner Rede zur Lage der Nation hatte er im April 2005 den Zusammenbruch der UdSSR als die *„größte geopolitische Katastrophe des Jahrhunderts"* bezeichnet. Im Nachhinein betrachtet wäre die blutige Auseinandersetzung um die Ukraine nur zu vermeiden gewesen, hätte über ein Netz intensiver Kontakte zwischen Ost und West ein Monitoring bestanden, das dem Sicherheitsbedürfnis der Russischen Föderation Rechnung getragen hätte. **Langfristig** muss der EU wohl daran liegen, den nunmehr entstandenen Graben wieder einzuebnen und mit Russland gemeinsam ein europaweites Sicherheitsnetz zu knüpfen.

Kurzfristig wird sich die EU neu orientieren müssen. Die auf friedlicher Koexistenz zwischen West und Ost aufgebaute wirtschaftliche Zusammenarbeit liegt auf Eis. Selbst nach den Ereignissen auf der Krim und im Donbas blieb die Haltung der EU auf Kooperation bedacht – wohl auch wegen des russischen Drohpotenzials als Rohstofflieferant. Nach den militärischen Misserfolgen in der Ukraine hat Putin auf die westlichen Sanktionen mit einem *Rohstoffkrieg* geantwortet, dessen Auswirkungen von der EU erst allmählich verarbeitet werden (siehe Kap. 10).

9.1.3 Wie enden Kriege?

Zu den vielen Fragen, wie denn im Europa des 21. Jahrhunderts ein blutiger Krieg ausbrechen konnte, kommt nun die Herausforderung, diesen so rasch wie möglich zu beenden. Aus der Geschichte weiß man, dass Kriege nicht immer durch einen eindeutigen militärischen Sieg einer der kriegführenden Parteien oder aufgrund einer militärischen Intervention Dritter ihr Ende finden. Häufig bilden sich Pattsituationen heraus, die erst in langwierigen Verhandlungswegen geklärt werden, wenn es nicht überhaupt bei einem weiterschwelenden Konflikt ohne offizielles Ende bleibt. Auch im Fall der Ukraine zeichnet sich keine rasche Lösung ab. Für Tooze (2022) lässt ein „*verbittertes atomar bewaffnetes Russland*" seinen Eroberungsfeldzug in einen **Hybridkrieg** münden. Den Kampf mit Söldnern und einer ausgebluteten Armee ergänzt es mit dem Sprengen von Pipelines, vielleicht auch von Unterseekabeln, sowie durch das Lahmlegen von Internetverbindungen mit Erpressung strategisch wichtiger Unternehmen oder staatlicher Stellen. **Alle politischen und wirtschaftlichen Hebel werden zur Waffe.**

Da eine Regimeänderung in Russland nicht abzusehen ist, wird ein Ende des Krieges nur zu erreichen sein, wenn das gegenwärtige Regime wenigstens Teilerfolge vorweisen kann. Geht man von den Kriegszielen aus (Neutralisierung, wenn nicht Auflösung der Ukraine, wenigstens aber Verhinderung einer ukrainischen EU-Mitgliedschaft und Absicherung der Gebietsgewinne auf der Krim und im Donbas), wird die Ukraine möglicherweise nicht alle besetzten Gebiete zurückgewinnen können und wohl länger auf eine NATO-Mitgliedschaft verzichten müssen (die ohnehin auch aus NATO-Sicht nicht ansteht). Fix und Kimmage (2022) betonen zu Recht, dass jede Kompromisslösung einer rechtlich verbindlichen und praktisch untermauerten Sicherheitsgarantie für die Ukraine bedarf, die am besten von den Vereinten Nationen, zumindest aber von Russland, den USA, dem UK, anderen europäischen Ländern und wohl auch der Türkei und China mitgetragen wird.[12]

Haass (2022) meint, dass der Krieg nur dann ein Ende findet, wenn entweder Putin nicht mehr regiert oder der Westen die Ukraine fallen lässt. Keines von beiden

---

[12] Jeffrey Sachs (2022) hat in einem Manifest dazu alle wesentlichen Argumente aufgelistet.

zeichnet sich derzeit ab, doch sollten die Bemühungen nicht nachlassen, neuerlich Waffenstillstandsverhandlungen in Gang zu bringen – für Haller (2023) müssten diese vom ukrainischen Präsidenten selbst ausgehen. Das unmittelbare Ziel wäre ein Rückzug aller Truppen aus dem Kriegsgebiet, dessen Kontrolle danach von UNO-Truppen ausgeübt wird. Unter ihrem Schutz können Geflüchtete eine sichere Rückkehr antreten. In weiterer Folge müssten alle BewohnerInnen in einem international überwachten Referendum über ihr weiteres Schicksal selbst entscheiden.

Zusammenfassend ist festzuhalten, dass Putin seinen Eroberungskrieg gegen die Ukraine seit vielen Jahren geplant und durch konkludente Vorentscheidungen angekündigt hat. Im Westen ist man lange Zeit davon ausgegangen, dass es sich dabei um Drohgebärden handle und Putin letztlich keinen heißen Krieg riskieren würde. Dieser Fehleinschätzung folgten jene Putins: Den erhofften Blitzsieg über die Ukraine konnte er nicht einfahren und mit seiner Teilmobilisierung stieß er auf unerwarteten Widerstand in der eigenen Bevölkerung. Auf lange Sicht hat Russland militärisch und wirtschaftlich zweifellos den längeren Atem als die Ukraine. Offen ist, ob es der Ukraine mit westlicher Hilfe nachhaltig gelingen kann, besetztes Land zurückzugewinnen und Russland an den Verhandlungstisch zu bringen. Der sich anbietende Gesprächskanal für Lösungen im Rahmen der OSZE blieb ungenützt, als im Dezember 2022 dem russischen Außenminister Lawrow die Einreise nach Polen zum OSZE-Ministertreffen verweigert wurde.

9.2   Wirtschaftliche und gesellschaftliche Kennzahlen

Die voneinander abweichenden historischen Erfahrungen und gesellschaftlichen Entwicklungen in Russland, in der Ukraine und in den Ländern der EU äußern sich bis heute in den unterschiedlichen **Lebensniveaus und Produktionsstrukturen**. Der Zerfall der Sowjetunion im Jahr 1991 hat für Russland nicht nur Schattenseiten gebracht. Mit der Überleitung der Teilstaaten in die GUS wurde Russland zwar vom einkommensstarken Baltikum abgekoppelt, gleichzeitig entfiel aber auch die Notwendigkeit, sich um die wirtschaftlichen Bedürfnisse der viel ärmeren Ukraine zu sorgen. In der Entwicklung seit Beginn der 1990er-Jahre ist die Ukraine deutlich hinter Russland zurückgeblieben. 2022 machte das kaufkraftbereinigte BIP pro Kopf auf Dollarbasis im Durchschnitt der EU27 54.249 Dollar aus, in Russland hingegen nur zwei Drittel davon (36.485 Dollar), die Ukraine liegt mit 12.671 Dollar auf kaum mehr als einem Drittel des russischen Niveaus (Abb. 9.1). Ein Spiegelbild dieser Unterschiede sind die jeweiligen Produktionsstrukturen: In der Ukraine dominiert die Landwirtschaft, in Russland die Industrie und in der EU der Dienstleistungssektor (Tab. 9.3).

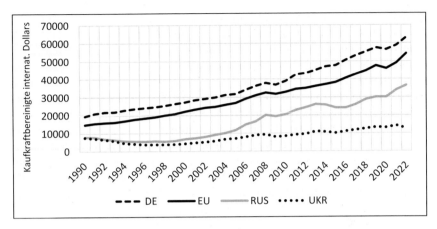

Abb. 9.1 Kaufkraftbereinigtes Pro-Kopf-Einkommen im Vergleich. (Datenquelle: World Bank Data)

Tab. 9.3 Sektorstruktur des nominellen BIP in EU27, Russland und Ukraine (2022)

Land	BIP Mrd. USD	BIP pro Kopf USD	BIP pro Kopf, PPP Intern. Dollar	Primärer Sektor	Sekundärer Sektor	Tertiärer Sektor
				Prozentanteil am BIP		
EU27	16.641,1	37.150	48.436	1,7	23,5	74,8
Davon: Deutschland	*4072,2*	*48.232*	*63.150*	*1,1*	*26,7*	*72,2*
Russland	2240,4	15.345	36.485	3,9	32,8	63,3
Ukraine	200,1	4534	12.671	8,2	19,2	72,6

Datenquelle: World Bank, World Development Indicators

Dieses Bild aus wirtschaftlichen Grunddaten wird bestätigt, wenn man es um weitere ökonomische Indikatoren ergänzt. Nach dem absteigenden *Wettbewerbsfähigkeitsindex* des IMD (2022) für 2021 lag die Ukraine unter 64 Ländern nur auf Platz 54, Russland hingegen auf Platz 45 (Deutschland 18, Österreich 16, Schweiz 6). Vorteilhafter für die Ukraine sind hingegen **demokratiepolitische Indikatoren**. Im *EIU-Demokratieindex* des britischen Economist wird Russland mit 3,24 von 10 möglichen Punkten auf den 124. Platz gereiht und als autoritär regiertes Land eingestuft. Die Ukraine mit einer „hybriden Regierung" erreichte immerhin 5,57 Punkte (Rang 86). Österreich (mit 8,07 Punkten Rang 20), Deutschland (8,67 Punkte, Rang 15) und die Schweiz (8,90 Punkte, Rang 9) erhalten die Bezeichnung „vollwertige Demokratie". Im *Korruptionsindex* von Transparency International (2022) befinden sich die ukrainischen Werte (Rang 122 aus 180 Ländern) ähnlich weit hinten wie die russischen (Rang 136), Österreich kommt im Vergleich dazu auf Rang 13, Deutschland auf Rang 10, die Schweiz auf Rang 7.

Als **Gesamtbild** folgt daraus ein weltpolitisch in einer Sackgasse verharrendes, aber militärisch (mit Atomwaffenarsenal) und wirtschaftlich (als Rohstofflieferant) bedeutendes Russland, das autoritär von einer korrupten Elite regiert wird und seine Macht gezielt zur Eroberung der vergleichsweise kleinen Ukraine einsetzt. Diese ist zwar ebenfalls von teilweise korrupten Oligarchen durchsetzt, hat sich aber längst aus ihrer sowjetischen Vergangenheit emanzipiert, entwickelt eine eigene staatliche Identität mit (noch unvollkommenen) demokratischen Strukturen und kämpft entschlossen für einen Weg in die EU und in die NATO.

Handelsbeziehungen der EU mit Russland und Ukraine

Im bereits erwähnten bilateralen Partnerschafts- und Kooperationsabkommen (PCA) aus 1997 sind die Handelsbeziehungen der EU mit Russland geregelt. Seit dem Beitritt Russlands zur Welthandelsorganisation im Jahr 2012 gelten darüber hinaus die multilateralen WTO-Regeln. Im laufenden **Außenhandel zwischen EU und Russland** besteht eine gewisse Einseitigkeit: Für Russland war die EU 2020 der wichtigste Handelspartner (mit 37,3 % des gesamten Außenhandels), wogegen umgekehrt Russland (mit einem Anteil von 5,8 %) nur an fünfter Stelle der EU-Handelspartner steht. Im Warenaustausch spiegelt sich die unterschiedliche Produktionsstruktur: Die EU bezieht aus Russland überwiegend Rohstoffe mit niedriger Verarbeitungsstufe, Russland aus der EU vornehmlich Fertigwaren mit hohem Technologiegehalt.

Per Saldo ergibt sich für die EU ein strukturelles Defizit in der Handelsbilanz, das 2021 73,3 Mrd. € ausmachte und nur zu einem kleinen Teil durch einen Überschuss bei den Dienstleistungen (14,2 Mrd. €) kompensiert wurde. Mit Beginn des Ukrainekrieges und den Preissteigerungen bei Öl und Gas ist das Handelsbilanzdefizit zunächst weiter gestiegen, hat sich aber mit der Einschränkung der wechselseitigen Bezugsmengen wieder verringert. Bei den Direktinvestitionen ist die EU ebenfalls der wichtigste Partner Russlands: Gemessen an Bestandsdaten verfügte die EU Ende 2020 über Anlagen in Russland von 279,2 Mrd. €, die Bestände Russlands in der EU beliefen sich auf 153,7 Mrd. €.

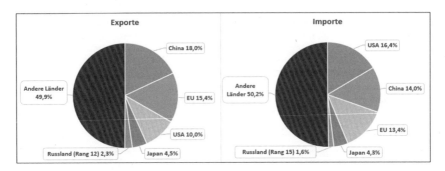

Abb. 9.2 Russlands Position im Welthandel 2020 (Anteile an Weltexporten und Welt-importen in %). (Datenquelle: OECD (2022))

Im gesamten **Welthandel** ist Russland mit nur etwa 2 % vertreten (Abb. 9.2), hat aber bei manchen *Rohstoffen* eine wichtige Marktposition, beispielsweise im Jahr 2020 bei Palladium (mit 43 % der Weltproduktion), Vanadium (21 %), Pott-asche (18 %) und Düngemittel (14 %). Eine wichtige Rolle kommt auch den russi-schen Exporten von Nickel und Nickelverbindungen für die Erzeugung von Elektroautos in der EU zu (OECD, 2022). Russland ist einer der weltgrößten *Ge-treideexporteure*, bei Weizen nahm es 2020 nach Daten der Welternährungs-organisation (FAO) mit 37,3 Mio. Tonnen den Spitzenplatz ein, gefolgt von den USA (26,1 Mio. Tonnen). Die Ukraine lag in der Länderliste mit 18,1 Mio. Tonnen hinter Kanada und Frankreich an fünfter Stelle.

Die **außenwirtschaftlichen Verflechtungen zwischen EU und Ukraine** sind – ähnlich wie bei Russland – asymmetrisch: Die EU ist der wichtigste Handels-partner der Ukraine (mit etwa 40 % des gesamten ukrainischen Warenhandels), zum Handel der EU trägt die Ukraine knapp mehr als 1 % bei. Die EU bezieht in erster Linie Eisen und Stahl sowie landwirtschaftliche Produkte aus der Ukraine, diese wiederum aus der EU vor allem Maschinen und Fahrzeuge . Insgesamt erzielt die EU einen jährlichen Überschuss – sowohl im Außenhandel mit Gütern und Dienstleistungen als auch beim Bestand an aktiven im Vergleich zu passiven Direktinvestitionen.

Die **regionale Struktur des ukrainischen Außenhandels** unterlag in den Jah-ren seit der Krim-Annexion einer markanten Verschiebung: Der bilaterale Handel mit Russland ging rapide zurück, gleichzeitig stieg die Bedeutung des Handels mit der EU und mit China (Abb. 9.3). Seit Februar 2022 sind die Gütertransaktionen mit Russland weiter geschrumpft.

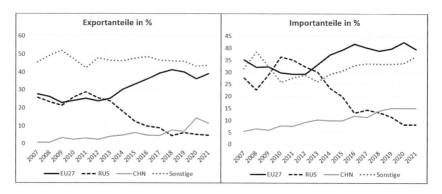

Abb. 9.3 Regionale Struktur des ukrainischen Außenhandels. (Datenquelle: State Statistic Service of Ukraine, eigene Berechnungen)

9.3 Politische und ökonomische Zäsur

> „[W]e're getting an object lesson in the dangers of becoming economically dependent on authoritarian regimes (Paul Krugman, 2022)."

Der neue politische und militärische Nord-Süd-Graben in Europa zieht unmittelbar auch eine wirtschaftliche Teilung nach sich, die kurzfristig für alle betroffenen Länder in einer wirtschaftlichen Stagnation, wenn nicht Rezession, mit begleitender Inflation mündet („Stagflation"). Auch in der EU, die die Energiekrise bewältigen muss, ist 2022/23 als Stagflationsphase zu verbuchen. Vergleichsweise milde verlief die Rezession in Russland, das die westlichen Sanktionen verkraften musste, aber von den hohen Weltmarktpreisen für Rohöl und Erdgas profitierte. Für die Ukraine bedeutet der Krieg nicht nur eine menschliche, sondern auch eine wirtschaftliche Katastrophe, die sie nur mit Hilfe von außen bewältigen kann. Im ersten Kriegsjahr 2022 ist die Jahreswertschöpfung im Vorjahresvergleich um fast ein Drittel eingebrochen. Die Prognosen der ukrainischen Zentralbank vom Oktober 2023 sind insofern von Optimismus getragen, als die Wirtschaft bei anhaltend hoher Inflation ihren realwirtschaftlichen Boden gefunden haben könnte – freilich abhängig vom weiteren Kriegsverlauf (Tab. 9.4).

Wurde die Besetzung der Krim sowohl im Westen als auch in der Ukraine als ein vorläufig hinzunehmender Gewaltakt eingestuft, erzwang der russische Vernichtungskrieg eine völlige Neueinschätzung der ukrainischen Perspektiven – insbesondere im Hinblick auf einen möglichen **Beitritt des Landes zur EU und**

Tab. 9.4 Wirtschaftsprognose für die Ukraine vom Oktober 2023

	2021	2022	2023	2024	2025
BIP real (% gegen Vorjahr)	3,4	− 29,1	4,9	3,8	6,0
Verbraucherpreise (% gegen Vorjahr)	9,4	20,2	12,9	8,3	7,4
Reallöhne (% gegen Vorjahr)	10,5	− 11,4	3,9	6,9	4,5
Arbeitslosenquote(% des Arbeitskräftepotenzials)	9,8	21,1	19,1	16,5	14,2
Budgetsaldo(in % des BIP)	− 3,4	− 16,3	− 20,4	− 13,4	− 11,3
Leistungsbilanzsaldo (Mrd. USD)	− 3,9	8,0	− 7,3	− 11,0	− 7,6

Datenquelle: National Bank of Ukraine, Inflation Report, Oktober 2023

zur NATO: In der Meinung der Bevölkerung überschritt schon seit der Annexion der Krim die Zahl der BefürworterInnen in beiden Fällen jene der GegnerInnen. Lag die Zustimmung zu EU bzw. NATO im Dezember 2021 noch bei 61 % bzw. 55 %, kletterten diese Werte bis Januar 2023 auf 87 % bzw. 86 % (Abb. 9.4).

Die **Landeswährung Hrywnja** (UAH) hat sich stets am US-Dollar orientiert und wurde vor der Krim-Annexion über Inflationssteuerung („inflation targeting") stabilisiert. Der Kurs lag damals bei 8 UAH je US-Dollar, verlor danach aber schrittweise an Wert. Zu Kriegsbeginn im Februar 2022 fixierte die Ukrainische Nationalbank den Kurs bei etwa 29 UAH je Dollar, um Panikreaktionen zu verhindern. Dieser Wert konnte bis Juli 2022 verteidigt werden, dann erforderte der anhaltende Druck auf den Devisenmärkten und die schwindende Wettbewerbsfähigkeit der ukrainischen Unternehmen eine 25 %ige Abwertung auf knapp 37 UAH/USD. Dieser Kurs wird seither gehalten, der Wertverlust gegen den Euro im Jahr 2023 spiegelt dessen gleichzeitige Wertsteigerung gegen den Dollar (Abb. 9.5).

Fraglich ist, ob es dem Kriegszustand nicht eher entspräche, die mittelfristige Entwicklung des Wechselkurses dem Markt zu überlassen und nur die täglichen Kursschwankungen zu begrenzen, um Panikattacken abzubremsen. Gorodnichenko (2022) nennt dafür folgende Gründe:

- Ein fixer nomineller Wechselkurs bedeutet angesichts der kriegsbedingten Inflation eine schleichende Aufwertung des realen Wechselkurses und damit eine Schwächung der Wettbewerbsfähigkeit, wofür auch noch mit schwindenden Devisenreserven bezahlt werden muss.
- Jede Abweichung des offiziellen Kurses vom Preis auf den inoffiziellen Märkten verleitet zu Missbrauch und Korruption.
- Die UAH-Bindung an den US-Dollar ist insofern fehlgeleitet, als die wichtigsten Handelspartner der Ukraine dem Euroraum angehören und die ukrainische Wirtschaft den Euro-Schwankungen zum Dollar ausgesetzt ist.
- Zentralbankentscheidungen zur periodischen Anpassung des Wechselkurses sind hochpolitische Ereignisse, die oft lange hinausgezögert werden.

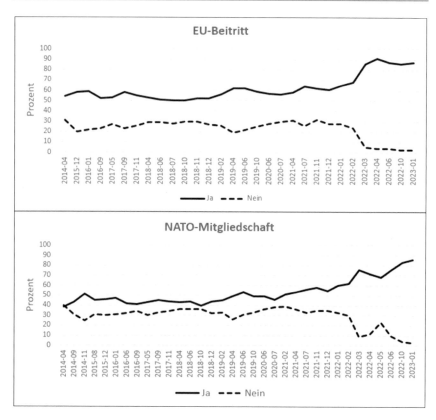

Abb. 9.4 Ukrainische Umfrageergebnisse zur EU- und NATO-Mitgliedschaft. (Datenquelle: Rating Group Ukraine)

Gegen diesen Vorschlag Gorodnichenkos wenden Vavra et al. (2022) ein, dass gerade während des Krieges der fixe Wechselkurs für einigermaßen stabile Inflationserwartungen sorge. Zuerst müssten Kapitalverkehrskontrollen abgebaut und ein funktionierender Devisenmarkt aufgebaut werden. Bisher wäre das Land mit der Fixkurspolitik gut gefahren. Erst nach Kriegsende könne man einen neuen Währungsanker festlegen und die Kursentwicklung allenfalls flexibilisieren. **Die künftige Wechselkurspolitik wird sich ohnehin daran orientieren, wie sich die Ambitionen eines EU-Beitritts weiter entwickeln.**

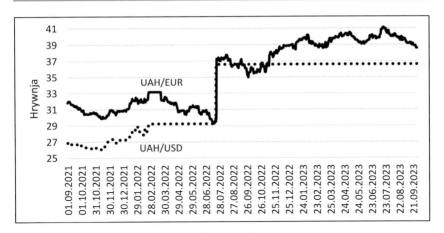

Abb. 9.5 Bilaterale Hrywnja-Wechselkurse von September 2021 bis September 2023. (Datenquelle: National Bank of Ukraine)

9.3.1 Wie viele Vertriebene kehren zurück?

Der von Russland besetzte Teil der Ukraine machte Anfang Oktober 2022 etwa ein Fünftel der Gesamtfläche aus. Die nichtmilitärische Wirtschaft wurde durch den Krieg weitgehend lahmgelegt, sie leidet an gestörten Lieferketten, Finanzierungsengpässen und an einem Mangel an qualifizierten Arbeitskräften. Neben der Landwirtschaft wurden vor allem die industriellen Produktionskapazitäten in Mitleidenschaft gezogen, diese Sektoren können erst nach dem Wiederaufbau wieder ihren vollen Beitrag zum BIP leisten.

Nach der Unabhängigkeitserklärung im August 1991 sind Wirtschaft und Gesellschaft zunehmend unter den Einfluss einiger weniger Oligarchen gekommen, die Einkommens- und Vermögensverteilung wurde ungleicher. Es gab keine Fortschritte bei der Armutsbekämpfung, vielmehr breitete sich eine gewisse Resignation aus, die sich auch in der **Bevölkerungsentwicklung** niederschlug. Lebten in der Ukraine 1993 noch 53,2 Mio. Menschen, waren es zu Jahresbeginn 2022 nur noch 43,5 Mio. Nach Berechnungen der UN-Flüchtlingsorganisation UNHCR von Mitte Juli 2023 halten sich etwa 5,1 Mio. Vertriebene im Land selbst auf. Weitere 7,3 Mio. sind Vertriebene, die nun in ganz Europa verstreut sind. Die unmittelbar betroffenen Anrainerstaaten der Ukraine werden im Rahmen des temporären „Regional Refugee Response Plan" (RRP) durch UN-Organisationen sowie internationale und nationale NGOs unterstützt.

Für die EU stellte die Aufnahme und Versorgung der Vertriebenen aus der Ukraine eine ernste Belastungsprobe dar. Die primären Zufluchtsländer in der unmittelbaren Nachbarschaft benötigten kurzfristig die solidarische Unterstützung der übrigen Mitgliedstaaten. Der EU-Ministerrat fasste schon am 04.03.2022 einstimmig einen Durchführungsbeschluss zur **Massenzustrom-Richtlinie** (Temporary Protection Directive, TPD, 2001/55/EG) aus dem Jahr 2001, die damit erstmals zur Anwendung gelangte. Sie geht noch auf die Flüchtlingsströme nach dem Jugoslawienkrieg zurück und setzt Mindestnormen für den vorübergehenden Schutz im Falle eines Massenzustroms von Vertriebenen. Mit dem nunmehrigen Beschluss wird dem Flüchtlingsstrom aus der Ukraine der Charakter eines „Massenzustroms" zuerkannt und gewährt den Betroffenen – ergänzend zu den Regeln der Genfer Flüchtlingskonvention und des subsidiären Schutzes nach der Anerkennungsrichtlinie – ohne vorherige Prüfung von Einzelanträgen einen auf ein Jahr befristeten Schutz mit Zugang zum Arbeitsmarkt und zu einer Krankenversicherung. Dieser Beschluss regelt auch die (freiwillige) Verteilung der Flüchtlinge auf die Mitgliedstaaten und ermöglicht den Einsatz des Asyl-, Migrations- und Integrationsfonds (AMIF) für finanzielle Unterstützungen (Trauner & Valodskaite, 2022).

Im Unterschied zu manchen anderen Flüchtlingsströmen ist bei der überwiegenden Zahl der Vertriebenen aus der Ukraine davon auszugehen, dass sie so bald wie möglich in ihre Heimat zurückkehren wollen. Je länger der Krieg anhält und je mehr Zerstörungen damit verbunden sind, desto mehr Menschen werden sich jedoch mit der neuen Situation abfinden und in ihren Aufnahmeländern Wurzeln schlagen. Dadush und Weil (2022) erwarten darüber hinaus, dass die vielen geflüchteten Frauen mit Kindern versuchen werden, weitere Familienmitglieder nachzuziehen, worin sie durch die vergleichsweise guten Verdienstmöglichkeiten in der EU bestärkt werden. Dies kommt dem ausgetrockneten Arbeitsmarkt in der EU zugute, sodass hier kein besonderer Druck auf die Einkommen der angestammten Bevölkerung entsteht. Die Neuankömmlinge dämpfen zwar die Löhne im untersten Bereich, doch gibt es gerade dort wenig Nachfrage von Einheimischen.

9.3.2   Sicherung der Lieferketten

Ausgelöst durch die Erfahrungen während der COVID-19-Pandemie und des russischen Ukrainekrieges hat die EU-Kommission im September 2022 den Entwurf eines *Notfallinstruments für den Binnenmarkt* vorgelegt. Mit dem „Single Market Emergency Instrument" (SMEI) soll verhindert werden, dass in Notzeiten durch einseitige nationale Beschränkungen der freie Waren-, Dienstleistungs- und Personenverkehr bedroht wird. Die Grenzen sollen auch in schwierigen Zeiten offen bleiben und die Lieferketten über eine Krisen-Governance-Architektur für den Binnenmarkt in drei Phasen gesichert werden:

- Im Eventualmodus wird ein Koordinierungs- und Kommunikationsnetz für eine verstärkte Vorsorge eingerichtet.
- Im Überwachungsmodus werden strategisch wichtige Lieferketten beobachtet und Notreserven angelegt.
- Im Notfallmodus wird sichergestellt, dass die Freizügigkeit im Binnenmarkt nur einem unbedingt nötigen Ausmaß eingeschränkt wird. Die Kommission kann den Mitgliedstaaten empfehlen, Produktionslinien umzustellen und auf die Notreserve zuzugreifen. Sie soll darüber hinaus im Namen der Mitgliedstaaten relevante Güter einfacher selbst besorgen können. Unter außergewöhnlichen Umständen kann die Kommission gezielte Auskünfte von Unternehmen einholen und diese zur vorrangigen Lieferung krisenrelevanter Produkte verpflichten. Sie kann das Zulassungsverfahren für neue Produkte beschleunigen.

Dieser Verordnungsentwurf wurde dem Rat und dem Europäischen Parlament zur Erörterung vorgelegt, ein Beschluss darüber steht noch aus. Sultan et al. (2023) betonen die potenzielle Bedeutung des SMEI für einen geordneten Informationsaustausch in Krisenzeiten, einen Mangel an notwendigen Vorprodukten aus Drittländern kann es aber nicht beseitigen.

9.4 Schrittweise Anhebung der Sanktionen des Westens

Das **EU-Sanktionsregime** ist Teil der Gemeinsamen Außen- und Sicherheitspolitik (GASP) und beruht auf Artikel 29 EUV sowie Artikel 215 AEUV. Fasst der Rat einstimmig einen Beschluss über die *„Aussetzung, Einschränkung oder vollständige Einstellung der Wirtschafts- und Finanzbeziehungen zu einem oder mehreren Drittländern"*, so erlässt er in der Folge *„die erforderlichen Maßnahmen mit qualifizierter Mehrheit auf gemeinsamen Vorschlag des Hohen Vertreters der Union für Außen- und Sicherheitspolitik und der Kommission"*, das Europäische Parlament ist hierüber zu unterrichten.[13]

---

[13] In der Energiepolitik kann jeder Mitgliedstaat selbst *„die Bedingungen für die Nutzung seiner Energieressourcen, seine Wahl zwischen verschiedenen Energiequellen und die allgemeine Struktur seiner Energieversorgung"* bestimmen (Art. 194 AEUV).

„Die EU kann Sanktionen aus eigenem Antrieb oder zur Umsetzung von Resolutionen des UN-Sicherheitsrates zur Wahrung des internationalen Rechts, insbesondere von Menschenrechten und der Rechtsstaatlichkeit, erlassen. Die entsprechenden Maßnahmen richten sich gegen Personen und Unternehmen außerhalb der EU und verpflichten die Regierungen, Unternehmen und Personen in der EU zur Einhaltung. Sanktionen dienen nicht als „Strafe", vielmehr sollen sie bei den Betroffenen eine Verhaltensänderung bewirken (Dias et al., 2022)."

Da der Angriff Russlands auf die Ukraine nicht völlig überraschend kam, konnte der Westen (außer der EU insbesondere USA, UK, Japan und Südkorea) rasch eine Gegenstrategie entwerfen. Aus der Asymmetrie im Außenhandel zwischen EU und Russland entstehen **wechselseitige Abhängigkeiten**, die für das Sanktionsregime eine Rolle spielen. Mit der Einschränkung der Öl- und Gasbezüge aus Russland bedroht die EU eine der wichtigsten Einnahmenquellen des russischen Staates, dieser kann im Gegenzug durch einen Lieferstopp ganze Wirtschaftszweige in der EU lahmlegen. Ein Ausfall westlicher Technologien hemmt mittelfristig manche russischen Produktionsbereiche, z. B. wenn Ersatzteile für die Luftfahrt oder für Rüstungsgüter fehlen. Umgekehrt sind manche EU-Länder bei Nukleartechnologien auf russische Lieferungen angewiesen: In der EU laufen 18 russische Kernreaktoren, weitere sind in Planung oder im Bau. Russland ist darüber hinaus ein wesentlicher Anbieter (mit einem Anteil am Weltexport von 33 %) von angereichertem Uranium und Platonium für Kernreaktoren (Grzegorczyk et al., 2022).

Als Reaktion auf die Annexion der Krim legte der EU-Rat im März 2016 fünf **Grundsätze für die künftigen Beziehungen mit Russland** fest (vgl. etwa Russell, 2018): (i) volle Umsetzung der Minsker Abkommen als Voraussetzung für die Aufhebung der Sanktionen; (ii) Stärkung der Beziehungen zu den ehemaligen Sowjetrepubliken in Osteuropa und in Zentralasien; (iii) Stärkung der Widerstandsfähigkeit der EU gegen russische Aggressionen, insbesondere in den Bereichen Energieversorgung, hybride Bedrohungen und Desinformation; (iv) Aufrechterhaltung einer selektiven Zusammenarbeit mit Russland in wichtigen außenpolitischen Fragen, insbesondere in Bezug auf Iran, Syrien, den Friedensprozess in Nahost, die Bekämpfung des Terrorismus und den Klimawandel; und (v) mehr Unterstützung für die russische Zivilgesellschaft, um klarzumachen, dass sich die Sanktionen nicht gegen das russische Volk richten, sondern gegen das autokratisch herrschende Regime.

Als ab März 2014 klar wurde, dass die Minsker Vereinbarungen nicht wirksam werden würden, reagierte die EU mit **schrittweise verschärften Sanktionen** gegen Personen und Organisationen in Russland, um über wirtschaftliche Belastungen ein Ende der Aggression zu erreichen. Nach der Invasion vom Februar 2022 sind schrittweise weitere *Sanktionspakete* erlassen worden, die sich auf den

Außenhandel, die Finanzmärkte und einzelne Personen beziehen. In einer ersten Welle wurden insbesondere Exporte von technologisch sensiblen Produkten nach Russland beschränkt. Im März folgte ein Exportverbot für Luxusgüter und viele technische Produkte sowie ein Importverbot für Gold aus Russland. Darüber hinaus wurden Pläne für den schrittweisen Ausstieg aus russischen Öl- und Gaslieferungen sowie aus dem Bezug von Kohle erarbeitet. Im Laufe des Jahres 2022 sind viele weitere Einschränkungen hinzugekommen, etwa gegen russische Transportunternehmen, Banken und Medien. Bis Jahresmitte 2023 sind sukzessive elf Sanktionspakete beschlossen worden (vgl. Europäischer Rat, 2023; EK, 2023).

Über die Sanktionen gegen Russland herrscht im Westen im Prinzip große Einigkeit, auch wenn die eigene Wirtschaftsentwicklung darunter leidet. **Ziel der Sanktionen** ist es, die Finanzierung des Krieges zu erschweren und die Kosten für die Putin-freundliche Oligarchie zu erhöhen, und zwar über folgende Kanäle:

- Die Teilnehmerstaaten untermauern mit den Sanktionen ihre *Solidarität* mit der angegriffenen Ukraine und unterstützen deren Abwehrkampf. Sie nehmen dabei erhebliche Nachteile für die eigenen Wirtschaften in Kauf.
- Der mit den Sanktionen verbundene *Wirtschaftseinbruch* bringt die russische Staatsführung in einen Erklärungsnotstand gegenüber der eigenen Bevölkerung (und insbesondere bei den Oligarchen).
- Ein international breit abgesichertes Verständnis für die Sanktionen ist eine wichtige Voraussetzung, damit die Ukraine nach dem Krieg von der Russischen Föderation erfolgreich *Reparationszahlungen* einfordern kann.

In den wissenschaftlichen Analysen zur **Wirksamkeit von Sanktionen** haben sich zwei Lager herausgebildet (Felbermayr et al., 2021): Politologen sind tendenziell skeptisch, dass Sanktionen ihre politischen Ziele erreichen. Dagegen finden Ökonomen meist Hinweise für ihren wirtschaftlichen Erfolg, wenn dieser auch erst mittelfristig sichtbar wird. Als Folge der Abwanderung von (etwa 10.000) westlichen Unternehmen aus Russland, dem eingeschränkten Zugang zu westlichen Technologien und der massiven Auswanderung gut ausgebildeter Arbeitskräfte (etwa 500.000 Personen) ist mit einem Knick in der russischen Produktivitätsentwicklung zu rechnen (Rácz et al., 2023).

In der EU melden sich Bedenken gegen die Sanktionen vor allem aus Wirtschaftskreisen, die auf die Stagflationsgefahr verweisen. Unterstützt werden sie von rechtspopulistischen Strömungen, die im autoritären Kurs Putins eine Bezugsfigur für ihre eigenen national-konservativen Sehnsüchte finden (Fischer, 2017). Zuweilen werden Alternativen zu den EU-Maßnahmen vorgeschlagen. So plädieren etwa Blanchard und Pisani-Ferry (2022); Gros (2022a) und Sturm (2022) für einen Zoll auf Importe von russischem Öl und Gas. Ganz allgemein ist **fraglich, ob Sanktionen als Wirtschaftswaffe einen Krieg beenden können oder ihn eher noch befeuern.** Sanktionen fördern jedenfalls die Deglobalisierung, indem sie zum Entstehen abgegrenzter Wirtschaftsblöcke beitragen.

Ein wichtiges Barometer für die Resilienz einer Volkswirtschaft ist die Entwicklung des Wechselkurses seiner Währung – sofern dieser die Marktlage spiegeln kann und nicht durch staatliche Eingriffe manipuliert wird. Der **Wechselkurs des Rubel** zum Euro reagierte erst einige Wochen nach Kriegsbeginn und verlor dann kurzfristig stark an Wert: Mussten vor Kriegsbeginn etwa 85 Rubel für einen Euro aufgewendet werden, waren es danach bis zu 150 Rubel. Die einsetzenden Panikverkäufe spiegelten die anlaufenden Sanktionen des Westens und die Unsicherheit auf den Finanzmärkten über den weiteren Fortgang des Krieges (Abb. 9.6). Die russische Zentralbank reagierte mit drastischen *Leitzinserhöhungen* (auf bis zu 20 % im März 2022, danach bis September auf 7,5 % zurückgenommen, bis Oktober 2023 aber wieder auf 15 % angehoben) und massiven Eingriffen in den Devisenmarkt – darunter der zwangsweise Umtausch von Auslandswährung in Rubel für die Einnahmen aus dem Energieexport. Der Wechselkurs wurde damit unter das Vorkriegsniveau gedrückt, ist aber im Frühjahr 2023 wieder dorthin zurückgekehrt (siehe dazu ausführlicher Itskhoki und Mukhin, 2022; Sonnenfeld et al., 2022). Der Rubel ist nun nicht mehr frei konvertierbar, seine Höhe wird an der von internationalen Finanzmärkten weitgehend abgekoppelten Moskauer Börse gebildet, in welche die russische Zentralbank nach Bedarf (und politischen Vorgaben) steuernd eingreift.

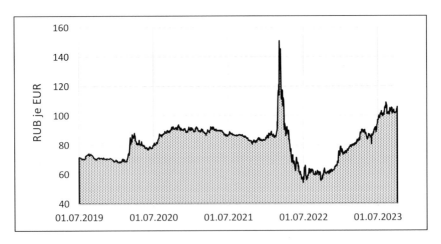

Abb. 9.6 Wechselkurs des Euro in russischen Rubel. (Datenquelle: ECB, Russian rouble; onvista.de (letzter Wert: 06.10.2023))

9.5   Wiederaufbau der Ukraine

„[R]econstruction is not about rebuilding Ukraine to the pre-war state, it is about a deep modernisation of the country (Yuryi Gorodnichenko et al., 2022)."

9.5.1   Wie belastbar ist die Solidarität?

Liegt die umfassende Europaidee als Folge des Ukrainekriegs nun in Trümmern oder erhält sie einen Identitätsschub? Der russische Einfall in der Ukraine und die aggressive Sprache der russischen Führung haben im Westen eine beispiellose **Solidaritätswelle** mit der ukrainischen Bevölkerung ausgelöst, deren Überlebenswille nach fast zwei Jahren Krieg ungebrochen scheint. Die Ukraine wäre allein nicht in der Lage, einem russischen Eroberungsfeldzug längere Zeit standzuhalten. Um die Expansionspläne Putins Richtung Westen zu stoppen, entwickelte die EU in Absprache mit dem UK und den USA eine Palette von Maßnahmen zur moralischen, wirtschaftlichen und militärischen Unterstützung der Ukraine und zur Verarbeitung der Kriegsfolgen, darunter:

- Sanktionen gegen die russische Führung,
- Hilfe für die Vertriebenen in der Ukraine und in den Aufnahmeländern,
- Stärkung der ukrainischen Verteidigung sowie
- Bereitstellung finanzieller Mittel zur Bewältigung der Kriegsschäden und Schaffung der Voraussetzungen für den Wiederaufbau

Die bis Ende Oktober 2023 zugesagten **Hilfsmittel des Westens** belaufen sich nach dem vom Kieler Institut für Weltwirtschaft (IfW) betreuten „Ukraine Support Tracker" (Trebesch et al., 2023) auf umgerechnet **241,5 Mrd. €**. Davon kamen 71,4 Mrd. € aus den USA und 133,2 Mrd. € aus der EU (Mitgliedstaaten und EU-Institutionen einschließlich MFA, EPF und EIB). In der EU fallen zusätzliche Kosten für die Versorgung der Vertriebenen an, sie werden von Blanchard und Pisani-Ferry (2022) auf ca. 50 Mrd. € oder 0,35 % des EU-BIP geschätzt. Mittelfristig ergeben sich weitere Kosten für den Ausbau der Sicherheits- und Verteidigungssysteme.

Die Hilfe des Westens im ukrainischen Überlebenskampf hat sich bisher vor allem in finanziellen Zusagen niedergeschlagen, sehr zaghaft kommt auch die Lieferung schwerer Waffen bis hin zu Kampfflugzeugen in Gang. Die Zurückhaltung der Partner der Ukraine ist verständlich, weil kein Land direkt in die Kämpfe hineingezogen werden möchte und dafür auch keinen Rückhalt von der heimischen

Bevölkerung erwarten kann. Dem steht freilich gegenüber, dass **es keine Verhandlungslösung des Konflikts geben wird, wenn es den Russen gelingt, den militärischen Widerstand der Ukraine zu brechen.**

Die russische Führung spekuliert nicht ohne Grund, dass die Unterstützung aus dem Westen mit zunehmender Dauer des Krieges erodieren wird. Je mehr sich der Ukrainekrieg in die Länge zieht, desto mehr wird es auf beiden Seiten Tote und Verwundete sowie Verwüstungen der ukrainischen Infrastruktur geben. Mit zunehmender Kriegsdauer werden sich Ermüdungserscheinungen nicht nur an der Front einstellen, es kann auch die **Solidarität in der EU brüchig** werden. Man gewöhnt sich an die täglichen Meldungen über Menschenopfer und Sachbeschädigungen und spürt unmittelbar nur die Folgen der Sanktionen auf das eigene Wohlergehen. Beispielhaft offenbart sich dies in folgenden Entwicklungen:

- Die Aufnahme ukrainischer Vertriebener wird von der ursprünglichen Selbstverständlichkeit zu einer finanziellen und emotionalen Belastung, wenn mit anhaltendem Kriegszustand eine baldige Rückkehr nicht in Sicht ist.
- In den sozialen Medien wird zunehmend auch der ukrainischen Regierung (und der sie unterstützenden westlichen Allianz) angelastet, zu wenig zu einer Beendigung des Krieges beizutragen.
- Die Ukraine war vor dem Krieg für mafiose Machtverhältnisse und Korruption bekannt, durch die Präsidentschaft von Wolodymyr Selenskyj wird das nur lose übertüncht.
- Im politischen Spektrum der Parteien entwickeln sich „Putin-Versteher" sowohl am rechten Rand (der kein Verständnis für gesellschaftlich liberale EU-Positionen aufbringt) als auch am linken Rand (für den die NATO immer schon ein Feindbild war).
- Hinzu kommen nationale Befindlichkeiten, wie etwa jene des ungarischen Präsidenten Viktor Orbán, der für seine Kritik an den EU-Sanktionen von Putin mit günstigen Preisen für russische Öl- und Gaslieferungen belohnt wird.

In der Bevölkerung der EU war aber die Solidarität mit der Ukraine auch im Winter 2022/23 noch uneingeschränkt vorhanden (Abb. 9.7).

Die Solidarität des Westens darf sich nicht auf die gemeinsamen Sanktionen gegen Russland beschränken. Wichtig wären ergänzende Hilfestellungen der Sanktionspartner untereinander, insbesondere in der Frage der Aufnahme und Versorgung der ukrainischen Vertriebenen, der gemeinsamen Energieversorgung und der längerfristigen Sicherheitspolitik. Bei letzterer wird sich die EU wohl auch in Zukunft auf das UK und die USA (letztlich auf die NATO) verlassen müssen.

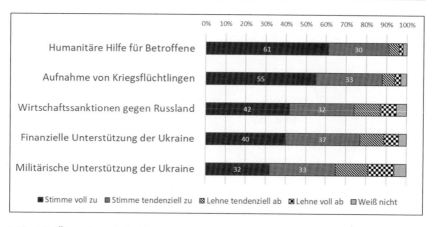

Abb. 9.7 Überwiegende Solidarität mit der Ukraine. (Datenquelle: Standard-Eurobarometer 98, Winter 2022/23)

9.5.2 Kriegsschäden und Aufbaupläne

Die wirtschaftlichen Grunddaten der Ukraine waren schon vor dem Krieg alles andere als ermutigend (siehe Abschn. 9.2). Mit der Besetzung wichtiger Teilregionen durch Russland haben sich die Aussichten für die unmittelbare Zukunft weiter verschlechtert. Teile der Industrieregion im Donbas sind okkupiert oder zerstört, die Getreideproduktion ist in den besetzten Gebieten ebenso eingeschränkt, wie es die Exportwege über das Schwarze Meer sind. Offen ist derzeit, wie die Ukraine nach dem Krieg aussehen wird. Die anhaltend sinkende Bevölkerung wird dann weiter geschrumpft sein. Auf welche Fläche sie sich – temporär oder permanent – verteilen wird, bleibt ungewiss. Damit lässt sich auch erst später feststellen, auf welcher Ressourcenbasis und von welcher industriellen Kapazität aus die Zukunft der Ukraine zu entwickeln ist.

Die bis Anfang September 2023 in der Ukraine entstandenen **Kriegsschäden** werden von der Kyiv School of Economics mit **151,2 Mrd. USD** (gemessen an den Wiederherstellungskosten) beziffert (KSE, 2023). Der größte Teil davon entfällt auf Wohnbauten und die physische Infrastruktur (Abb. 9.8). Mit diesen Analysen und ihren laufenden Updates wird die Ukraine später ihre Reparationsforderungen an Russland untermauern.

Für die zu erwartenden **Wiederaufbaukosten** gibt es nur grobe Überlegungen. In der Ukraine selbst wird mittlerweile versucht, die Schäden an Infrastruktur, Gebäuden und Bodenkontamination aufzulisten und den Finanzierungsbedarf abzu-

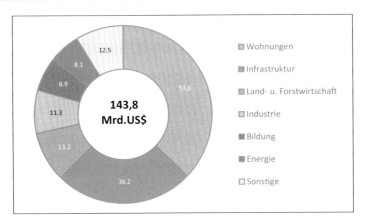

Abb. 9.8 Kriegsschäden in der Ukraine per 01.09.2023, in Milliarden USD. (Datenquelle: KSE (2023))

schätzen. Der unter Staatspräsident Selenskyj neu eingerichtete National Recovery Council hat im Juli 2022 den Entwurf eines „**National Recovery Plan**" (NRP-U) vorgelegt (siehe NRC, 2022), der auf der Ukraine Recovery Conference (URC) in Lugano erörtert wurde. Die bis dahin entstanden physischen Schäden wurden mit 100 Mrd. USD und das Finanzierungserfordernis für die kommenden zehn Jahre mit mindestens **750 Mrd. USD** veranschlagt. Im Juni 2023 fand in London eine weitere URC statt, auf der vor allem die mögliche Einbindung privater Unternehmen und ihrer Expertise in den Wiederaufbau der Ukraine diskutiert wurde. Der von der Ukraine eingerichtete Ukraine Development Fund (UDF) wird Kredite zu günstigen Konditionen für Investitionen in Schlüsselsektoren (wie nachhaltige Energie, Landwirtschaft, IT) vergeben.

Zentrale Vorgaben für den Wiederaufbauplan sind die Beseitigung der Kriegsschäden, eine Zunahme des BIP pro Kopf, eine faire Vermögensverteilung sowie ein funktionierendes Rechts- und Institutionensystem, um schließlich die Voraussetzungen für die von der Ukraine angestrebte Mitgliedschaft in der EU zu schaffen. Ein wichtiger Schritt zu diesem Ziel war der Beschluss der Staats- und Regierungschefs vom 14. Dezember 2023, mit der Ukraine (und Moldawien) Beitrittsverhandlungen einzuleiten. Der *strategische Rahmen für den Wiederaufbau* wird aus Unabhängigkeit, nationaler Sicherheit und Integration in die EU gebildet, womit in einem marktgerechten Umfeld die gesamtwirtschaftliche Stabilität gesichert werden soll. Die wichtigsten inhaltlichen Reformbereiche betreffen die Stärkung des Humankapitals (Investitionen in den Bildungssektor und das Gesundheitssystem, Rückholung vertriebener Talente, Ausgleich von sozialen Verwerfungen) und Verbesserungen der physischen Infrastruktur (Energieeffizienz, Wohnungssektor, Logistikbereich). Für alle von der EU geförderten Maßnahmen wird darauf geachtet, dass sie mit dem Green Deal (siehe Abschn. 10.2) und den Digitalisierungsvorhaben der Union kompatibel sind.

Das Wiener Institut für Internationale Wirtschaftsvergleiche (wiiw) schätzt die Wiederaufbaukosten (ohne Verteidigungs- und Sicherheitsinfrastruktur) mit **410 Mrd. USD** niedriger ein als der NRP-U: Für die zerstörte alte Infrastruktur werden 270 Mrd. USD, für ergänzende neue Infrastrukturvorhaben 110 Mrd. USD und als Transferkomponente der EU für Projekte außerhalb der physischen Infrastruktur 30 Mrd. USD (Bogdan et al., 2022) angesetzt. Auf folgende **Schwachstellen des NRP-U** wird hingewiesen:

- inkonsistente Annahmen über Wirtschaftswachstum und Budgetentwicklung nach dem Krieg,
- spekulative Ansätze zur Finanzierung des Wiederaufbaus;
- unzureichende gesamtstaatliche Koordination der dezentralisierten Projekte;
- die sektoralen Schwerpunkte des Wiederaufbaus spiegelten die gegenwärtigen Wirtschaftsstrukturen (Landwirtschaft, Eisen- und Stahlindustrie) und orientierten sich zu wenig an den Zukunftschancen bei Digitalisierung und erneuerbarer Energie; und
- in manchen Bereichen (Steuersystem, Wettbewerbs- und Beihilfenrecht) seien die Annahmen des NRP-U noch nicht auf die Erfordernisse für einen späteren EU-Beitritt abgestimmt.

Zwar findet das wiiw im NRP-U noch deutliche Einflüsse der traditionellen Wirtschaftslobbies, doch anerkennt es die Bemühungen um eine „De-Oligarchisierung". Die Regierung arbeite an einem umfassenden Anti-Korruptionssystem, dem Aufbau von zentralen digitalisierten Registern für die staatliche Verwaltung und der schrittweisen Anpassung des Wettbewerbsrechts an die EU-Bestimmungen.

Ein Jahr nach Kriegsbeginn schätzt die Weltbank – in Zusammenarbeit mit der Europäischen Kommission und der ukrainischen Regierung – den Investitionsbedarf für die kommenden zehn Jahre auf **411 Mrd. USD** (Tab. 9.5). Davon entfallen 38 Mrd. USD auf die Entminung des Landes, 161 Mrd. USD auf direkte Zerstörungen der Infrastruktur (Gebäude, Verkehrswege) und 259 Mrd. USD auf ausgefallene Produktion (Landwirtschaft, Energie, Industrie, Tourismus). Allein im Jahr 2023 werden 14 Mrd. USD benötigt, um die dringendsten Reparaturen zu ermöglichen und mit der Entminung beginnen zu können (World Bank et al., 2023).

Für die **organisatorische Bewältigung des Wiederaufbaus** wird auch auf Erfahrungen aus anderen Kriegen zurückgegriffen. In Diskussion steht ein dem

Tab. 9.5 Geschätzte
Wiederaufbaukosten in der
Ukraine, 2023–2033

Bereich	Milliarden USD
Entminung	38
Wohnungen	69
Verkehrswege	92
Landwirtschaft	30
Energie	47
Industrie und Handel	23
Soziale Sicherheit	42
Gesundheit	16
Bildung	11
Sonstige	43
Gesamt	**411**

Quelle: World Bank et al. (2023)

seinerzeitigen „*Marshall-Plan*" nachempfundener Wiederaufbaufonds (vgl. Aiginger & Moskalenko, 2022). Als Anhaltspunkt für die mit einer wirksamen Hilfe verbundene Größenordnung verweist die Europäische Bank für Wiederaufbau und Entwicklung (EBRD, 2022) auf die seinerzeitigen US-Hilfen für Europa, die hochgerechnet heute etwa 470 Mrd. USD ausmachen würden.

Ganster et al. (2022) vom German Marshall Fund of the United States (GMF) propagieren für die Umsetzung der Aufbaupläne eine(n) von den G7-Staaten eingesetzte(n) Koordinator(in), der führungs- und finanzschwachen EU trauen sie diese Rolle nicht zu. Jedenfalls sollte am Ende des langen Aufbauprozesses die EU-Mitgliedschaft stehen. Dagegen sprechen sich andere Autoren, die ebenfalls den Marshall-Plan als Vorzeigebeispiel heranziehen, für eine unter den Auspizien der Europäischen Kommission stehende, aber mit unabhängigen ExpertInnen besetzte Aufbauagentur aus, die ihre Projekte an Hand einer von der ukrainischen Regierung erstellten Prioritätenliste umsetzt (u. a. Eichengreen & Rashkovan, 2022; Mylovanov & Roland, 2022). Anders als beim Marshall-Plan, der fast zur Gänze aus offiziellen US-Schenkungen finanziert wurde, wollen viele EU-Länder eine Beschränkung auf langfristige Darlehen. Erschwerend kommt hinzu, dass beim Marshall-Plan einem Geldgeber 16 begünstigte Länder gegenüberstanden, nun müssen viele Geldgeber koordiniert werden, um dem einen Begünstigten zu helfen (Eichengreen, 2023).

Für die **Finanzierung und Umsetzung des Wiederaufbaus** wird die Ukraine viele Jahre auf die Mithilfe der übrigen Welt angewiesen sein. Der NRP-U unterscheidet drei Phasen: dringliche Reparaturen im ersten Kriegsjahr (60–65 Mrd. USD), Wiederaufbau in den folgenden drei Jahren (mehr als 300 Mrd. USD) und eine siebenjährige Modernisierungsphase danach (mehr als

400 Mrd. USD). Um den gesamten Finanzierungsbedarf zu decken, werden 250–300 Mrd. USD als Zuwendungen von Partnerländern benötigt, 200–300 USD müssten über die Kapitalmärkte und etwa 250 Mrd. USD aus privater Kofinanzierung von Infrastrukturprojekten aufgebracht werden.

Solange allerdings der Krieg andauert, bleiben Schätzungen über die voraussichtlichen Kosten im Bereich der Spekulation. Die Zerstörung des Kachowka-Staudammes am 6. Juni 2023 liefert dafür beredtes Zeugnis. Wie hoch immer die materiellen Kosten letztlich sind, sie werden überschattet von den unzähligen Menschenopfern und den psychischen Folgekosten des Krieges.

Unter dem Ko-Management von Europäischer Kommission und Regierung der Ukraine wird eine „*Ukraine Reconstruction Platform*" eingerichtet, an der sich auch Partner aus Drittstaaten, internationalen Finanzorganisationen und der Wirtschaft beteiligen können (European Commission, 2022a). Der im Rahmen dieser Plattform zu erstellende Rekonstruktionsplan „*RebuildUkraine*" legt die Prioritäten fest und wählt die Projekte aus. Schwerpunkte sind Investitionen in die Infrastruktur (um EU-Standards in den Bereichen Umweltschutz und Digitalisierung zu erreichen) und Reformen im Rechtssystem (Korruptionsbekämpfung).

Der finanzielle Beitrag der EU durch Zuschüsse und Kredite soll direkt über das EU-Budget laufen, um Transparenz und Kontrolle sicherzustellen. Da die Budgetmittel bei weitem nicht reichen, müssen zusätzliche Finanzierungsquellen erschlossen werden, die wie bei der Aufbau- und Resilienzfazilität (ARF) nach der Pandemie über einen auf Gemeinschaftsebene einzurichtenden Fonds für die Ukraine („*RebuildUkraine*"-*Fazilität*) erfolgen soll. Da nun ähnlich gravierende Voraussetzungen herrschen wie bei der Pandemie, könnte wiederum eine Finanzierung über *Eurobonds* mit solidarischer Haftung aller Mitgliedstaaten erwogen werden (Sapir, 2022b). Die EU-weite Solidarität ist im Ukrainekrieg viel ausgeprägter als sie in der Pandemie je war. Zwar war der Schaden für die Weltwirtschaft durch den COVID-Schock viel größer, als er je durch den Ukrainekrieg werden kann; doch war der COVID-Schock ein temporäres Problem, wogegen die strukturellen Nachwirkungen des Ukrainekriegs viele Jahrzehnte anhalten werden. Dennoch regt sich gegen diesen Vorschlag heftiger Widerstand aus dem Norden der EU – mit dem Argument, dass für die ARF nur unter dem Vorbehalt der Einmaligkeit eine beschlussfähige Mehrheit erreicht werden konnte (vgl. Abschn. 8.4).

Ein anderer Vorschlag kam vom EU-Außenbeauftragten, Josep Borrell, der sich für eine Beschlagnahme der bereits eingefrorenen *russischen Devisenreserven* einsetzte. Dafür fehlt aber offenbar eine handfeste rechtliche Grundlage, und auf einen allfälligen Friedensvertrag mit entsprechenden Reparationsklauseln zu warten, dürfte illusorisch sein (Frühauf et al., 2022). Einen gewissen Anteil an der Finanzierung des Wiederaufbaus könnten auch die *Rücksendungen* von Ersparnissen jener Vertriebenen sein, die nicht mehr in ihre Heimat zurückkehren (können).

Der Ukraine kommt jetzt zugute, dass ihr im Juni 2022 vom Rat der **EU-Kandidatenstatus** zuerkannt wurde, sodass der Wiederaufbau bereits im Rahmen der für eine spätere Mitgliedschaft erforderlichen Voraussetzungen erfolgen kann. Auf den Weg dorthin wurden der Ukraine eine Reihe von Empfehlungen mitgegeben, über deren Umsetzung an die EK zu berichten ist (EK, 2022c). Erwartet wird

- das Erlassen von Rechtsvorschriften über die Bestellung von integren und kompetenten VerfassungsrichterInnen sowie von Kandidaten für den Justizrat und die Qualifikationskommission für RichterInnen;
- die Intensivierung der Korruptionsbekämpfung durch proaktive und effiziente Ermittlungen sowie transparente Besetzungen von Leitungsposten in der Sonderstaatsanwaltschaft und im Nationalen Amt für Korruptionsbekämpfung;
- eine Anpassung der Rechtsvorschriften zur Bekämpfung von Geldwäsche an EU-Standards;
- die Umsetzung des Anti-Oligarchen-Gesetzes, um den übermäßigen Einfluss von Oligarchen im wirtschaftlichen, politischen und öffentlichen Leben zu begrenzen;
- die Verabschiedung eines Mediengesetzes, um den Einfluss von Partikularinteressen zurückzudrängen und die unabhängige Medienregulierungsbehörde zu stärken; und
- der Abschluss der Reform des Rechtsrahmens für nationale Minderheiten.

Der Schwerpunkt der Voraussetzungen liegt auf der Absicherung von Rechtsstaatlichkeit und der Bekämpfung von Korruption. Die Beitrittsfähigkeit der Ukraine wird an der Konsequenz gemessen werden, mit der Umsetzungen in diesen Bereichen vorangetrieben und Erfolge sichtbar werden (Vgl. hiezu auch Grieveson et al., 2023).

Abschließend muss davor gewarnt werden, den EU-Beitritt der Ukraine als „gemachte Sache" abzuhaken. Für die Ukraine selbst wird es nicht einfach sein, manche Grundvoraussetzungen eines Beitritts herzustellen, ohne den Konsens im Land zu gefährden, der zunächst nur dem russischen Angriff zu danken ist. Außerdem ist das weitere Vorgehen der Russen selbst einzukalkulieren, die dem Beitritt so viele Hindernisse wie nur möglich in den Weg legen werden. Und in der EU müssen alle Eifersüchteleien über eine Bevorzugung der Ukraine ausgeräumt werden, bevor ein einstimmiger Aufnahmebeschluss zustande kommen kann. **Solange die Außengrenzen der Ukraine nicht völkerrechtlich verbindlich geregelt sind, wird sich die EU nicht auf ein „Zweites Zypern" einlassen wollen.**

Zusammenfassung und Folgerungen

- Wladimir Putins Unterfangen, die Ukraine auszulöschen und Europa zu spalten, ist misslungen. Die geopolitische Rolle, die Russland aufgrund seiner Geschichte, aber auch wegen seiner schieren Größe und militärischen Potenz einnehmen könnte, ist auf lange Zeit verspielt. Geblieben ist das atomare Drohpotenzial, mit dem Russland in Europa die Position eines Antipoden zum kontinentalen Friedensprojekt der EU einnimmt.

- Der tiefe Graben, den Russland von Nord nach Süd durch Europa zieht, beschleunigt die Weiterentwicklung des geopolitischen Gefüges zu einer bipolaren Welt. Europa lehnt sich wieder stärker an die USA an, Russland wird unter die Fittiche Chinas kommen. Offen ist die Orientierung Indiens, das bevölkerungsmäßig mit China gleichgezogen hat und rasch an politischer Bedeutung aufholt. Offen bleibt auch die künftige Position Afrikas, auch hier drohen die Interessen Chinas, Russlands und des Westens aufeinanderzuprallen.

- Das von Putin für seinen Angriff vorgeschobene Argument der „Ent-Nazifizierung" der Ukraine ist ein Spiegel der Zustände, die im autokratischen Russland selbst herrschen. Das Land gerät zunehmend unter die Willkürherrschaft einer politischen Clique um den Präsidenten, die sich weder um grundlegende Menschenrechte im Land kümmert, noch die kriegerische Expansion in Nachbarländer scheut. Ihre verständliche Besorgnis wegen der massiven Erweiterung der NATO bis an die russische Grenze hätte nicht mit Krieg, sondern mit Verhandlungen über wechselseitig glaubwürdige Sicherheitsmaßnahmen beantwortet werden müssen. Schließlich sind die Beitritte zur NATO defensiv motiviert, um vor russischen Aggressionen sicher zu sein.

- Bei allen Rückschlägen, die Russland in dieser Auseinandersetzung bereits hinnehmen musste, ist schwer vorstellbar, wie der Übergang zu einer wenigstens vorläufigen Friedenslösung gefunden werden kann, solange Putin an der Macht bleibt und der Westen weiterhin geschlossen hinter der Ukraine steht. Nur diese Geschlossenheit kann aber verhindern, dass Putin mit seinen völkerrechtswidrigen Visionen letztlich Erfolg hat und zu weiteren Überfällen ermuntert wird. Er setzt darauf, dass sich unter Mitwirkung russischer Agitatoren im Westen allmählich eine Ablehnungsfront gegen die Sanktionen bildet – getragen von rechten und linken Randgruppen.

- Ob die westlichen Sanktionen gegen Russland ihre politischen Ziele erreichen werden, ist nicht abzusehen, auch wenn der wirtschaftliche Druck auf den Aggressor erhalten bleibt. In der EU muss die Wirtschaftspolitik viele Ziele gleichzeitig ansteuern: Unterstützung der Ukraine, Versorgung der Vertriebenen, Bewältigung der Energiekrise, Stützung des Wirtschaftswachstums, Bekämpfung der Inflation und sozialer Verwerfungen. Mangels einer perfekten Lösung wurde vielfach die rasche Wirksamkeit der besseren Treffsicherheit vorgezogen.

- Ob die Entschlossenheit des Westens zu massiver Unterstützung der Ukraine so lange aufrecht bleibt, bis die von Russland besetzten Gebiete zur Gänze zurückerobert sind, ist zumindest fraglich, wenn nicht unrealistisch. Alternativ muss daran gearbeitet werden, so rasch wie möglich einen international überwachten Waffenstillstand zu erreichen. Auch langfristig ist eine faire Lösung nur vorstellbar, wenn nach Rückkehr der Vertriebenen und angemessener Verarbeitung der Kriegsfolgen unter Mitwirkung der UN das Selbstbestimmungsrecht der BewohnerInnen in den Kriegsregionen zum Tragen kommt. Das kann bedeuten, dass manche der umstrittenen Gebiete mehr Eigenständigkeit erhalten, wenn sie nicht überhaupt außerhalb der derzeitigen ukrainischen Grenzen liegen. Das Ergebnis solcher Verhandlungen ist durch eine internationale Friedensgarantie abzusichern.

- Bis dahin ist es für die Ukraine geboten, ihre internen Entscheidungsstrukturen von früheren Oligarchen-Netzwerken und der damit verbundenen Korruption zu befreien sowie das Rechtssystem und die Rechtspraxis auf einen EU-Beitritt vorzubereiten. Mit dem Beitrittsantrag zu EU hat die Ukraine bereits bekundet, den Weg zu einer liberalen Demokratie zu beschreiten.

Langzeitkrise Klimawandel

10

> *„[T]he world is in the midst of the first truly global energy crisis."*
>
> *(Fatih Birol, 2022)*

Zusammenfassung

Im Gegensatz zu vielen früheren Krisen ist der Klimawandel ein globales endogenes Phänomen, das uns nicht von außen aufgezwungen wird, wir verursachen es vielmehr täglich selbst. Es ist kein Ereignis, das sich mit ein paar Eingriffen der Politik oder durch eine kleine Anpassung unserer Verhaltensweisen beenden lässt. Wissenschaftlich untermauerte Befunde weisen vielmehr auf die langfristig drohende Katastrophe hin, die erst von kommenden Generationen auszustehen sein wird. Die umfassenden Probleme des Klimawandels können hier nur rudimentär mitgedacht werden, soweit sie für das Gesamtbild der multiplen Krisen, denen Europa ausgesetzt ist, erforderlich erscheinen. Nach einem kurzen Überblick über den dramatischen Anstieg der weltweiten Emissionen von Treibhausgasen erörtern die folgenden Seiten die globalen und EU-spezifischen Lösungsansätze. Getrieben vom Ukrainekrieg steht die EU vor einer Reform des Energiebinnenmarktes, die kurzfristig die Abhängigkeit von russischem Öl und Gas eindämmt und langfristig den Pariser Klimazielen Rechnung trägt.

10.1   Dramatische Ausgangslage

Die bisher besprochenen Krisen haben eines gemeinsam: Auch wenn sie nicht unabhängig von internen Strukturproblemen in der EU verlaufen sind, wurden sie jeweils durch externe Ereignisse ausgelöst und konnten durch adäquate Maßnahmen eingedämmt, wenn nicht beendet werden:

- Der globalen Finanzkrise entsprang die *Eurokrise*, die auf eine nicht auf Krisenmodus eingestellte Währungsunion traf. Zur Bewältigung wurden fiskalische Sparmaßnahmen und eine expansive Geldpolitik aufgeboten, deren Folgen bis heute nachwirken.
- Die *Migrationswelle* Richtung Europa entstand aus den kriegerischen Auseinandersetzungen im Nahen und Mittleren Osten sowie in Afrika – oft auch begleitet von Hungerkatastrophen. Der Zustrom stieß auf ein völlig unvorbereitetes Europa und löste hier Abwehrreaktionen aus, die vor allem den nationalpopulistischen Gruppierungen Auftrieb bescherte, ohne bisher zu einem rechtlich und sozial befriedigenden Lösungsansatz für die gesamte EU zu führen.
- Die *COVID-19-Pandemie* schwappte aus China auf Europa über, auch hier erwiesen sich die nationalen Gesundheitspolitiken als weitgehend unvorbereitet. Mittlerweile konnte – auch unter Inanspruchnahme der unzureichenden Kompetenzen der Gemeinschaft – die Pandemie in überschaubare Kanäle gelenkt und zum Abflauen gebracht werden, die Vorsorge vor neuen Virus-Varianten bleibt aufrecht.
- Der *russische Angriffskrieg gegen die Ukraine* erfolgte aus (scheinbar) heiterem Himmel und verändert nun das gesamte politische und wirtschaftliche Gefüge Europas. Alle Ambitionen nach dem Zerfall der Sowjetunion, die Zweiteilung Europas zu beenden, sind damit auf lange Zeit illusorisch geworden.

Der Klimawandel hat sich schon lange angekündigt, wurde aber immer wieder von kurzfristig zu lösenden Problemen zugedeckt. Der Ukrainekrieg und die ihn begleitende Energiekrise geben den Blick frei auf die drohenden Verwerfungen aus einer ungezügelten weiteren Erderwärmung. Sie wird zum Abschmelzen der Gletscher, zu einem Anstieg des Meeresspiegels mit der drohenden Überschwemmung riesiger Siedlungs- und Kulturgebiete und zur Ausbreitung von Wüsten führen. Manche heute dicht besiedelten Gebiete der Erde werden nicht mehr bewohnbar sein und neue Völkerwanderungen auslösen. Dann kommen die vielfachen Querverbindungen zwischen Klimaentwicklung, Lebensbedingungen, wirtschaftlichem Strukturwandel, kriegerischen Auseinandersetzungen und Migration zum Tragen.

Zu diesen langfristigen Wirkungen tritt nun der unmittelbare Schock der durch den Ukrainekrieg ausgelösten Energiekrise, von der die EU besonders betroffen ist. Die einseitige Abhängigkeit vom russischen Öl- und Gas hat zu Versorgungsengpässen und enormen Preisausschlägen geführt, die die etablierten Produktionsstrukturen in Frage stellen und das soziale Gleichgewicht bedrohen.

Nicholas Stern (2022) von der London School of Economics, einer der bekanntesten Klima- und Entwicklungsökonomen, plädiert für ein radikales Umdenken in der ökonomischen Analyse. Das traditionelle wissenschaftliche Instrumentarium der ÖkonomInnen sei nicht geeignet, mit den extremen Risiken umgehen, die sich aus den bevorstehenden Umwälzungen ergeben und für die auch die öffentliche Hand keine wirksamen Rezepte anbiete.

Insgesamt greifen die Konsequenzen des Klimawandels weit über enge wirtschaftliche Perspektiven hinaus. Die Politik ist in dieser Situation gefordert, sowohl die Ursachen für die säkulare Entwicklung zu bekämpfen, als auch zeitnahe Lösungen für bereits entstandene oder absehbare Folgen einzuleiten. Welche Maßnahmen versprechen eine Umkehr der bedrohlichen Entwicklungen? Wie bringt sich die EU in die weltweite Klimadiskussion ein? Wird die Energiekrise den Klimaschutz eher verzögern oder ihm einen neuen Impuls versetzen?

Bereits vor fast zwei Jahrzehnten argumentierte Stern (2006) überzeugend, dass **die Kosten für den Klimaschutz viel geringer wären als die Kosten des Nichtstuns.** Seit diesem „Stern Review" sind die vom Menschen verursachten globalen Emissionen von Kohlenstoffdioxid (CO_2) rasant weiter gestiegen und die Kosten für die Bereitstellung erneuerbarer Energien sind gesunken, sodass die seinerzeitigen Erkenntnisse heute umso mehr gelten.

Der CO_2-Ausstoß macht etwa drei Viertel aller vom Menschen verursachten (anthropogenen) **Emissionen von Treibhausgasen** (THG) aus, zu denen insbesondere noch jene von Methan und Distickstoffoxid gezählt werden. Seit der Industrialisierung im 19. Jahrhundert ist der Ausstoß an CO_2 enorm gestiegen und konnte bisher ungeachtet aller Bemühungen nicht eingebremst werden (Abb. 10.1). Im späten 20. Jahrhundert gelang es in Europa und Nordamerika, die Emissionen etwas zu verringern, der vermehrte Ausstoß in Asien, vor allem in China, hat dies aber mehr als kompensiert.

Der regierungsunabhängige Weltklimarat („Intergovernmental Panel on Climate Change", IPCC) hat errechnet, dass die mit dem CO_2-Ausstoß verbundene **Erderwärmung** seit der zweiten Hälfte des 19. Jahrhunderts bis heute um 1,1 Grad Celsius zugenommen hat, und zwar praktisch ausschließlich aus den vom Menschen verursachten Gründen. Ohne zusätzliche Gegenmaßnahmen droht die Temperatur bis zum Ende des Jahrhunderts nochmals um etwa 2 °C anzusteigen (IPCC, 2021, 2023).

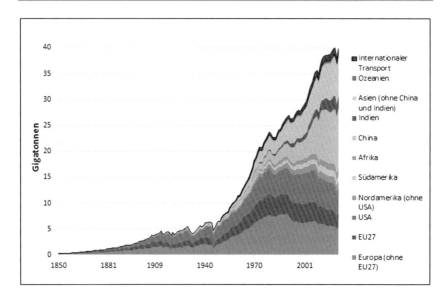

Abb. 10.1 Historische CO_2-Emissionen, in Gigatonnen. (Datenquelle: Our World in Data, unter Verwendung von Daten des Global Carbon Project, CO_2 emissions by region)

Multilaterale Lösungsansätze

Die Lösungsansätze für die Klimakrise unterscheiden sich grundsätzlich von jenen für die COVID-19-Pandemie. Zu Beginn der Coronakrise wurde unter dem Schock der sich ausbreitenden Krankheit auf nationaler und regionaler Ebene mit Abschottungsmaßnahmen reagiert, ohne die Verbreitung wirksam verhindern zu können. Wie Lehne (2021) zeigt, führt eine vergleichbare Politik beim Klimawandel ad absurdum: *„Während der Kampf gegen die Pandemie internationale Solidarität tendenziell verringert, setzt die Bekämpfung des Klimawandels diese voraus."* Um die unterschiedliche Betroffenheit der einzelnen Regionen teilweise zu kompensieren, fordert er – auch im Eigeninteresse der hauptsächlichen Verursacher der Erderwärmung – eine faire Einbindung der Dritten Welt in den Entwurf von Gegenstrategien, *„denn Destabilisierung und Migrationsdruck im Süden werden auf die industrialisierte Welt zurückwirken."*

Eine systemrelevante Krise wie der Klimawandel kann nur durch **gemeinsame Anstrengungen** aller Länder und aller Gesellschaftsgruppen bewältigt werden. Auf nationaler Ebene wird es nicht ohne staatliche Regeln gehen, die jedoch auf die Mitwirkung und Unterstützung durch Unternehmen (z. B. durch freiwillige Selbstregulierung) und BürgerInnen angewiesen sind. Das ökonomische Problem liegt in der *Internalisierung negativer „externer Effekte"*, also das Einbeziehen klimaschädlicher Hintergrundeinflüsse, insbesondere indem die Marktpreise von Waren und Leistungen solche Einflüsse bereits enthalten. Die Politik zur Abwendung der Klimakrise wird sich insbesondere auf folgende **Wirkungskanäle** stützen müssen (Pisani-Ferry, 2022): (i) Austausch fossiler Energiequellen durch erneuerbare Energie, (ii) Erhöhung der Energieeffizienz der Produktion, (iii) Forcieren emissionssparender Technologien sowie (iv) Anreize für Verhaltensänderungen beim Energieverbrauch. Erst eine kumulative Ausnützung dieser Kanäle wird den erwünschten Erfolg bringen.

Seit den frühen 1990er-Jahren wird im Rahmen der Vereinten Nationen auf einer jährlich tagenden **Klimakonferenz der Vertragsstaaten** (Conference of the Parties, COP) versucht, konkrete Maßnahmen zur Begrenzung der Erderwärmung zu finden und die Lasten international fair zu verteilen. Da die THG-Emissionen weit überwiegend im industriellen Norden entstehen, erwartet der vorindustrielle Süden einen Ausgleich über internationale Vereinbarungen. Die Marksteine dieser Entwicklung – manchmal beschränkt auf reine Absichtserklärungen – sind in Tab. 10.1 zusammengefasst.

Das **Kyoto-Protokoll** war das erste rechtsverbindliche Abkommen unter der Ägide der Vereinten Nationen zur Verminderung von THG-Emissionen. Allerdings hat es nur etwa 18 % der weltweiten Emissionen erfasst, wichtige Länder wie die USA sind ihm nicht beigetreten. In der EU besteht für die Zielerfüllung eine gemeinschaftliche Verantwortung in jenen Sektoren, die dem EU-Emissionshandelssystem (siehe Abschn. 10.2) unterliegen, für die übrigen Sektoren sind die Mitgliedstaaten verantwortlich.

Die jährlichen Klimakonferenzen widmen sich dem Monitoring der schrittweisen Erreichung der **Pariser Klimaziele**. Verbindliche Reduktionszusagen bis 2030 liegen bisher etwa von den USA (minus 50–52 %) und der EU (ursprünglich minus 40 %, mit dem „Europäischen Klimagesetz" aus 2021 auf minus 55 % erhöht) vor, doch bestehen erhebliche Zweifel an der zeitgerechten Umsetzung (Schleicher et al., 2016). Die im November 2022 im ägyptischen Scharm-el-Scheich tagende COP27 brachte kaum Fortschritte bei den Reduktionszielen: Die ölproduzierenden Staaten blockierten im Schlussdokument jeden Hinweis auf einen mittelfristig erforderlichen Ausstieg aus fossiler Energie. Ein breiter Konsens, der letztlich auch von der EU mitgetragen wurde, konnte über die Errichtung eines Klimafonds („Loss and Damage Fund") erzielt werden, aus dem Länder der Dritten Welt, die besonders von Klimaschäden betroffen sind, Entschädigungszahlungen erhalten können. Etwas konkreter legte die 2023 in Dubai tagende COP28 fest, welche Länder in diesen Fonds einzahlen werden und welche Länder begünstigt sein können. Dieser Tagung lag auch eine globale Bestandsaufnahme vor, die dramatisch aufzeigt, wie weit die Welt noch von den Pariser Klimazielen entfernt ist (UNEP, 2023).

Tab. 10.1 Wichtige globale Übereinkommen zum Klimaschutz

Jahr	Übereinkommen	Charakteristika
1992	Klimarahmenkonvention	UN-Rahmenübereinkommen über Klimaänderungen (United Nations Framework Convention on Climate Change, UNFCCC) in Rio de Janeiro: unverbindliche Ziele zur THG-Reduktion
1997	Kyoto-Protokoll	Zusatzprotokoll zur UNFCCC, quantifizierte Reduktionsziele für THG-Emissionen, für Industriestaaten verpflichtend (ohne USA), Einführung des Emissionshandelssystems. 2002 von der EU ratifiziert, in Kraft seit Februar 2005 (gemeinsam mit den Umsetzungsregeln der COP7 von Marrakesch)
2009	Kopenhagen-Akkord	COP15: unverbindlicher Minimalkonsens, die Erderwärmung gegenüber dem vorindustriellen Niveau auf weniger als 2 % zu drücken
2012	Post-Kyoto-Prozess	COP18 in Doha: Verlängerung des Kyoto-Protokolls, Umsetzung mit Emissionszertifikaten
2015	Übereinkommen von Paris	COP21 (von 194 Staaten und der EU unterzeichnet): (i) Begrenzung der globalen Erderwärmung auf deutlich unter 2 °C – möglichst 1,5 °C – gegenüber vorindustriellen Werten; (ii) Verringerung der globalen THG-Emissionen bis 2030 um 45 % gegenüber 1990 und bis 2050 netto null erreichen.[a]

Quelle: Eigene Zusammenstellung
[a]„Netto null" bedeutet, dass die dann immer noch entstehenden THG-Emissionen durch CO_2-Rückgewinnungen aus der Atmosphäre, aus dem Meer und aus Wäldern kompensiert werden

10.2 Europäische Energie- und Klimapolitik

Angeregt durch die Stockholmer Umweltkonferenz der Vereinten Nationen im Juni 1972 beschlossen die Staats- und Regierungschefs der damaligen Europäischen Gemeinschaften bei ihrem Pariser Gipfel vom Oktober 1972, die Wirtschaftspolitik der Gemeinschaft um ein Aktionsprogramm zugunsten des Umweltschutzes zu ergänzen. Mit der Einheitlichen Europäischen Akte wurde 1987 ein eigenes Kapitel „Umwelt" in den EU-Vertrag aufgenommen. Seit dem Vertrag von Lissabon 2009 gehören auch Maßnahmen gegen den Klimawandel zur offiziellen Politik der EU. Art. 191 Absatz 1 AEUV sieht die *„Förderung von Maßnahmen auf internationaler Ebene zur Bewältigung regionaler oder globaler Umweltprobleme und insbesondere zur Bekämpfung des Klimawandels"* vor.

Zur Umsetzung dieser Ziele ist die EU sowohl dem Kyoto-Protokoll als auch dem Pariser Übereinkommen beigetreten. Der verpflichtenden Begrenzung der THG-Emissionen gemäß Kyoto-Protokoll (mit den Ergänzungen der COP7 von Marrakesch im Jahr 2001) kann jeder Unterzeichnerstaat zunächst im eigenen Land durch gesetzliche Regelung (z. B. eine Klimasteuer) oder über Markt-mechanismen (Emissionshandel) nachkommen. Er kann aber auch über inter-nationale Klimaschutzprojekte Emissionsrechte erwerben, weil letztlich nur die globale Vermeidung einer weiteren Erderwärmung zählt. Zugleich mit dem In-krafttreten des Kyoto-Protokolls im Jahr 2005 ist mit dem **EU-Emissionshandels-system** das erste länderübergreifende System dieser Art operativ geworden.

Der Europäische Rat (2019) hat im Juni 2019 eine „neue Strategische Agenda 2019–2024" mit folgenden Schwerpunkten verabschiedet:

- Schutz der BürgerInnen und der Freiheiten,
- Entwicklung einer soliden und dynamischen wirtschaftlichen Basis,
- Verwirklichung eines klimaneutralen, grünen, fairen und sozialen Europas,
- Förderung der Interessen und Werte Europas in der Welt.

Mit diesem Programm will die EU im Bereich des Klimaschutzes eine globale Führungsrolle erreichen. Die seither getroffenen Umweltmaßnahmen sehen im Grundkonzept vor, die privaten Haushalte und Unternehmen mit nur wenigen Rahmenvorschriften zu belasten und möglichst viele Entscheidungen den Markt-teilnehmern selbst zu überlassen. Zur Verwirklichung verfolgt die Europäische Kommission einen „**Europäischen Grünen Deal**" (European Green Deal, EGD) in mehreren Stufen, deren erste 2021 mit dem „*Fit für 55*"-*Paket* konkretisiert wurde. Weitere Anliegen des EGD sind die Eindämmung der Umweltver-schmutzung, die globale Wettbewerbsfähigkeit der Unternehmen bei sauberen Technologien und einen gerechten und inklusiven Übergang für das Wohlergehen der Menschen zu gewährleisten. „*Der europäische Grüne Deal ist unsere neue Wachstumsstrategie*" (Von der Leyen, 2019).

Die EU hat sich beim globalen Klimaschutz schon bisher als Vorreiter hervorgetan und kann diese Position im industriellen Wettbewerb als Vorteil verbuchen.

Der Ukrainekrieg hat einen besonderen energiepolitischen Akzent hinzugefügt, der kurzfristig die ursprünglichen Klimaziele in den Hintergrund gedrängt hat. Der „*REPowerEU*"-*Plan* vom März 2022 zielt auf eine rasche Verringerung der Ab-hängigkeit der EU von fossilen russischen Rohstoffen unter gleichzeitiger Be-achtung der langfristigen Klimaziele (siehe Abschn. 10.6).

10.2.1 „Cap and Trade"-Emissionshandel

Das Emissionshandelssystem der EU („EU Emissions Trading System", EU-ETS)
ist seit 2005 das zentrale Klimaschutzinstrument der EU, in das auch die übrigen
EWR-Länder Island, Liechtenstein und Norwegen eingebunden sind. Seit 2020 besteht eine Vernetzung mit dem Schweizer Emissionshandelssystem, dagegen ist
das UK im Zuge des Brexits ausgeschieden. In Tab. 10.2 sind wichtige Elemente
des EU-ETS in den einzelnen Ausbauphasen zusammengefasst.

Der Emissionshandel erfolgt auf Basis des **„Cap and Trade"-Prinzips**.
Dabei wird für jede in das System einbezogene Anlage eine Obergrenze an
THG-Emissionen festgelegt (*cap*), für die die Mitgliedstaaten Verschmutzungs-
rechte in Form von Emissionszertifikaten vergeben (teilweise kostenlos, teilweise über Versteigerungen). Wird der Cap überschritten, müssen vorhandene
Zertifikate eingesetzt oder am Markt nachgekauft werden, nicht ausgenützte
Rechte können dort verkauft werden (*trade*), woraus sich ein Preis für die Ver-
schmutzung mit THG ergibt. Die freie Vergabe von Zertifikaten soll über die
nächsten Jahre schrittweise eingestellt werden, um die Zertifikatspreise zu erhöhen und Investitionen in umweltschonende Projekte anzuregen (Umweltbundesamt, 2022).

Die Mitgliedstaaten haben bis Ende des vorigen Jahrzehnts großzügig
Emissionszertifikate kostenlos zugeteilt. Dieses *„Grandfathering"* hatte den
Zweck, die betroffenen heimischen Unternehmen vor unmittelbaren Wettbewerbs-
nachteilen gegenüber der Importkonkurrenz zu bewahren und damit die Aus-

Tab. 10.2 Ausbaustufen des EU-Emissionshandelssystems

	Phase I	Phase II	Phase III	Phase IV
Zeitraum	2005–2007	2008–2012	2013–2020	2021–2030
Länder	EU	EWR	EWR, ab 2020 auch Schweiz	EWR und Schweiz
Sektoren	Kraftwerke, Industrieanlagen (u. a. Raffinerien, Ziegeleien, Stahl-, Zement-, Glas-, Papiererzeugung)	Zusätzlich Luftfahrt (ab 2012)	Zusätzlich Petrochemie, Nichteisen-Metalle,	In Diskussion: Schifffahrt ab 2023; separates ETS für Gebäude und Straßenverkehr
Zertifikate	Kostenlose Zuteilung und Auktion durch Mitgliedstaaten	Überwiegend kostenlose Zuteilung durch Mitgliedstaaten	57 % über EU-Auktionen (100 % im Energiesektor)	Schrittweises Auslaufen der freien Allokationen

Quelle: Zusammengestellt unter Verwendung von ICAP (2022)

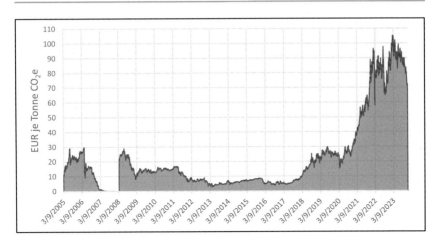

Abb. 10.2 Preisentwicklung bei Emissionszertifikaten im EU-ETS. (Datenquelle: Trading Economics, EU Carbon Permits (Tageswerte vom 09.03.2005 bis 15.12.2023))

lagerung „schmutziger" Produktionen in Länder mit weniger strengen Regeln („*Carbon Leakage*") hintanzuhalten. Allerdings gab es in der Anfangsphase des EU-ETS wegen der kostenlosen Zuteilung von Zertifikaten kaum Handel und damit auch keine merklichen Anstöße zur CO_2-Reduktion. Erst in den Phasen III und IV haben die Versteigerungen etwa gleich große Bedeutung erlangt wie die (abnehmenden) Zuteilungen.

Abb. 10.2 zeigt die Entwicklung der **Marktpreise von Emissionszertifikaten** (carbon price) im EU-ETS seit dessen Bestehen. Die Preise sind während der Finanzkrise bis auf null gefallen, lagen einige Jahre danach im Bereich von 10–20 € je Tonne Kohlendioxid-Äquivalent (CO_2e) und stiegen erst ab 2019 auf 20–30 €. Seit Ende 2020 sind die Preise rasch weiter geklettert, erreichten im Februar 2023 mehr als 100 €, sind aber gegen Jahresende wieder unter 70 € gefallen.

10.2.2 Europäischer Grüner Deal mit „Fit für 55"-Paket

Heute gelten in der EU zusätzliche Zielvorgaben, die über das Pariser Ziel hinausgehen und im Europäischen Grünen Deal als Fahrplan für die Umsetzung formuliert sind (EK, 2019). Als neues Gesamtziel wird angestrebt, dass ab dem Jahr 2050

„keine Netto-Treibhausgasemissionen mehr freigesetzt werden und das Wirtschaftswachstum von der Ressourcennutzung abgekoppelt ist". Dieses Ziel wird nur zu erreichen sein, wenn alle Wirtschaftsbereiche unverzüglich daran arbeiten, ihre THG-Emissionen zu verringern. Das gilt für Industrie und Energieerzeugung ebenso wie für Gebäude und den Verkehr.

Um das ambitionierte Gesamtziel des EGD zu erreichen, hat die EK im Juli 2021 ihr **„Fit for 55"**-Paket vorgelegt (EK, 2021c). Es enthält als zentrale Vorgabe ein neues Reduktionsziel: Bis 2030 werden die THG-Emissionen um mindestens 55 % gegenüber 1990 verringert; bis 2050 wird Europa der erste klimaneutrale Kontinent sein. Dann sollen anthropogene THG-Emissionen soweit eingedämmt sein, dass sie das Ausmaß der natürlichen Rückgewinnung (in Kohlenstoffsenken wie Wäldern und Meeren) nicht übersteigen.

Ein weiterer Ansatzpunkt für das Erreichen der Klimaziele ist die **Verbesserung der Energieeffizienz**, womit der Energieverbrauch reduziert wird und die Unternehmen für den internationalen Wettbewerb gestärkt werden sollen. Bereits 2007 war als Zwischenziel festgelegt worden, den jährlichen Energieverbrauch bis 2020 um 20 % zu senken. In der *Energieeffizienz-Richtline* aus 2012 (2012/27/EU) wurde es den Mitgliedstaaten freigestellt, dieses Ziel in Abstimmung mit der EK über „Nationale Energie- und Klimapläne" (NEKP) anzusteuern. Im März 2023 wurde im informellen Trilog-Verfahren zwischen Europäischer Kommission, Ministerrat und Europäischem Parlament eine vorläufige politische Einigung über eine Anpassung der Richtlinie erzielt, wonach der Endenergieverbrauch bis 2030 um 11,7 % (gemessen an dem im Jahr 2020 für das Jahr 2030 geschätzten Verbrauch) gesenkt werden soll. Parallel dazu wurde eine Änderung der *Erneuerbare-Energien-Richtlinie (RED III)* verhandelt, mit welcher der Anteil erneuerbarer Energiequellen am Gesamtenergieverbrauch der EU bis 2030 auf 42,5 % (bisher 32,5 %) gesteigert werden soll.

Ein wesentlicher Grundsatz des Programms ist die **Solidarität** zwischen den Generationen, Mitgliedstaaten, Regionen sowie ländlichen und städtischen Gebieten. Um jene BürgerInnen zu unterstützen, die am stärksten von den mit dem neuen Emissionshandelssystem verbundenen Kosten betroffen sind, wird ab 2026 ein neuer *Klima-Sozialfonds* eingerichtet. Er wird auf bestehenden Solidaritätsinstrumenten (Kohäsionsfonds, Fonds für einen gerechten Übergang und Europäischer Sozialfonds Plus) aufbauen, diese ergänzen und bis 2032 ein Volumen von 86,7 Mrd. € erreichen. Finanziert wird er teilweise aus nationalen Beiträgen und teilweise aus Einnahmen des Emissionshandels für den Gebäude- und Straßenverkehrssektor.

Einen zusätzlichen Impuls erhielt die Klimapolitik der EU aus den USA, als der von der Biden-Administration vorgelegte *„Inflation Reduction Act"* (IRA) im August 2022 Gesetzeskraft erlangte. Eine Steuerreform soll das Budgetdefizit senken und den Inflationsauftrieb stoppen, gleichzeitig aber auch Einnahmen für Investitionen in den Klimaschutz bereitzustellen. Die Subventionen dafür bedeuten aus EU-Sicht einen unzulässigen Handelsvorteil für die USA. Beispielsweise wird die Anschaffung von Elektroautos gefördert, aber nur für jene, die in Nordamerika endgefertigt werden und einen hohen Anteil an nordamerikanischer Wertschöpfung aufweisen. Als Antwort auf die potenzielle Diskriminierung europäischer Produkte hat die EK den **Grünen Industrieplan** (Green Deal Industrial Plan) vorgelegt (European Commission, 2023). Dort wird der amerikanische IRA nur am Rande erwähnt (mehr Aufmerksamkeit erhalten die chinesischen Industriesubventionen), Ziel ist aber die Unterstützung von Projekten, die „europäische Standards" erfüllen und folgende Verbesserungen bringen:

- ein günstigeres Regelungsumfeld für die Netto-Null-Industrie („Net-Zero Industry Act"), Sicherstellung des Zugangs zu kritischen Rohstoffen („Critical Raw Materials Act") und Reform des Strommarktes (Electricity market design rules);
- einen schnelleren Zugang zu Finanzmitteln für Investitionen im Cleantech-Sektor;
- das Forcieren von „richtigen" Kompetenzen für Arbeitskräfte und
- den Aufbau widerstandsfähiger Lieferketten.

Zur Unterstützung der Wettbewerbsfähigkeit von EU-Unternehmen bei klimarelevanten Projekten werden die Beihilferegeln temporär gelockert. Aus dieser Frontstellung zwischen USA und EU könnte sich ein veritabler Handelskrieg entwickeln. Um diesen abzuwenden, sind weitere bilaterale Gespräche geplant.

Zur **Finanzierung der „Grünen Transformation"** werden Mittel des Mehrjährigen Finanzrahmens, der Aufbau- und Resilienzfazilität, des Innovationsfonds und des Modernisierungsfonds des EU-ETS sowie des neu geschaffenen Klima-Sozialfonds herangezogen. Zusätzlich stehen Mittel aus InvestEU, dem Just Transition Fund sowie aus LIFE und Horizon Europe zur Verfügung (Kettner-Marx & Feichtinger, 2021).

Unabhängig vom European Green Deal, aber durch diesen unterstützt, hat sich auf den europäischen Finanzmärkten für die Finanzierung nachhaltiger Investitionen die Ausgabe von **Grünen Anleihen** („Green Bonds") als neues Marktsegment entwickelt. Ein wichtiger Impuls kam vom Corona-Rettungsfonds Next Generation EU (NGEU), dessen Mittel von den Mitgliedstaaten zu einem großen Teil in Klimaschutzprojekte investiert werden müssen. Für Grüne Anleihen hat sich noch keine feste Definition herausgebildet, aber es geht dabei um die Finanzierung von Projekten, die in einem weiteren Sinn dem Umweltschutz dienen. Bei den bisher in der Eurozone begebenen Anleihen dominieren private Schuldner. Sie brachten 2021 mit mehr als 200 Mrd. USD fast doppelt so viele Mittel auf wie die öffentlichen Sektoren (Anyfantaki et al., 2022).

10.2.3 Grenzausgleichsmechanismus (CBAM)

Als eines der zentralen Elemente des „Fit für 55"-Programms wurde das EU-ETS ab Oktober 2023 um einen CO_2-Grenzausgleichsmechanismus („Carbon Border Adjustment Mechanism", CBAM) ergänzt. Es handelt sich dabei um ein *„fiktives ETS ohne Obergrenze"* (Kusch & Rolle, 2021), mit dem auf umweltbelastete Importe aus Drittstaaten, deren Emissionsziele nicht an jene der EU heranreichen, eine Ausgleichsabgabe gelegt wird. Sie kann mit speziellen CBAM-Emissionszertifikaten (die nicht mit den ETS-Zertifikaten konkurrieren) beglichen werden. Damit werden die Kostennachteile von heimischen Produzenten aus dem EU-ETS gegenüber ausländischen Anbietern ausgeglichen und der Anreiz zu „Carbon Leakage" aus der EU hinaus vermindert.

Über den Verordnungsvorschlag der EK zum CBAM (EK, 2021b) erzielten der Rat und das EP im Dezember 2022 eine vorläufige politische Einigung. Vorgesehen ist zunächst eine dreijährige Testphase ab Oktober 2023, in der es eine Meldepflicht betroffener Unternehmen in ausgewählten Produktionsbereichen (Zement, Aluminium, Kunstdünger, elektrische Energie, Eisen und Stahl) über ihren CO_2-Ausstoß geben wird, erst ab 2026 müssen Zertifikate eingesetzt werden. Wichtige CO_2-emittierende Sektoren (Öl und Gas, Land- und Viehwirtschaft) sind somit noch nicht enthalten, eine schrittweise Erweiterung ist geplant.

In der öffentlichen Diskussion ist der CBAM von verschiedenen Seiten **kritisiert** worden (vgl. etwa Dröge, 2021; Raza et al., 2022; Ernst et al., 2022; Söllner, 2022):

- Von Unternehmerseite wird ins Treffen geführt, dass wegen der *höheren Produktionskosten* zunächst mit Wachstumsverlusten zu rechnen sein wird. Erst mittel- bis langfristig könne man erwarten, dass die Vorteile geringerer Umweltschäden über den Kostenschub dominieren werden.
- Die Effektivität des CBAM steigt mit der *Zahl der Länder*, die sich daran beteiligen. Allerdings besteht für Drittländer wenig Anreiz zur Teilnahme, weil sie dann nicht von Produktionsverlagerungen aus dem CBAM-Gebiet heraus profitieren können.

- Der mit dem CBAM verbundene *administrative Aufwand* (für die Berechnung des tatsächlichen THG-Gehalts von Produkten, der Standardwerte für Pauschalierungen und für Maßnahmen zur Verhinderung von Umgehungsmöglichkeiten) wird als erheblich eingeschätzt.

Ein weiteres offenes Problem ist die **Behandlung von EU-Exporten** in Drittländer. Nach dem international üblichen (und auch in der Mehrwertsteuerrichtlinie 2006/112/EU) verankerten Bestimmungslandprinzip (Importe unterliegen dem inländischen Steuersystem, Exporte jenem des Ziellandes), wird bei Lieferungen in Drittländer die im Inland entrichtete Umsatzsteuer rückerstattet. Lässt sich damit auch eine Erstattung von inländischen THG-Abgaben rechtfertigen? Im CBAM-Entwurf ist derartiges nicht vorgesehen. Quick (2019) plädiert für eine multilaterale Lösung, weil die Rückerstattung von Umweltabgaben von den Importeuren in Drittstaaten als Subvention interpretiert werden könnte.

Der Hauptvorwurf gegen CBAM betrifft aber dessen **potenzielle Unvereinbarkeit mit den GATT-Regeln** des Welthandels. Probleme könnten aus folgenden GATT-Bestimmungen erwachsen (siehe auch Daniel Becker et al., 2013; Bacchus, 2021; Raza et al., 2022; Söllner, 2022):

- Meistbegünstigungsklausel (Artikel I GATT): Eine unterschiedliche Anwendung des CBAM (z. B. wegen unterschiedlicher CO_2-Vorleistungen von Drittländern) könnte als diskriminierender Handelsvorteil eingestuft werden. Die EU benötigt daher eine ausreichend objektive Methode, den CO_2-Gehalt von importierten Produkten zu bestimmen.
- Konformität mit Zolltarif (Artikel II Absatz 1b GATT): Das importierende Land darf keine über den Zolltarif hinausgehenden beliebigen Zusatzabgaben erheben.
- Inländerbehandlung (Artikel III GATT): Die Vergabe kostenloser Emissionszertifikate ausschließlich an EU-Unternehmen könnte der Bestimmung widersprechen, dass inländische und ausländische AnbieterInnen gleich zu behandeln sind.
- Ausnahmen für gerechtfertigte Handelsbeschränkungen (Artikel XX GATT): Nationale Klimaschutzmaßnahmen sind allenfalls zulässig, sofern sie nicht zur *„willkürlichen und ungerechtfertigten Diskriminierung zwischen Ländern, in denen gleiche Verhältnisse bestehen"*, führen.

Viel Interpretationsspielraum bietet vor allem Artikel XX lit. b GATT, wonach *„Maßnahmen, die für den Schutz des Lebens und der Gesundheit von Personen und Tieren oder die Erhaltung des Pflanzenwuchses erforderlich sind"*, von den

WTO-Regeln ausgenommen sein können. Geprüft wird dabei, ob eine zusätzliche Belastung der Importe für diese Zwecke unbedingt notwendig ist. Weiters wird zu bewerten sein, ob der Verwaltungsaufwand für Importeure nicht unverhältnismäßig hoch ist, ob die kostenlose Zuteilung von Emissionszertifikaten nicht als unzulässige Subvention zu werten ist und ob die Erlöse aus der Vergabe von THG-Berechtigungen für klimapolitische Ziele zweckgebunden sind oder nicht im allgemeinen EU-Budget aufgehen.

Nach Artikel XX lit. g GATT dürfen „*Maßnahmen zur Erhaltung erschöpflicher Naturschätze*" getroffen werden, sie müssen allerdings „*im Zusammenhang mit Beschränkungen der inländischen Produktion oder des inländischen Verbrauches angewendet werden*". Hier wird es darauf ankommen, das hohe Schutzinteresse und die Eignung der Maßnahme zur Zielerreichung nachzuweisen (Raza et al., 2022).

Zur Prüfung derartiger Fragen verfügt die WTO über einen *Streitbeilegungsmechanismus* (Dispute Settlement Body, DSB). Allerdings blockieren die USA seit Dezember 2019 die Nachbestellung von Richtern, und die von einigen WTO-Ländern eingerichtete Parallelstruktur zum DSB ist kein adäquater Ersatz. Daher könnten manche der betroffenen Drittstaaten dazu neigen, selbst Vergeltungsmaßnahmen zu ergreifen und damit einen Handelskrieg vom Zaun zu brechen.

Die Suche nach **alternativen Lösungen**,[1] die zum Pariser Klimaziel führen, aber mit den WTO-Regeln vereinbar sind, ruft die Aussagen des Wirtschaftsnobelpreisträgers William Nordhaus (2015) in Erinnerung, der auf Basis von spieltheoretischen Analysen einen Vorschlag gegen die Trittbrettfahrer in der globalen Klimapolitik entwickelt und im Vorfeld zur COP26 noch einmal dargelegt hat (Nordhaus, 2021): Um die Chance auf Verwirklichung der Pariser Klimaziele zu wahren, müssten sich die wichtigsten THG-Emittenten (EU, USA, China) zu einem „**Climate Club**" zusammenschließen, der für seine Mitglieder einen verbindlichen Reduktionspfad verfolgt und Importe aus Nichtmitgliedsstaaten mit Ausgleichszöllen für nicht zielgerechte CO_2-Emissionen belegt („*universal carbon pricing*"). Dadurch entstünde ausreichend Anreiz für andere Staaten, Mitglied im Klimaklub zu werden. Flankierend müsste es staatliche Unterstützung für Investitionen in erneuerbare Technologien geben.

Dieses Modell ist in Europa auch vom Brüsseler Think-Tank Bruegel (bisher erfolglos) propagiert worden (Tagliapietra & Wolff, 2021). Aus dem Internationalen Währungsfonds kommt die Idee, für einen eingeschränkten Teilnehmerkreis bedeutender Emittenten (China, Indien, USA, EU, UK) einen *Mindestpreis für Emissionszertifikate* zu vereinbaren und andere Länder zur Teilnahme einzuladen

---

[1] Für einen Überblick siehe Hufbauer et al. (2021).

(Parry et al., 2021). Eine derartige Preisuntergrenze wäre transparenter und flexibler als länderspezifische CBAMs der vielen Mitglieder des Pariser Abkommens. Die G7-Staaten haben sich im Dezember 2022 auf die Einrichtung eines offenen und kooperativen Klimaklubs mit einer Sekretariatsbetreuung durch die OECD und die Internationale Energieagentur (IEA) geeinigt. Alle Länder sind eingeladen, im Rahmen des Klubs mit einer glaubwürdigen Klimapolitik zur Verwirklichung der Pariser Klimaziele beizutragen.

Manche Kritiker bezweifeln die Sinnhaftigkeit des EU-Grenzausgleichs in seiner gegenwärtigen Form. Für Böhringer et al. (2019) hat der zur Vermeidung von Carbon Leakage eingerichtete CBAM wegen ausufernder kostenfreier Zertifikatsallokationen kaum einen Beitrag zum Klimaschutz geleistet, dem eigentlichen Ziel des EU-ETS. Gesamtwirtschaftlich optimal wäre es, den angebotsorientierten CBAM um eine *Konsumsteuer* zu ergänzen und damit die Nachfrage nach Gütern mit hohem CO_2-Gehalt zu dämpfen.

Auch für Söllner (2022) leistet der CBAM keinen Beitrag zur Umsetzung des Grünen Deals der EU. Die Kosten für die Vermeidung von Carbon Leakage seien unverhältnismäßig hoch, weshalb Umgehungsaktivitäten ebenso zu erwarten seien wie Handelskonflikte mit Drittstaaten. Der CBAM stelle nur auf den Klimaschutz im Sinne des Artikel XX GATT ab und vernachlässige weitere wirtschaftspolitische Ziele wie die Wahrung der Wettbewerbsfähigkeit und die Sicherung von Arbeitsplätzen. Söllner lehnt die Politik der EU, ihre Umweltstandards der übrigen Welt aufzudrängen, ab und fordert an deren Stelle ein multilaterales Abkommen. Dem steht gegenüber, dass die bisherigen Bemühungen in den UN-Klimakonferenzen viel zu langsam und unzureichend Früchte getragen haben.

In der Deutschen Bundesbank wurden verschiedene Varianten von Grenzausgleichssystemen einer modellmäßigen Simulation unterzogen, um die Auswirkungen auf Insider und Outsider abzuschätzen (Ernst et al., 2022). Im Zeitablauf ergibt sich daraus für die Teilnehmerländer an einem Klimaklub zunächst ein Wohlfahrtsverlust, der aus steigenden Produktionskosten resultiert. Erst mittel- bis langfristig setzen sich die Vorteile aus den reduzierten Emissionen durch. Außenstehende Länder könnten von „Carbon Leakage" profitieren, wenn „schmutzige" Produktionen zu ihnen ausgelagert werden. Dies vermindert den Anreiz, die Teilnahme an einem Klimaklub anzustreben.

10.2.4 Makroökonomische Folgen

Klimapolitische Fragen konzentrierten sich in der Vergangenheit häufig auf die für staatliche Eingriffe erforderlichen Institutionen und die sehr langfristigen Anpassungseffekte von Klimaveränderungen auf Preise und Produktion, die jenseits des üblichen Handlungshorizonts der Wirtschaftspolitik lagen. Vergleichsweise wenig Aufmerksamkeit kam den in der **Übergangsphase** auftretenden makroökonomischen Fragen zu. Mit dem Ukrainekrieg haben sich die politischen Prioritäten drastisch geändert. Die Energiekrise und die mit ihr einhergehende Inflation zwingt zu raschen Entscheidungen über alternative Energiequellen und Einsparungen beim Energieverbrauch.

Im letzten Jahresbericht der Internationalen Energieagentur (IEA, 2022) wird auf den globalen Charakter der Krise hingewiesen, zugleich aber betont, dass die Auswirkungen hauptsächlich auf Europa treffen. Hier entstehen erhebliche **Anpassungskosten**, die sich allerdings auf lange Sicht rechnen werden, weil längst fällige Maßnahmen nicht nur beredet, sondern auch umgesetzt werden. Zu den unmittelbaren Effekten der Energieknappheit und der Preissteigerungen zählt eine Einkommensumverteilung von Energieverbrauchern zu Energieproduzenten, die von der öffentlichen Hand nur teilweise abgefedert werden kann. Um die Fragilität des gesamten Energiesystems zu reduzieren, bedarf es massiver Investitionen in die Energieinfrastruktur, die für den Ausbau erneuerbarer Energiequellen und die Verbreitung energiesparender Technologien genützt werden müssen. Pisani-Ferry (2021) fasst die in der Übergangsphase auftretenden gesamtwirtschaftlichen Aspekte wie folgt zusammen:

- Wegen der steigenden Kosten der Dekarbonisierung ist ein massiver Angebotsschock zu erwarten – vergleichbar mit dem ersten Ölpreisschock 1973/74. Manche Studien sehen noch kein Ende des Preisanstiegs bei Emissionszertifikaten mit seinen negativen Rückwirkungen auf das Wirtschaftswachstum.
- Im Verlauf einer Dekade wird ein sektorspezifischer Investitionsboom von bis zu 2 % des BIP folgen, der den durch die Preissteigerungen obsolet gewordenen Kapitalstock ersetzt.
- Die Strukturanpassung zugunsten von Investitionen in den Klimaschutz wird sich in einer Verringerung des Konsumanteils niederschlagen; langfristig sollten die Konsumenten davon profitieren.
- Der Investitionsbedarf und die Umverteilungserfordernisse, die sich aus der regressiven Wirkung von Umweltsteuern ergeben, werden Druck auf die öffentlichen Finanzen ausüben.

Die Wirtschaftspolitik wird diese Effekte in ihre Strategien einbeziehen müssen, um in der allenfalls mehrere Jahrzehnte dauernden Übergangszeit strukturelle Verwerfungen zu vermeiden.

10.3 Energie als wirtschaftliche Waffe

Die Beeinträchtigung der Lieferketten seit der Pandemie und ihre teilweise Unterbrechung durch den Ukrainekrieg haben eine globale Energiekrise ausgelöst, von der aber Europa besonders betroffen ist (siehe Abschn. 11.1). Unmittelbaren Niederschlag fand die Krise in der Kürzung der Öl- und Gaslieferungen aus Russland und den davon ausgehenden Preissteigerungen und Preisschwankungen. Der gesamte Energieverbrauch in der EU wird zu einem Drittel durch Öl und zu einem Viertel durch Gas gedeckt (Tab. 10.3). In den vergangenen Jahren ist der Anteil von Gas – ebenso wie jener der erneuerbaren Energien – zulasten von Kohle und Öl leicht angestiegen. Im Jahr 2020 wurden 59 % des Energieverbrauchs der EU durch Importe gedeckt, bei Öl und Gas war die Abhängigkeit von Drittländern noch viel höher, wobei ein temporärer Lageraufbau und Ölbunkerung für die internationale Seeschifffahrt auch zu Werten von mehr als 100 % führen können.

Seit Ende des Kalten Krieges hat sich Europa zunehmend mit russischen Öl-, Gas- und Kohlelieferanten vernetzt, die wegen der räumlichen Nähe vergleichsweise günstig anbieten konnten. Die **Abhängigkeit von Russland** ist besonders bei Erdgas hoch, weil dort die Bindung an Pipelines einen raschen Ersatz verhindert. Da gleichzeitig die EU-Eigenproduktion von Erdgas zurückgegangen ist, mussten 2020 beinahe 84 % des Gasbedarfs importiert werden. Von den gesamten Gasimporten stammten 43 % aus Russland. Bereits im Laufe des Jahres 2021 sind

Tab. 10.3 Struktur des Energieverbrauchs in der EU im Jahr 2020

	Energieverbrauch insgesamt		Netto-Importe	Importabhängigkeit	Importe aus Russland
	Mtoe	%-Anteile	Mtoe	% des Verbrauchs	% aller Importe
Gesamt	1340,1	100,0	793,0	59,2	–
Davon:					
Kohle	140,3	10,5	50,3	35,8	53,9
Öl	437,2	32,6	461,5	105,6	25,7
Gas	326,9	24,4	273,5	83,6	43,3
Kernenergie	175,2	13,1	–	–	–
Erneuerbare Energie	239,7	17,9	7,3	–	–
Sonstige	20,8	1,6	0,4	–	–

Datenquelle: European Commission, EU energy in figures, Statistical Pocketbook 2022. – Anmerkung: Mtoe = Millionen Tonnen Öleinheiten, Importabhängigkeit = Nettoimporte (einschließlich Lageraufbau) in Prozent des Bruttoinlandsverbrauchs (einschließlich Bunkerbestände für die Seeschifffahrt)

die Importe aus Russland allmählich zurückgegangen, nach Beginn des Ukrainekriegs haben sich die Gasbezüge nochmals drastisch verringert und machten Ende
Februar 2023 nur noch knapp 9 % der gesamten Gasimporte aus.

**Die hohe Abhängigkeit der EU von russischen Energielieferungen machen
Öl und Gas wechselseitig zu einer wirtschaftlichen Waffe.** Präsident Putin hat
wiederholt gedroht, die Erdgasversorgung Europas zu beschränken und nützt die
dadurch ausgelösten Preissteigerungen zur Finanzierung des Ukrainekrieges. Der
Westen reagiert auf den Krieg mit Sanktionen, die auch auf eine möglichst rasche
Entkoppelung von russischen Gaslieferungen zielen. Wegen niedriger Preiselastizität der Energienachfrage geht dieser Kampf kurzfristig zugunsten Russlands aus:
die Einschränkung bei den Liefermengen wird durch gestiegene Preise über-
kompensiert. Längerfristig ist mit steigender Preiselastizität der Nachfrage zu
rechnen, wenn Ersatzlösungen greifen – sei es über alternative Energieanbieter
(Flüssiggas aus den USA), sei es durch energiesparende Innovationen.

Der neue Nord-Süd-Graben durch Europa wirkt sich **innerhalb der EU unterschiedlich** aus (vgl. Celi et al., 2022; Di Bella et al., 2022), weil die einzelnen
EU-Mitgliedstaaten asymmetrisch von russischen Gaslieferungen abhängen. Viele
der ehemaligen Oststaaten verwenden fast ausschließlich russisches Erdgas
(Tschechien, Lettland, Ungarn), wogegen Irland und Kroatien davon unabhängig
sind. Russland selbst hat seine Reaktion auf die westlichen Sanktionen differenziert nach Art der Sanktionsunterstützung gestaltet, also etwa dem vergleichsweise
„freundlichen" Ungarn günstigere Konditionen gewährt.

Für die Auswirkungen eines **totalen russischen Erdgas-Embargos auf Deutschland** haben Lan et al. (2022) die Ergebnisse mehrerer Studien zusammengefasst und
daraus abgeleitet, dass im ersten Jahr nach Beginn des Embargos das BIP um 5 %
niedriger und die Inflationsrate um 2,6 Prozentpunkte höher wären als ohne Embargo. Im zweiten Jahr wären die Effekte noch gravierender, weil es dann keine Gas-
reserven mehr gäbe. Erst nach allmählicher Anpassung der Wirtschaftsstrukturen an
die neue Situation verringert sich dieser Einfluss. Die Bundesbank (2022) schätzt für
ein „adverses Szenario" den Wachstumsverlust beim realen BIP im Jahr 2023 auf 5,6
Prozentpunkte und 2024 auf 2,5 Prozentpunkte. Unter der Annahme, dass sich bei
einem Embargo der Gaspreis verdoppelt, erhöht nur dieser Effekt die Inflationsrate
2023 um eineinhalb Prozentpunkte. Nach Berechnungen der deutschen Wirtschafts-
forschungsinstitute in ihrer Gemeinschaftsdiagnose (2022) vom Herbst 2022 erfährt
die deutsche Wirtschaft 2023 bereits ohne Embargo eine Stagnation, gefolgt von
einer leichten Erholung im Jahr darauf. Im Falle eines russischen Gasembargos wäre
2023 eine massive Rezession eingetreten, die sich 2024 weiter verstärkt.

Der **Marktpreis für Erdgas** ist seit Jahresende 2020 von etwa 15 € je Mega-
wattstunde (MWh) allmählich angestiegen, überschritt gegen Jahresende 2021 die

Marke von 100 € je MWh und stieg unter dem Schock des beginnenden Ukrainekrieges im März 2022 auf einen vorläufigen Höchstwert von 227 €/MWh. Danach
haben sich die Märke etwas beruhigt, um Ende August 2022 den Höchstwert von
337 €/MWh zu erreichen. Dahinter stand die sich ausbreitende Unsicherheit, ob
nicht Russland auf den zunehmenden Sanktionsdruck des Westens mit einer Sperre
der Gaslieferungen reagieren würde. Als diese Befürchtungen verflogen und sich
die Gasspeicher für den Winterbedarf füllten, fiel der Gaspreis wieder und stabilisierte sich gegen Jahresende 2023 bei etwa 35 €/MWh (Abb. 10.3). Dazu trugen
die mittlerweile eingeleiteten Sparmaßnahmen ebenso bei wie die steigenden
Kapazitäten zur Anlieferung von Flüssigerdgas (liquefied natural gas, LNG). Nicht
zuletzt half auch die Wiederinbetriebnahme einiger zuvor abgeschalteter französischer Atomreaktoren (Gros, 2023a).

Ein Vergleich der Preisentwicklung bei unterschiedlichen Energiearten zeigt,
dass in allen Teilbereichen der Preisauftrieb schon einige Monate vor Ausbruch des
Ukrainekrieges begonnen hatte. Auch für den *Rohölmarkt* setzte schon im Frühjahr
2020 ein Preisauftrieb ein, der Anfang März 2022 mit 130 USD je Barrel seinen
Höhepunkt erreichte und sich seit Jahresmitte 2022 auf einem Sinkflug befindet. In

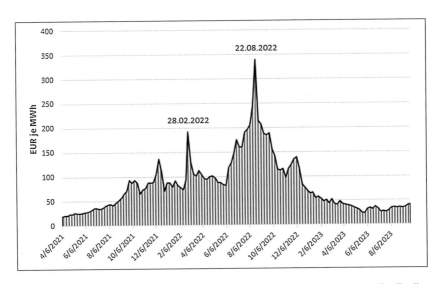

Abb. 10.3   Erdgaspreis in Euros je MWh (April 2021 bis Juli 2023). (Datenquelle: Trading
Economics,   https://tradingeconomics.com/commodity/eu-natural-gas   (abgerufen   am
04.10.2023). Anmerkung: Amsterdamer TTF (Title Transfer Facility)-Terminkontrakt, in
EUR/MWh)

den ersten Monaten des Jahres 2023 hat sich der Rohölpreis bei etwa 75 USD je Barrel eingependelt. **Langfristig führen die hohen Energiepreise zu einer Strukturanpassung in der Wirtschaft, die den Bemühungen zur Beherrschung der Klimakrise entgegenkommt.**

10.4 Die Tücken der Strompreisbildung

Für die Produktion von elektrischem Strom kann die EU neben Atomkraft auf viele erneuerbare Energiequellen (Sonne, Wasser, Wind und Bioenergie) zurückgreifen, deren Bedeutung in den letzten Jahren erheblich gestiegen ist. Die Stromerzeugung aus Kohle, Öl und Atomkraftwerken ist zurückgegangen, wogegen die meisten EU-Staaten auch von der Gasversorgung abhängig sind – besonders gilt dies für die Niederlande (die aber selbst Gas fördern), Irland, Italien und Malta (Di Bella et al., 2022).

Infolge der Unsicherheiten über die von Russland abhängige Öl- und Gasversorgung in Europa sind 2022 die **Strompreise enorm angestiegen**. Im Großhandel lagen sie seit Jahresbeginn über den Vergleichswerten des Vorjahres und waren zugleich erheblichen Schwankungen ausgesetzt. Nach dem Höhepunkt im August 2022 (586 €/MWh für den Strom des Folgetages) sind mit dem Rückgang der Gaspreise auch die Strompreise gefallen (siehe Monatsdurchschnitte in Abb. 10.4).

Der **Stromgroßhandel** zwischen Produzenten und Versorgern erfolgt entweder über den Direkthandel zwischen zwei Partnern („over the counter", OTC), allenfalls vermittelt durch einen Broker – in Deutschland sind dies etwa drei Viertel aller Stromgeschäfte. Oder er wird an organisierten Strombörsen abgewickelt, deren bedeutendste in der EU die Leipziger European Energy Exchange (EEX) ist. Die wichtigste Geschäftsform sind Terminkontrakte, bei welchen Preise und Mengen für künftige Lieferzeitpunkte festgelegt werden.

Der Zusammenhang zwischen Ukrainekrieg, Russlandsanktionen und den europäischen Großhandelspreisen für Strom ergibt sich aus der Preisbildung auf den Terminmärkten. Seit der EU-Liberalisierung des Strommarktes im Jahr 1998, die zu Wettbewerb unter den Stromanbietern führte, gewährleistet das **Merit Order-System** an der Strombörse zuverlässig die laufende Versorgung. Diesem System liegt das theoretische Modell für das Marktgleichgewicht zugrunde. Für dessen *Angebotskurve* im Stromgroßhandel werden die Erzeuger nach der Höhe ihrer Grenzkosten[2] in aufsteigender Folge angeordnet (Abb. 10.5). Die im laufenden Betrieb

---

[2]Grenzkosten sind jene Kosten (Brennstoffkosten und Kosten für CO_2-Zertifikate), die aus der Erzeugung einer zusätzlichen MWh entstehen.

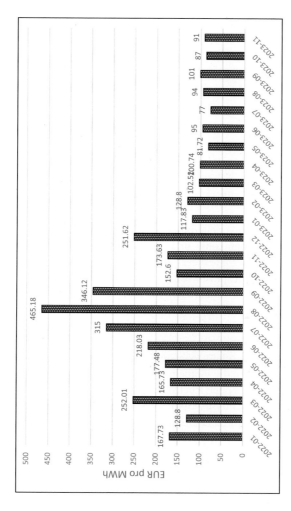

Abb. 10.4 Börsenstrompreis am EPEX-Spotmarkt für Deutschland/Luxemburg. (Datenquelle: Statista)

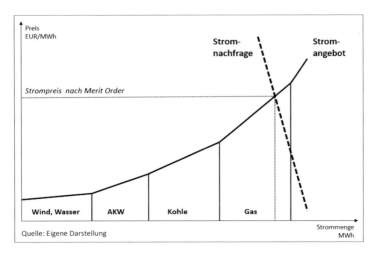

Abb. 10.5 Angebot und Nachfrage auf dem Strommarkt: Merit Order

vergleichsweise günstigen erneuerbaren Quellen kommen zuerst zum Einsatz, gefolgt von Kernkraft, Braunkohle und Steinkohle. Gas steht mit noch höheren
Grenzkosten ziemlich am Ende dieser Skala, allerdings sind Gaskraftwerke für die
Abdeckung von Nachfragespitzen vergleichsweise einfach anzuwerfen. Die *Nach-
fragekurve* dieses Modells verläuft steil bis senkrecht, weil die Stromverbraucher
nur eingeschränkte Möglichkeiten haben, ihre Nachfrage kurzfristig an Preis-
änderungen anzupassen. Der Schnittpunkt dieser beiden Kurven definiert den
Marktpreis, also jenen Preis, der sich nach dem Einsatz aller kostengünstigeren
Produktionen durch jenes relativ teuerste Kraftwerk bildet, das gerade noch herangezogen werden muss, um die momentane Nachfrage zu befriedigen. Dieser Preis
gilt dann für alle Anbieter ohne Rücksicht auf die individuellen Kosten („uniform
pricing"). Nach diesem **„Pay-as-clear"-Verfahren** kommen bei einer konkreten
Auktion Anbieter mit höheren Grenzkosten nicht zum Zug, Anbieter mit niedrigeren Grenzkosten erwirtschaften einen Deckungsbeitrag zu den Vollkosten. Die
hohen und steigenden Gaspreise in der Frühphase des Ukrainekrieges erklären
somit auch die hohen Strompreise und ihre Rückwirkung auf die gesamtwirtschaftliche Inflation.

Verändert sich bei gegebener Nachfrage die Angebotsstruktur, passt sich der
Marktpreis daran an („*Merit-Order-Effekt*"). Außerhalb von Krisenzeiten kann es
zu Preissenkungen kommen, wenn kostengünstige erneuerbare Energien zusätzlich in den Markt eingespeist werden und sich die Angebotskurve nach rechts ver-

schiebt. In der gegenwärtigen Energiekrise wird dagegen die Angebotskurve an ihrem rechten Ende nach oben gedrückt, weil nun die gestiegenen Grenzkosten der Gaskraftwerke in Rechnung gestellt werden. Es steigt der Marktpreis, solange die Nachfrage nicht deutlich eingeschränkt wird.

Eine wichtige Facette bei Terminkontrakten sind die von den Marktteilnehmern einzubringenden Sicherheiten (**Margins**) für die künftige Erfüllung des jeweiligen Vertrages (etwa in Form eines entsprechend dotierten Bankkontos oder einer Staatsgarantie). Die Margins werden anhand der laufenden Preisentwicklung beim Grundgeschäft täglich neu berechnet und ergeben beispielsweise für den Verkäufer ein rechnerisches Defizit, wenn der Tagespreis über den im Vertrag festgelegten Preis steigt. In diesem Fall greift die Clearingstelle der Strombörse zum „Margin-Call" (Nachschuss-Aufforderung), mit dem der Verkäufer zu einer Aufstockung der Sicherheiten aufgefordert wird. Umgekehrt werden vom Käufer Sicherheiten nachgefordert, wenn der Tagespreis unter den Vertragspreis sinkt. Bei starken Preisschwankungen kann es dabei temporär zu außergewöhnlich hohen Nachforderungen kommen, die mit Erfüllung des Vertrages wieder aufgelöst werden.

Das Merit-Order-System war mit seinen Margins-Regeln dafür verantwortlich, dass im Sommer 2022 mehrere Energiekonzerne in **Liquiditätsschwierigkeiten** gerieten und auf staatliche Hilfe angewiesen waren.

- In *Deutschland* erhielt der Düsseldorfer Energiekonzern Uniper SE in Kooperation mit seinem finnischen Mutterkonzern Fortum Juli 2022 von der Bundesregierung eine KfW-Kreditlinie über 9 Mrd. €, dem Bund wurde im Gegenzug eine temporäre Beteiligung von 30 % an Uniper eingeräumt. Im September 2022 erfolgte eine Kapitalerhöhung um 8 Mrd. €, und der Bund erwarb die Fortum-Anteile, womit Uniper nun zu 98,5 % im deutschen Staatsbesitz ist. EU-Auflagen erfordern eine Rückführung des Staatsanteils bis 2028 auf 25 %.
- In *Finnland* ist der mehrheitlich im Staatseigentum befindliche Energiekonzern Fortum selbst in Liquiditätsprobleme geraten, weshalb auch dort Anfang September 2022 eine Brückenfinanzierung über die staatliche Investitionsgesellschaft Solidium auf die Beine gestellt wurde.
- Wie Finnland ist auch *Schweden* vergleichsweise wenig auf teure Gaslieferungen angewiesen. Dennoch hat das Parlament in Stockholm Anfang September 2022 ein Garantieprogramm für Energieunternehmen beschlossen, um allfällige Rückwirkungen auf den Finanzsektor des Landes auszuschließen.
- In *Österreich* sprang die Bundesregierung der Wien Energie GmbH (eine Tochtergesellschaft der Wiener Stadtwerke, die zu 100 % im Eigentum der Stadt Wien stehen) mit einer außerordentlichen Finanzierung zur Seite, um Margin-Calls abdecken zu können.

Das Merit-Order-Modell hat sich mit seiner Grenzkostenrechnung insgesamt als adäquater Rahmen erwiesen, in krisenfreien Marktwirtschaften die laufenden Preisen und Mengen für Stromgroßkunden mit ihren homogenen Produkten zu ermitteln. Von ihm wird erwartet, dass es mittelfristig die Erzeugung erneuerbarer Energien (mit ihren niedrigen Grenzkosten) unterstützt und die teuren Kohle- und Gaskraftwerke aus dem Markt verdrängt. In Krisenzeiten kann allerdings die Versorgung zu leistbaren Preisen gefährdet sein und nur über staatliche Eingriffe gesichert werden.

Auf weitere Einschränkungen des Merit-Order-Modells haben Wissen und Nicolosi (2007) hingewiesen: (i) Das Modell erfasst keine dynamischen Effekte der Preisentwicklung auf den Kraftwerkspark; (ii) es berücksichtigt keine Fixkosten der Stromerzeugung (bzw. der Stilllegung von Atomkraftwerken); (iii) das Quasi-Kartell der Stromerzeuger (viele von ihnen stehen im Eigentum der öffentlichen Hand) mit niedrigen Grenzkosten (z. B. bei bestehenden Wasserkraftwerken) ermöglicht „Übergewinne"; (iv) die Börse deckt nur einen Teil des Marktes ab, die dort gebildeten Preise sind daher nur beschränkt aussagekräftig und erfüllen nur unzureichend die erforderliche Steuerungsfunktion zugunsten erneuerbarer Energien. Da das Merit-Order-System zudem nur den Stromgroßhandel betrifft, verdeckt es die länderweise unterschiedlichen Preisregelungen auf der Verbraucherebene (Gros, 2023a).

Verzichtet man auf die Vorteile des Merit-Order-Systems mit seinem Pay-as-clear-Verfahren, das im Day-Ahead-Handel und bei langfristigen Termingeschäften eingesetzt wird, kann man das im Intra-day-Handel übliche **Pay-as-bid-Modell** (Gebotspreismodell) andenken, bei dem alle zum Zug gekommenen Anbieter den von ihnen jeweils genannten Preis erhalten. Manche BeobachterInnen raten freilich von diesem Modell für Terminkontrakte ab, weil es für alle Marktteilnehmer höhere Risiken brächte und für die Erzeuger von regenerativem Strom erst bei höheren Fördervolumina attraktiv wäre. Wegen fehlender Investitionsanreize könnte es langfristig die Versorgungssicherheit gefährden (Energie-Experten, 2022).

Eine theoretische Alternative zum länderübergreifenden Merit-Order-System wäre, die Liberalisierung der Energiemärkte rückgängig zu machen. Allerdings wird sich wohl kein EU-weiter Konsens finden lassen, die in Normalzeiten bewährte Trennung der (staatlich regulierten) Stromnetze von den marktwirtschaftlichen Elementen der Stromerzeugung und des Stromhandels wieder aufzuheben. Die Energiekrise hat eine Reihe von Vorschlägen hervorgebracht, die das Merit-Order-System anerkennen, es aber soweit modifizieren, dass extreme kurzfristige Preisschwankungen eingebremst werden. Verschiedene Varianten eines Gaspreisdeckels und von Preissubventionen sind in nationalen Alleingängen erprobt worden.

10.5   Einzelmaßnahmen und nationale Alleingänge

Der Schock des Ukrainekrieges und der dadurch ausgelösten Energiekrise hat zu hektischen Aktivitäten auf EU-Ebene und in den einzelnen Mitgliedstaaten geführt, um die Folgen für die Konjunktur und die allgemeine Preisentwicklung zu mildern. Das Ergebnis war ein kaum koordiniertes Bündel unterschiedlicher Eingriffe in den Wirtschaftsablauf mit ebenso wenig Rücksicht auf langfristige Auswirkungen. Blanchard und Pisani-Ferry (2022) fassen die Maßnahmen zur Bewältigung der Energiepreissteigerungen in drei Gruppen zusammen:[3]

- *temporäre Senkung der Energiesteuern*, um die Preissteigerungen rasch abzumildern (Frankreich, Deutschland);
- *pauschale Transfers*, die unabhängig vom Energieverbrauch entweder generell („Energiepreispauschale" in Deutschland, „Klimabonus" in Österreich) oder zielgerichtet für ärmere Haushalte („Indemnité inflation" in Frankreich) vergeben werden; und
- *Preisregelungen*, mit welchen die Energiepreise von den Grenzkosten abgekoppelt werden (Spanien, Frankreich).

In ihren Schlussfolgerungen unterstützen die Autoren den „Mainstream" jener Maßnahmen, die in der EU zur unmittelbaren Krisenbekämpfung eingesetzt wurden: gezielte Ausweitung der Budgetdefizite, um die Realeinkommensverluste der Haushalte zu dämpfen; Finanzierung dieser Defizite durch Ausweitung der Staatsschuld und nicht durch neue Steuern; dosierte Abkehr von der expansiven Geldpolitik der EZB, sodass die Inflationserwartungen nicht ausufern, aber auch keine Nachfragedämpfung eintritt; Dreierverhandlungen bei den Lohn- und Gehaltsanpassungen, in welche die Regierungen ihre Überbrückungshilfen einbringen.

Jede der getroffenen Maßnahmen ist mit Vor- und Nachteilen verbunden. Oft wurde einer raschen Wirksamkeit der Vorzug vor Treffsicherheit gegeben oder es wurde – wie bei den Preisregelungen – die Effizienz hintangestellt, um die Konsumentenwohlfahrt zu Lasten der Produzentenwohlfahrt zu erhöhen. Die Subventionierung der Energiekosten steigert die Nachfrage und hält das Preisniveau hoch. Sie konterkariert damit die meist gleichzeitig eingesetzten Maßnahmen zur Bewältigung der Klimakrise. Gros (2022b) ist daher zuzustimmen, wenn er meint, **die Politik möge nicht die Energiepreise subventionieren, sondern das Energiesparen forcieren.**

---

[3] Länderdetails und laufende Updates finden sich in Sgaravatti et al. (2023).

Als Paradebeispiel für eine Kurzfrist-Politik, die solche Überlegungen igno-
riert, kann *Frankreich* mit seinen Maßnahmen zur Dämpfung der von der Energiekrise ausgehenden Inflation gelten. Neben einer Senkung der Elektrizitätssteuer,
einer Ausweitung des Zugangs zu billigem Atomstrom, Subventionen an andere
Energieproduzenten und einem Einfrieren der Stromtarife wurden die Kraftstoff-
preise subventioniert und Barunterstützungen für Haushalte geleistet (Rüdin-
ger, 2023).

Der Brüsseler Think Tank Bruegel hat verschiedene nationale Politiken zur Bewältigung der Energiekrise verglichen und danach bewertet, ob die Maßnahmen zu
leistbaren Energiepreisen für Haushalte und Unternehmen führen, vulnerable
Personengruppen unterstützen und Investitionen in ein nachhaltiges Energiesystem
fördern (Heussaff et al., 2022). Erwähnenswert ist der temporäre **Gaspreisdeckel
für die Stromerzeugung** in *Spanien* und *Portugal*, deren Stromtransmissions-
systeme vom restlichen Europa weitgehend abgekoppelt sind. Gaskraftwerke,
deren Produktionskosten dann nicht gedeckt sind, werden subventioniert – eine
Maßnahme, die an die Grenzen der strengen EU-Beihilferegeln stößt (McWilliams
et al., 2022).

Deutschland brachte im Oktober 2022 im Alleingang ein Hilfspaket für Kon-
sumentInnen und UnternehmerInnen im Ausmaß von 200 Mrd. € auf den Weg,
obwohl es zuvor einen inhaltlich ähnlichen Schritt auf EU-Ebene blockiert hatte.
Zentrales Element war eine **Gaspreisbremse**, die für industrielle Verbraucher
und für Haushalte unterschiedlich ausgestaltet ist: Für die erste Gruppe wird Gas
seit Januar 2023 bis zu 70 % des Vorjahresverbrauchs subventioniert, für Haushalte seit März 2023 bis zu 80 % des früheren Durchschnittsverbrauchs (Rüdiger, 2023).

Herbe Kritik an den deutschen Maßnahmen kam von der EU-Kommission, die
auf die Gefahr einer Fragmentierung des Binnenmarktes hinwies und Deutschland
der mangelnden Solidarität zieh. Nicht alle Länder könnten – angesichts unterschiedlicher Ausgangslagen bei der Staatsverschuldung – gleichermaßen finanz-
stark agieren, obwohl alle einem symmetrischen Schock ausgesetzt seien. Dieser
Schock erfordere eine EU-weite solidarische Antwort mit gemeinschaftlicher Finanzierung wie bei NGEU/SURE während der Pandemie. Beim Klimaschutz
ginge es schließlich um die Bereitstellung eines europaweiten „öffentlichen Gutes"
(Breton & Gentiloni, 2022).

Im teilliberalisierten Stromversorgungssystem der *Schweiz* können Großver-
braucher (mit einem jährlichen Stromverbrauch von 100 MWh und mehr) den
Strom selbst am Markt einkaufen. Andere VerbraucherInnen versorgt der lokale
Netzbetreiber und verrechnet dafür den regulierten Elektrizitätstarif, der sich nach
den **Durchschnittskosten der regionalen Kraftwerke** richtet. Dieses System bie-

tet bei hohen Gaspreisen für die VerbraucherInnen einen günstigeren Strom an als das Merit-Order-System.

Zur Dämpfung der Preisausschläge auf dem Strommarkt könnte eine **Aufteilung in zwei Segmente** beitragen: Im ersten Segment befänden sich jene Anbieter, die erneuerbaren Strom ohne weiteres Zutun liefern können (Wind, Sonne, Wasserkraft, aber auch Atomstrom). Mit ihnen werden langfristige Lieferverträge abgeschlossen. Im zweiten Segment wären alle übrigen Anbieter, sie liefern Strom kurzfristig nach Bedarf (Gaskraftwerke, teilweise auch Wasserkraftwerke). Für sie wird der Preis laufend an der Börse nach dem Grenzkostenprinzip ermittelt. Die Kosten für die VerbraucherInnen ergäben sich als gewichteter Durchschnitt aus diesen beiden Komponenten.

In manchen Produktionsbereichen sind die Endkundenpreise reguliert, der Markteintritt bzw. -austritt kann nicht beliebig erfolgen. Werden dort in der Krise weitaus höhere Preise erzielt, als zur Abdeckung der Fixkosten und als Anreiz für Investitionen erforderlich wären ("windfall profits"), lässt sich eine temporäre **Sondersteuer auf Überschussgewinne** rechtfertigen. Zu beachten ist freilich, dass jede Form der Besteuerung die Erzeuger veranlassen wird, kurzfristig ihr Angebot zu reduzieren und langfristig weniger zu investieren. Je breiter eine derartige Sondersteuer angelegt ist, umso eher kommt sie einer generellen Steuererhöhung gleich und müsste aus der Warte der internationalen Wettbewerbsfähigkeit beurteilt werden. In der Energiekrise haben mehrere Staaten zur Besteuerung der Zufallsgewinne gegriffen (Griechenland, Rumänien, Ungarn, UK), es hat sich dabei keine einheitliche Vorgangsweise durchgesetzt (vgl. Schratzenstaller et al., 2022).

Hogan et al. (2022) schlagen einen **Shock Absorber für den Strommarkt** vor, der automatisch ausgelöst wird (z. B. wenn in einem vorgegeben Zeitraum die Überschussgewinne von Erzeugern erneuerbarer Energien ein vorgegebenes Ausmaß übersteigen) und dann den Großhandelspreis für Strom temporär deckelt. Der Staat würde den Gaskraftwerken den daraus entstehenden Verlust ersetzen.

Diese Beispiele verdeutlichen, dass der Energiekrise und der mit ihr verbundenen Inflation nur mit einem Bündel von Maßnahmen und nicht allein auf nationaler Ebene beizukommen ist. Potenzielle Einzelmaßnahmen müssten darauf ausgerichtet sein, das Angebot an erneuerbaren Energien zu fördern, die Energieeffizienz zu steigern und die Energienachfrage zu verringern. Die Effektivität der Maßnahmen wird höher sein, wenn sie auf EU-Ebene angesiedelt sind oder dort zumindest aufeinander abgestimmt werden (Wissenschaftlicher Beirat, 2022; Fuest & Ockenfels, 2022).

Kritisch sind jene Maßnahmen zu bewerten, welche die Inflation mit einem Gas- und Strompreisdeckel oder mit Subventionen an den Handel mit fossiler Energie einzudämmen versuchen. Sie wirken nach dem „Gießkannenprinzip" ohne soziale Staffelung und konterkarieren den Kampf gegen den Klimawandel. Um die Inflation ohne diese Nebenwirkung in den Griff zu bekommen, **sollten die Energiepreise auf dem Markt bestimmt werden und die soziale Abfederung zielgerecht über staatliche Transfers erfolgen.**

10.6 Reform des Energiebinnenmarktes

Bis zur Mitte der 1990er-Jahre lag die Energieversorgung überwiegend in der Hand nationaler Monopole, die keinem Wettbewerb ausgesetzt waren. Danach haben sich die Mitgliedstaaten der EU zu einer **schrittweisen Liberalisierung der Energiewirtschaft** mit dem Ziel aufgerafft, einen gemeinsamen Markt zu entwickeln, auf dem kundenorientierte Energieleistungen zu Marktpreisen angeboten werden. Richtungweisend war die Richtlinie 96/92/EG vom 19. Dezember 1996 betreffend gemeinsame Vorschriften für den Elektrizitätsbinnenmarkt, die eine Trennung der aufsichtsbehördlich geregelten Verteilernetze von den im Wettbewerb stehenden Stromlieferanten einleitete. Ergänzende Energiepakete brachten 2003 und 2009 Maßnahmen zur Erhöhung der Versorgungssicherheit, zur weiteren Entflechtung von Erzeugung und Versorgung sowie eine Stärkung der Verbraucherrechte, insbesondere die freie Wahl des Anbieters für Gas- und Stromkunden.

Seither hat sich das Umfeld für die Energiepolitik wiederum markant verändert: Einerseits ist ein völlig neues **Bewusstsein für die langfristigen Umweltfolgen** der bisherigen Politik entstanden, andererseits haben die **aufeinanderfolgenden Krisen** viele etablierte Lieferketten zerschlagen. Die frühere Globalisierungsvision ist zuletzt mit dem Ukrainekrieg einem Konfrontationsszenario gewichen. Diese Ereignisse haben in der EU ein radikales Umdenken bei der Umwelt- und Energiepolitik ausgelöst und eine Umstrukturierung zulasten fossiler (insbesondere aus Russland importierter) Energie und zugunsten erneuerbarer Energiequellen eingeleitet.

> „Seit dem Vertrag von Lissabon aus 2007 ist Artikel 194 AEUV die **Rechtsgrundlage** für die Aktivitäten der EU im Energiebereich. Die Union ist *„im Geiste der Solidarität zwischen den Mitgliedstaaten"* bestrebt, (a) das Funktionieren des Energiemarkts sicherzustellen, (b) die Energieversorgungssicherheit zu gewährleisten, (c) Energieeffizienz und Energieeinsparungen sowie die Entwicklung neuer und erneuerbarer Energiequellen zu fördern und (d) die Interkonnektion der Energienetze voranzutreiben. Vor 2007 bestand eine einseitige Betonung der Energiesicherheit bei weitgehender Vernachlässigung von Umweltaspekten."

In einer von Krisen diktierten **Reform des Energiebinnenmarktes** werden folgende Problembereiche zu regeln sein (vgl. etwa Heussaff et al., 2022; McWilliams et al., 2022; Boltz et al., 2022):

- Erhöhung des Energieangebots – kurzfristig, indem alle verfügbaren Energiequellen ausgeschöpft werden, einschließlich jener, deren Stilllegung aus Umweltgründen bereits beschlossen war, und langfristig durch den Ausbau nachhaltiger Energieproduktion.
- Dämpfung der Nachfrage nach Energie – mit Anreizen zum Energiesparen, statt Subventionen an Energieverbraucher.
- Verzicht auf Preisdeckel bei Energie – sie wirken dem Umweltziel entgegen.
- Unterstützung für benachteiligte Gruppen – bei steigenden Preisen ist die Sozialpolitik gefordert, Personengruppen zu unterstützen, die ihre Energierechnungen nicht mehr selbst begleichen können.

Als Reformergebnis ist ein Marktpreis für Energie anzupeilen, der einerseits nicht so hoch ist, dass er die europäische Wirtschaft destabilisiert, aber auch nicht so niedrig, dass er weder einen Anreiz zum Energiesparen schafft, noch das Investitionskapital für erneuerbare Energieträger liefert.

Der Ukrainekrieg hat ein neues Umfeld geschaffen, das eine Umschichtung der energiepolitischen Maßnahmen erfordert. Um *„die Abhängigkeit der Union von fossilen Brennstoffen aus Russland so bald wie möglich, spätestens jedoch bis 2027, zu beenden"*, hat die Kommission im März 2022 die Mitteilung „**REPowerEU**" erlassen und im Mai durch den REPowerEU-Plan ergänzt (EK, 2022a, b). Darin wird ein Szenario entwickelt, wie im Winter 2022/23 auf ein plötzliches Ende der russischen Gaslieferungen nach Europa zu reagieren gewesen wäre. Das Maßnahmenpaket zur Umsetzung dieses Ziels konzentriert sich auf kurz- und mittelfristige Einsparungen beim Energieverbrauch, eine sachliche und regionale Diversifizierung des Energieangebots, den beschleunigten Ausbau erneuerbarer Energien sowie Investitionen und Reformen zur Verbesserung der Infrastruktur. Die Finanzierung der Maßnahmen ist über die Nationalen Aufbau- und Resilienzpläne (NARPs) zu steuern, in die jeweils separate REPowerEU-Kapitel aufgenommen werden.

In rascher Abfolge sind dann auf EU-Ebene folgende **Umsetzungsschritte** gesetzt worden: Nach Einrichtung der neuen *EU-Energieplattform* für den gemeinsamen Einkauf von Erdgas, LNG und Wasserstoff im April 2022 durch die Europäische Kommission beschloss der Rat im August 2022 eine Verordnung über koordinierte Maßnahmen zur *Senkung der Gasnachfrage* (2022/1369). Als Reaktion auf die hohen Energiepreise folgte im Oktober 2022 die vom Rat mit qualifizierter Mehrheit erlassene Notfall-Verordnung 2022/1854. Deren Ziel ist es, *„die Auswirkungen der hohen Strompreise abzumildern und die Verbraucher zu schützen und gleichzeitig die Vorteile des Binnenmarkts und gleiche Wettbewerbsbedingungen zu bewahren"* (EK, 2022c). Die Verordnung sieht folgende Eingriffe in den Strommarkt vor (von der Leyen, 2022; Heussaff et al., 2022):

- Um den Einsatz von Gaskraftwerken bei der Stromerzeugung zu vermeiden, muss in den Wintermonaten die *Stromnachfrage reduziert* werden. Zu Tageszeiten mit besonders viel Verbrauch werden verpflichtend 5 % eingespart. Ergänzt wird dies durch freiwillige längerfristige Einsparungen von mindestens 10 %.
- Für Stromerzeuger, deren Produktionskosten aus inframarginalen Technologien (erneuerbare Energien, Kernenergie und Braunkohle, deren Grenzkosten unter jenen liegen, die den Strompreis bestimmen) weit unter dem Marktpreis liegen, wird eine temporäre Zufallsgewinnbesteuerung („*Überschussgewinnbesteuerung*") eingeführt.
- Von EU-Unternehmen und Betriebsstätten, die Tätigkeiten im Öl-, Gas-, Kohle- und Raffineriebereich ausüben, wird für das Haushaltsjahr 2022 ein *Solidaritätsbeitrag* von mindestens 33 % des Überschussgewinns abgeführt. Ein Überschussgewinn liegt vor, wenn der steuerpflichtige Gewinn des Haushaltsjahres 2022 um mindestens 20 % höher ist als der Durchschnitt der vorausgehenden 3 Jahre.
- Aus den Erträgen des Solidaritätsbeitrages erhalten Haushalte und Unternehmen *Teuerungshilfen*.

Das in der Notfall-Verordnung festgelegte Ausmaß sowohl für die Sondersteuer auf Überschussgewinne als auch für den Solidaritätsbeitrag bildet jeweils eine Untergrenze und kann auf nationaler Ebene verschärft werden, die Einhebung obliegt ebenfalls den nationalen Steuerbehörden. Wie sinnvoll und effektiv eine nationale Zufallsgewinnbesteuerung in der Praxis ist, ist umstritten – auch mit Hinweis auf eine vergleichbare Konstellation während der Pandemie, als die Pharmaindustrie kurzfristig enorme Profite erzielte, davor aber hohe Forschungskosten zu verkraften hatte.

Im Dezember 2022 haben sich die EnergieministerInnen nach langen Verhandlungen schließlich auf einen **EU-weiten Gaspreisdeckel** bei Börsengeschäften (den „Marktkorrekturmechanismus", MCM) geeinigt. Er gilt zunächst bis Ende Januar 2024 und kommt zur Anwendung, sobald der Preis von Gas zur Lieferung im darauffolgenden Monat an drei Werktagen auf mehr als 180 €/MWh steigt. Der Abstand zum internationalen LNG-Referenzpreis muss dabei mindestens 35 € betragen, um beim Bieterwettbewerb um Flüssigerdgas mithalten zu können. Diese Regelung spiegelt die Befürchtungen Deutschlands und anderer Mitgliedstaaten aus dem Norden, mit einem zu niedrigen Preisdeckel Versorgungsengpässe auszulösen und den Gashandel in den ungeregelten Privatmarkt zu verdrängen. Eine unmittelbare Anwendung des Preisdeckels stand ohnehin nicht im Raum, da der Marktpreis zum Zeitpunkt des Beschlusses nur bei 110 €/MWh lag und danach weiter gesunken ist. Daher bezeichnet Gros (2023b) den Preisdeckel als „Papiertiger".

Was passiert aber, wenn der Großhandelspreis für Erdgas wieder einmal über 180 €/MWh steigen sollte? Gros weist darauf hin, dass in Normalzeiten die Verträge für die langfristige Basisversorgung mit Gas außerhalb der Börse direkt zwischen Produzenten und Großhändlern zu Referenzpreisen erfolgen, die sich an die Preisentwicklung bei Rohöl anlehnen. Werden solche Verträge notleidend (wenn etwa der russische Energiekonzern Gazprom nicht liefert oder Sanktionen dies verhindern), sind Großabnehmer darauf angewiesen, das Manko über die Börse decken. Sollte der Handel an der Amsterdamer TTF, der wichtigsten Börse für den europäischen Gashandel, ausgesetzt werden, könnten Versorgungsengpässe auftreten. Allenfalls entsteht ein grauer Markt, auf dem sich die Konditionen von Fall zu Fall unterscheiden.

Nach Ende des Winters 2022/23 kann erleichtert aufgeatmet werden: Die befürchtete Energieknappheit wegen allfälliger russischer Lieferstopps bei strengem Winter ist nicht eingetreten. Die getroffenen Notfallmaßnahmen mussten nicht aktiviert werden, sie stehen aber vorsorglich bereit, denn der nächste Winter kommt bestimmt. Zwar haben sich die Energiepreise im Großhandel normalisiert, die Verbraucherpreise sind aber nach wie vor weit jenseits der Zielvorstellungen der Währungsbehörden. Solange der Krieg in der Ukraine fortdauert, bleibt auch die Versorgungslage im Energiesektor unsicher.

Der Ukrainekrieg beschleunigt den wirtschaftlichen Strukturwandel auch in der EU, indem die Lehren aus der Pandemie nun angewendet und weiterentwickelt werden. Dazu gehört die Abkehr von extremer Globalisierung und der weitere Ausbau innereuropäischer Handelsbeziehungen. Die Erhöhung der relativen Preise von Rohstoffen, insbesondere im Energiesektor, bewirkt eine Neuausrichtung der Lieferketten. Hinzu kommen Maßnahmen zum Ausbau des Klimaschutzes und zur Verbesserung der Arbeitsbedingungen in Zulieferländer. Die Konzentration der Lieferketten auf Europa lässt hier die Produktionskosten steigen.

Zusammenfassung
- Europa befindet sich nun mehr denn je im Zentrum vieler ungelöster Spannungsfelder, die überwiegend durch Kräfte außerhalb der EU bestimmt sind. Im Gegensatz dazu wird die Klimakrise zwar bei weitem nicht allein, aber doch wesentlich von Europa mit verursacht. Bei der Bewältigung der Krise kommt Europa daher eine wichtige Rolle zu – mit der Maßgabe, dass Erfolge ein gemeinsames globales Vorgehen erfordern.
- Die bisher ergriffenen Maßnahmen zur Beschränkung der Erderwärmung stellen sich als völlig unzureichend heraus. Die großen Verursacher-

blöcke (EU, USA, China) sind mit der Bewältigung vieler kurzfristiger Krisen beschäftigt und widmen nur einen Teil ihrer Aufmerksamkeit dem Klimawandel, dessen Bedrohungen weniger unmittelbar erscheinen.

- Die Energiepolitik der EU war seit Mitte der 1990er-Jahre auf die Verwirklichung des Energiebinnenmarktes und das Erreichen der globalen Klimaziele ausgerichtet. Mit dem Ukrainekrieg sind russische Energielieferungen zu einer wirtschaftlichen Waffe geworden, die von beiden Seiten für ihre politischen Ziele eingesetzt wird.

- Mit dem „European Green Deal" bahnt sich in der EU mittelfristig eine Neuordnung der Energiesysteme an, die in einer Diversifizierung der Lieferquellen, einem Ausbau der Interkonnektivität und dem Aufbau von Notfallplänen gegen Versorgungsstörungen bestehen wird. Das in diesem Rahmen beschlossene „Fit für 55"-Paket geht über die Pariser Klimaziele hinaus, indem es für 2030 eine Verringerung der THG-Emissionen um 55 % gegenüber 1990 und für 2050 das „Netto-Null"-Ziel vorgibt.

- Das zentrale Instrument der EU zur Verwirklichung der Umweltziele ist seit 2005 das Emissionshandelssystem mit seinem „Cap and Trade"-Prinzip. Es hat zwar bisher noch keinen merklichen Beitrag zu den Klimazielen geleistet, doch werden die anfänglich freien Zuteilungen von Emissionszertifikaten nun schrittweise zurückgenommen, neue Sektoren einbezogen und die Reduktionsziele verschärft.

- Im Stromgroßhandel hat sich – bei allen Unzulänglichkeiten – das Merit-Order-Modell für den kurzfristigen Spitzenausgleich bewährt. Mittelfristig muss aber bei der Preisbildung die reine Grenzkostenbetrachtung durch Elemente einer Vollkostenrechnung ergänzt werden. Partielle Anpassungen an Krisenzeiten sollten nicht so weit gehen, die von der EU eingeleitete Liberalisierung der Energiemärkte aufzuheben.

- Um „Carbon Leakage" hintanzuhalten, werden „schmutzige" Produkte aus Drittländern ab 2026 im Rahmen des CO_2-Grenzausgleichsmechanismus (CBAM) mit einer Ausgleichsabgabe belegt. Eine GATT-konforme Umsetzung ist in Arbeit.

- Um die sozialen Auswirkungen der seit dem Ukrainekrieg verschärften Energiekrise zu begrenzen, wird auf die Solidarität zwischen Ländern und Generationen gesetzt und ein neuer Klima-Sozialfonds zur Unterstützung einkommensschwacher Haushalte eingerichtet, der die bestehenden Solidaritätsinstrumente ergänzt.

- Dass konventionelle Energie zu einem teuren Gut geworden ist, kommt dem Umweltziel entgegen, beschädigt aber temporär den Binnenmarkt durch Staatseingriffe zur Preissenkung. Die Energiekrise sollte nicht über Subventionen der Energiepreise, sondern über forciertes Energiesparen entschärft werden.

- Gegen die drohende Energiekrise schnürte die EU im März 2022 das „REPowerEU"-Programm, mit dem russisches Öl und Gas ersetzt, der Ausbau erneuerbarer Energiequellen forciert und das Energiesparen der Unternehmen und Haushalte gefördert werden. Über eine Notfall-Verordnung wird in den Strommarkt eingegriffen, um Zufallsgewinne von Energielieferanten abzuschöpfen und Teuerungshilfen an betroffene Unternehmen und Haushalte bereitzustellen. Zur Dämpfung von Preisausschlägen wurde ein EU-weiter Gaspreisdeckel eingeführt, der allerdings erst ab einem Marktpreis von mehr als 180 €/MWh zum Tragen kommt.

- In der gegenwärtigen Energiekrise können weder die Produktionskosten noch die Knappheitszustände einigermaßen verlässlich antizipiert werden. Langfristig erfordern die hohen Energiepreise jedenfalls eine Strukturanpassung in der Wirtschaft. Die anstehende Reform des gemeinsamen europäischen Energiemarktes muss kurzfristig die Abhängigkeit von Russland verringern, gleichzeitig aber auch den Kampf gegen den Klimawandel intensivieren.

Welche Zukunft hat die EU? 11

„The very cause of the EU as a value-based community is at stake. "

(Ilana Bet-El, 2018)

Zusammenfassung

Haben die wiederkehrenden Krisen den europäischen Integrationsprozess gestärkt oder geschwächt? Die immer noch nachwirkenden Folgen aller Krisen lassen kein endgültiges Urteil zu. Vom Idealfall der Vollintegration aller Mitgliedsländer, wie ihn die sechs Gründungsstaaten vorsahen und auch selbst vorzeigten, ist man im Zuge der EU-Erweiterungen bald abgegangen. Manche der von außen kommenden Herausforderungen (Finanzkrise, Pandemie, Ukrainekrieg) haben die gemeinschaftliche Identität gestärkt. Die Flüchtlingskrise und der Brexit zeigten aber die Grenzen eines Einheitsdaches über heterogene historische Erfahrungen und unterschiedliche gegenwärtige Interessen auf. Auch wenn angesichts der Klimakrise gemeinsames Ziehen an einem Strang optimal wäre, sollte man für die Weiterentwicklung der EU auch „zweitbeste Lösungen" mitdenken. Dazu gehören mehrschalige Systeme mit einem Kerneuropa und umgebenden Ländergruppen, sei es in konzentrischen Kreisen oder einander überlappenden Clubs. Daran knüpft sich die Frage, wo die künftigen Außengrenzen der EU liegen werden und wie sich die gegenwärtige Neuordnung der globalen Einflusssphären in der geopolitischen Rolle der EU niederschlagen wird.

11.1   Stagflation in der EU

Noch müht sich die EU mit den **kurzfristigen wirtschaftlichen Auswirkungen** von COVID-19, dem russischen Eroberungsfeldzug in die Ukraine und der Energiekrise ab. Mit den coronabedingten Lockdowns wurden nicht nur manche Lieferketten gestört, sondern auch die Nachfrage vor allem im Dienstleistungsbereich (Urlaubs- und Geschäftsreisen) zurückgestaut. Kaum hatte sich danach das Wirtschaftswachstum etwas erholt, lösten der Ukrainekrieg, die westlichen Sanktionen gegen Russland und die russischen Retorsionen dagegen einen Kostenschub bei Energierohstoffen aus. Zwar gibt es vereinzelt „Kriegsgewinner" (die globale Waffenindustrie, Russlands Staatsbudget wegen der gestiegenen Rohstoffpreise), doch kommt es wegen der Unterbrechung von Lieferketten *kurzfristig* zu Angebotsengpässen. Unsicherheiten über die weiteren Wirtschaftsaussichten hemmen die Investitionsbereitschaft der Unternehmen und dämpfen die Ausgaben der privaten Haushalte für dauerhafte Konsumgüter. Aus dem Nachfragerückstau kann sich *mittelfristig* ein neuerlicher Aufschwung entwickeln, wenn es der Wirtschaftspolitik gelingt, die Inflation einzudämmen, ohne gleichzeitig eine Depression auszulösen.

Längerfristig bedarf es multilateraler Anstrengungen, um weitere humanitäre Katastrophen zu vermeiden, eine wirtschaftliche Fragmentierung der Welt abzuwenden, die globalen Finanzierungsströme aufrechtzuhalten, fiskalische Notlagen einzugrenzen sowie die Erfolge bei der Beendigung der Pandemie und beim Klimawandel abzusichern (IMF, 2022). Die Bewältigung dieser komplexen Problemlage erfordert eine differenzierte Politik mit einander teilweise konterkarierenden Maßnahmen:

- Steigende Energiepreise und Störungen der Lieferketten lösen eine Angebotsinflation aus und dämpfen die Konjunktur.
- Die EZB schwenkt auf eine restriktivere Geld- und Zinspolitik ein, damit die Inflation nicht über die Lohn-Preis-Spirale weiter angeheizt wird.
- Die real verfügbaren Einkommen sinken und die Erwartungen der Unternehmen über die weitere Wirtschaftsentwicklung trüben sich ein, eine Rezession kündigt sich an.
- Die Fiskalpolitik ist gefordert, die Konjunktur zu stützen und die unerwünschten Verteilungswirkungen der Krise auszugleichen.
- Weiters muss die Fiskalpolitik den erforderlichen Strukturwandel in der Energiewirtschaft unterstützen und dem unaufhaltsamen Klimawandel entgegenwirken.

- Mit der Ausweitung der Staatsausgaben steigt die Staatsschuld. Zu dem bereits wegen der restriktiven Geldpolitik angehobenen Zinsniveau kommt nun auch das Finanzierungserfordernis des Staates über die Kapitalmärkte, das Zinsniveau steigt weiter.
- Über kurz oder lang werden Steuererhöhungen unumgänglich sein, auch wenn sie den ausgabenseitigen Stützungsmaßnahmen entgegenstehen.

Um in dieser Gemengelage eine neuerliche **Deflationsspirale zu vermeiden**, bedarf es in der EU einer konzertierten Aktion, mit welcher die Energieabhängigkeit von Russland gemeinsam beseitigt, ein Paket für den Wiederaufbau der Ukraine geschnürt und eine koordinierte Wirtschaftspolitik betrieben wird, die kurzfristig gegen die Inflation ankämpft und mittelfristig mit dem Klimawandel zu Rande kommt. Für Letzteres ist auf EU-Ebene das *„REPowerEU"*-Programm beschlossen worden (siehe Abschn. 10.6). Viele Mitgliedstaaten haben selbst finanzielle Stützungen an Unternehmen und private Haushalte „per Gießkanne" ausgeschüttet. Dahinter stand der Druck, möglichst rasch und ohne bürokratische Hürden zu helfen, im Nachhinein ist freilich Kritik an manchen unspezifischen Hilfen laut geworden.

Die EZB hatte im Jahrzehnt nach der Eurokrise wiederholt gegen Deflationstendenzen angekämpft (vgl. Abschn. 2.5). Als sich die Pandemie auszubreiten begann, ließen die Lockdowns die Nachfrage nach Waren und Leistungen einbrechen. Auf der Angebotsseite sind viele eingespielte Lieferketten gerissen, die Transportkosten stiegen an. Mit dem Ende der Mobilitätsbeschränkungen sprang die Nachfrage – unterstützt von staatlichen Hilfszahlungen – an und mit ihr auch die Inflation. In der Eurozone blieb die „Kerninflation" (ohne Energie und Lebensmittel) vor dem Ukrainekrieg im Zielbereich der EZB, doch lag die Gesamtinflation ab Mitte 2021 bereits über dem Zielwert. Die steigenden Energiepreise trieben die Inflationsrate schließlich über die 10 %-Marke hinaus (Abb. 11.1). Ein Abebben des Preisauftriebs war kurzfristig nicht abzusehen, als die Arbeitnehmervertretungen im Herbst 2022 bei (noch) guter Konjunktur ihre kompensierenden Lohn- und Gehaltsforderungen formulierten. Die vergleichsweise hohen Abschlüsse haben die Inflation weiter verfestigt. Erst früh im Jahr 2023 zeichnete sich in der Eurozone eine allmähliche Rückbildung der Inflationsrate ab, die zuletzt auch die Kerninflation mäßigte.

Was unternehmen die Währungsbehörden gegen die Inflation? Was können sie bewirken, solange es sich nicht nur um eine Nachfrageinflation, sondern ursprünglich um eine Kosteninflation handelt? Auf den Anstieg der internationalen Energiepreise hat die EZB keinen direkten Einfluss, ihr kann es also nur darum gehen, die

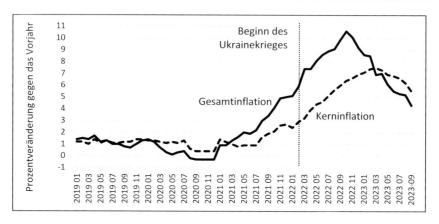

Abb. 11.1 Inflationsentwicklung in der Eurozone ab 2019. Datenquelle: Eurostat. – Anmerkungen: Gesamtinflation für die EU27 anhand der harmonisierten Verbraucherpreise (HVPI). „Kerninflation" ist Gesamtinflation der Eurozone ohne Energie, Lebensmittel, Alkohol und Tabak)

über Wechselkursschwankungen und eine Preis-Lohn-Spirale entstehenden Zweitrundeneffekte einzudämmen.

Gemessen an der Währungspolitik anderer Länder hat die EZB sehr spät auf die Preisentwicklung reagiert. Sie sendete zunächst nur schwache Signale, indem sie das Anleihen-Ankaufsprogramm allmählich stabilisierte bzw. einschränkte. Erst im Juli 2022 hat der EZB-Rat eine *Abkehr von der seit 2016 anhaltenden Nullzinspolitik* beschlossen, indem er den Leitzinssatz zunächst auf 0,5 % und dann stufenweise weiter bis zuletzt (am 20. September 2023) auf 4,50 % anhob (siehe oben Abb. 2.3).

Nach Auffassung vieler Beobachter hatten die Währungsbehörden damit den optimalen Zeitpunkt verpasst, von Deflationsbekämpfung auf eine wirksame Inflationssteuerung umzustellen (vgl. die Zusammenfassung bei Gnan et al., 2022). Allerdings ging die EZB von einem anderen Entscheidungsumfeld aus als etwa die Fed in den USA. Dort wurden die privaten Realeinkommen massiver gestärkt, und in das Gesundheitssystem wurde mehr investiert – dementsprechend waren auch die Inflationserwartungen höher als in der Eurozone (Visco, 2022). Verstärkt wurde der Unterschied noch durch den angespannten US-Arbeitsmarkt (mit einer deutlich niedrigeren Arbeitslosenquote als in der Eurozone) und der Nähe Europas zum

Ukrainekonflikt (hohe Energiepreissteigerungen in Europa). Das Risiko, in eine Stagflation zu geraten, war damit in Europa viel höher als in den USA.

Solange unklar bleibt, wie beständig die Inflation sein wird und wie sehr damit die Inflationserwartungen „entankert" bleiben, müsse die EZB in ihrer Geldpolitik einen „robusten Kontrollansatz" wählen, meint Isabel Schnabel (2022), Mitglied des Direktoriums der EZB. Sie steht damit unter den Währungspolitikern der EZB auf der Seite der „Falken". Bei einem *Preisschock über die Angebotsseite* steht die Geldpolitik vor dem Dilemma, nicht gleichzeitig restriktiv gegen das steigende Preisniveau und expansiv gegen eine drohende Rezession anzukämpfen zu können. Im Gegensatz dazu treibt ein *Schock über die Nachfrageseite* sowohl Preise als auch Produktion nach oben und kann mit einer restriktiven Geldpolitik bekämpft werden. Dieser Unterschied zwischen Angebots- und Nachfrageinflation gilt kurzfristig, langfristig verliert er an Bedeutung.

Um eine asymmetrische Betroffenheit der Mitgliedstaaten abzufedern, hat die EZB im Juli 2022 das „**Transmissionsschutzinstrument**" (Transmission Protection Instrument, TPI) auf die Beine gestellt: Mit einem grundsätzlich unbegrenzten Ankauf von Anleihen (primär von Staatspapieren einzelner Mitgliedstaaten auf dem Sekundärmarkt) werden „*fundamental ungerechtfertigte Zinsausschläge*" abgefedert, wenn sie die Transmission der Geldpolitik im Euro-Raum beeinträchtigen. Die Liquiditätseffekte dieser Käufe werden aber sterilisiert, d. h. sie werden durch Verkäufe anderer Vermögenswerte kompensiert, und die Bilanzsumme des Eurosystems bleibt unverändert. Die Ankäufe kommen hoch verschuldeten Euroländern (wie Italien) zugute, um deren Risikoprämien auf einem Niveau zu halten, das durch die länderspezifischen Fundamentaldaten gedeckt ist. Zu den wenigen, nur vage formulierten Ankaufsbedingungen zählt eine solide und nachhaltige Haushalts- und Makropolitik.

Am TPI wird kritisiert, dass es in die marktmäßige Zinsbildung eingreift und damit den Schuldnerstaaten ermöglicht, die Sanierung ihrer Staatsfinanzen auf Kosten der Gläubiger hinauszuschieben. Tillmann (2022) bemängelt, dass mit TPI nur die kurzfristigen Nominalzinssätze angeglichen werden, während gleichzeitig (wegen unterschiedlicher Inflationserwartungen) die realen Finanzierungskonditionen zwischen den Ländern auseinanderklaffen werden. Wie bei den geldpolitischen Outright-Geschäften (OMT) weicht die EZB auch beim TPI von ihrem Grundsatz ab, Käufe von Staatsanleihen nach dem „Kapitalschlüssel" (dem Anteil der Euroländer am Grundkapital der EZB) vorzunehmen. Vielmehr werden Länder unterstützt, die durch hohe Risikoprämien überdurchschnittlich belastet sind. Eine solche asymmetrische Vorgangsweise fällt eher in das Aufgabengebiet der Fiskalpolitik und nicht in das der Geldpolitik (Feld et al., 2022). Im Ernstfall wird das

TPI ohnehin nicht viel zur Stabilisierung des Eurosystems beitragen können –
wenn nämlich jene Länder, die Finanzierungshilfe benötigten, selbst die schwachen Kriterien nicht erfüllen.

11.2   Friktionen auf dem Weg zur Europaidee

Im Spannungsverhältnis zwischen Vertiefung und Erweiterung der Union konnten
nicht allzu oft beide Richtungen gleichzeitig verwirklicht werden. Meist wurde die
Erweiterung vorgezogen, seltener kam es zur Vertiefung (wie bei der Errichtung
der Eurozone). Die Erweiterungen wurden als Schritte zur Verwirklichung der
Europaidee gesehen, sie dienten der Konsolidierung eines durch den Zweiten Weltkrieg zersprengten Europas. Mit jeder Erweiterung stieg aber die Heterogenität der
Gemeinschaft. Die politische und wirtschaftliche Hauptachse Frankreich-
Deutschland wurde schon mit dem – von Frankreich lange verhinderten – Beitritt
des UK aufgeweicht. Dieses Land und Dänemark blieben der Eurozone fern. In
weiterer Folge wurden neutrale Länder wie Österreich mit ihren Vorbehalten gegen
eine volle militärische Integration aufgenommen. Schließlich kamen Länder wie
Ungarn und Polen hinzu, die immer wieder in der Kritik stehen, mit ihrer Politik
und ihren Institutionen nicht voll den Grundwerten der EU zu entsprechen.

Der Brexit verringert diese Spannungen merklich, doch verhindert das Einstimmigkeitsprinzip in Grundsatzfragen weiterhin, dass die europäische Integration noch entscheidende Impulse erfährt. Dem steht gegenüber, dass auch eine Auflösung der Union nur in (heute) weitgehend unbedeutenden Randzirkeln propagiert
wird.

Vor einer sich verdichtenden medialen Wand aus Populismus und Nationalismus stellt sich die Frage, ob der in der EU angelegte und beschrittene (wenn auch
nur mangelhaft erreichte) Weg in Richtung einer liberalen Form von Demokratie
bei fortschreitender Integration weiter begangen werden kann und wird. **Die Krisen im letzten Jahrzehnt haben eher die Grenzen der weitgehend abstrakten
Europaidee aufgezeigt.**

Welche Schritte wären erforderlich, um diese Idee auf eine breitere Basis zu
stellen? In der Studie von Hajdu et al. (2018) wird angeregt, möglichst viele
EU-BürgerInnen in die politischen Prozesse einzubinden und ihre Anliegen aufzugreifen, indem offene Fragen in regelmäßigen Bürgerforen mit den politisch Verantwortlichen diskutiert und aufgearbeitet werden. Dazu bedarf es auch einer
Informationslage, die Auseinandersetzungen über europäische Themen gemein-
schaftsweit erleichtert und nicht nur (sprachlich, kulturell, emotional) jeweils auf
das Niveau nationaler Probleme reduziert.

Da es gemeinschaftliche Institutionen derzeit nur in Ansätzen gibt (EP, EK, EuGH), lässt sich die Europaidee der Bevölkerung auf nationaler Ebene nur unzureichend näherbringen. Von den gewählten nationalen Politikern sind keine Initiativen zur Beschränkung ihrer eigenen Zuständigkeiten zu erwarten. Ohne äußeren Druck wird es daher keine verfassungsmäßig abgesicherte entscheidende Stärkung der EU-Ebene geben. Die Flüchtlingskrise hat den Druck zwar erhöht, entladen hat er sich aber unter erfolgreicher Mitwirkung nationalpopulistischer Kräfte in nationalen Abschottungen. Die armuts- und kriegsbedingte Zuwanderung aus Afrika und dem Nahen Osten ist phasenweise unkontrolliert erfolgt. Clinton (2018) sieht daher in der **Kontrolle der Immigration eine notwendige Voraussetzung, dass Europa nicht durch den Rechtspopulismus zerstört wird.** Diese Haltung wäre noch zu vervollkommnen, indem jenen ImmigrantInnen, die bereits einen gültigen Aufenthaltstitel besitzen, adäquate Möglichkeiten zur Integration geboten werden.

Die Hilflosigkeit, mit der die EU-Länder und die von ihnen abhängigen gemeinschaftlichen Institutionen auf die beginnende Ausbreitung des COVID-19-Virus reagierten, hat die **Anfälligkeit der zentralen Werte der EU gegen illiberale Tendenzen in der Gesellschaft** bloßgelegt. Mit emotionaler Agitation lassen sich Verschwörungserzählungen verbreiten, die sich einer sachbezogenen Gegenwehr entziehen und die Bevölkerung verunsichern. Dies ist solange von untergeordneter Bedeutung, als es den Rahmen des demokratischen Meinungsbildungs- und Entscheidungsprozesses nicht verlässt. Die Coronakrise hat aber aufgezeigt, dass der Grat sehr schmal sein kann zwischen der Notwendigkeit von temporären Staatseingriffen in die persönlichen Freiheiten, um einer außergewöhnlichen Bedrohung Herr zu werden (vergleichbar einem Kriegszustand), und der Gefahr einer Umgestaltung des politischen Systems, die zu einer permanenten Einschränkung der demokratischen Grundrechte führt. Davor immer wieder zu warnen, soll auch in der vorliegenden Arbeit nicht versäumt werden.

Das Verständnis für zeitlich und sachlich begrenzte Staatseingriffe hat seit dem Ukrainekrieg mit seinen menschlichen Tragödien und wirtschaftlichen Folgen merklich zugenommen. Die Unterstützung des ukrainischen Abwehrkampfes und die Aufnahme von Vertriebenen wird von einer breiten Solidaritätswelle getragen, die freilich auch von der Angst vor den unabsehbaren Folgen eines russischen Erfolges getrieben ist. Gleichzeitig zwingen die Energiekrise und gerissene Lieferketten zu einer Neuordnung der wirtschaftlichen Beziehungen mit der übrigen Welt. **Die EU ist gefordert, ihre weltpolitische Bedeutung neu zu definieren und ihre Sicherheitspolitik darauf auszurichten.** Optimal wäre es, dabei gleich auch die erforderlichen Maßnahmen zur Bewältigung der Klimakrise mitzudenken.

11.3 „Differenzierte Integration" als Zukunftsweg?

In welche Richtung wird sich die EU weiterentwickeln? Welche Mitgliedstaaten werden hinter welcher Identität stehen und worauf wird sich Solidarität stützen können? Diesen Fragen kann man sich nähern, indem man auf die Modelle der „differenzierten Integration" zurückgreift, die die Geschichte der europäischen Integration begleiten und schon früh von Stubb (1996) systematisiert wurden. Als Gliederungsmerkmale differenziert er nach Zeit (unterschiedliche Geschwindigkeiten), Raum (Kerneuropa versus Peripherie) und Inhalten (Europa à la carte). Unter dem Eindruck der Eurokrise ist die Diskussion darüber neu belebt worden (z. B. Holzinger & Schimmelfennig, 2012). Tocci und Faleg (2013) formulieren vier empirisch testbare Idealtypen für die europäische Integration: (i) konzentrische Kreise mit einem klar abgegrenzten Kern an Mitgliedstaaten und einer Peripherie, (ii) einander überlappende Cluster mit unterschiedlichen Inhalten (z. B. Eurozone und Schengenraum), (iii) ein Speichennetzwerk mit Opt-out-Möglichkeit (wie Dänemark aus der Eurozone) oder Austritt (wie UK) und (iv) ein Patchwork-Europa mit einem eingeschränkten inhaltlichen Kern (Binnenmarkt) und variablen weiteren Gemeinsamkeiten.

Auch Funda Tekin (2016) sieht eine *„differenzierte Integration als eines der hauptsächlichen Charakteristika zukünftiger europäischer Integrationsschritte"*. **Gemeinsames Anliegen der künftigen EU muss die Bewahrung ihrer liberal-demokratischen Grundwerte sein**, damit insbesondere

- die Menschenrechte (einschließlich der Rechte von Minderheiten) auch in Krisensituationen gesichert bleiben;
- der natürliche Multikulturalismus nicht durch Repressionen und Grenzen abgewürgt wird;
- die EU als Friedensunion erhalten und vertieft werden kann;
- die Sicherheit der EU nach außen gewährleistet bleibt;
- innerhalb der EU sich Rechtsstaatlichkeit gegen populistischen Rechtsextremismus durchsetzt;
- die liberale Demokratie gegen autoritäre Tendenzen erfolgreich bleibt;
- der aufgeklärte Säkularismus gegen fundamentalistische Religionen die Oberhand behält;
- eine soziale Union durch innerstaatliche und transnationale Ausgleichsmechanismen verwirklicht werden kann; und
- die dafür nötigen Wachstumsstrategien nur unter Berücksichtigung des Umweltschutzes verfolgt werden.

Ein adäquates Management der wirtschafts- und gesellschaftspolitischen Prioritäten heterogener Mitgliedstaaten erfordert die Gliederung in eine interne Dimension für Mitglieder und eine externe Dimension für Nichtmitglieder. Intern kann das Recht eingeräumt werden, manche Integrationsschritte verspätet, nur teilweise oder gar nicht mitzumachen („Ins mit Opt-outs"). Dies umfasst auch die Option, als zunächst weniger integriertes Peripherieland schrittweise in den Kern zu rücken. In der externen Dimension kann die Wahlmöglichkeit eingeräumt werden, an einzelnen Aspekten der Integration mitzuwirken („Outs mit Opt-ins"). Im Fall differenzierter Desintegration wird Mitgliedern die Möglichkeit eingeräumt, die bereits erfolgte Integration teilweise oder ganz wieder rückgängig zu machen. Wird davon wiederholt Gebrauch gemacht, ist das Integrationsprojekt wohl an der Heterogenität der Mitglieder gescheitert.

Paradebeispiel ist der Brexit, den jene Länder als Vorbild sehen könnten, die ebenfalls den einen oder anderen Grundwert der EU nicht voll mittragen wollen. Unter der Orbánschen Regentschaft ist Ungarn ein potenzieller Kandidat für ein derartiges Modell. Die praktischen Erfahrungen des UK, die Anpassungserfordernisse nach dem Brexit zu bewältigen, sind allerdings keine Empfehlung für einen derartigen Schritt.

Der Weg einer differenzierten Integration könnte sich auch für die derzeit offenen Beitrittsverfahren und für allfällige künftige Beitrittsansuchen als gangbar erweisen. In manchen dieser Länder ist es schwierig, noch vor einem Beitritt die rechtliche, wirschaftliche und politische Stabilität herzustellen und zu wahren, wie sie von einem Vollmitglied zu erwarten ist. In einigen Fällen könnte die teilweise Umwandlung von jahrelangen und oft fruchtlosen Beitrittsverhandlungen in eine schrittweise Teilnahme am EU-Geschehen (auch mit der Möglichkeit des Rückzugs) für alle Beteiligten mehr Sicherheit schaffen.

Die Idee eines „**Kerneuropa**" geht in die Zeit zurück, als der Vertrag von Maastricht verhandelt wurde. Sollten sich die Zielsetzungen des Vertrags nicht umgehend verwirklichen lassen, erwog die CDU/CSU-Bundestagsfraktion in einem europapolitischen Positionspapier als Alternative eine „gehobene" Freihandelszone (Schäuble & Lamers, 1994). Hindernisse für weitere Integrationsfortschritte wurden in folgenden Entwicklungen geortet:

- Überdehnung der Institutionen, die nur für 6 Mitgliedstaaten eingerichtet waren;
- zunehmende Differenzierung der Interessen der damals bereits 12 Mitgliedstaaten;
- unterschiedliche Wahrnehmungen von der Vorrangigkeit der Aufgaben;
- ein tiefer Wandel der Wirtschaftsstruktur, welcher mit einer massenhaften, kurzfristig nicht behebbaren Arbeitslosigkeit verbunden war;

- Zunahme eines „regressiven Nationalismus" in vielen Mitgliedsländern als Ausdruck von beängstigenden Veränderungen in der Gesellschaft; sowie
- die Schwächen nationaler Regierungen und Parlamente bei der Bewältigung dieser Probleme.

Das von Schäuble und Lamert angedachte Kerneuropa stieß auf den entschiedenen Widerstand des damaligen deutschen Bundeskanzlers Helmut Kohl. Da sich aber die Problemursachen bis in die Gegenwart nur wenig geändert haben, hat die frühere Kanzlerin Angela Merkel den Kerneuropa-Gedanken im Februar 2017 wieder aufgenommen. Schließlich fand er Eingang in das Weißbuch der Europäischen Kommission (EK, 2017a), das die folgenden **Zukunftsszenarien** diskutierte:

Szenario 1: Weiter so wie bisher (Status-quo-Szenario)
Szenario 2: Schwerpunkt Binnenmarkt (Binnenmarktszenario)
Szenario 3: Wer mehr will, tut mehr (Koalition der Willigen)
Szenario 4: Weniger, aber effizienter (Kompetenzentflechtung)
Szenario 5: Viel mehr gemeinsames Handeln (Integrationsszenario)

Mit diesen Szenarien wurde versucht, die ganze Breite an möglichen Entwicklungen der EU (außer deren Auflösung) einigermaßen neutral darzustellen. Berücksichtigt wurde aber, dass weder ein Status-quo befriedigend, noch Einstimmigkeit für eine Vollintegration erreichbar wäre. Die übrigen Möglichkeiten bedeuten entweder eine auf den Binnenmarkt reduzierte Weiterentwicklung, eine Entwicklung mit unterschiedlichen Geschwindigkeiten der einzelnen Mitgliedstaaten oder eine Verschärfung der Subsidiarität mit einer Verringerung der zentralen Kompetenzen. Die Diskussion über diese Szenarien hat den Eindruck hinterlassen, dass eine einheitliche Auffassung über die Zukunft der EU kaum erzielbar ist und daher der kleinste gemeinsame Nenner (also ein „Kerneuropa") zu suchen sein würde, von dem aus eine Gesamtidee für Europa zu entwickeln wäre.
Auch aus heutiger Sicht ist eine Kernmenge an EU-Mitgliedstaaten bereit, weitere substanzielle Integrationsschritte zu setzen, für die in folgenden Bereichen schon Vorarbeiten existieren:

- Vollendung der Währungsunion durch eine Banken- und Kapitalmarktunion, einschließlich Einlagensicherung sowie expliziter Verantwortlichkeit der EZB für Finanzmarktstabilität;
- Fiskalische Union mit einheitlichem Steuersystem, gemeinsamer Budgetpolitik und gemeinschaftlich finanzierten Transfers;
- Gesundheits- und Sozialunion mit einigen zentralen Kompetenzen auf der EU-Ebene.

Dieser Kern sollte sich ohne Vetorecht der anderen Mitgliedstaaten entwickeln können, eine spätere Mitgliedschaft oder auch ein Austritt sollten grundsätzlich möglich sein. Offen bleibt noch, welche Länder zu diesem Kern gehören (dürfen). Die Abgrenzung muss keineswegs geografisch sein, es könnte sich dabei auch um inhaltliche Themenbereiche quer über unterschiedliche Gruppen von Staaten handeln, teilweise auch über die EU hinaus (Tocci & Faleg, 2013). Es wäre beispielsweise nicht sinnvoll, ein europäisches Verkehrsnetz ohne Einbeziehung der Schweiz oder des Westbalkans zu errichten. Im Regelfall wird es sich beim Kern aber um eine Untergruppe von EU-Ländern handeln.

Gegen das Kerneuropa-Modell wenden sich vor allem jene, die im Endziel der politischen Union die beste aller Lösungen sehen, die ohne Kompromisse anzusteuern sei. Es sind aber auch viele ökonomische und politische Sacheinwände vorgebracht worden. So ist dieses Modell für Krupa (2020) aus politischer Sicht wenig zufriedenstellend, weil die Bruchlinien zwischen Zustimmung und Ablehnung fundamentaler EU-Werte nicht entlang von Staatsgrenzen verlaufen, sondern quer durch alle Länder. Eine komplette Ausgrenzung etwa von Ungarn und Polen, nur weil dort illiberale Regime herrschten, wäre kontraproduktiv. *„Kerneuropa ist daher keine Option, allenfalls eine Drohkulisse."* In Polen begann nach den Parlamentswahlen vom 15. Oktober 2023 und der Angelobung des neuen Ministerpräsidenten Donald Tusk im darauffolgenden Dezember ohnehin eine neue europafreundliche Periode.

Die Weiterentwicklung der EU zu einem Bundesstaat, in welchem die bisherigen Mitgliedstaaten nur noch Teilstaaten wären, ist bereits durch das Lissabon-Urteil des deutschen Bundesverfassungsgerichts (2009) in folgender Weise ausgeschlossen worden: *„Für den Beitritt zu einem europäischen Bundesstaat wäre in Deutschland eine Verfassungsneuschöpfung notwendig, mit der ein erklärter Verzicht auf die vom Grundgesetz gesicherte souveräne Staatlichkeit einherginge".* Eine derartige Änderung des deutschen Grundgesetzes über eine Volksabstimmung zu erreichen, ist jenseits der gegenwärtig vorstellbaren politischen Möglichkeiten. Und das gilt wohl nicht nur für Deutschland.

Demertzis et al. (2018) erheben Bedenken gegen die Modelle der unterschiedlichen Geschwindigkeiten und der konzentrischen Kreise,[1] weil damit zwangsläufig Spannungen zwischen inneren und äußeren Ländergruppen in Kauf zu nehmen wären und weil verschiedene Clubs mit diffusen Strukturen ein Ende der Kohäsion in der EU bedeuten würden. Dennoch befürworten sie eine Kombination

---

[1] Das Modell der unterschiedlichen Geschwindigkeiten weist einen zeitlichen Bezug auf, wogegen das Modell der konzentrischen Kreise eine inhaltliche Abgrenzung zwischen einer Peripherie an Mitgliedstaaten und einem Kern vornimmt.

der obigen Szenarien mit deutlich abgespeckten Kompetenzen auf Unionsebene. Dort sollten auf Basis der fundamentalen Werte der EU nur der Binnenmarkt und die Handelspolitik mit ihren internationalen Verträgen und den hierzu nötigen Gemeinschaftsinstitutionen angesiedelt sein. In Form von flankierenden Clubs wären dann die Wirtschafts- und Währungsunion, das Schengen- und Dublin-System sowie die Außen-, Sicherheits- und Nachbarschaftspolitik abzuwickeln. Die Mitgliedschaft in den Clubs wäre optional, ein Austritt allerdings nur unter Überwindung großer Hürden möglich. Ergänzt wird dieses Konzept durch einen „Ring von befreundeten Staaten", mit welchen – bei nur loser formaler Bindung – enge wirtschaftliche Kontakte gepflegt werden.

Unter diesen Ländern nimmt heute schon die *Schweiz* eine gewisse Sonderstellung ein. Sie hat bereits 1992 eine Mitgliedschaft im Europäischen Wirtschaftsraum abgelehnt und hütet penibel ihre staatliche Souveränität – wenn auch wirtschaftlich eng verzahnt mit der EU über eine Vielzahl bilateraler Abkommen. Ein schon lange geplantes Rahmenabkommen mit der EU wurde nach siebenjährigen Verhandlungen im Mai 2021 von der Schweiz abgebrochen (in Schweizer Medien auch als „Schwexit" eingestuft). Es wurde einerseits befürchtet, mit dem Abkommen EU-BürgerInnen durch die Hintertüre ein Anrecht auf Daueraufenthalt und schweizerische Sozialleistungen einzuräumen. Andererseits schien die im Vertragsentwurf vorgesehene „dynamische Rechtsübernahme" aus der EU mit der Selbstständigkeit der Schweiz unvereinbar zu sein.

Gegen eine gestaffelte Vorgangsweise mit konzentrischen Kreisen oder unterschiedlichen Geschwindigkeiten spricht sich auch die italienische Politikwissenschaftlerin Nathalie Tocci (2014) aus. Sie vertritt ein Integrationsmodell, das sowohl Effektivität und Machbarkeit als auch ausreichende demokratische Legitimation verkörpert. Anzustreben sei eine Werteunion, deren Referenz die gesamte EU ist, die aber zeitlich und sachlich begrenzte Opt-outs von den gemeinschaftlichen Rechten und Pflichten zulässt. Keine Ausnahmen wären hingegen bei den Grundwerten der EU nach Artikel 2 des Lissabon-Vertrages (Menschenwürde, Freiheit, Demokratie, Gleichheit, Rechtsstaatlichkeit, Wahrung der Menschenrechte) zulässig.

Aus all diesen Überlegungen ergeben sich drei Möglichkeiten für den **weiteren Weg der EU**:

- Die Gemeinschaftsidee setzt sich schließlich durch, möglicherweise mit einer eingeschränkten Mitgliederzahl.
- Die Gemeinschaftsidee geht verloren und aus der EU wird wiederum ein „Europa der Nationen", wie es von den Parteien Rassemblement National (RN) in Frankreich, Lega Nord (LN) in Italien oder Vlaams Belang (VB) in Belgien, AfD in Deutschland und den ihnen nahestehenden Bewegungen propagiert wird.

- Es kommt auf längere Sicht zu einer Kombination und damit zu einer Aufweichung dieser extremen Positionen, indem der Gemeinschaftsweg weiterhin für ausgewählte Bereiche verfolgt wird, alle anderen Fragen aber auf nationaler und lokaler Ebene entschieden werden.

Dieser dritte Weg erscheint derzeit am ehesten realistisch. Ob er tatsächlich beschritten wird, hängt auch von externen Faktoren ab. Die bewusste Unterstützung europakritischer Bewegungen durch den früheren US-Präsidenten Donald Trump und den russischen Präsidenten Wladimir Putin hat zu einer Stärkung dieser Bewegungen geführt. Die Reaktion gegen solche externen Angriffe in Form eines Schulterschlusses ist mangels verfestigter europäischer Identität in der EU kaum zu erwarten. Zu den Nachkriegsvisionen für Europa zurückzukehren, ist für Ben-Ami (2018) auch keine Option, diese seien durch die Finanzkrise, die nachfolgende Austeritätspolitik und die Migrationskrise von einer Welle von Nationalismus und Populismus zugedeckt worden. Europa bräuchte vielmehr ein neues Narrativ, das mehr soziale Kompetenz ausstrahlen müsse als derzeit, aber (im Sinne von Winston Churchill) vor allem zu einer „europäischen Familie", gestützt auf Patriotismus und Unionsbürgerschaft, führen müsse. Als Vorbild käme der „amerikanische Traum" (der auch die Eskapaden Donald Trumps überstanden hat) mit dem Versprechen einer gemeinsamen Nutzung individueller Freiheit in Frage. **Ein neues Europa-Narrativ müsste wohl auf der Diversität seiner Geschichte und seiner politischen Strukturen aufbauen.**

Auf eine mögliche vierte Option weisen Öniş und Kutlay (2019) hin: Die politische Entwicklung der letzten Jahre in Europa lässt eine „*reverse transformation*" als möglich erscheinen, bei der sich die vielen vor allem aus dem Osten Europas herrührenden autoritären Tendenzen in den Westen fortpflanzen. Auch wenn eine solche Entwicklung seit dem Ukrainekrieg weniger wahrscheinlich geworden ist, sollten die Verfechter der liberalen Demokratie wachsam sein und die vielen Kontakte zwischen östlich-autoritären Regimen und rechtsextremen Bewegungen im Westen im Auge behalten.

Unter den Perspektiven der damals noch bevorstehenden Osterweiterung hat sich der frühere deutsche Außenminister Joschka Fischer (2000) für einen beschleunigten „*Übergang vom Staatenverbund der Union hin zur vollen Parlamentarisierung in einer Europäischen Föderation*" ausgesprochen. Wesentlich wäre die Weiterentwicklung des Europäischen Parlaments zu einem **Zweikammer-System**, dessen erste Kammer mit direkt gewählten Abgeordneten besetzt wird (die zugleich Mitglieder der nationalen Parlamente sind) und dessen zweite Kammer entweder aus direkt gewählten SenatorInnen (wie in den USA) oder von den Mitgliedstaaten entsendeten VertreterInnen (wie im deutschen Bundesrat) besteht. In diese Richtung zielen auch die Vorstellungen des Innsbrucker Politologen Anton Pelinka (2011), der die jetzigen Ministerräte der EU (und auch den Europäischen Rat) zu einer zweiten Parlamentskammer umfunktionieren würde, etwa zu einem „EU-Senat" nach dem Vorbild des Senats im US-Congress. Eine Weiterentwicklung der EU zu einem Bundesstaat erfordert für ihn eine markante Verlagerung von Kompetenzen zur zentralen Ebene.

Breuss (2019) setzt am nie ratifizierten Entwurf des Verfassungsvertrags aus 2004 an und schlägt einen neuerlichen Verfassungsvertrag für die *Vereinigten Staaten von Europa"* vor. Dem Vorbild der USA entsprechend gäbe es auf Unionsebene eine Regierung und ein Parlament, die Mitgliedstaaten würden zu Gliedern eines Bundesstaates. Um derart gravierende Änderungen durchzusetzen, wäre die bisherige EU aufzulösen, und die Bevölkerung jedes Landes hätte in einem Referendum zu entscheiden, ob sie der neuen Union beitreten will.

Etwas moderater ist das Konzept eines *Europäischen Staatenbundes* („European Federation") bei Godino und Verdier (2014), das sich in einem System konzentrischer Kreise nur auf den innersten Kreis bezieht: Mitglieder der Föderation wären Deutschland, Frankreich, Belgien, die Niederlande, Italien und Spanien, allenfalls auch Polen und Luxemburg, falls letzteres bereit wäre, seine Steueroasen auszutrocknen. Die demokratische Legitimierung erhielte auch dieser Bund über ein Parlament mit Oberhaus und Unterhaus, die jedoch beide von den vergleichbaren nationalen Kammern beschickt würden – das Unterhaus im Verhältnis zu den nationalen Bevölkerungen und das Oberhaus im Verhältnis zu den nationalen BIPs. Die beiden Häuser wählen einen Staatspräsidenten und dieser ernennt einen Regierungschef, der dem Parlament verantwortlich ist. Ein Rat des Bundes (mit drei Mitgliedern je Land, die von den Regierungen entsendet werden) überprüft Gesetzesbeschlüsse des Parlaments auf ihre Verfassungsmäßigkeit, er kann in Streitfällen ein Referendum in die Wege leiten. Alle Rechtsakte der EU und der Eurozone würden auch in der Föderation gelten, für ihren engeren Bereich könnte sie zusätzliche bzw. strengere Regeln erlassen. Dieses Konzept sagt wenig über die Beziehung zur Peripherie aus, ist aber vom Wunsch getragen, die Föderation möge einmal die gesamte Eurozone, wenn nicht die gesamte EU umfassen. Die demokratische Legitimation geht über den derzeitigen Zustand kaum hinaus.

Ausgehend von den Mängeln der EU (Legitimationskrise, soziale Ungerechtigkeiten zwischen den EU-Mitgliedstaaten, überbordender Nationalismus, Demokratiedefizit der europäischen Institutionen) wünscht sich die Politologin Ulrike Guérot (2016) die bessere – wenn auch utopische – Option einer föderalistischen *Europäischen Republik* („res publica"). Hier wählt der Souverän (die BürgerInnen der EU) direkt ein Staatsoberhaupt. Ein neues europäisches Parlament bestünde aus zwei Kammern mit einem Oberhaus (Senat mit zwei Vertretern je Region und sechs Vertretern für jede Metropole) und einem direkt gewählten Unterhaus (Repräsentantenhaus). Dazu müssten sich politische Parteien auf europäischer Ebene konstituieren. Dem Subsidiaritätsprinzip entsprechend würden aber viele Entscheidungen auf der regionalen Ebene fallen, die für Guérot ohnehin Träger der kulturellen Identitäten ist. Die bisherigen Nationen würden in den Hintergrund treten – sie seien ohnehin künstliche Gebilde mit wenig Tradition, meist nur bis in das 19. Jahrhundert zurück.

Die **Vertretung der EU nach außen** ist derzeit völlig unbefriedigend geregelt, weshalb es für die Partner in der Welt oft schwierig ist, die zuständige Ansprechinstitution oder -person auszumachen. Die mit dem Vertrag von Lissabon geschaffene zweiköpfige Struktur in der Außenpolitik (Präsident des Europäischen Rates und Kommissionspräsidentin) wird noch durch den *„kleinen Doppelhut"* vernebelt, da der Hohe Vertreter für Außen- und Sicherheitspolitik (derzeit der Spanier Josep Borrell) sowohl Beauftragter des Europäischen Rates als auch Vizepräsident der Kommission ist.

Eine Lösung dieses Problems bestünde in der Verwirklichung des Zweikammer-Systems für das Europäischen Parlament und der Schaffung einer **EU-Präsidentin/ eines EU-Präsidenten** wie in den USA mit Vertretungsbefugnis für die Union nach innen und nach außen. Duff (2021) schreibt dazu, dass *„[t]he future government of a federal union will be the supranational Commission and not the intergovernmental European Council."* Er untermauert dies mit zwei Vorschlägen: (i) einer Verkleinerung der Kommission – wie im Lissabon-Vertrag bereits vorgesehen – von 27 auf 18 Mitglieder und (ii) der Vorsitzführung im Europäischen Rat durch die Kommissionspräsidentin, wozu es nach Ablauf der Amtszeit des derzeitigen Ratspräsidenten (derzeit der Belgier Charles Michel) keiner Vertragsänderung bedürfte. Dieser *„große Doppelhut"*[2] wäre dem Europäischen Parlament verantwortlich und würde das gegenwärtige Problem auflösen, dass die Mitglieder des Europäischen Rates nur ihren nationalen Parlamenten berichtspflichtig sind. **Damit könnte auch die Gewohnheit, bei Misserfolgen den Schwarzen Peter stets an Brüssel abzuschieben, eingedämmt werden.**

Einen anderen Weg schlagen Frey et al. (2018) vor, wenn sie einer *„flexiblen Demokratie"* das Wort reden, in welcher die politischen Aktivitäten nicht nach Nationen, sondern nach Funktionen gegliedert sind. Ihr vielschichtiges de-

---

[2] Im Gegensatz zum „kleinen Doppelhut" ist der „große Doppelhut" nicht in den Vertrag von Lissabon aufgenommen worden. Ebenfalls nicht verwirklicht wurde der diskutierte „Dreifachhut" durch Zusammenlegung der Ämter des Kommissars für Wirtschaft und Währung, des Vorsitzenden im Rat für Wirtschaft und Finanzen und des Vorsitzenden der Euro-Gruppe.

zentrales System besteht aus der Kooperation einer Vielzahl unterschiedlicher politischer Institutionen und unterstützt damit die Diversität Europas. Eine intensive Teilnahme am demokratischen Prozess sichert das Vertrauen in die Politik und die Identifikation mit Europa. Dieses Modell könnte wohl nur zum Zug kommen, wenn sich die EU (als Zusammenschluss von Nationen) zuvor selbst aufgelöst hätte.

11.4   Wo liegen die künftigen Außengrenzen der EU?

Mit dem Ukrainekrieg haben sich die Voraussetzungen für die Außen-, Sicherheits- und Erweiterungspolitik der EU entscheidend verändert. Es gilt nun, die Position der Union in den globalen Politik- und Wirtschaftsnetzwerken neu zu definieren und an verlässlichen Partnern zu orientieren. Eine wesentliche Herausforderung wird dabei die Anpassung der Sicherheits- und Verteidigungsstrategie an die russische Aggressionspolitik sein. Schließlich muss die EU auch ihre eigenen Grenzen neu definieren und die Erweiterungspolitik daran anpassen. Nach wie vor gelten dafür die Kopenhagener Kriterien aus 1993, deren politischer Teil im Amsterdamer Vertrag von 1999 seinen Niederschlag gefunden hat (Artikel 2 EUV) und von Beitrittskandidaten ein bleibendes Bekenntnis zu Demokratie und Rechtsstaatlichkeit verlangt (siehe auch Abschn. 5.2).

Nach der **Osterweiterung** zu Beginn des Jahrhunderts befindet sich die EU nach wie vor in einer gewissen Konsolidierungsphase und müht sich mit der neuen Heterogenität in der Mitgliedschaft ab. Zwar haben alle Beitrittsländer dieser Phase die formalen Erfordernisse einer EU-Mitgliedschaft erfüllt, manche interpretieren aber im Nachhinein die geforderten Prinzipien auf grenzwertige Weise – Polen (früher) bezüglich der richterlichen Unabhängigkeit, Ungarn (immer noch) bei der Medienfreiheit und der Behandlung von Flüchtlingen. Das hat die Frage aufkommen lassen, ob in Zukunft der Beitrittsfilter der Kopenhagener Kriterien ausreicht, vorschnelle Aufnahmen zu verhindern.

Befragungen in den Mitgliedstaaten vom Sommer 2022 ergaben eine **breite Zustimmung zu neuerlichen Erweiterungen der EU**, sie variiert aber von Land zu Land deutlich (Abb. 11.2). Mehr als 80 % BefürworterInnen von Neuaufnahmen gab es in Lettland und Malta. In fast allen anderen Mitgliedstaaten lagen die Zustimmungsraten ebenfalls über 50 %. Markante Ausnahmen waren Frankreich (40 %) und als Schlusslicht Österreich (33 %). Nur in diesen beiden Ländern dominierten die GegnerInnen über die BefürworterInnen, in Österreich mit mehr als 50 % der Befragten.

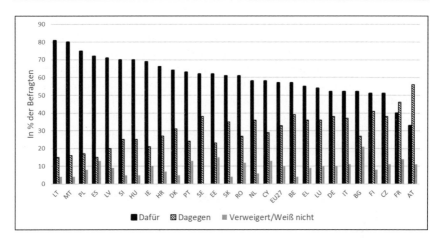

Abb. 11.2 Umfrage zu neuerlicher EU-Erweiterung. (Quelle: Standard-Eurobarometer 97, Sommer 2022. – Frage QB3.6: Sind Sie für oder gegen eine zusätzliche Erweiterung der EU, um in den nächsten Jahren andere Länder aufzunehmen)

Neuerliche Erweiterungen der EU stehen durchaus an. Erstens befinden sich die **Westbalkanstaaten** vor der Tür zur Union, wenn auch in unterschiedlicher Nähe: Mit Montenegro und Serbien hat die EU bereits Beitrittsverhandlungen und Verhandlungskapitel eröffnet, Bosnien-Herzegowina ist seit Dezember 2022 Beitrittskandidat. Albanien und die Republik Nordmazedonien sind weitere offizielle Bewerberländer, der Kosovo gilt als potenzieller Bewerber.

Angesichts des Einstimmigkeitserfordernisses bei Neuaufnahmen und der Auseinandersetzungen um den Staatsnamen Nordmazedoniens[3] kann man nicht mit baldigen Beitritten rechnen. Ungeachtet dieser Schwierigkeiten setzten sich Busek et al. (2021) für eine umgehende Aufnahme aller Westbalkanstaaten ein: „*Brussels should rather treat this weak flank of Europe as their inner courtyard instead of their backyard and integrate them immediately.*" Damit sollen auch die politischen und wirtschaftlichen Ambitionen anderer Mächte (Russland, China, Türkei) in dieser Region eingebremst werden.

Zweitens hat der **Expansionskrieg Russlands** bereits am 28. Februar 2022 zu einem Beitrittsansuchen der Ukraine geführt, wenige Tage später folgten die Anträge Georgiens und der Republik Moldau. Jedes dieser Länder wird seit Jahren

---

[3] Bevor im Juli 2022 die Beitrittsverhandlungen zugesagt werden konnten, forderte Griechenland die Änderung des Staatsnamens und Bulgarien die verfassungsmäßige Anerkennung der bulgarischen Minderheit.

von Russland bedroht oder von russlandtreuen Separatisten teilweise besetzt. Im Zuge von Aufnahmeverhandlungen mit der EU müssten die Grenzen dieser Länder stabilisiert werden. Ungeachtet dessen haben die Ukraine und Moldawien im Juni 2022 Kandidatenstatus erhalten, im Dezember 2023 wurde (unter Abstinenz von Ungarn) die Aufnahme von Beitrittsverhandlungen zugesagt. Gleichzeitig wurde Georgien zu einem neuen Beitrittskandidaten, mit Bosnien-Herzegowina sollen Gespräche über einen künftigen Beitritt aufgenommen werden.

Besonders kritisch sind die Beziehungen der EU zu **Serbien**, mit dem die 2012 begonnenen Beitrittsverhandlungen derzeit eingefroren sind. Dies liegt vor allem an dem ungelösten Konflikt um den Kosovo, der im Februar 2008 seine Unabhängigkeit von Serbien erklärte. Zum 15. Jahrestag der Unabhängigkeitserklärung im Februar 2023 hatten 117 Länder die staatliche Selbstständigkeit des Kosovo diplomatisch anerkannt, nicht hingegen Serbien und fünf EU-Staaten (Spanien, Griechenland, Zypern, Rumänien, Slowakei), die eine Beispielswirkung für die Separatisten im eigenen Land befürchten. Darüber hinaus betreibt Serbien eine Schaukelpolitik zwischen EU und Russland und verweigert im Ukrainekrieg eine Beteiligung an den EU-Sanktionen. In Konflikt mit der EU geriet Serbien 2022 auch wegen seiner Visapolitik: Länder, die auf eine Kosovo-Anerkennung verzichteten (darunter Indien, Burundi und Tunesien), konnten im Gegenzug visafrei nach Serbien reisen. Dies nützen irreguläre Migranten, um über Serbien in die EU zu gelangen. Auf Druck aus der EU (besonders auch aus Österreich) hat Serbien gegen Jahresende 2022 seine Visa-Bestimmungen verschärft und damit eine leichte Entspannung der Beziehungen bewirkt.

Vielschichtig ist auch das Gemisch an Beziehungen mit der **Türkei**. Bereits 1963 schloss sie mit der EWG ein Assoziierungsabkommen, das auf eine spätere Mitgliedschaft ausgerichtet war. Seit 1996 besteht eine Zollunion, 1999 erhielt die Türkei Kandidatenstatus. Die 2005 aufgenommenen Beitrittsverhandlungen gerieten bald ins Stocken und sind bis heute nicht wieder belebt worden. Der autoritär regierende Präsident der Türkei, Recep Tayyip Erdoğan, verfolgt seit Jahren eine Politik, die mit einer EU-Mitgliedschaft nicht kompatibel ist. Die Europäische Kommission hat in ihrem Türkei-Bericht 2021 „*serious concerns on the continued deterioration of democracy, the rule of law, fundamental rights and the independence of the judiciary*" geäußert (European Commission, 2021a).

Für alle beitrittswilligen Länder wird anhand des **Wertekatalogs der EU** zu prüfen sein, welche grundsätzlichen Rechtsanpassungen erforderlich sind, um die Einhaltung der Menschenrechte, Rechtsstaatlichkeit und demokratische Entscheidungsprozesse zu gewährleisten. Wie groß der Aufholbedarf noch ist, zeigt der *Korruptionswahrnehmungsindex* (Corruption Perceptions Index, CPI) der Berliner NGO Transparency International (2022). Dort erreicht Dänemark einen

Tab. 11.1 Status beitrittswilliger Länder

Land	Beitrittsstatus	Relevante Mitgliedschaften	CPI 2022
Georgien	Beitrittskandidat (seit 2023)	ER (1999), ÖP (2009), DCFTA (2014), TRACECA (1998)	55
Montenegro	Beitrittsverhandlungen (seit 2012)	ER (2007), SAA (2010)	46
Nordmazedonien	Beitrittsverhandlungen (seit 2022)	ER (1995), SAA (2004)	39
Kosovo	Interessent	SAA (2016)	39
Türkei	Beitrittsverhandlungen (seit 2005, dzt. eingefroren)	ER (1950), TRACECA (1998)	38
Serbien	Beitrittsverhandlungen (seit 2012)	ER (2003), SAA (2013)	38
Republik Moldau	Beitrittsverhandlungen (ab 2024)	ER (1995), ÖP (2009), DCFTA (2014), TRACECA (1998)	36
Albanien	Beitrittsverhandlungen (seit 2022)	ER (1995), SAA (2009)	35
Bosnien-Herzegowina	Beitrittsantrag 2016	ER (2002), SAA (2015)	35
Ukraine	Beitrittsverhandlungen (ab 2024)	ER (1995), ÖP (2009), DCFTA (2016), TRACECA (1998)	32

Quelle: Auf Basis von Transparency International (2022). – Abkürzungen: CPI = Corruption Perceptions Index, DCFTA = Deep and Comprehensive Free Trade Area, ER = Europarat, ÖP = Östliche Partnerschaft, SAA = Stabilisierungs- und Assoziierungsabkommen, TRACECA = Transport Corridor Europe-Caucasus-Asia

Spitzenwert von 90 aus 100 möglichen Punkten, Deutschland kommt auf 79, Österreich auf 71, die USA auf 69, China auf 45 und die Russische Republik auf 28 Punkte. In der EU liegt Ungarn mit 42 Punkten an letzter Stelle. Mit 32 Punkten befindet sich die Ukraine am Ende der Skala aller Beitrittskandidaten (Georgien 55, Moldawien 36 Punkte). Offensichtlich stehen diese Länder noch vor gravierenden Anpassungen ihrer Rechtssysteme (Tab. 11.1).

11.4.1 Partnerschaften über die EU-Grenzen hinaus

Der rapide Anstieg der Mitgliederzahl der EU hat die Friktionen innerhalb der Gemeinschaft erhöht, eine gewisse Erweiterungsmüdigkeit bewirkt und Ersatzlösungen begünstigt, die weit über die Beitrittsfrage hinausreichen. Schon 2003 hat die Kommission im Konnex mit der bevorstehenden Osterweiterung die **Europäische**

Nachbarschaftspolitik (European Neighbourhood Policy, ENP) initiiert, um an den neuen Grenzen der EU die Kontakte zu den benachbarten Ländern im Osten und Süden zu vertiefen (EK, 2003, 2015). Über die beitrittswilligen Staaten hinaus werden mit dieser Politik das nördliche Afrika, der Nahe und Mittlere Osten sowie europanahe Nachfolgestaaten der UdSSR mit einbezogen (Tab. 11.2). Russland selbst gehört zwar historisch und kulturell ebenfalls zu diesem Kreis und war im ursprünglichen Nachbarschaftskonzept gemeinsam mit Weißrussland auch berücksichtigt, kommt aber nach seiner eigenen Abkapselung für längere Zeit für eine Partnerschaft nicht in Betracht. Inhaltlich wird mit der ENP versucht, „*einen erweiterten Raum politischer Stabilität und funktionierender Rechtsstaatlichkeit zu schaffen und den Austausch von Humankapital, Ideen, Wissen und Kultur zu fördern*" (EK, 2003).

Ein wichtiges Element der Nachbarschaftspolitik der EU ist die **Makrofinanzhilfe** (Macro-financial assistance, MFA), die für Partnerländer außerhalb der EU aufgebaut wurde, wenn diese in Zahlungsbilanzschwierigkeiten geraten. Die Unterstützung besteht in der Gewährung mittel- bis langfristiger Darlehen in Verbindung mit einem Hilfsprogramm des Internationalen Währungsfonds. Der erste MFA-Vertrag kam 1990/91 mit Ungarn zustande, seither sind aus diesem Titel 77 Verträge mit 27 Ländern und einem Volumen von 16 Mrd. € an Hilfsgeldern abgeschlossen worden. Manche dieser Länder sind mittlerweile Mitgliedstaaten der EU (Bulgarien, Estland, Lettland, Litauen, Rumänien, Slowakei, Tschechien

Tab. 11.2 Beziehungen der EU zu Nachbarstaaten

Art der Partnerschaft	Teilnehmende Länder
Beitrittskandidaten	Albanien, Bosnien und Herzegowina, Moldau, Montenegro, Nordmazedonien, Serbien, Türkei, Ukraine, Georgien
Potenzielle Beitrittskandidaten	Kosovo
Übergangsphase nach Austritt	Vereinigtes Königreich
Europäischer Wirtschaftsraum (EWR)	Island, Liechtenstein, Norwegen
Schweiz und europäische Zwergstaaten	Schweiz, Andorra, Monaco, San Marino, Vatikanstadt
Östliche Partnerschaft (EaP)	Armenien, Aserbeidschan, Georgien, Moldau, Ukraine, Weißrussland (ruhend)
Nahöstliche Partner	Israel, Jordanien, Libanon, Palästina, Syrien
Nordafrikanische Staaten	Ägypten, Algerien, Marokko, Mauretanien, Tunesien

Quelle: Unter Verwendung des Politik-Almanachs CRP von Richter-Publizistik (https://crp-infotec.de/eu-nachbarschaftspolitik-enp/)

und Ungarn). Allein im Zusammenhang mit der COVID-19-Pandemie sind MFA-Hilfen an 10 Partnerstaaten in der Höhe von insgesamt 3,0 Mrd. € zugesagt worden (European Commission, 2020). Die Finanzierung erfolgt über den Kapitalmarkt, auf dem die EU vergleichsweise günstige Konditionen erhält, die an die Empfänger weitergegeben werden. Da es sich dabei um eine Budgetmaßnahme handelt, müssen die Beschlüsse einstimmig gefasst werden. Dies führt immer wieder zu Verzögerungen in der Entscheidungsfindung.

> „Im Dezember 2022 hat sich Ungarn gegen ein MFA-Programm für die Ukraine im Ausmaß von 18 Mrd. € quergelegt (als Druckmittel gegen die Ungarn drohende Kürzung von EU-Mitteln in einem Vertragsverletzungsverfahren). Die Ukrainehilfe wird aber von den übrigen EU-Staaten auf einer intergouvernementalen Ebene fortgesetzt."

Mittlerweile sind verschiedene **alternative oder ergänzende Modelle** für eine partnerschaftliche Nachbarschaftspolitik entwickelt worden (siehe Tab. 11.3). Dazu gehört die geopolitische Initiative „*Global Gateway*", über die zwischen 2021 und 2027 bis zu 300 Mrd. € in nachhaltige Infrastrukturinvestitionen (Digitalisierung, Energie, Verkehr) sowie in Gesundheits-, Bildungs- und Forschungssysteme in der Dritten Welt fließen sollen. Unter Beachtung europäischer Werte

Tab. 11.3 Konzepte zur Erweiterungs- und Nachbarschaftspolitik

Autor	Inhalt
Europäische Kommission (EK, 2015)	„Europäische Nachbarschaftspolitik" (bilaterale Zusammenarbeit mit benachbarten Ländern)
Emmanuel Macron [1]	„Europäische Politische Gemeinschaft" (informelle Gruppe zur (sicherheits)politischen Zusammenarbeit)
Pisani-Ferry et al. (2016)	„Kontinentale Partnerschaft" (Zusammenarbeit zwischen EU mit UK, auf andere Länder erweiterbar)
European Commission (2021b)	„Global Gateway": Infrastrukturinvestitionen in der Dritten Welt (Gemeinsame Mitteilung mit dem EU-Außenbeauftragten)
Schneckener und Schäffer (2022)	„Greater European Council" (alle nichtrussischen europäischen Staaten): Erweiterung des Europäischen Rates um Nichtmitglieder
Enrico Letta (2022)	„European Confederation" (EU27, 6 Westbalkanstaaten, Ukraine, Moldau, Georgien): Sicherheit, Klimawandel, Handel und Entwicklung
Charles Michel [2]	„European Geopolitical Community" (Europa von Island bis zum Kaspischen Meer): Konvergenz und operationale Kooperation unterstützen

Quelle: Eigene Zusammenstellung. – Anmerkungen: [1] Siehe etwa Gutschker (2022); [2] Charles Michel, 18. Mai 2022, Rede vor der Vollversammlung des Europäischen Wirtschafts- und Sozialausschusses (hohe Sozial-, Umwelt-, Steuer- und Arbeitsstandards) soll damit – als Gegenpol zur chinesischen Geopolitik – auf die wichtigsten globalen Herausforderungen, wie Klimawandel und Pandemie, reagiert und die Stabilität der globalen Lieferketten gesichert werden (EK, 2021b).

Als Reaktion auf den Brexit haben Pisani-Ferry et al. (2016) einen Vorschlag für eine *Kontinentale Partnerschaft* vorgelegt. Diese war zunächst als Kooperation nur zwischen EU und UK konzipiert, doch war die Anwendung auf Länder wie die Türkei und die Ukraine ebenfalls angedacht. Die Partnerschaft setzt sich aus folgenden Punkten zusammen: (i) Einbeziehung des UK in alle Binnenmarktfunktionen ausgenommen die volle Freizügigkeit; (ii) Errichtung eines neuen intergovernmentalen Entscheidungs- und Umsetzungssystems; (iii) Beiträge des UK zum EU-Budget; und (iv) enge Zusammenarbeit zwischen EU und UK in der Außen- und Sicherheitspolitik, möglichst auch in militärischen Verteidigungsfragen. Um den britischen Bedenken gegen die volle Freizügigkeit der Arbeitnehmer und die uneingeschränkte Gültigkeit von EU-Recht Rechnung zu tragen, wäre die Kontinentale Partnerschaft inhaltlich hinter dem Europäischen Wirtschaftsraum (EU + Island, Liechtenstein und Norwegen) zurückgeblieben. Sie hätte aber eine weitergehende Kooperation gebracht, als die derzeitigen Assoziierungsabkommen mit Georgien, Republik Moldau und Ukraine vorsehen. In der Verteidigungspolitik ist die Kontinentale Partnerschaft mit dem UK über die solidarischen Sanktionen und die Unterstützung der Ukraine nach dem Einmarsch Russlands de facto schon vorweggenommen worden.

Ein ähnliches Konzept verfolgen Schneckener und Schäffer (2022) mit dem „*Greater European Council*", der alle europäischen Staaten außer Russland (und Weißrussland wohl auch erst später) umfassen würde und als Erweiterung des Europäischen Rates tagen könnte. Inhaltlich knüpfen die Autoren an Artikel 20 EUV bzw. Artikel 326ff AEUV über die „Verstärkte Zusammenarbeit" an, deren Wesen darin besteht, dass kein Land ein anderes an vermehrter Kooperation behindern darf. Andererseits soll der Council nicht ein beratendes, sondern ein beschlussfassendes Organ über globale Fragestellungen von gemeinsamem Interesse sein. Das Management und das Organisieren der Finanzierung läge in den Händen der EU-Kommission, die (Noch-)Nichtmitglieder hätten eine eingeschränkte Mitsprachemöglichkeit bei der Weiterentwicklung Europas.

Die vom französischen Präsidenten Emmanuel Macron initiierte „*Europäische Politische Gemeinschaft*" (EPG), in der Nicht-Mitgliedern eine engere Zusammenarbeit mit der EU angeboten wird, gab unter tschechischem Ratsvorsitz im Oktober 2022 ein beachtliches Lebenszeichen von sich: Nach Prag waren 44 Länder eingeladen und alle mit Ausnahme Weißrusslands auch vertreten, darunter die 27 EU-Staaten, weitere 16 europäische Länder (UK, Norwegen, Schweiz, die Westbalkanländer, Moldawien, Ukraine) und die Türkei. In dieser heterogenen Gruppe verfolgen die teilnehmenden Länder unterschiedliche Ambitionen gegenüber der EU – von rein wirtschaftlichen Kontakten bis zum Forcieren ihrer Beitrittsanliegen. Die Frankfurter Allgemeine Zeitung zitiert Macron mit den Worten: „*Wir müssen ja nicht alle im selben Haus wohnen, aber wir teilen uns dieselbe Straße*" (Gutschker, 2022). Auf dem zweiten EPG-Gipfeltreffen am 1. Juni 2023 auf Schloss Mimi in Moldawien unterstrich diese informelle Gruppe die Zusammenarbeit in politischen und Sicherheitsfragen gegenüber dem einen Aggressor im Osten.

> „Unabhängig von der EU besteht seit 1949 der *Europarat* (Council of Europe) mit Sitz in Strassburg. Er behandelt allgemeine politische Fragen und kann völkerrechtlich verbindliche Abkommen beschließen. Er widmet sich schwerpunktmäßig den Menschenrechten (Europäische Menschenrechtskonvention), der Sicherung demokratischer Grundrechte und der Einhaltung rechtsstaatlicher Prinzipien. Wegen des Ukrainekrieges wurde Russland am 16. März 2022 aus dem Europarat ausgeschlossen, dem seither 46 Mitgliedstaaten angehören."

11.4.2 Streben nach strategischer Autonomie

Fragen der inneren Sicherheit und der Verteidigung nach außen sind in der EU erst seit dem Vertrag von Maastricht 1993 auf die EU-Ebene gehoben worden. Seither ist die **Gemeinsame Sicherheits- und Verteidigungspolitik** (GSVP) als intergouvernementaler Kooperationsbereich ein Teil der Gemeinsamen Außen- und Sicherheitspolitik (GASP), die als „2. Säule" der EU gilt.[4] Die GSVP „*sichert der EU eine auf zivile und militärische Mittel gestützte Operationsfähigkeit. Auf diese kann die Union bei Missionen außerhalb der Union zur Friedenssicherung, Konfliktverhütung und Stärkung der internationalen Sicherheit in Übereinstimmung mit den Grundsätzen der Charta der Vereinten Nationen zurückgreifen*" (Artikel 42(1) EUV). Ziel der GSVP ist nach Artikel 42(2) EUV „*die schrittweise Festlegung einer gemeinsamen Verteidigungspolitik der Union.*" Dem dienen die folgenden kooperativen Verteidigungseinrichtungen:

- *Europäische Verteidigungsagentur* (European Defence Agency, EDA): fördert seit 2004 die Verbesserung der Verteidigungsfähigkeiten ihrer 26 EU-

---

[4] Gemeinsam mit der „1. Säule" (Europäische Gemeinschaft) und der „3. Säule" (Zusammenarbeit in den Bereichen Justiz und Inneres).

Mitgliedstaaten (nicht dabei ist Dänemark) durch gemeinsame Forschung, Übungen und Schulungen.

- *Europäischer Verteidigungsfonds* (European Defence Fund, EDF): koordiniert und ergänzt seit 2017 die nationalen Verteidigungsinvestitionen.
- *Ständige Strukturierte Zusammenarbeit* (Permanent Structured Cooperation, PESCO): unterstützt seit 2017 die Zusammenarbeit bei Rüstungsprojekten mit dem Ziel einer Vereinheitlichung der Verteidigungssysteme; Dänemark und Malta sind nicht Mitglied von PESCO, Österreich sieht seine Teilnahme als mit der Neutralität vereinbar. Die Gründung von PESCO kann als europäische Antwort auf die vom ehemaligen Präsidenten Trump forcierte Abkehr der USA vom transatlantischen Verteidigungsbündnis NATO interpretiert werden.

Außer diesen Einrichtungen verfügt die GSVP seit März 2021 mit der „*Europäischen Friedensfazilität*" (European Peace Facility, EPF) über ein neues Finanzierungsinstrument außerhalb des EU-Haushalts. Damit können auf Ersuchen eines Partnerlandes oder zur Umsetzung einer Resolution des Sicherheitsrates der Vereinten Nationen friedensunterstützende Einsätze wie gemeinsame Trainingsmaßnahmen, aber auch gegenseitige militärische Unterstützung finanziert werden. Ein Teil der ihr zur Verfügung stehenden Mittel fließt an jene Mitgliedstaaten, die der Ukraine militärische Hilfe in Form von Sachleistungen gewährt haben.

Beim Schutz der eigenen Außengrenzen ist die EU wenig effizient, wie schon die hilflosen Bemühungen um eine Kontrolle der irregulären Zuwanderung zeigen. Ähnliches gilt auch für die **militärische Verteidigung**. Zwar belegen die Militärausgaben der EU-Staaten weltweit nach den dominierenden USA und nach China gleich den dritten Platz (Tab. 11.4), doch wird dieser weder mit einer gemeinsamen Strategie noch einer einheitlichen Organisation untermauert. Implizit verlässt man sich auf die Strukturen der NATO, der aber nicht alle EU-Staaten angehören und in der die strategischen Interessen der USA dominieren. Kein einzelnes Land in Westeuropa hat heute das demografische Potenzial, den Markt, die finanziellen, militärischen und intellektuellen Mittel, um mit den USA und China mitzuhalten.

Solange das Nachkriegseuropa unter dem (akzeptierten oder auch nur erduldeten) Schutzschirm der USA stand, hatte der Unterschied zwischen großen und kleinen EU-Staaten weniger Bedeutung als heute: Die USA ziehen sich allmählich aus ihrer früheren Funktion zurück oder bezeichnen Europa (wie unter dem früheren Präsidenten Trump) gar als Gegner. Leider erinnert diese Entwicklung an die frühen 1930er-Jahre, als die USA mit den Zollerhöhungen des „Smoot-Hawley Act" (1930) eine globale Spirale an zunehmenden Protektionismen auslösten. Heute scheut das wiedererstarkte Russland nicht davor zurück,

Tab. 11.4 Militärausgaben im Jahr 2022

Land	Mrd. EUR	In Prozent von Welt	Anteil am BIP
USA	835,1	39,1	3,5
China	278,1	13,0	1,6
Russland	82,3	3,9	4,1
Indien	77,5	3,6	2,4
Saudi-Arabien	71,4	3,3	7,4
Vereinigtes Königreich	65,2	3,1	2,2
Deutschland	53,1	2,5	1,4
Frankreich	51,0	2,4	1,9
Japan	43,8	2,1	1,1
Welt	*2133,2*	*100,0*	*2,2*
Europa	*457,4*	*21,4*	*1,9*
EU	*247,8*	*11,6*	*1,4*
Frontex- Budget	0,8	–	–

Datenquelle: Stockholm Military Expenditure Database (SIPRI), https://sipri.org/databases/milex. – Anmerkung: EUR-Werte errechnet mit Durchschnittskurs 1 € = 1,05 USD

Staatsgrenzen gewaltsam zu verschieben (wie in der Ukraine). Und das aufstrebende China bemüht sich erfolgreich, seine neue wirtschaftliche Stärke durch Aufkäufe von strategischer Infrastruktur auch in Europa auszuspielen (der Hafen von Piräus als Beispiel).

Angesichts der oft unfreundlichen politischen Verhaltensweisen und wirtschaftlichen Praktiken anderer großer Nationen gegenüber der EU (China, Russland, Türkei als aktuelle Beispiele) würde eine Bündelung der Verteidigungskräfte die Position der EU in internationalen Disputen stärken (siehe die Diskussion bei Peters, 2021). Bisher gibt es dazu nur die zaghaften Ansätze PESCO, EDF und die Koordinierte Jährliche Überprüfung der Verteidigung (CARD). Künftig wird dabei eine Rolle spielen, wie weit eine Verlagerung zu Cyber-Strategien eintreten wird und ob der Einsatz militärischer Mittel über reine Verteidigungsfälle hinaus erforderlich ist, um etwa den russischen Eroberungsfeldzug gegen die EU-affine Ukraine zu stoppen oder gegen die Ursachen von Flüchtlingsströmen jenseits der EU-Grenzen anzukämpfen. **Unbestritten sollte dabei sein, dass die EU keine offensive Streitmacht benötigt.**

Der **institutionelle Rahmen der EU-Verteidigungspolitik** wurde in Ansätzen schon für den 2005 am französischen Referendum gescheiterten Verfassungsvertrag entwickelt. Dabei mussten die unterschiedlichen Interessen von drei Gruppen an Mitgliedstaaten berücksichtigt werden: die Neutralen, die NATO-Mitglieder und die anderen Länder. Seit 2016 verfügt die Gemeinschaft über eine „Globale Strategie für die Außen- und Sicherheitspolitik der Europäischen Union" und über

einen „Umsetzungsplan zu Sicherheit und Verteidigung" als Basis für die operative
Tätigkeit. Mit der institutionellen Ausgestaltung der GSVP ist die EU nun effektiver
in der Lage, Angriffen von außen zu begegnen und an friedenssichernden Maßnahmen in der europäischen Nachbarschaft teilzunehmen.

Eine Weiterentwicklung der EU-Sicherheitspolitik zu einer *Europäischen Verteidigungsunion* schlug vor einigen Jahren eine Arbeitsgruppe unter dem Vorsitz
des ehemaligen EU-Außenbeauftragten Javier Solana vor. In ihrem Bericht plädierte die Gruppe für eine Vereinheitlichung der strategischen Prozesse, eine effek-
tivere Integration und höhere Interoperabilität der nationalen Streitkräfte, einen
gemeinsamen Verteidigungshaushalt und einen gemeinsamen Verteidigungsmarkt.
Da nun 22 EU-Staaten der NATO angehören und mit Schweden ein weiterer um
Mitgliedschaft angesucht hat,[5] müsse die Verteidigungsunion auf den bereits bestehenden Strukturen der NATO aufbauen und diese bei der territorialen Verteidigung unterstützen (Solana et al., 2016). Auch gemäß Artikel 42(2) EUV ist die
GSVP mit der NATO-Mitgliedschaft kompatibel, denn die Politik der EU „*achtet
die Verpflichtungen einiger Mitgliedstaaten, die ihre gemeinsame Verteidigung in
der Nordatlantikvertrags-Organisation (NATO) verwirklicht sehen, aus dem Nord-
atlantikvertrag und ist vereinbar mit der in jenem Rahmen festgelegten gemeinsamen Sicherheits- und Verteidigungspolitik*".

> „Das NATO-Gründungsmitglied *Dänemark* hatte sich 1992 nach einer ersten Ab-
> lehnung des Maastricht-Vertrages eine Reihe von Ausnahmen vom EU-Vertragswerk
> ausbedungen: keine Einführung des Euro, Sonderrechte im Justizbereich und bei
> Unionsbürgerschaften sowie einen „Verteidigungsvorbehalt". Dieser sieht vor, dass
> Dänemark im Sicherheits- und Verteidigungsbereich der EU nur an zivilen EU-
> Operationen teilnimmt, nicht aber an militärischen. Allerdings hat nun der Ukraine-
> krieg eine Umkehr eingeleitet: In einem Referendum vom Juni 2022 wurde die künf-
> tige Teilnahme Dänemarks an der europäischen Zusammenarbeit im Sicherheits- und
> Verteidigungsbereich befürwortet."

Ein zentrales Element der GSVP ist die **Beistandsverpflichtung** gemäß Artikel
42(7) EUV, die bei einem militärischen Angriff auf einen Partner automatisch eintritt. Die Verpflichtung zum wechselseitigen Beistand hat sich nach dem Zweiten
Weltkrieg allmählich herausgebildet, als die drei Siegermächte USA, UK und
Sowjetunion im Potsdamer Abkommen (August 1945) zunächst beschlossen,
Deutschland zu demilitarisieren. Aber schon ein paar Tage später nahm der britische Ex-Premierminister Winston Churchill in einer Rede vor dem Europarat den

---

[5] Das Aufnahmeverfahren von Schweden ist im Gange, außerhalb der NATO sind dann nur
noch Irland, Malta, Österreich und Zypern.

Ausbruch des Korea-Krieges zum Anlass, sich für den Aufbau einer europäischen Armee einzusetzen: „*[W]e should make a gesture of practical and constructive guidance by declaring ourselves in favour of the immediate creation of a European Army under a unified command*" (Churchill, 1945). Im Oktober 1950 sprach sich der französische Ministerpräsident René Pleven für eine Europaarmee aus, bei der auch Deutschland mit an Bord sein sollte („Pleven-Plan"). 1952 ist daraus die Europäische Verteidigungsgemeinschaft (EVG) geworden, die 1954 von der Westeuropäischen Union (WEU) abgelöst wurde. Diese verlor an Bedeutung, als ein Jahr später Deutschland der NATO beitrat und sich die europäischen Verteidigungsfragen dorthin verlagerten.

> „Im Vertrag von Maastricht (1993) war vorgesehen, die WEU mit den im Juni 1992 auf dem Petersberg bei Bonn definierten „*Petersberger Aufgaben*" zur Konfliktbewältigung (humanitäre Rettungseinsätze, Konfliktverhütung und Friedenserhaltung einschließlich von Kampfeinsätzen zur Krisenbewältigung) als Verteidigungskomponente in die EU zu integrieren, der WEU aber gleichzeitig eine Funktion im Europapfeiler der NATO zu belassen. Diese Aufgaben sind 1997 in den Vertrag von Amsterdam und 2009 in erweiterter Form in den Lissabon-Vertrag übernommen worden. 2011 ist die WEU schließlich in der GSVP der EU aufgegangen (Schmertzing, 2011)."

In einer besonderen Situation befinden sich die **militärisch neutralen Mitgliedstaaten** der EU (Irland, Malta Österreich). Anlässlich des EU-Beitritts haben Österreich, Finnland und Schweden (und ursprünglich auch Norwegen) in einer Gemeinsamen Erklärung festgehalten, „*sich in vollem Umfang und aktiv an der Gemeinsamen Außen- und Sicherheitspolitik, so wie sie im Vertrag über die Europäische Union definiert ist, zu beteiligen*".[6] Eine Teilnahme an der GSVP wird als mit der Neutralität vereinbar interpretiert, denn sie „*berührt nicht den besonderen Charakter der Sicherheits- und Verteidigungspolitik bestimmter Mitgliedstaaten*" (Artikel 42(2) EUV). Diese „Irische Klausel" wurde auf Drängen Irlands bereits 1986 in der Einheitlichen Europäischen Akte verankert (Isak, 2018).

Als Reaktion auf die chinesischen Aufkäufe von strategischer Infrastruktur in Europa und auf die „America first"-Strategie der früheren US-Administration entwickelt die EU das Konzept einer **strategischen Autonomie**, mit der insbesondere die wirtschaftliche und (angesichts von COVID-19) auch gesundheitspolitische Unabhängigkeit der Union gewährleistet werden soll. Die EU-Verordnung zur Überprüfung ausländischer Direktinvestitionen (2019/452) ist ein erster Schritt,

---

[6] Siehe Beitrittsvertrag im Amtsblatt der Europäischen Gemeinschaften C241 vom 29. August 1994.

damit nicht die vergleichsweise liberalen Regime der Mitgliedstaaten zum Nachteil der EU ausgenützt werden können.

Das Vorhaben der EU ist noch zu wenig konkret, um es klar von Protektionismus abzugrenzen und nicht Retorsionsmaßnahmen der Handelspartner zu provozieren. Der Hohe Vertreter der EU für Außen- und Sicherheitspolitik, Josep Borrell (2020), sieht aber in der verstärkten Kontrolle strategischer Direktinvestitionen aus Drittländern einen ersten möglichen Schritt, damit die vergleichsweise liberalen Regime der Mitgliedstaaten nicht zum Nachteil der EU ausgenützt werden können. Allerdings wäre es eine Illusion zu glauben, die EU könne mit einer auch als „offen" deklarierten strategischen Autonomie ihre Unabhängigkeit und ihre politische Position unter den Weltmächten verbessern (Younge, 2018). **Zielführender wäre wohl ein grundsätzlich weltoffenes Investitionsregime, das transparent macht, unter welchen wenigen Umständen (z. B. im Kriegsfall) die Eigentums- und Besitzrechte an lebenswichtigen Einrichtungen beschränkt werden können.** Auf diese Weise könnte Europa weiterhin auf den Erfolg seines liberalen Systems pochen und sich damit von den übrigen Weltmächten abheben.

Gleich nach dem russischen Überfall auf die Ukraine hat der Europäische Rat einen *„Strategischen Kompass"* beschlossen (Council, 2022), um die nach wie vor als unzureichend eingeschätzte strategische Dimension der GSVP weiter zu entwickeln. Erstmals wird ein gemeinsames Bedrohungsszenario entwickelt und eine schnelle Eingreiftruppe aufgestellt, womit sich die Reaktionsfähigkeit in Krisen verbessert. Der Austausch technologischer Innovationen wird verstärkt, hybride Bedrohungen werden gemeinsam bekämpft und strategische Partnerschaften auf multilateraler (UN, OSZE, NATO) oder bilateraler Ebene (USA, UK, Japan) vorbereitet. Der Strategische Kompass kann als ein Schritt von der Zwischenstaatlichkeit mit ihren einstimmigen Beschlüssen hin zu mehr gemeinschaftlichen Kompetenzen gesehen werden (Edthofer & Schmidt, 2022). Er wird seine Wirkung wohl nur dann entfalten können, wenn die an einer gemeinsamen Mission teilnehmenden Mitgliedstaaten bereit sind, die Koordination der Einsätze auf die Unionsebene zu verlagern (Blockmans et al., 2022).

Langfristig ist es im Interesse des gesamten europäischen Kontinents, ja der gesamten Welt, den innereuropäischen Graben wieder einzuebnen und einem gesamteuropäischen Sicherheitsnetz Platz zu machen. Bis dahin wird sich die EU nochmals erweitert haben – angesichts des Einstimmigkeitserfordernisses wohl nicht für alle Bewerber. Sicherheitspolitisch führt kein Weg an der NATO vorbei (auch nicht für bündnisfreie Mitgliedstaaten der EU), die Kosten einer gleichwertigen Partnerschaft mit den USA werden jedoch beträchtlich sein. Mit dem Ziel einer „strategischen Autonomie" versucht die EU dennoch eine gewisse Unabhängigkeit nicht nur in der Verteidigung, sondern auch technologisch, medizinisch und wirtschaftlich zu erreichen.

11.4.3 Geopolitische Konsequenzen

Mit dem Krieg gegen die Ukraine zieht Russland neuerlich eine Nord-Süd-Schneise durch Europa, die man seit Auflösung der Sowjetunion für überwunden meinte und die nun eine Neuorientierung der politischen und wirtschaftlichen Beziehungen in Europa erfordert. Darüber hinaus hat dieser Krieg aber auch langfristige weltpolitische Folgen. Europa wird noch stärker an die USA und Russland noch mehr an China gebunden werden – eine bipolare Welt mit unabsehbaren Konsequenzen entsteht: „*A shift to 'two globalizations' – one organized around the US, and the other around China – would have dire consequences, because neither side could address global challenges such as climate change without the other*" (Solana & Khrushcheva, 2022). Für einen großen Teil der Welt, insbesondere für Asien, ist der Ukrainekrieg freilich eine weit entfernte Auseinandersetzung zwischen europäischen Staaten, in die man nicht hineingezogen werden möchte. Entsprechend lau ist auch die Unterstützung der Sanktionen in der UN-Vollversammlung, sie werden von beinahe der Hälfte der Länder nicht mitgetragen.

Der Ukrainekrieg hat aber eine schwelende globale Auseinandersetzung an die Oberfläche gespült, nämlich „*the clash between advanced democracies that are committed to the existing international order and the Eurasian autocracies trying to overturn it*" (Brands, 2022). **Russland** hat sich – gestützt auf seine militärische Stärke mit Atomwaffen im Gepäck – unter Wladimir Putin einer aggressiven Expansion verschrieben, die an die kontinentale Bedeutung während der Sowjetzeit anzuknüpfen versucht. Im Wettstreit der Weltmächte um ideologische und wirtschaftliche Dominanz hat sich **China** unter Staatspräsident Xi Jinping eine führende Rolle erarbeitet. Russland wird in Zukunft Chinas Positionen in internationalen Gremien zu unterstützen haben, die Wirtschaft Chinas wird sich eines abhängigen Rohstofflieferanten bedienen.

Die **USA** sind heute eine innerlich zutiefst gespaltene Gesellschaft, in der sich die rechtskonservativen bis rechtsextremen Republikaner auf der einen Seite mit den liberal-demokratischen bis linken Demokraten die Waage halten. Dies hat zu Präsidentschaften mit wechselnder ideologischer Ausrichtung und ebensolcher Außenpolitik geführt. Für Unsicherheit in Europa sorgte besonders die wechselnde Einschätzung der transatlantischen Beziehungen: Donald Trump hätte sie am liebsten im Atlantik versenkt, wogegen Joe Biden die Wiederbelebung forciert.

Im Vergleich zu den Weltmächten mit ihrem militärischen (Droh-)Potenzial kann **Europa** mit Frankreich und dem UK zwar auch auf ein Atomarsenal und beeindruckende wirtschaftliche Kapazitäten verweisen. Es ist aber in sich gespalten (besonders offensichtlich seit dem Brexit) und wird weltpolitisch bestenfalls als

US-Anhängsel wahrgenommen – obwohl sich die strategischen Interessen der USA zunehmend auf den asiatischen Raum konzentrieren. Oder wie es Menon (2022) ausdrückt: *„Europe is a sideshow to the main theater of geopolitical drama: Asia."* Ähnlich sieht dies Petritsch (2023): *„[D]ie EU in ihrer derzeitigen Verfassung läuft Gefahr, im geopolitischen Spiel der Großmächte zu einer bloßen geografischen Entität auf dem eurasischen Superkontinent zu verkommen."*

Hegel sah um 1800 die USA als Weltmacht kommen, bereits für Napoleon war es China. In Hegelscher Dialektik zieht Rudolph (2021) Parallelen zwischen dem chinesischen Reich im 13. Jahrhundert und der Globalisierung des 21. Jahrhunderts. Der Krieg in der Ukraine ist für ihn Anlass, auf die gern zitierte Fehlprognose von Fukuyama (1989) hinzuweisen, die von Fukuyama (2012a) selbst inzwischen relativiert wurde (vgl. dazu auch Abschn. 6.5): Die liberale westliche Demokratie erweise sich nicht als das „Ende der Geschichte", vielmehr müsse man davon ausgehen, dass es letztlich China sein werde, das als Synthese aus westlichem Kapitalismus und Sowjet-Kommunismus den Ton in der Welt angeben werde.

11.5 Zusammenfassende Ergebnisse und Thesen

Die vorliegende Arbeit hat sich mit den vielfachen „Baustellen" der Europäischen Union auseinandergesetzt, die durch die Ereignisse seit der Jahrhundertwende sichtbar und fühlbar geworden sind, die in ihren Ursachen aber mit der gesamten Geschichte der EU und deren Vorläufern verknüpft sind. Für die Diskussion um die Zukunft der EU lassen sich daraus die folgenden Schwerpunkte ableiten:

Für Europa besteht die Chance, aus den multiplen Krisen gestärkt hervorzutreten
Jede Krise hinterlässt ihre Spuren nicht nur in den von ihr verursachten Verwerfungen, sondern vielfach auch in den daraus erwachsenden Reformansätzen. Dies galt noch wenig für die Eurokrise und die Migrationswirren. Beginnend mit dem Brexit fand die EU27 zunehmend eine einheitliche Sprache, um gemeinsame Interessen zu vertreten. Die COVID-19-Pandemie bot die Gelegenheit, über die EU hinaus gegen eine globale Bedrohung anzukämpfen – sie wurde entgegen aller hemmenden nationalen Rücksichten genützt, die Pandemie allmählich in eine medizinisch beherrschbare Endemie auslaufen zu lassen. Auch die im Gefolge des Ukrainekrieges auftretende Energiekrise ist als Chance zu sehen, eine demokratisch abgesicherte Zustimmung zur Bekämpfung des Klimawandels zu erreichen.

Die Zugehörigkeit zu Europa erfordert Empathie als Basis für Solidarität und Loyalität

Die Idee vom vereinten Europa fußt hauptsächlich auf Nutzenüberlegungen, eine vergleichbare affektive Dimension hat sich nur ansatzweise ergeben. Aus der ursprünglich positiv konnotierten „europäischen Identität" ist im Zuge der Flüchtlingskrise ein Abwehrkonstrukt gegen europafremde religiöse und kulturelle Einflüsse geworden. Europäische Identität wird dann rein politisch interpretiert, ihr gegenüber gilt die nationale Identität als ein emotional gestütztes kulturelles Phänomen. Einige Kritiker meinen, dass forcierte europäische Identität zu überschießender Harmonisierung und zum Ausschluss alternativer gedanklicher Modelle beitragen könnte.

Anzustreben ist ein wechselseitig befruchtendes Zusammenwirken verschiedener Identitäten. Die oft unterschiedlichen nationalen Identitäten gehen nicht verloren, wenn sich eine staatenübergreifende Identität darüberlegt. Analog zum Subsidiaritätsprinzip sollte die lokale Identität in die nationale und diese in die europäische Identität eingebettet sein.

Mit der Migrationskrise haben unter der Stammbevölkerung die nationalen Identitäten wiederum die Oberhand gewonnen. Dies liegt insofern auch an den Zuwanderern, als sich manche Gruppen von ihnen schwertun, europäische Grundsätze wie Rechtsstaatlichkeit, Demokratie und Gendergerechtigkeit anzuerkennen und die hier üblichen Lebensformen anzunehmen. Die Coronakrise und der Ukrainekrieg hätten die Nationalismen noch verstärken können, doch überwiegen die Signale für EU-weite Solidarität, die auch bei der Vergabe von Finanzierungsmitteln einzufordern ist. Solidarität lässt sich immer noch am ehesten erwarten, wenn es um den Ausgleich ökonomischer Interessen geht.

Der mühsam erarbeitete Konsens über die europäischen Werte darf nicht zur Disposition stehen

Die Aufklärung hat wesentliche Impulse geliefert, aus denen sich in Europa der heute überwiegend akzeptierte Katalog der Grundwerte entwickelt und verfestigt hat. Dazu gehört auch die säkulare Republik, die einen direkten Einfluss von religiösen Gruppierungen auf politische Entscheidungen ausschließt, aber Religionsfreiheit als Menschenrecht zusichert. Ein verbindlicher Ethikunterricht könnte den kulturellen Kampf gegen religiös motivierten Fanatismus unterstützen.

Von den Grundsätzen der Freiheit, Demokratie, Gleichheit, Rechtsstaatlichkeit und der Beachtung von Menschenrechten kann es keine Abstriche geben. Sie müssen von allen Mitgliedstaaten kompromisslos unterschrieben und umgesetzt werden. Potenzielle Abweichungen wären zu korrigieren oder müssten ein Ausscheiden aus dem Kern der EU nach sich ziehen.

Vom EU-Motto „In Vielfalt geeint" tritt die Vielfalt deutlicher hervor als die Einheit

Von der Gründung weg dominierte in der Gemeinschaft lange Zeit die „Europaidee" eines einheitlichen Wirtschaftsbundes, der sich allmählich (auch über eine gemeinsame Währung) zu einer politischen Union entwickeln würde. Mit der räumlichen Ausweitung dieser Idee nahm aber die Heterogenität der Mitglieder und damit auch deren Vorstellungen über die Zukunft Europas zu. Das Dilemma zwischen Erweiterung und Vertiefung der EU ist in einen Wettstreit zwischen Zentralismus und Subsidiarität gemündet. Die Krisen im neuen Jahrhundert haben einerseits das Bewusstsein für den Wert gemeinschaftlicher Einrichtungen und Politiken gestärkt, andererseits auch offengelegt, dass nationale und lokale Identitäten in vielen Bereichen einer EU-weiten Harmonisierung entgegenstehen.

Bereits mit dem Maastricht-Vertrag wurde eine nationale Differenzierung eingeleitet, als dem UK eine permanente und Dänemark eine temporäre (abhängig von einer Volksabstimmung) Möglichkeit eingeräumt wurde, der Eurozone fernzubleiben. Das Schengen-Immigrationssystem differenziert innerhalb der EU und erstreckt sich gleichzeitig über die EU hinaus. Im Zuge der Eurokrise sind die unterschiedlichen Interessen von Kern- und Peripherieländern offenkundig geworden. Die Migrationskrise hat eine Spaltung der EU in mehr nationalistisch und mehr globalistisch agierende Länder bewirkt, in der Corona-Pandemie war eine gemeinschaftliche Strategie nur in Ansätzen zu erreichen. Der Brexit war schließlich ein Kollateralschaden dieser Spaltung, aus dem jedoch auch ein Gleichklang der übrigen Mitgliedstaaten bei wichtigen Grundsätzen zu erkennen war. Europaweite Einigkeit – sieht man von Ungarn einmal ab – herrscht in der Unterstützung der Ukraine gegen die russische Aggression. Eine globale Einigkeit wäre erforderlich, um die langfristigen Konsequenzen der Erderwärmung in den Griff zu bekommen.

Für die Zukunft der EU ist nicht auszuschließen, dass ein „Kerneuropa" von peripheren Clubs und einem Ring befreundeter Staaten umgeben ist

Dieses Konzept ist weit vom idealen Basismodell der Vollintegration aller Mitglieder entfernt. Es kombiniert aber einige andere Zukunftsmodelle – wie jenes der (zeitlich) unterschiedlichen Geschwindigkeiten und der (räumlichen und inhaltlichen) konzentrischen Kreise –, die in der gegenwärtigen politischen Landschaft realistischer erscheinen als die geradlinige Weiterentwicklung zur Vollintegration.

In diesem Rahmen hätte auch eine „flexible Demokratie" Platz – mit einer Gliederung der politischen Aktivitäten nicht nach Nationen, sondern nach Funktionen.

Die EU wurde durch den Brexit-Schock, die COVID-19-Pandemie und den Ukrainekrieg noch einmal auf eine einheitliche Linie gebracht, sodass das Thema „Kerneuropa" derzeit nicht im Vordergrund steht. Dahinter schwelt aber der populistische Nationalismus weiter, und es ist nur eine Frage der Zeit, bis in dem einen oder anderen Bereich neue Dissonanzen aufflammen. Angesichts der weit überwiegenden Vorteile der Gemeinschaft für alle wird das nicht gleich zum Auseinanderbrechen der EU führen, doch sollten Strategien für den Kerneuropa-Fall in den Schubladen der verantwortlichen Politiker liegen.

Manche Identitätsprobleme der EU stammen von ihren offensichtlichen Konstruktionsfehlern
Den gewachsenen Institutionen der EU haftet nach wie vor das Odium des Demokratiedefizits an. Viele europäische Anliegen werden vorzugsweise aus Sicht der Mitgliedstaaten diskutiert, politische Parteien gibt es de facto nur auf nationaler Ebene, die demokratische Willensbildung erfolgt in der EU nicht direkt, sondern wiederum über die nationale Schiene. Zur Überwindung dieser Situation könnten Projekte wie Bürgerforen zu Europathemen und eine Bewerbung der Unionsbürgerschaft beitragen.

Inhaltlich benötigt die EU ein neues Narrativ, in dem die soziale Kompetenz einen höheren Stellenwert erhält. Obwohl sich die Ungleichheiten in der Einkommens- und Vermögensverteilung zwischen den Ländern verringert haben, sind sie innerhalb der Staaten in vielen Fällen gestiegen und haben dort die sozialen Spannungen verstärkt. Pandemien dämpfen kurzfristig das reale Wirtschaftswachstum und führen mittelfristig zum Auseinanderklaffen der Einkommensverteilung. Als Folge der Coronakrise und der mit hoher Inflation verbundenen Energiekrise muss die Wirtschafts- und Sozialpolitik der EU an diesen beiden Polen ansetzen.

Langfristig ist die EU gefordert, die demokratische Legitimation ihrer Institutionen zu stärken und die Gewaltenteilung besser zu verankern
Inhaltlich wird sich der Kern der EU weiter zur liberalen Demokratie bekennen, aber es ist nicht auszuschließen, dass sich davon eine Peripherie mit eingeschränkten Rechten und Pflichten abgrenzt. Um im Kern die demokratische Legitimation sicherzustellen, ist eine institutionelle Neuordnung anzustreben, die den WählerInnen einen besseren Zugang zu europäischen Standpunkten ermöglicht. Dazu müssten europäische politische Parteien, die nicht überwiegend in nationale Probleme

verstrickt sind, sondern europäisch argumentieren und werben können, miteinander im Wettbewerb stehen. Das von der Bürgerschaft gewählte Europäische Parlament wäre als „Unterhaus" die wichtigste gesetzgebende Körperschaft der Gemeinschaft. Ein regional besetztes „Oberhaus" mit beschränktem Vetorecht (etwa wie in Deutschland und in Österreich der Bundesrat) könnte sich aus dem Rat der EU entwickeln. Die Europäische Kommission wäre zu einer Unionsregierung auszubauen, die dem Europäischen Parlament gegenüber verantwortlich ist. Ein separates Staatsoberhaupt wäre nicht erforderlich, diese Funktion könnte – ähnlich wie in den USA der Präsident – die Kommissionspräsidentin/der Kommissionspräsident mit übernehmen, wäre aber durch Direktwahl der BürgerInnen zu ermitteln.

Das Einstimmigkeitsprinzip lähmt die Union, ohne ihre Grundsätze zu sichern

Das Einstimmigkeitsprinzip verhindert jede substanzielle Weiterentwicklung der EU. Selbst eine verschwindende Minderheit kann ihre Partikularinteressen zur Erpressung der übrigen Mitglieder einsetzen. Dies gilt für Erweiterungen der Mitgliedschaft ebenso wie in Finanzierungsfragen. Einstimmigkeit hat nicht verhindert, dass bei der Neuaufnahme mancher Mitglieder der gelebten Beachtung der EU-Grundsätze weniger Aufmerksamkeit zukam als anderen Interessen. In rein operativen Bereichen und in Finanzierungsfragen sollte die Einstimmigkeit durch qualifizierte Mehrheiten ersetzt werden.

Die EU-Kompetenzen und das Subsidiaritätsprinzip müssen dynamisch abgegrenzt sein

Die Kompetenzverteilung zwischen EU-Ebene und Nationalstaat richtet sich nach dem Subsidiaritätsprinzip, das aber flexibel interpretiert werden sollte, um dem langfristigen gesellschaftlichen Wandel nicht im Wege zu stehen. Da bei einer allfälligen Neuordnung der Kompetenzen mit massivem Widerstand der negativ Betroffenen zu rechnen ist, wird ein fairer Abtausch auszuhandeln sein. Gesamteuropäische Ziele – wie derzeit die Sicherung der EU-Außengrenzen, die Aufteilung von Migrantenströmen, ein einheitlicher Rahmen für die Bekämpfung von Pandemien und Maßnahmen gegen der Klimawandel – werden sinnvollerweise auf Gemeinschaftsebene (top-down) entschieden. Die Umsetzung kann aber weitgehend auf nationaler und regionaler Ebene (bottom-up) erfolgen, dort nämlich, wo der politische Kontakt zu den betroffenen Personen und Organisationen mit ihren spezifischen Bedürfnissen laufend gepflegt wird. Die Kontrolle der Umsetzung müsste wieder einheitlich auf europäischer Ebene angesiedelt sein. In der Regionalpolitik und in der Agrarpolitik bedarf es keiner zentralen EU-Kompetenzen, hier genügen Ausgleichs- und Kontrollmechanismen.

Um die Solidarität in der Gemeinschaft zu festigen, müssen die Kompetenzen verfassungsmäßig eindeutig zugeordnet sein. Die unzähligen intergovernmentalen Aktivitäten sind eine unzureichende Basis für gemeinschaftsweite Solidarität.

Fiskalische Transfers bereiten den Weg von einem wirtschaftlichen Zweckbündnis zu einer politischen Union
Mit der Zahl der Mitglieder nimmt die Heterogenität der Union zu und damit potenziell auch die Notwendigkeit von fiskalischen Transfers. Diese sind in der EU auf die wirtschaftliche und soziale Kohärenz der Gemeinschaft beschränkt (Regionalförderung, Sozialfonds). Bis zur Coronakrise war es offiziell verpönt, über Eurobonds (gemeinschaftliche Euro-Anleihen mit solidarischer Haftung) nachzudenken, obwohl es ähnliche Finanzierungsformen schon vorher gegeben hatte (über die EZB, den ESM und die EIB) – regelmäßig mit strengen Auflagen für die zu vergebenden Mittel. In der Diskussion über Corona-Bonds hätte man die Bedenken gegen die solidarische Finanzierung von Mitgliedstaaten mit hoher öffentlicher Vorverschuldung ausräumen können, würden die Mittel nicht an Staaten, sondern direkt an die von unabhängigen Stellen als notwendig klassifizierten Aufbauprojekte fließen.

Zuwanderung gilt als Problem, sollte aber als Chance genützt werden
Das relativ wohlhabende Europa muss damit rechnen, auch in Zukunft das Ziel von geordneter und ungeordneter Migration zu sein. Das verlangt einen mehrschichtigen Lösungsansatz, der sich um die Versorgung und Integration von Flüchtlingen und Migranten nach den internationalen Mindeststandards kümmert. Eine liberale Willkommenshaltung wird nur dann politisch verkraftbar sein, wenn die Integration der Zugewanderten speditiv in einer mit der angestammten Bevölkerung abgestimmten Weise erfolgt.

Kriegs- und klimabedingte Massenwanderungen überfordern den internationalen Konsens über das Asylwesen und rufen nach einer Reform der Genfer Flüchtlingskonvention. In der EU ist das Dublin-System hinsichtlich der Zuständigkeit bei Asylverfahren und der Harmonisierung der Verfahrensregeln reformbedürftig. Völlig unbefriedigend gelöst ist nach wie vor die Behandlung voll integrierter Flüchtlinge (und deren in der EU geborenen Kindern), die von Abschiebung bedroht sind: Das humanitäre Bleiberecht existiert oft nur auf dem Papier. Europa ist ein schrumpfender Kontinent mit überalterter Bevölkerung. Die EU sollte der Zuwanderung nicht nur aus asylrechtlichen Gründen offen gegenüberstehen, ausgebildete Immigrierende verhindern in manchen Gegenden und Geschäftsbereichen auch einen wirtschaftlichen Abstieg. Bei der Integration von Zugewanderten fehlt es an Maßnahmen, um das Kulturverständnis der Zuwanderer friedlich und fruchtbringend in die bestehende Kultur einzubringen. Die vollständige Einbindung der Zugewanderten in das politische Leben erfordert mittelfristig auch den Zugang zum Wahlrecht und zur Staatsbürgerschaft.

Die EU-Außengrenzen müssen polizeilich und militärisch gesichert werden können
Wie in jedem Staatswesen will auch in der EU die Bevölkerung wissen, wer zu welchem Zweck seine Grenzen überschreitet. Um auf Binnengrenzen zu verzichten, muss die EU ihre Außengrenzen kontrollieren können. Gelingt dies nur unzureichend – wie in der Flüchtlingskrise und während der Corona-Pandemie – entstehen zwischen den Mitgliedstaaten wieder nationale Barrieren.

Die EU braucht eine „strategische Autonomie", die neben der militärischen auch die wirtschaftliche und gesundheitspolitische Unabhängigkeit der Union gewährleistet. Um Flüchtlingswellen in den Griff zu bekommen, muss neben der Kontrolle irregulärer Immigration auch eine verbesserte Möglichkeit zu legaler Zuwanderung aufgebaut werden. Die Seenotrettung darf nicht zu einem medialen Ereignis für private Organisationen ausarten. Angesichts des Schlepperunwesens müssen geeignete staatliche Organe die Kontrolle über die Wanderungsbewegungen übernehmen. Eine unkontrollierte Immigration befeuert den extremen Rechtspopulismus, der wiederum in seinen Netzwerken gegen die liberale Demokratie mobilisiert.

Noch wichtiger als Grenzkontrollen wäre die Partnerschaft mit Nachbarländern
Europa muss auch über seine Grenzen hinausdenken, wenn es die innere Stabilität wahren will. Als räumlich kleiner Kontinent mit hoher politischer Stabilität und einem hohen Lebensstandard der Bevölkerung wirkt Europa als Magnet auf die von Kriegen und Armut bedrohte Nachbarschaft. Gleichzeitig ist es mit Ressentiments konfrontiert, die aus der Kolonialzeit stammen, aber bis in die Gegenwart reichen. Die EU muss großes Interesse an einer engen Kooperation mit den Herkunftsländern haben, um dort stabile politische Verhältnisse und die allmähliche Angleichung an europäische Lebensverhältnisse zu unterstützen. Dringend erforderlich wäre der Aufbau von Partnerschaften mit dem Nahen Osten und vor allem mit Afrika, dessen rasant wachsende Bevölkerung nicht in einer Armutsfalle verbleiben darf. Ziel muss es sein, alle Möglichkeiten des Wissenstransfers anzubieten und durch faire Handelsbeziehungen die Einkommens- und Aufstiegschancen vor Ort zu unterstützen.

Im globalen Systemwettbewerb muss sich die EU eine strategische Position erarbeiten

Mit dem Brexit vereinfacht sich in der EU die Entscheidungsfindung nach innen. Nach außen verliert die EU eine militärische Atommacht, ein permanentes Mitglied des UN-Sicherheitsrates und den zweitgrößten Finanzplatz der Welt. Nach wie vor ist die EU aber einer der größten Wirtschafts- und Handelsblöcke der Welt. Sie hat es jedoch nicht geschafft, auch politisch eine entsprechende globale Position einzunehmen. Dies liegt einerseits an den umständlichen Entscheidungsmechanismen (insbesondere im Rat) und andererseits an eifersüchtig gehüteten Nationalismen, die ein gemeinschaftliches Agieren erschweren, wenn nicht verhindern. Die EU muss ihr Potenzial nutzen, entlang ihrer Grundwerte zu den Führungsansprüchen anderer Weltmächte aufzuschließen. Umso mehr gilt dies, seit Russland diese Grundwerte blutig bekämpft.

Die Verteidigung der Menschenrechte und der liberalen Demokratie gehören zu den vornehmsten Zielen der EU, die nur mit gemeinschaftlichen Anstrengungen zu sichern sind. Weitere inhaltliche Aufgaben, die in einer Union ohne physische Grenzen ebenfalls nicht allein auf einzelstaatlicher Ebene erreicht werden können, sind das friedliche Zusammenleben mit der Nachbarschaft, der Kampf gegen den Klimawandel, die radikale Beseitigung von Armut und grober Ungleichheit sowie die Bekämpfung von Pandemien. Die Mitgliedstaaten haben sich in diesen Bereichen erst ansatzweise auf ein gemeinschaftliches Vorgehen verständigen können, obwohl hier die Vorteile verstärkter Integration offensichtlich sind.

11.6 Ausblick

Hauptanliegen der vorliegenden Arbeit ist es, die Interdependenzen zwischen Globalisierung, Migration, Nationalismus, Populismus und europäischer Identität über einen Streifzug durch die einschlägige Literatur sichtbar zu machen. Der zunehmend polarisierenden Diskussion um die Zukunft der Europäischen Union soll ihre Aufgeregtheit genommen werden, indem versucht wird, die unterschiedlichen Positionen ihrer Vorurteile zu entkleiden.

Die EU ist ein zutiefst politisches Projekt mit enormem Potenzial, allerdings ist dieses Projekt noch nicht weit über seine wirtschaftlichen Erfolge hinausgekommen. Verschiedene Ansätze zur Vertiefung der Union bleiben auf halbem Wege stecken (wie die Eurozone) oder lösen gar Absetzbewegungen aus (wie die Personenfreizügigkeit beim Brexit). Die Zukunft fordert stabile Lösungen, deren extreme Varianten einerseits eine Vertiefung der Integration zu einer vollwertigen Gemeinschaft (Verlagerung entscheidender Kompetenzen von der nationalen auf die EU-Ebene, abgesichert durch einen europäischen Verfassungsvertrag) und andererseits eine Rückabwicklung bisheriger Integrationsschritte zu einem „Europa der Vaterländer" wären. Durchaus wahrscheinlich ist aber eine mittlere, ebenfalls als stabil anzusehende Lösung, in welcher sich nur einige Mitgliedstaaten auf eine gemeinsame europäische Verfassung einigen und die übrigen Länder in abgestufter Dichte mit ihr verbunden bleiben oder vielleicht sogar ausscheiden. Der Brexit ist ein Testfall für diese letzte Variante, doch erscheint es verfrüht, den hier aufgezeigten Möglichkeiten auch Wahrscheinlichkeiten zuzuordnen.

Man muss nicht gleich an die pessimistische Variante von Ivan Krastev (2020) denken, der angesichts des weltweiten Bevölkerungswachstums, der daraus sich ergebenden Verschärfung der Verteilungsprobleme, neuer militärischer Konflikte und Migrationswellen sowie zusätzlicher Krisen wie jene durch das COVID-19-Virus den Zerfall der EU in den Raum stellt. Eher ist seine Variante realistisch, wonach aus der EU in eine Art „Heiliges Römisches Reich des 21. Jahrhunderts" entsteht, in welchem sich die Mitglieder herzlich wenig um die „Reichsidee" kümmern. Was Steven Geyer (2019) im Zusammenhang mit der Seenotrettung geschrieben hat, kann man auch auf die EU als Ganzes umlegen: *„So lange rechte Regierungen wie in Polen, Ungarn oder Italien einen großen Wurf verhindern, kann der Rest Europas nur nach dem Machbaren suchen."*

Karl Aiginger (2017) meint optimistisch, dass wir uns im „Jahrhundert Europas" befinden könnten, *„weil Europa mit seiner Priorität von Lebensqualität, sozialem Ausgleich und ökologischer Exzellenz ein besseres Modell anzubieten hat als das asiatische und das amerikanische System."* Ähnlich sieht auch Daron Acemoğlu (2020), MIT-Professor mit türkisch-armenischem Hintergrund, Europa als einen wichtigen Spieler in einer „quadripolaren Welt" (neben China, USA und einer organisierten Gruppe von Schwellenländern). In diese Welt müsse Europa seine Positionen zum Klimawandel sowie zu Fragen der Menschenrechte und der Demokratie einbringen. Die vorliegende Arbeit enthält allerdings manche Hinweise, dass es sich dabei um Wunschziele handelt, die in der übrigen Welt auf wenig Beachtung stoßen.

Eine neuerliche Erweiterung der EU um Beitrittswerber ist zu befürworten, wenn damit Nachbarländer, deren gelebte Grundwerte jenen in der EU entsprechen, den Handlungsspielraum der Gemeinschaft in der Welt erhöhen. Eine wichtige politische Voraussetzung wäre allerdings, zuvor das Prinzip der Einstimmigkeit zurückzudrängen. Je mehr Mitglieder der EU angehören, desto weniger darf es einer verschwindenden Minderheit anheimgestellt werden, gravierende Entscheidungen zu blockieren.

Die EU wird auf absehbare Zeit ein qualifizierter Staatenverbund bleiben, dessen Hauptmerkmal eine Zollunion ist, die in wichtigen Bereichen auch als einheitlicher Binnenmarkt fungiert. Das wahrscheinlichste Endergebnis ist eine Vereinigung mit Zwiebelschalenstruktur, deren innerer Kern die Währungsunion ist. Weitere Schalen (die einander in Clusterform teilweise überlagern können) bilden den Binnenmarkt und den Schengenraum. Neue Clusterbildungen sind durchaus wahrscheinlich.

Die Krisen haben das Integrationsprojekt der EU geprägt: Sie haben den Kern der EU gestärkt, gleichzeitig aber die Unterschiede zwischen den Mitgliedstaaten schärfer hervortreten lassen. Die Idee einer politischen Union ist in weite Ferne gerückt. Die eifrigen Befürworter einer vollen politischen Integration Europas sehen in ihr das optimale Fernziel für den Kontinent. Für die Realisten mag dieses Ziel in so weiter Ferne liegen, dass es sich für die Zeit bis dahin lohnt, zweitbeste Lösungen anzupeilen. Einige davon wurden hier diskutiert und es wurden Wege zu ihrer Verwirklichung aufgezeigt.

Literatur

Abts, K., & Rummens, S. (2007). Populism versus democracy. *Political Studies, 55*(2), 405–425.

Acemoğlu, D. (2020, Dezember 3). The case for a quadripolar world. *Project Syndicate.*

Acemoğlu, D., & Robinson, J. A. (2012). *Why nations fail: The origins of power, prosperity, and poverty.* Crown Publishing Group.

Acemoğlu, D., Egorov, G., & Sonin, K. (2011, August). *A political theory of populism* (NBER working paper 17306).

Aiginger, K. (2017). *Mehr nationale Souveränität durch eine neue Europapolitik* (Working paper). Europaplattform.

Aiginger, K. (2021). A deeper Union: From a failed project to the European quality lead. *Intereconomics, 56,* 174–177.

Aiginger, K., & Handler, H. (2020). European identity politics. Macrothink Institute. *Research in Applied Economics, 12*(2), 1–23. https://doi.org/10.5296/rae.v12i2.16841

Aiginger, K., & Kreuz, R. (2021, Mai 17). *Paradigmenwechsel und Neustart für weniger Ungleichheit in der EU* (ÖGfE policy brief 06'2021).

Aiginger, K., & Moskalenko, O. (2022, November). *Reconstructing Ukraine: How to design a Marshall Plan – The future of Ukraine* (Policy paper). Policy Crossover Center.

Albertazzi, D., & McDonnell, D. (2008). *Twenty-first century populism: The spectre of Western European democracy.* Palgrave Macmillan.

Alesina, A., & Tabellini, M. (2022, Mai). *The political effects of immigration: Culture or economics?* (NBER Working Paper 30079).

Alesina, A., Miano, A., & Stantcheva, S. (2018, Juni). *Immigration and redistribution* (NBER working paper w24733).

Alfano, A., Frigenti, L., Lembo, P., & Manservisi, S. (2021, März 31). Envisioning a new Africa-Europe-Mediterranean partnership. *Friends of Europe.*

Allen, R. C. (2011). *Global economic history: A very short introduction.* Oxford University Press.

Altavilla, C., Barbiero, F., Boucinha, M., & Burlon, L. (2020, September). *The great lockdown: Pandemic response policies and bank lending conditions* (Working paper 2465). European Central Bank.

Amtenbrink, F., Repasi, R., & De Haan, J. (2016). Is there life in the old dog yet? Observations on the political economy and constitutional viability of common debt issuing in the euro area. *Review of Law & Economics, 12*(3), 605–633.

Angenendt, S., Martin-Shields, C., & Schraven, B. (2017). *Mehr Entwicklung – mehr Migration? Der ,migration hump' und seine Bedeutung für die entwicklungspolitische Zusammenarbeit mit Subsahara-Afrika* (SWP-Aktuell 69). Stiftung Wissenschaft und Politik (SWP).

Antal, A. (2019). The populism of the empire and the multitude. *The Romanian Journal of Society and Politics, 13*, 34–51.

Anyfantaki, S., Balfoussia, H., Dimitropoulou, D., Gibson, H., Papageorgiou, D., Petroulakis, F., Theofilakou, A., & Vasardani, M. (2022). COVID-19 and other pandemics: A literature review for economists. Bank of Greece. *Economic Bulletin, 51*, 7–42.

Arnold, F., Just, L., & Wild, P. S. (2022). *Erdgas, Steinkohle, Erdöl: Analyse der europäischen Energieimporte.* Universität Köln, Energiewirtschaftliches Institut (EWI).

Asfa-Wossen Asserate. (2016). *Die neue Völkerwanderung: Wer Europa bewahren will, muss Afrika retten.* Propyläen.

Aslanidis, P. (2016). Is populism an ideology? A refutation and a new perspective. *Political Studies, 64*(IS), 88–104. https://doi.org/10.1111/1467-9248.12224

Åslund, A., et al. (2022). How can the EU handle the Ukraine refugee challenge? *CESifo Forum, 23*(4), 3–7.

Assmann, J. (2016). Monotheismus und Intoleranz. In S. Salatowsky & W. Schröder (Hrsg.), *Duldung religiöser Vielfalt – Sorge um die wahre Religion. Toleranzdebatten der frühen Neuzeit* (Friedenstein Forschungen 10, S. 23–37), Stuttgart: Franz Steiner Verlag.

Bacchus, J. (2021, August 9). *Legal issues with the European carbon border adjustment mechanism* (CATO briefing paper 125).

Bachträgler-Unger, J., Schratzenstaller, M., & Sinabell, F. (2021). Der europäische COVID-19-Aufbauplan. Österreichisches Institut für Wirtschaftsforschung. *WIFO-Monatsberichte, 4*, 321–334.

Bahar, D., & Rapoport, H. (2018). Migration, knowledge diffusion and the comparative advantage of nations. *The Economic Journal, 128*(612), F273–F305.

Baldwin, R. E. (Hrsg.). (2016a). *Brexit Beckons: Thinking ahead by leading economists.* Centre for Economic Policy Research,CEPR Press. isbn:978-0-9954701-0-1.

Baldwin, R. E. (2016b). *The great convergence: Information technology and the new globalization.* Belknap Press. isbn:9780674660489.

Baldwin, R. E. (2019a). *The globotics upheaval: Globalisation, robotics and the future of work.* Weidenfeld & Nicolson. isbn:978-1-4746-0901-2.

Baldwin, R. E. (2019b, Juli 16). Wenn dies die Globalisierung 4.0 ist – was waren die anderen drei? *Ökonomenstimme.*

Bank of Russia. (2023, Januar 17). *Estimate of key aggregates of the balance of payments of the Russian Federation.*

Barker, J. P. (Hrsg.). (2013). *The clash of civilization – Twenty years on.* e-International Relations.

Barry, M. B. (2016). *Homage to al-Andalus: The rise and fall of Islamic Spain* (Paperback Aufl.). Andalus Press.

Batsaikhan, U., Darvas, Z., & Raposo, I. G. (2018). *People on the move: Migration and mobility in the European Union* (Bruegel blueprint series 28). Bruegel. isbn: 978-9-078910-45-9.

Baumann, M. (2020). *Frontex und das Grenzregime der EU*. Kurzdossier, Bundeszentrale für politische Bildung (bpb).

Bayer, K. (2023, März 24). *Zeitenwende für die EU-Wirtschaftspolitik: Mehr als ein Gedankenexperiment* (ÖGfE Policy Brief 07/2023).

Beck, T., Krahnen, J.-P., Martin, P., Mayer, F., Pisani-Ferry, J., Tröger, T., di Mauro, B. W., Véron, N., & Zettelmeyer, J. (2022, November). *Completing Europe's banking union: Economic requirements and legal conditions* (Bruegel Policy Contribution 20/22).

Becker, D., Brzeskot, M., Peters, W., & Will, U. (2013). Grenzausgleichsinstrumente bei unilateralen Klimaschutzmaßnahmen: Eine ökonomische und WTO-rechtliche Analyse. *Zeitschrift für Umweltpolitik und Umweltrecht (ZFU), 36*(3), 339–373.

Becker, P. (2017). Der Brexit und die Folge für den EU-Haushalt. *ifo-Schnelldienst, 70*(11), 3–6.

Becker, S. O., Rubin, J., & Woessmann, L. (2020, Juni). *Religion in economic history: A survey* (CESifo working paper 8365).

Becker, T., Eichengreen, B., Gorodnichenko, Y., Guriev, S., Johnson, S., Mylovanov, T., Rogoff, K., & di Mauro, B. W. (2022a). *A blueprint for the reconstruction of Ukraine* (Rapid response economics 1). CEPR Press.

Becker, T., Eichengreen, B., Gorodnichenko, Y., Guriev, S., Johnson, S., Mylovanov, T., Obstfeld, M., Rogoff, K., & di Mauro, B. W. (2022b). *Macroeconomic policies for Wartime Ukraine* (Rapid response economics 2). CEPR Press.

Belot, M., & Ederveen, S. (2005). *Cultural and institutional barriers in migration between OECD countries*. Fourth IZA/SOLE transatlantic meeting of labor economists, Buch/Ammersee.

Ben-Ami, S. (2018, Juli 19). Rewriting Europe's narrative. *Project Syndicate*.

Bénassy-Quéré, A., & Vallee, S. (2014, März 27). *The Eiffel group: A political community to rebuild the architecture of the euro*. VoxEU-CEPR.

Bénassy-Quéré, A., Boot, A., Fatás, A., Fratzscher, M., Fuest, C., Giavazzi, F., Marimon, R., Martin, P., Pisani-Ferry, J., Reichlin, L., Schoenmaker, D., Teles, P., & di Mauro, B. W. (2020, März 21). *A proposal for a Covid Credit Line*. VoxEU/CEPR.

Ben-Ghiat, R. (2020, Mai 5). COVID-19 tempts would-be authoritarians: But exploiting a pandemic comes at a cost. *Foreign Affairs*.

Berg, A. (2019, September 10). Identity in economics: A review. *SSRN Electronic Journal*.

Berger, S. (2018). Brand new left, same old problems: What populism can and can't achieve. *Foreign Affairs, 97*, 212–216.

Berglöf, E. (2018, September 21). The evolution of globalization. *Project Syndicate*.

Bet-El, I. (2018, Juli 3). The EU has lost the liberal plot. *Friends of Europe*.

Betts, A., & Collier, P. (2018, Oktober 5). How Europe can reform its migration policy. *Foreign Affairs*.

Biffl, G., & Stepan, D. (2016). *Europa und Demokratien im Wandel*. Edition Donau-Universität Krems.

Biffl, G., & Stepan, D. (Hrsg.). (2016). *Europa und Demokratien im Wandel: Ausgewählte Beiträge zum Globalisierungsforum 2014-15*. Edition Donau-Universität Krems. isbn:978-3-903150-02-7.

Bilbiie, F. O., Monacelli, T., & Perotti, R. (2020, November). *Fiscal policy in Europe: A helicopter view* (NBER working paper 28117).

Birol, F. (2022, November). *Foreword. World Energy Outlook 2022.* International Energy Agency, Paris.

Blanchard, O. (2019). Public debt and low interest rates. *American Economic Review, 109*(4), 1197–1229.

Blanchard, O., & Leigh, D. (2013). Growth forecast errors and fiscal multipliers. *American Economic Review, 103*(3), 117–120.

Blanchard, O., & Leigh, D. (2014). Learning about fiscal multipliers from growth forecast errors. *IMF Economic Review, 62*(2), 179–212.

Blanchard, O., & Pisani-Ferry, J. (2022, April). *Fiscal support and monetary vigilance: Economic policy implications of the Russia-Ukraine war for the European Union* (PIIE Policy Brief 22-5).

Blanchard, O., Leandro, Á., & Zettelmeyer, J. (2020, März 9). *Revisiting the EU fiscal framework in an era of low interest rates.* European Commission, draft.

Blockmans, S., Crosson, D. M., & Paikin, Z. (2022, März 31). *The EU's strategic compass: A guide to reverse strategic shrinkage?* (CEPS Policy Insights).

BMZ. (2017). *Afrika und Europa – Eine neue Partnerschaft für Entwicklung und Frieden: Eckpunkte für einen Marshallplan mit Afrika.* Bundesministerium für wirtschaftliche Zusammenarbeit und Entwicklung.

BMZ. (2020). *Der Marshallplan mit Afrika in der Umsetzung.* Bundesministerium für wirtschaftliche Zusammenarbeit und Entwicklung.

Bobbio, N. (1997). *Left and right: The significance of a political distinction.* University of Chicago Press. isbn:0-226-06246-5.

Bogdan, T., Landesmann, M., & Grieveson, R. (2022, November). *Evaluation of Ukraine's national recovery draft plan* (wiiw policy notes and reports 61).

Böheim, M., Felbermayr, G., Kettner, C., Köppl, A., Kügler, A., & Schleicher, S. (2022, Juli). *Wirtschaftspolitische Handlungsoptionen zur Dämpfung der Energiepreise am Beispiel Strom.* Österreichisches Institut für Wirtschaftsforschung (WIFO Research Briefs 18/2022).

Böhm, A. (2018, Juli 6). EU-Asylpolitik: Europas Flucht vor der Realität. *Zeit-Online.*

Böhringer, C., Rosendahl, K. E., & Storrøsten, H. B. (2019, Oktober). *Smart hedging against carbon leakage* (Oldenburg discussion papers in economics, V – 427-19).

Boltho, A., & Eichengreen, B. (2008, Mai). *The Economic Impact of European Integration* (CEPR Discussion Paper 6820).

Boltz, W., Borchardt, K.-D., Deschuyteneer, T., Pisani-Ferry, J., Hancher, L., Lévêque, F., McWilliams, B., Ockenfels, A., Tagliapietra, S., & Zachmann, G. (2022, Juni). *How to make the EU Energy Platform an effective emergency tool* (Bruegel Policy Contribution 10/2022).

Bonciu, F. (2015). Rethinking the European Union: From unity in diversity to diversity in unity. *Romanian Journal of European Affairs (RJEA), 15*(3), 5–19.

Borrell, J. (2020). *Warum die strategische Autonomie Europas wichtig ist.* European External Action Service (EEAS).

BPB. (2018). *Weltflüchtlingstag 2018.* Bundeszentrale für politische Bildung.

Bradford, A. (2020). *The Brussels effect: How the European Union rules the world*. Oxford University Press.

Brands, H. (2022, März 23). How to make Biden's free world strategy work: It's not as simple as pitting democracy against autocracy. *Foreign Affairs*.

Breton, T., & Gentiloni, P. (2022, Oktober 3). Germany's latest response to energy crisis raises questions. *The Irish Times*.

Breuss, F. (2013, April 30). Der Euro für alle. *Ökonomenstimme*.

Breuss, F. (2017, September). *The United States-Euro area growth gap puzzle* (WIFO working paper 541).

Breuss, F. (2019, Juli). *The fight for a better Europe*. Austrian Institute of Economic Research (WIFO lectures 119).

Breuss, F. (2021, März). *Die Folgen des Brexit für Österreich und die EU* (FIW policy brief 49).

Brocza, S. (2019, November 8). Push und Pull waren gestern. *Die Presse*.

Bruder, J. (2004). Are trade and migration substitutes or complements? – The case of Germany, 1970-1998. *European Trade Study Group, 2004*, 9–11.

Brunnermeier, M. K., Garicano, L., Lane, P. R., Pagano, M., Reis, R., Santos, T., Thesmar, D., Van Nieuwerburgh, S., & Vayanos, D. (2016). The sovereign-bank diabolic loop and ESBies. *American Economic Review, 106*(5), 508–512.

Bryder, T. (2009). *Populism – A threat or a challenge for the democratic system?* University of Copenhagen, Faculty of Social Science, Department of Political Science, course introduction, Winter.

Büchele, H., & Pelinka, A. (Hrsg.). (2011). *Friedensmacht Europa: Dynamische Kraft für Global Governance* (Bd. 6). Universität Innsbruck, Edition Weltordnung – Religion – Gewalt.

Bundesbank. (2022). *Mögliche Entwicklung der deutschen Wirtschaft in einem adversen Risikoszenario* (S. 37–43). Monatsberichte der Deutschen Bundesbank.

Bundesverfassungsgericht. (2009, Juni 30). Pressemitteilung Nr. 72/2009.

Buruma, I. (2019, Juli 8). Der illiberale Kapitalismus als Modell für Autokraten. *Die Presse, Gastkommentar*.

Busek, E., Schäffer, S., & Laborel, E. (2021). *Why the Western Balkans should join the EU immediately* (Policy paper series 2/2021). Institut für den Donauraum und Mitteleuropa (IDM). isbn:978-3-99087-941-2.

Busse, C., Loss, R., Puglierin, J., & Zerka, P. (2020, Dezember 15). *The crisis that made the European Union: European cohesion in the age of covid* (Policy brief). European Council on Foreign Relations, EU Cohesion Monitor.

Butschek, F. (2019). Renaissance der Nation? *Europäische Rundschau, 47*(1), 85–90.

Calcea, N., Du, M., & Boscaini-Gilroy, G. (2022, Oktober 7). How much territory does Ukraine control? *The New Statesman*.

Campaniello, N. (2014). The causal effect of trade on migration: Evidence from countries of the Euro-Mediterranean partnership. *Labour Economics, 30*, 223–233.

Camus, R. (2016). *Revolte gegen den Großen Austausch*. Antaios.

Canovan, M. (2004). Populism for political theorists? *Journal of Political Ideologies, 9*(3), 241–252.

Celi, G., Guarascio, D., Reljic, J., Simonazzi, A., & Zezza, F. (2022). The asymmetric impact of war: Resilience, vulnerability and implications for EU policy. *Intereconomics, 57*(3), 141–147.

Cerutti, F. (2006, April). *Why legitimacy and political identity are connected to each other, especially in the case of the European Union* (ECPR Joint Session of Workshops).

CGD. (Hrsg.). (2019). *Building an EU-Africa partnership of equals: A roadmap for the new Euro-pean leadership*. Center for Global Development.

Chambers, D. (2019, Juli 19). The threat of illiberal populism. *The Policy Corner*.

Chavleishvili, S., & Kremer, M. (2021, Januar 15). *Measuring systemic financial stress and its impact on the macroeconomy*. Preprint available at SSRN.

Christen, E., Meyer, B., Oberhofer, H., Hinz, J., Kamin, K., & Wanner, J. (2022, Oktober). *The Brussels effect 2.0: How the EU sets global standards with its trade policy* (FIW Research Report 7/2022).

Christie, R., & Wieser, T. (2020). *The European Union's post-Brexit reckoning with financial markets* (Bruegel policy contribution 08/2020).

Churchill, W. (1945, August 11). *Address to the Council of Europe*.

Claeys, G. (2018, Mai 24). *Make euro area sovereign bonds safe again*. VoxEU.

Clinton, H. (2018, November 2). Europe must curb immigration to stop rightwing populists. *The Guardian*.

Colantone, I., & Stanig, P. (2018). Global competition and brexit. *The American Political Science Review, 112*(2), 201–218.

Collier, P. (2013). *Exodus: How migration is changing our world*. Oxford University Press.

Congdon, T. (2021, Juni). *Does the upturn in Eurozone money growth imply 5% inflation?* (SUERF policy note 242).

Coniglio, J. (2018, April 24). Why the ,new brandeis movement' gets antitrust wrong. *Law, 360*.

Connolly, R. (2014, March 4). *A divided Ukraine could see two radically different states emerge*. The Conversation.

Coolican, S. (2021). *The Russian diaspora in the Baltic states: The Trojan Horse that never was*. London School of Economics, IDEAS.

Council. (2022, März 21). *A strategic compass for security and defence* (Document 7371/22). Council of the European Union.

Cremer, H. (2018). *Seenotrettung und Flüchtlingsschutz: Menschenrechtliche und seerechtliche Pflichten solidarisch erfüllen*. Deutsches Institut für Menschenrechte.

Crivelli, E., de Mooij, R. A., De Vrijer, J. E. J., Hebous, S., & Klemm, A. D. (2021, Mai 25). *Taxing multinationals in Europe* (Departmental Paper 21/12). International Monetary Fund (IMF), European and Fiscal Affairs Departments.

Croft, J. (2016). Nicht-Staatsbürger in Estland und Lettland: Die Zeiten ändern sich – wird es Zeit für eine Veränderung? In IFSH (Hrsg.), *OSZE-Jahrbuch 2015* (S. 199–215). Nomos.

Cronin, D., & McQuinn, K. (2021). Fiscal policy and growth forecasts in the EU: Are official forecasters still misestimating fiscal multipliers? *Review of World Economics, 157*, 453–462.

Cusumano, E., & Villa, M. (2019, November). *Sea rescue NGOs: A pull factor of irregular migration?* (Policy Brief 2019/22). European University Institute.

D'Albis, H., Boubtane, E., & Coulibaly, D. (2018, Juni 22). *Macroeconomic evidence suggests that asylum seekers are not a 'burden' for Western European countries* (PSE working paper 2018–31). Paris School of Economics.

Dadush, U. (2018, Juni). *The economic effects of refugee return and policy implications* (Policy research working paper 8497). World Bank Group.

Dadush, U. (2022, February). *Is the post-war trading system ending? Bruegel Policy Contribution 04/2022.*

Dadush, U., & Weil, P. (2022, September). Will Ukraine's refugees go home? *Bruegel Policy Contribution.*

Daianu, D. (2018, November 29). Fore more 'EU sovereignty', real changes are needed. Friends of Europe. *CriticalThinking.*

Damböck, C. (2017). *Demokratie kontra Populismus. Eine nonkognitive Sicht.* Universität Wien.

Darvas, Z. (2018, Februar 23). Beyond border control, migrant integration policies must be revived. *Bruegel Blog.*

De Grauwe, P., & Ji, Y. (2018, February). *How safe is a safe asset? Centre for European Policy Studies, CEPS Policy Insight, 2018–08.*

De Grauwe, Y. J. (2018, Februar). *How safe is a safe asset?* (CEPS Policy Insight 2018-08). Centre for European Policy Studies.

De Haas, H. (2007). Turning the tide? Why development will not stop migration. *Development and Change, 38*(5), 819–841.

De Long, J. B., & Eichengreen, B. (1991, November). *The marshall plan: History's most successful structural adjustment program* (NBER Working Paper 3899).

Decker, F. (2018, Mai 1). Rechtspopulismus und/oder Rechtsextremismus? *Neue Gesellschaft Frankfurter Hefte,* 5/2018.

Decker, O., & Brähler, E. (Hrsg.). (2020). *Autoritäre Dynamiken: Neue Radikalität – alte Ressentiments. Leipziger Autoritarismus Studie 2020.* Psychosozial.

Deiana, C., Maheshri, V., & Mastrobuoni, G. (2021, Juli 14). *Migration at sea: unintended consequences of search and rescue operations* (CEPR discussion papers, DP16173).

Deliperi, R. (2015, August 9). *Dean Acheson's observation of Great Britain in 1962.* E-International Relations.

Delpla, J., & von Weizsäcker, J. (2010, Mai). *The blue bond proposal* (Bruegel policy brief 2010/03).

Delpla, J., & von Weizsäcker, J. (2011, März). *Eurobonds: The blue bond concept and its implications* (Bruegel policy contribution 2011/02).

Demertzis, M., Pisani-Ferry, J., Sapir, A., Wieser, T., & Wolff, G. (2018, September). *One size does not fit all: European integration by differentiation* (Bruegel policy brief, issue 3).

Deutscher Bundestag. (2016, November 11). *Rechtliche Konsequenzen einer Behinderung von Seenotrettern* (Wissenschaftliche Dienste, WD 2-3000-138/16).

Deutscher Bundestag. (2017, August 25). *Rechtsfragen bei Seenotrettungseinsätzen innerhalb einer libyschen SAR-Zone im Mittelmeer* (Wissenschaftliche Dienste, WD 2-3000-075/17).

Deutscher Bundestag. (2018, Juli 13). *Einrichtung von SAR-Zonen und Seenotrettungsleitstellen* (Wissenschaftliche Dienste, WD 2-3000-103/18).

Deutscher Bundestag. (2020, März 3). *Seenotrettung durch nicht-staatliche Akteure*. Wissenschaftliche Dienste (WD 2-3000-014/20).

De Wagt, E. S. (2016, September). *Populism, a Potential Solution to Cure the Ills of Modern Liberal Democracy. A Postmodernist Solution*. MA Dissertation, King's College London/ The Dickson Poon School of Law.

Di Bella, G., Flanagan, M. J., Foda, K., Maslova, S., Pienkowski, A., Stuermer, M., & Toscani, F. G. (2022, Juli 19). *Natural gas in Europe: The potential impact of disruptions to supply*. International Monetary Fund (Working Paper 2022/145).

Di Serio, M., Fragetta, M., & Melina, G. (2021, Februar). *The impact of r-g on the euro-area government spending multiplier* (IMF working paper WP/21/39).

Diamond, L. (2020, Juni 13). Democracy versus the pandemic: The coronavirus is emboldening autocrats the world over. *Foreign Affairs*.

Dias, C., Grigaitė, K., & Magnus, M. (2022, April). *Sanctions in the context of Russia's invasion of Ukraine*. European Parliament, Economic Governance Support Unit (EGOV), In-Depth Analysis PE 699.526.

Diéz Medrano, J. (2010). Unpacking European Identity. *Politique européenne, 30*(1), 45–66.

Dijsselbloem, J. (2018). *The euro crisis: The inside story*. Prometheus. isbn:978-90-446-4005-2.

Docquier, F., & Rapoport, H. (2012). Globalization, brain drain, and development. *Journal of Economic Literature, 50*(3), 681–730.

Doerr, S., Gissler, S., Peydró, J.-L., & Voth, H.-J. (2020, April 24). *From finance to fascism* (Barcelona GSE working paper 1092).

Dolls, M., Fuest, C., Neumann, D., & Peichl, A. (2014). An Unemployment Insurance Scheme for the Euro Area? A Comparison of Different Alternatives Using Micro Data. *ZEW Discussion Paper,* 14–095.

Dorfman, R. (1989). Thomas Robert Malthus and David Ricardo. *Journal of Economic Perspectives, 3*(3), 153–164.

Dörre, K., Bose, S., Lütten, J., & Köster, J. (2018). Arbeiterbewegung von rechts? Motive und Grenzen einer imaginären Revolte. *Berliner Journal für Soziologie, 28*, 55–89.

Dreßler, T. (2017). *Der Schengener Grenzkodex – Rechtliche Hintergründe der temporären Grenzschließungen in Europa*. Europe Direct, Info-Point Europa.

Dröge, S. (2021). *Ein CO_2-Grenzausgleich für den Green Deal der EU: Funktionen, Fakten und Fallstricke* (SWP-Studie 9). Stiftung Wissenschaft und Politik, Deutsches Institut für Internationale Politik und Sicherheit.

Duff, A. (2013, Januar 14). *Now is the time for a new fundamental law of the European Union*. London School of Economics (LSE), Blog.

Duff, A. (2021, Mai 9). One is enough: The case for a single presidency of the European Union. *Friends of Europe*.

Eatwell, R., & Goodwin, M. (2018). *National populism: The revolt against liberal democracy*. Pelican Books. isbn-13: 978-0241312001.

EBRD. (2022, November). *Business unusual* (Transition report 2022-23). European Bank for Reconstruction and Development.

Edo, A., Giesing, Y., Öztunc, J., & Poutvaara, P. (2019). Immigration and electoral support for the far-left and the far-right. *European Economic Review*, 115, 99–143.

Edo, A., & Giesing, Y. (2020, Juli). *Has Immigration Contributed to the Rise of Rightwing Extremist Parties in Europe?* (EconPol policy report 23/2020).

Edthofer, J., & Schmidt, P. (2022). *Die Europäische Union als Sicherheits- und Verteidigungsunion: Das Meinungsbild der ÖsterreicherInnen im EU-Vergleich* (ÖGfE Policy Brief 12/2022).

EEX Group. (2022, April 13). Finanzergebnisse 2021. *Presse Briefing*.

EG. (1973). Dokument über die europäische Identität. *Bulletin der Europäischen Gemeinschaften, 12*, 131–134.

Eger, M. A., & Bohman, A. (2016). The political consequences of contemporary immigration. *Sociology Compass, 10*(10), 877–892.

Ehrlich, I., & Pei, Y. (2021, Februar). *Endogenous immigration, human and physical capital formation, and the immigration surplus* (NBER Working Paper 28504).

Eichengreen, B. (2018). *The populist temptation: Economic grievance and political reaction in the modern era*. Oxford University Press. isbn: 9780190866280.

Eichengreen, B. (2021, Mai 10). Will the productivity revolution be postponed? *Project Syndicate*.

Eichengreen, B. (2023). Economic recovery in Post-World War II West Germany and Ukraine today. *EconPol Forum, 24*(2), 30–35.

Eichengreen, B., & Rashkovan, V. (2022). How to organise aid. In Y. Gorodnichenko et al. (Hrsg.), *Rebuilding Ukraine: Principles and policies* (S. 415–445). CEPR Press.

Eichengreen, B. (2021b, May 10). *Will the Productivity Revolution Be Postponed? Project Syndicate*.

Eichengreen, B., El-Ganainy, A., & Esteves, R., Mitchener, K. J. (2019, Januar). *Public debt through the ages* (NBER working paper 25494).

EK. (2003, März 11). *Größeres Europa – Nachbarschaft: Ein neuer Rahmen für die Beziehungen der EU zu ihren östlichen und südlichen Nachbarn*. Mitteilung der Kommission, Europäische Kommission, KOM(2003) 104 endgültig.

EK. (2011, November 23). *Grünbuch zur Durchführbarkeit der Einführung von Stabilitätsanleihen*. Europäische Kommission, KOM(2011) 818 endgültig.

EK. (2015, November 18). *Überprüfung der Europäischen Nachbarschaftspolitik*. Gemeinsame Mitteilung, Europäische Kommission, JOIN(2015) 50.

EK. (2017a, März 1). *Weißbuch zur Zukunft Europas: Die EU der 27 im Jahr 2025 – Überlegungen und Szenarien*. Europäische Kommission, COM(2017) 2025.

EK. (2017b, Mai 10). *Reflexionspapier: Die Globalisierung meistern*. Europäische Kommission, COM(2017) 240.

EK. (2018a, Mai 23). *Kommission veröffentlicht Konvergenzbericht 2018: Bewertung der Fortschritte der Mitgliedstaaten auf dem Weg zur Einführung des Euro*. Europäische Kommission, Pressemitteilung.

EK. (2018b, Juli 24). *Steuerung der Migration: Kommission äußert sich zu Ausschiffung und kontrollierten Zentren*. Europäische Kommission, Pressemitteilung.

EK. (2019, Dezember 11). *Der europäische Grüne Deal*. Mitteilung der Kommission, Europäische Kommission, COM(2019) 640 final.

EK. (2020a, September 23). *Ein neues Migrations- und Asylpaket*. Europäische Kommission, COM(2020) 609 final.

EK. (2020b, September 30). *Die Lage der Rechtsstaatlichkeit in der Europäischen Union*. Bericht über die Rechtsstaatlichkeit 2020, Mitteilung der Kommission, Europäische Kommission, COM(2020) 580 final.

EK. (2020d, 3. Dezember). *Europäischer Aktionsplan für Demokratie*. Mitteilung der Europäischen Kommission, COM(2020) 790 final.

EK. (2021a, Februar 10). *Fragen und Antworten: Aufbau- und Resilienzfazilität*. Europäische Kommission.

EK. (2021b, Juli 14). *Schaffung eines CO$_2$-Grenzausgleichssystems.* Vorschlag für eine Verordnung des Europäischen Parlaments und des Rates, Europäische Kommission.

EK. (2021c, Juli 14). *„Fit für 55": auf dem Weg zur Klimaneutralität – Umsetzung des EU-Klimaziels für 2030.* Mitteilung der Kommission, Europäische Kommission, COM(2021) 550 final.

EK. (2021d, Dezember 1). *Global Gateway: bis zu 300 Mrd. EUR für die Strategie der Europäischen Union zur Förderung nachhaltiger Verbindungen rund um die Welt.* Europäische Kommission, Pressemitteilung.

EK. (2022a, März 8). *REPowerEU: gemeinsames europäisches Vorgehen für erschwinglichere, sicherere und nachhaltigere Energie.* Mitteilung der Kommission, Europäische Kommission, COM(2022) 108 final.

EK. (2022b, Mai 18). *REPowerEU-Plan.* Mitteilung der Kommission, Europäische Kommission, COM(2022) 230 final.

EK. (2022c, September 14). *Notfallmaßnahmen als Reaktion auf die hohen Energiepreise.* Vorschlag für eine Verordnung des Rates, Europäische Kommission, COM(2022) 473 final.

EK. (2023, Juni 23). *EU verabschiedet 11. Sanktionspaket gegen Russland wegen seines völkerrechtswidrigen Kriegs gegen die Ukraine.* Europäische Kommission, Pressemitteilung.

Energie-Experten. (2022). *Revolution an der Strombörse: Hat das Merit-Order-Prinzip ausgedient?* Greenhouse Media GmbH, Update vom 29. August.

Ennser-Jedenastik, L., & Gahn, C. (2018). *Die Zukunft der europäischen Integration ist untrennbar mit dem Thema Zuwanderung verknüpft* (ÖGfE, policy brief).

Ernst, A., Hinterlang, N., Mahle, A., & Stähler, N. (2022). *Carbon pricing, border adjustment and climate clubs: An assessment with EMuSe* (Discussion Paper 25/2022). Deutsche Bundesbank.

Escolano, J. (2010, Januar 27). *A practical guide to public debt dynamics, fiscal sustainability, and cyclical adjustment of budgetary aggregates.* International Monetary Fund, Technical Notes and Manuals.

Europäischer Rat. (2019, Juni 20). *Eine neue Strategische Agenda 2019-2024.* Europäische Kommission, Pressemitteilung.

Europäischer Rat. (2023). *Zeitleiste – restriktive Maßnahmen der EU gegen Russland aufgrund der Krise in der Ukraine.* Homepage Europäischer Rat/Rat der Europäischen Union.

Europäischer Rechnungshof. (2021, Juni). *Von Frontex geleistete Unterstützung bei der Verwaltung der Außengrenzen: bislang nicht wirksam genug* (Sonderbericht 08/2021).

European Commission. (2016, Juni 7). *Action plan on the integration of third country nationals.* Communication COM(2016) 377 final.

European Commission. (2017, Juni). *Migration partnership framework: A new approach to better manage migration.*

European Commission. (2020, April 22). *Proposal for a decision of the European Parliament and of the Council on providing Macro-Financial Assistance to enlargement and neighbourhood partners in the context of the COVID-19 pandemic crisis.* COM(2020) 163.

European Commission. (2021a, Oktober 19). *Turkey 2021 report.* Commission Staff Working Document, SWD(2021) 290/2.

European Commission. (2021b, Dezember 1). *The global gateway.* Joint Communication with the High Representative of the Union for Foreign Affairs and Security Policy, JOIN(2021) 30 final.

European Commission. (2022a, Mai 18). *European relief and reconstruction*. Communication from the Commission, COM(2022) 233 final.

European Commission. (2022b). *Integration of immigrants in the European Union*. Special Eurobarometer 519, report.

European Commission. (2023, Februar 1). *A green deal industrial plan for the net-zero age*. Communication from the Commission, COM(2023) 62 final.

European Parliament. (2020a, März). *The ‚general escape clause' within the stability and growth pact: Fiscal flexibility for severe economic shocks*. Members' Research Service, PE 649.351.

European Parliament. (2020b, November). *Uncertainty/EU/hope – Public opinion in Times of COVID-19: Third round*.

European Parliament. (2021a). Resilience and recovery: Public opinion one year into the pandemic. *Special Eurobarometer*, Spring.

European Parliament. (2021b, Juli 14). *Report on the fact-finding investigation on Frontex concerning alleged fundamental rights violations*. LIBE Committee on Civil Liberties, Justice and Home Affairs, Working Document.

Eurostat. (2021). *Migrant integration statistics – 2020 edition*. Publications Office of the European Union.

Falkner, G., & Plattner, G. (2018, Juni). *Populist radical right parties and EU policies: How coherent are their claims?* (Working Paper RSCAS 2018/38). European University Institute (EUI).

FAO. (2022, Juni 10). *The importance of Ukraine and the Russian Federation for global agricultural markets and the risks associated with the war in Ukraine*. Food and Agriculture Organization of the United Nations.

Fassmann, H., & Hintermann, C. (1997). *Migrationspotential Ostmitteleuropa: Struktur und Motivation potentieller Migranten aus Polen, der Slowakei, Tschechien und Ungarn*. Verlag der Österreichischen Akademie der Wissenschaften.

Favero, C., & Missale, A. (2011, Oktober 27.–28.). *Sovereign spreads in the euro area: Which prospects for a Eurobond?* CEPR, Economic Policy, paper for the 54th panel meeting hosted by the National Bank of Poland.

Felbermayr, G. (2020, September 23). Europa und die globale Wirtschaftsordnung. *Kiel Focus*.

Felbermayr, G., Gröschl, J., & Heiland, I. (2018, Januar). *Undoing Europe in a new quantitative trade model* (ifo Working Paper 250).

Felbermayr, G., Morgan, T. C., Syropoulos, C., & Yotov, Y. V. (2021). Understanding economic sanctions: Interdisciplinary perspectives on theory and evidence. *European Economic Review, 135*, 103720.

Felbermayr, G., Gröschl, J., & Heiland, I. (2022a). Complex Europe: Quantifying the cost of disintegration. *Journal of International Economics, 138*, 103647.

Felbermayr, G., Gröschl, J., & Steininger, M. (2022b). Quantifying Brexit: From ex post to ex ante using structural gravity. *Review of World Economics, 158*, 401–465.

Feld, Lars, Clemens Fuest, Volker Wieland, Justus Haukap, Heike Schweitzer, Berthold Wigger (2022). *Das neue Kaufprogramm der EZB ist toxisch für die Währungsunion: ifo Standpunkt, 240*. **ifo Institut.**

Feldstein, M. (1997). The political economy of the European economic and monetary union: Political sources of an economic liability. *Journal of Economic Perspectives, 11*(4), 3–22.

Fife, B. (2020). *Die Plandemie: Profitstreben, Korruption und Täuschung hinter der COVID-19-Pandemie*. Kopp.

Fischer, J. (2000). *Vom Staatenverbund zur Föderation – Gedanken über die Finalität der europäischen Integration*. Vortrag am Walter-Hallstein-Institut der Humboldt-Universität.

Fischer, J. (2019, Mai 6). Europas unüberwundene Ost-West-Spaltung. *Der Standard*, S. 19.

Fischer, S. (2017). Die Europäische Union und Russland. *Jahrbuch der Europäischen Integration, 2017*, 413–416.

Fix, L., & Kimmage, M. (2022, März 23). What if Russia makes a deal? How to end a war that no one is likely to win. *Foreign Affairs*.

Fligstein, N. (2008). *Euroclash: The EU, European identity, and the future of Europe*. Oxford University Press. isbn: 0199580855.

Fox, B. (2018, Juli 4). Afrikanische Union lehnt EU-Migrationszentren in Afrika ab. *Euractiv*.

Frankel, J., & Rose, A. (1997). Is EMU more justifiable ex post than ex ante. *European Economic Review, 41*, 753–760.

Frankel, J., & Rose, A. (1998). The endogeneity of the optimum currency area criteria. *Economic Journal, 108*, 1009–1025.

Frey, B. S., Steuernagel, A., & Friedrich, J. (2018, September). *Future European alliance: Europe as a flexible democracy* (CESifo working paper 7270).

Frühauf, M., Gelinsky, K., & Mussler, W. (2022, Mai 11). Können russische Devisenreserven den Wiederaufbau finanzieren? *Frankfurter Allgemeine Zeitung*.

Fuest, C. (2019, Februar). *Foreword*. EEAG report 2019, European Economic Advisory Group, CESifo. issn 1865-4568.

Fuest, C. (2021). The NGEU economic recovery fund. *CESifo Forum, 22*(1), 3–8.

Fuest, C., & Ockenfels, A. (2022, Oktober 7). How to tax energy companies' windfall profits. *Project Syndicate*.

Fukuyama, F. (1989). The end of history? *The National Interest, 16*, 18.

Fukuyama, F. (1992). *Das Ende der Geschichte. Wo stehen wir?* Kindler. isbn: 3463401320.

Fukuyama, F. (2012a). The future of history: Can liberal democracy survive the decline of the middle class? *Foreign Affairs, 91*(1), 53–61.

Fukuyama, F. (2012b, Januar 11). The challenges for European identity. *The Global Journal*.

Fukuyama, F. (2018). Against identity politics: The new tribalism and the crisis of democracy. *Foreign Affairs, 97*(5), 90–114.

Fukuyama, F. (2018b, September/October). Against Identity Politics. The New Tribalism and the Crisis of Democracy. *Foreign Affairs, 97*, 90–114.

Fukuyama, F., Richman, B., & Goel, A. (2021). How to save democracy from technology: Ending Big Tech's information monopoly. *Foreign Affairs, 100*, 98–104.

Funke, M., Schularick, M., & Trebesch, C. (2015, Oktober). *Going to extremes: Politics after financial crises, 1870-2014* (CESifo working paper 5553).

Funke, M., Schularick, M., & Trebesch, C. (2018, September 13). The financial crisis is still empowering far-right populists: Why the effects haven't faded. *Foreign Affairs*.

Funke, M., Schularick, M., & Trebesch, C. (2020, Oktober). *Populist leaders and the economy* (Working paper 2169). Kiel Institute for the World Economy.

Gabriel, S. (2020, März 27). Das ‚Meine-Nation-zuerst-Virus' infiziert die Staaten. *Tagesspiegel*.

Gabuev, A. (2022, August 9). China's new vassal: How the war in Ukraine turned Moscow into Beijing's junior partner. *Foreign Affairs*.

Ganster, R., Kirkegaard, J., Kleine-Brockhoff, T., & Stokes, B. (2022). *Designing Ukraine's recovery in the spirit of the marshall plan – Principles, architecture, financing, accountability: Recommendations for donor countries*. German Marshall Fund of the United States (GMF).

Gaubinger, D. (2020, August 4). *Ist es die Einstellung, die zählt? Ein Beitrag zur Messung von ‚Rechtspopulismus' in der EU*. Österreichische Gesellschaft für Europapolitik (ÖGfE Policy Brief 20/2020). issn 2305-2635.

Gebrewold, B. (2018, Juli 17). Was für Flüchtlingszentren in Afrika spricht. *Der Standard*.

Gehler, M. (2018). *Europa: Ideen, Institutionen, Vereinigung, Zusammenhalt* (3. Aufl.). Lau. isbn:978-3-95768-188-1.

Gehler, M. (2020). The European Union: A short-term empire? In R. Rollinger et al. (Hrsg.), *Short-term empires in world history, studies in universal and cultural history* (S. 23–55). Springer Nature. isbn:978-3-658-29435-9.

Gehler, M. (2021a, April 22). *25 Thesen zu ‚100 Jahre österreichische Europa- und Integrationspolitik' 1919–2020* (ÖGfE Policy Brief 05/2021). issn: 2305-2635.

Gehler, M. (2021b). Europa wachte langsam auf, handelte verspätet und ringt weiter mit sich. In M. Rauchensteiner & M. Gehler (Hrsg.), *Corona und die Welt von gestern* (S. 67–94).

Gemeinschaftsdiagnose. (2022, September 27). *Energiekrise: Inflation, Rezession, Wohlstandsverlust*. Herbst, #2-2022.

von Gemmingen, W.-D. F. (2013). *Der identitäre Rechtspopulismus in Europa*. Masterarbeit, Universität Wien.

Genç, M. (2014, Juni). The impact of migration on trade: Immigrants are good for trade. *IZA World of Labor*.

Gentiloni, Paolo, Thierry Breton (2020). Coronavirus: EU must mobilise all its resources to help member states. *Irish Times*, 6 April.

Geyer, S. (2019, Juli 14). Seenotrettung: Europa muss aufhören, das Problem zu umschiffen. *Neue Westfälische*.

Gidron, N., & Bonikowski, B. (2013). *Varieties of populism: Literature review and research agenda* (Working paper series 13-0004). Harvard University, Weatherhead Center for International Affairs.

Gill, I. S., & Raiser, M. (2012). *Golden growth: Restoring the lustre of the European economic model*. The World Bank.

Giovannini, A., et al. (2000, November 11). *Co-ordinated public debt issuance in the euro area*. Report of the Giovannini Group.

Global Carbon Project. (2022, November 7). *Global carbon budget 2022. PowerPoint version 0.93*.

Gnan, E., Messner, T., Rieder, K., Rumler, F., & Salish, M. (2022). The return of inflation. *Monetary Policy & the Economy*, *Q3/22*, 59–70, Oesterreichische Nationalbank (Austrian Central Bank).

Godino, R., & Verdier, F. (2014, Februar 11). *Heading towards a European federation: Europe's last chance* (Policy Paper 105). Jacques Delors Institute.

Goebel, T., Waters, M. R., & O'Rourke, D. H. (2008). The late pleistocene dispersal of modern humans in the Americas. *Science, 319*(5869), 1497–1502.

Goodhart, D. (2017). *The road to somewhere: The populist revolt and the future of politics*. C. Hurst & Co. isbn:9781849047999.

Goodwin, M. J. (2016, Juli 22). What really caused brexit. *Newsweek*.

Gorodnichenko, Y. (2022, November 21). No fear of floating for the hryvnia. *VoxUkraine*.

Gorodnichenko, Y., Sologoub, I., & di Mauro, B. W. (Hrsg.). (2022). *Rebuilding Ukraine: Principles and policies*. CEPR Press.

Graziani, F. (2017, September 28). The European Union external action on migration and asylum: The 2016 ‚Migration Partnership Framework' and its outcomes. *Research and Science Today*.

Grieveson, R., Weiss, S., et al. (2023, November). *Outlier or Not? The Ukrainian economy's preparedness for EU accession*. Bertelsmann Stiftung und wiiw, Gütersloh.

Gros, D. (2022a). *Optimal tariff versus optimal sanction: The case of European gas imports from Russia* (Policy brief 2022/19). European University Institute (EUI).

Gros, D. (2022b, August). *Why gas price caps and consumer subsidies are both extremely costly and ultimately futile* (CEPS policy insights 2022-28).

Gros, D. (2023a, Januar 10). Die Fehler der EU-Energiepolitik. *Project Syndicate*.

Gros, D. (2023b). An EU price cap for natural gas: A bad idea made redundant by market forces. *Intereconomics, 58*(1), 27–31.

Gros, D., & Alcidi, C. (2011). Was bringt der ‚Euro-Plus-Pakt'? *Integration, 2*, 164–171.

Gröschl, J., & Steinwachs,T. (2017). Do natural hazards cause international migration? *CESifo Economic Studies, 63*, 445–480.

Grubmayr, S. (2019, April 23). *Dublin IV – Eine Analyse des Kommissionsvorschlags zur Neufassung der Dublin-Verordnung*. Johannes Kepler Universität Linz, Diplomarbeit.

Grzegorczyk, M., Marcus, J. S., Poitiers, N., & Weil, P. (2022, April 12). The decoupling of Russia: European vulnerabilities in the high-tech sector. *Bruegel Blog*.

Guérot, U. (2016). *Warum Europa eine Republik werden muss! Eine politische Utopie*. Dietz Verlag. isbn:978-3-8012-0479-2.

Guriev, S. (2020, Dezember). *Immigration and populism* (Policy brief 10). Luxembourg Institute of Socio-Economic Research (LISER).

Guriev, S., & Papaioannou, E. (2022). The political economy of populism. *Journal of Economic Literature, 60*(3), 753–832.

Gurría, A. (2021, Februar 1). *A turning point for tax: International co-operation for better regulation of globalization*. The OECD Forum Network.

Gutschker, T. (2022, Juni 24). Kommt jetzt die „europäische politische Gemeinschaft"? *Frankfurter Allgemeine Zeitung*.

Haass, R. (2022, Juni 10). A Ukraine strategy for the long haul: The west needs a policy to manage a war that will go on. *Foreign Affairs*.

Hafeneger, B. (2014). Die Identitären: Vorübergehendes Phänomen oder neue Bewe-gung? Friedrich-Ebert-Stiftung, Forum Berlin. *Expertisen für Demokratie*, Nr. 1/2014.

Hagelstam, K., Dias, C., Angerer, J., & Zoppè, A. (2019). *The European semester for economic policy coordination: A reflection paper*. European Parliament.

Hajdu, D., Lovec, M., Lassen, C. K., Schmidt, P., & Szalai, A. (2018, Oktober 23). *Nationalistic populism and its reception in Central Europe* (ÖGfE Policy Brief).

Hall, S. (2020, October). *Life beyond passporting for post Brexit financial services*. Encompass.

Halla, M., Wagner, A. F., & Zweimüller, J. (2017). Immigration and voting for the far right. *Journal of the European Economic Association, 15*(6), 1341–1385.

Haller, M. (2023, Februar 2). Wie lange soll der Krieg noch dauern? *Wiener Zeitung*.

Halmai, G. (2018). The application of European constitutional values in EU member states: The case of the fundamental law of hungary. *European Journal of Law Reform, 20*(2–3), 10–34.

Hanappi, H. (2018, Juni). *Humanism or racism. Pilot project Europe at the Crossroads* (MPRA paper 87658).

Handler, H. (2013). Fiskalmultiplikatoren in der Krise. Österreichisches Institut für Wirtschaftsforschung. *WIFO Monatsberichte, 12*, 977–984.

Handler, H. (2015, November). *Strategic public procurement* (WWWforEurope policy paper 28). Austrian Institute of Economic Research (WIFO).

Handler, H. (2018). Economic links between education and migration: An overview. Policy Crossover Center: Vienna – Europe, *Flash Paper* 4/2018.

Handler, H. (2019, Januar 31). European identity and identitarians in Europe. Policy Crossover Center: Vienna – Europe, *Flash Paper* 1/2019.

Hank, R. (2018, Juni 17). Strategie der AfD: Nationalsoziale Alternative. *Frankfurter Allgemeine Zeitung*.

Hauck, J. (2013). Quod omnes tangit debet ab omnibus approbari. Eine Rechtsregel im Dialog der beiden Rechte. *Zeitschrift der Savigny-Stiftung für Rechtsgeschichte, 130*, 398–417.

Harari, Y. N. (2018, Dezember). *21 Lektionen für das 21. Jahrhundert*. C. H. Beck.

Hartleb, F. (2011a). Nach ihrer Etablierung – Rechtspopulistische Parteien in Europa: Begriff – Strategie – Wirkung. Konrad Adenauer Stiftung. *Zukunftsforum Politik, 107*. isbn: 978-3-942775-24-3.

Hartleb, F. (2011b). Rechter Populismus in der EU: keine einheitliche Bewegung trotz wachsender Euroskepsis. *Integration, 34*(4), 337–348.

Hassan, M. H. A. (2017). Migration – The choices we face. *Science, 356*, 667.

Head, K., & Mayer, T. (2021). The United States of Europe: A gravity model evaluation of the four freedoms. *Journal of Economic Perspectives, 35*(2), 23–48.

Heinemann, M. (2008, November). *Messung und Darstellung von Ungleichheit* (Working Paper 108). Universität Lüneburg.

Heussaff, C., Tagliapietra, S., Zachmann, G., & Zettelmeyer, J. (2022, September). *An assessment of Europe's options for addressing the crisis in energy markets* (Bruegel policy contribution 17/22).

Hirn, L., & Honnacker, A. (2016, November 21). Pro und contra: Burkaverbot – ja oder nein? *InDebate*.

HM Government. (2018, November). *EU exit: Long-term economic analysis*. Cm9742.

HM Government. (2021, März). *Global Britain in a competitive age: The integrated review of security, defence, development and foreign policy*. CP 403.

HM Treasury. (2022, Juli). *European Union Finances: Statement on the implementation of the withdrawal and trade and cooperation agreements*. CP 732. HM Treasury.

Hoffmann, R. (2018). *Für einen pragmatischen, aber menschenfreundlichen Ansatz*. Internationale Politik und Gesellschaft (IPG).

Höffner, E., & Schubert, H. (2022). Die Subventionierung des Gaspreises als Alternative zur Abschöpfung von „Übergewinnen". *Wirtschaftsdienst, 102*(11), 858–864.

Hogan, M., Claeys, B., Pató, Z., Scott, D., Yule-Bennett, S., & Morawiecka, M. (2022, April). *Price shock absorber: Temporary electricity price relief during times of gas market crisis* (Discussion briefing). Regulatory Assistance Project (RAP).

Holló, D., Kremer, M., & Lo Duca, M. (2012, März). *CISS – A composite indicator of systemic stress in the financial system*. European Central Bank (Working Paper Series 1426).

Holzinger, K., & Schimmelfennig, F. (2012). Differentiated integration in the European Union: Many concepts, sparse theory, few data. *Journal of European Public Policy, 19*(2), 292–305.

Homburg, S. (2012). Der neue Kurs der Europäischen Zentralbank. *Wirtschaftsdienst, 92*(10), 673–677.

Hoxhaj, A. (2021). The EU rule of law initiative towards the Western Balkans. *Hague Journal on the Rule of Law, 13*, 143–172.

Huber, P., Mayerhofer, P., Nowotny, K., & Palme, G. (2007). *Labour market monitoring II: Veränderungen auf dem Arbeitsmarkt im Zuge der EU-Erweiterung.* Österreichisches Institut für Wirtschaftsforschung (WIFO).

Huddleston, T., Bilgili, Ö., Joki, A.-L., & Vankova, Z. (2015). *Migrant integration policy index 2015.* Barcelona Centre for International Affairs.

Hufbauer, G. C., Kim, J., Schott, J. J. (2021, November). *Can EU carbon border adjustment measures propel WTO climate talks?* (Policy brief 21-23). Peterson Institute for International Economics (PIIE).

Hummer, W. (2016). ‚Flüchtlinge' und ‚Migranten' aus völkerrechtlicher und europarechtlicher Sicht: Eine längst fällige Begriffsklärung. In G. Biffl & D. Stepan (Hrsg.), *Europa und Demokratien im Wandel. Ausgewählte Beiträge zum Globalisierungsforum 2014–15* (S. 127–161). Edition Donau-Universität Krems.

Huntington, S. P. (1993). The clash of civilizations and the remaking of world order. *Foreign Affairs, 72*, 22–49.

ICAP. (2022). *Emissions trading worldwide: Status report 2022.* International Carbon Action Partnership.

IDEA. (2020). *Aufruf zur Verteidigung der Demokratie.* International Institute for Democracy and Electoral Assistance.

IEA. (2022). *World energy outlook 2022.* International Energy Agency.

IMD. (2022). *World digital competitiveness ranking 2022.* The IMD World Competitiveness Center, International Institute for Management Development.

IMF. (2022). *World economic outlook: War sets back the global recovery.* International Monetary Fund.

Inglehart, R. F. (2020). Giving up on god: The global decline of religion. *Foreign Affairs, 5*, 110–118.

Inglehart, R. F., & Norris, P. (2016, August). *Trump, Brexit, and the rise of Populism: Economic have-nots and cultural backlash* (Faculty Research Working Paper RWP16-026). Harvard Kennedy Center.

IOM. (2018). *Global compact for safe, orderly and regular migration.* International Organization for Migration.

IOM. (2021). *World migration report 2022.* International Organization for Migration.

IPCC. (2018). *Global warming of 1.5°C.* Intergovernmental Panel on Climate Change, Special Report on the impacts of global warming of 1.5 °C above pre-industrial levels.

IPCC. (2021). *Climate Change 2021 – The Physical Science Basis.* Intergovernmental Panel on Climate Change, Working Group 1 contribution to the Sixth Assessment Report.

IPCC. (2023). *Synthesis Report (SYR) of the IPCC Sixth Assessment Report (AR6).* IPCC.

Irfan, U. (10. September 2021). What's the worst that could happen? *VOX.*

Irwin, D., & Chepeliev, M. (2020). *The economic consequences of Sir Robert Peel: A quantitative assessment of the repeal of the Corn Laws.* CEPR.

Isak, H. (2018). GSVP und Irische Klausel: Neutrale Mitgliedstaaten – Lösug oder Problem? Nomos. *Sicherheit und Frieden (S+F), 36*(4), 186–190.

Islam, S., Rohde, A., & Huerta, G. (2019, Juni 18). Europe's migration challenge: From Integration to Inclusion (Discussion paper). *Friends of Europe.*

Itskhoki, O., Mukhin, D. (2022, May/June). Sanctions and the Exchange Rate. *Intereconomics, 57*(3), 148–151.

Jafari, Y., & Britz, W. (2017). *Brexit – an economy wide impact assessment looking into trade, immigration, and foreign direct investment.* University of Bonn, Institute for Food and Resource Economics.

Jagers, J., & Walgrave, S. (2007). Populism as political communication style: An empirical study of political parties' discourse in Belgium. *European Journal of Political Science, 46*(3), 319–345.

James, H. (2021, Juni 2). Good inflation. *Project Syndicate.*

Jansen, R. S. (2011). Populist mobilization: A new theoretical approach to populism. *Sociological Theory, 29*(2), 75–96.

Juncker, J.-C. (2017, September 20). State of the Union Address 2017: Catching the wind in our sails. *European Commission.*

Kaina, V., & Karolewski, I. P. (2013). EU governance and European identity. *Living Reviews in European Governance, 8*(1), 1–59.

Kaina, V., Karolewski, I. P., & Kuhn, S. (Hrsg.). (2016). *European Identity Revisited. New Approaches and Recent Empirical Evidence.* New York (Routledge). ISBN: 9780815372936.

Kaldor, M. (2013). In defence of new wars. *Stability: International Journal of Security and Development, 2*(1), 1–16.

Kanduth, A. (2018). Arbeitsmarktintegration von Flüchtlingen in Österreich – eine empirische Analyse. *WISO, 41*(2), 61–80.

Kant, I. (1784). Beantwortung der Frage: Was ist Aufklärung? *Berlinische Monatsschrift, 4,* 481–494.

Kant, I. (1796). *Zum ewigen Frieden: Ein philosophischer Entwurf* (2. Aufl.). Friedrich Nicolovius.

Kappeler, A. (2021). Revisionismus und Drohungen. Vladimir Putins Text zur Einheit von Russen und Ukrainern. *Osteuropa, 71*(7), 67–76.

Karas, O. (2016). Migration und Flucht: Europa im Spannungsfeld zwischen Globalisierung, Nationalisierung und Regionalisierung. In G. Biffl & D. Stepan (Hrsg.), *Edition Donau-Universität Krems* (S. 111–125). ISBN 978-3-903150-02-7.

Kasy, M. (2018, August 27). In der EU kann es unter Wiens Vorsitz flutschen. *Der Standard.*

Kaufmann, E. (2016, Juli 7). *It's NOT the economy, stupid: Brexit as a story of personal values.* London School of Economics, Blog.

Kaufmann, E., & Harris, G. (2014). *Changing places.* Demos. isbn:978-1-909037-68-7.

Kellerhoff, S. F. (2022, Februar 26). Streitfall NATO-Erweiterung. Interview mit Ignaz Lozo, *WELT.*

Kelton, S. (2020). *The deficit myth: Modern monetary theory and the birth of the people's economy.* Hachette Book Group. isbn:978-1-5417-3618-4.

Kersting, F., Wohnsiedler, I., Wolf, N. (2019, November 12). *Weber revisited: The protestant ethic and the spirit of nationalism* (Discussion paper 199). Collaborative Research Center Transregio 190.

Ketels, C., Porter, M. E. (2018, September). *Towards a New Approach for Upgrading Europe's Competitiveness.* Harvard Business School, Working Paper 19-033.

Kettle, M. (2021, März 17). Like Brexit, Boris Johnson's vision for ‚global Britain' is an idea not a policy. *The Guardian.*

Kettner-Marx, C., & Feichtinger, G. (2021, September). Fit for 55? Das neue Klima- und Energiepaket der EU. Österreichisches Institut für Wirtschaftsforschung, *WIFO-Monatsberichte* 9/2021, 665–677.

Keuschnigg, C. (2016, Oktober 12). *Dezentralisierung von Staatsaufgaben.* Universität St. Gallen, Wirtschaftspolitisches Zentrum, Analyse Nr. 12.

Khan, L. (2018). The new brandeis movement: America's antimonopoly debate. *Journal of European Competition Law & Practice, 9*(3), 131–132.

King, R. (2010). *Atlas der Völkerwanderungen: Suche, Flucht, Vertreibung, Verschleppung.* Bassermann. isbn-13: 978-3809480136.

Kirkegaard, J. F. (2021). *The Brexit agreement: An economic guide for the perplexed.* Peterson Institute of International Economics (PIIE).

Klosa-Kückelhaus, A. (2020). *Von Aluhüten, Verschwörungstheorien und Coronaskepsis.* Leibniz-Institut für Deutsche Sprache.

Klose, J. (2020). Negativzinsen, Überschussreserven und Tiering der EZB: Wie stark sind die Banken belastet? *Wirtschaftsdienst, 100*(5), 374–379.

Kochenov, D., & Bárd, P. (2018). Against overemphasizing enforcement in the current crisis: EU law and the rule of law in the (new) member states. In M. Matlak et al. (Hrsg.), *Europeanization revisited: Central and Eastern Europein the European Union* (S. 72–89). European University Institute.

Köchler, H. (2013). Das Verhältnis von Religion und Politik in Österreich und Europa: Die Idee des säkularen Staates. In Forum Politische Bildung – Informationen zur Politischen Bildung (Hrsg.), *Religion und Politik* (Bd. 37, S. 5–17). Studien. isbn: 978-3-7065-5329-2.

Kócka-Krenz, H. (1996). Die Westwanderung der Slawen. *Archäologische Informationen, 19*(1–2), 125–134.

Kohlenberger, J. (2021, Januar 24). Migrationshintergrund – ein überholter Begriff. *Der Standard.*

Kohlenberger, J. (2023, März 18). Das „kaputte" Migrationssystem schöpferisch zerstören? *Die Presse.*

Kohler, W., & Müller, G. (2017, November 8). Brexit, the four freedoms, and the indivisibility dogma. *VoxEU/CEPR.*

Koll, W. (2020). Zwanzig Jahre Makroökonomischer Dialog der EU: Neustart für den Euroraum und die Mitgliedstaaten. *Wirtschaftsdienst, 100*(3), 177–184.

Köppl, A., & Schleicher, S. (2018, Juni). *What will make energy systems sustainable?* (Working paper 566). Österreichisches Institut für Wirtschaftsforschung (WIFO).

Köppl, A., & Schleicher, S. (2022). *Zur Diskussion um die Märkte für Elektrizität: Gibt es Optionen für nationale Initiativen zur Reduktion der Großhandelspreise für Elektrizität?* Österreichisches Institut für Wirtschaftsforschung (WIFO), Foliensammlung.

Köppl, A., Schleicher, S., & Schratzenstaller, M. (2019, November). *Fragen und Fakten zur Bepreisung von Treibhausgasemissionen* (Policy brief). Österreichisches Institut für Wirtschaftsforschung (WIFO).

Koshiw, I. (2022, September 23). *How the war has robbed Ukraine's oligarchs of political influence*. The Guardian.

Krakovsky, R. (2019). Illiberal democracies in Central Europe. *Études, 4259.*

Krastev, I. (2017). *After Europe.* University of Pennsylvania Press.

Krastev, I. (2020). *Ist heute schon morgen? Wie die Pandemie Europa verändert.* Ullstein.

Krieghofer, G. (2019, April 23). Zitatforschung. *Blog.*

Krugman, P. (2022, August 26). *Wonking out. Europe and the economics of blackmail.* New York Times.

Krupa, M. (2020, Dezember 9). Ungarn und Polen: Zwei gegen das Recht. *Zeit Online.*

KSE. (2022). *Assessment of damages in Ukraine due to Russia's military aggression as of September 1, 2022.* Kyiv School of Economics.

KSE. (2023). *Total damage assessment in monetary terms as of the end of February 2023.* Kyiv School of Economics.

Kuhn, P. (2018, August 28). Die unheimliche Mobilisierung der Neonazis in Chemnitz. *Welt.*

Kullas, M., & Sohn, K.-D. (2015). *Europäische Arbeitslosenversicherung: Ein wirkungsvoller Stabilisator für den Euroraum?* Centrum für Europäische Politik, cep-Studie.

Kusch, M., & Rolle, C. (2021). Ein CO_2-Grenzausgleich für die EU: Chancen, Herausforderungen und internationale Reaktionen. *Energiewirtschaftliche Tagesfragen, 71*(11), 26–29.

Kusch, M., & Rolle, C. (2021). Ein CO_2-Grenzausgleich für die EU: Chancen, Herausforderungen und internationale Reaktionen. *Energiewirtschaftliche Tagesfragen, 71*(11).

Kuttner, R. (2018). *Can democracy survive global capitalism?* W.W. Norton&Co. https://doi.org/10.4000/rccs.9360

de L'Hotellerie-Fallois, P., & Vergara Caffarelli, F. (2020). *A review of economic analyses on the potential impact of Brexit* (Occasional paper series 249). European Central Bank.

Laclau, E. (2005). *On populist reason.* Verso.

Laganà, G. (2018, September). *Does offshoring asylum and migration actually work? What Australia, Spain, Tunesia and the United States can teach the EU* (Policy brief). Open Society European Policy Institute.

Lahodynsky, O. (2020, Oktober 19). Europäische Grundwerte in Gefahr. *Wiener Zeitung Online.*

Lamy, P. (2020, 1. September). *De-Globalisierung ist schmerzhaft und ineffizient.* Interview von Thomas Seifert, Wiener Zeitung.

Lan, T., Sher, G., & Zhou, J. (2022, Juli). The economic impacts on Germany of a potential Russian gas shutoff. *International Monetary Fund, Working Paper* WP/22/144.

Lee, E. S. (1966). A theory of migration. *Demography, 3*(1), 47–57.

Lehne, S. (2021, November 3). Zwei Säulen der globalen Solidarität. *Der Standard.*

Lenhart, M. B. (2010). *Pflegekräftemigration nach Österreich: Eine empirische Analyse* (Forschungsergebnisse der Wirtschaftsuniversität Wien 40). Peter Lang International Academic Publishers. isbn:978-3-631-75391-0.

Lenin, W. I. (1919). Entwurf des Programms der KPR(B) – 10. Programmpunkt: Auf dem Gebiet der religiösen Beziehungen. In *Werke Band 29: März – August 1919* (9. Aufl., Bd. 1984, S. 118). Dietz Verlag.

León, B. (2018, August 27). *Migrationsfragen lösen? Echte Unterstützung für Libyen bieten.* Interview von Jorge Valero, Euractiv Newsletter.

Leonard, M. (2018, September 28). Present at the destruction. *Project Syndicate.*

Lepenies, W. (1989 Oktober 27). Europa als geistige Lebensform: Ein Plädoyer für wirtschaftliche Einigung und kulturelle Verschiedenheit. *Zeit* Nr. 44.

Letendre-Hanns, P. (2019, Januar 15). Das Problem sind nicht Nationen, sondern Nationalstaaten. *Treffpunkt Europa.*

Letta, E. (2022, April 25). A European confederation: A common political platform for peace. *The Progressive Post.*

Leubecher, M. (2020, Februar 3). Die meisten Bootsmigranten sind keine Flüchtlinge. *Die Welt.*

Livi-Bacci, M. (2018). Does Europe need mass immigration? *Journal of Economic Geography, 18*(4), 695–703.

Lorenz, N., & Bachlechner, M. (2012). Was ist Globalisierung? Definition – Phasen der Entwicklung – Dimensionen. *historia.scribere, 4,* 3–28.

MAC. (2018, September). *EEA migration in the UK* (Final report). Migration Advisory Committee.

Macchiarelli, C., & McMahon, M. (2020, May 27). Quantitative easing and monetary financing: What's the difference? *Economics Observatory.*

MacShane, D. (2020). *Churchill the European has been written out of history.* London School of Economics.

Madatali, H. A. (2021, März). Schengen Borders Code: Revision of Regulation (EU) 2016/399. *European Parliamentary Research Service (EPRS),* PE 662.622.

Maddison, A. (2007). *Contours of the world economy, 1–2030 AD.* Essays in Macro-Economic History.

Maghularia, R., & Uebelmesser, S. (2019, Juni). *Do immigrants affect crime? Evidence from panel data for Germany* (CESifo working `Paper 7696).

Manow, P. (2018). *Die Politische Ökonomie des Populismus.* Suhrkamp. isbn: 978-3-518-12728-5.

Märkt, J. (2001). *Knut Wicksell: Begründer einer kritischen Vertragstheorie? Freiburger Diskussionspapiere zur Ordnungsökonomik.* Albert-Ludwigs-Universität Freiburg i. Br.

Markusen, J. R. (1983). Factor movements and commodity trade as complements. *Journal of International Economics, 14*(3-4), 341–356.

Martill, B. (2017). *Britain has lost a role, and failed to find an empire.* University College London (UCL), European Institute.

Matlak, M., Schimmelfennig, F., & Woźniakowski, T. P. (Hrsg.). (2018). *Europeanization Revisited: Central and Eastern Europa in the European Union.* European University Institute.

Matthes, J. (2021). Reform des Europäischen Stabilitätsmechanismus – eine Einordnung. *Wirtschaftsdienst, 101*(1), 54–57.

Mazzucato, M. (2018). *Mission-oriented research & innovation in the European Union: A problem-solving approach to fuel innovation-led growth.* European Commission, Directorate-General for Research and Innovation.

McWilliams, B., Sgaravatti, G., Tagliapieta, S., & Zachmann, G. (2022, September). A grand bargain to steer through the European Union's energy crisis. *Bruegel Policy Contribution* 14/2022.

Mearsheimer, J. J. (2014). Why the Ukraine crisis is the West's fault: The liberal delusions that provoked putin. *Foreign Affairs, 93*(5), 77–89.

Mehrig, R. (2018). *Carl Schmitt: Denker im Widerstreit: Werk – Wirkung – Aktualität.* Herder. isbn:978-3-495-48897-3.

Meier, M. (2019). *Geschichte der Völkerwanderung: Europa, Asien und Afrika vom 3. bis zum 8. Jahrhundert n.Chr.* C.H. Beck.

Menon, S. (2022). The fantasy of the free world: Are democracies really united against Russia? *Foreign Affairs, 101*(3).

Mets, K. (2018, Juni 25). If we fail to reform the Dublin Regulation, everybody loses – Especially children. *Euractiv.*

Meyer, D. (2020). Corona-Bonds – Solidarität mit Kollektivhaftung? In *Orientierungen zur Wirtschafts- und Gesellschaftspolitik.* Ludwig-Erhard-Stiftung.

Milanović, B. (2016). *Global inequality: A new approach for the age of globalization.* The Belknap Press of Harvard University Press. isbn:9780674737136.

Milanović, B. (2017, Oktober 7). Trade and migration: Substitutes or complements? *Branko's Blog.*

Möller, A. (2019). *EU cohesion monitor 2019: The untold story of European resilience.* European Council on Foreign Relations (ECFR).

Mongelli, F. P. (2002, April). *„New" views on the optimum currency area theory: What is EMU telling us?* (Working Paper 138). European Central Bank.

Monnet, Jean (1976, Chapter 16). Mémoires. Paris, Librairie Arthème Fayard. English translation by Third Millennium, Profile Books Ltd., London, 2015.

Montag, C. (1993). Wanderungsbewegungen in Geschichte und Gegenwart. *Via Regia, 9.*

Monteiro, D. P. (2023, July). Common Sovereign Debt Instruments. An Analytical Framework. *European Commission, European Economy Discussion Paper 194.*

Moriconi, S., Peri, G., & Turati, R. (2018, September). *Skill of the immigrants and vote of the natives: Immigration and nationalism in European elections 2007-2016* (NBER working paper 25077).

Moring, A. (2017, Januar 17). Warum der Rechtspopulismus die Selbstbestimmung der Nationen bedroht. *Euraktiv.*

Mouffe, C. (2007). *Über das Politische: Wider die kosmopolitische Illusion.* Suhrkamp. isbn:978-3-518-12483-3.

Mouffe, C. (2015, März 30). Für einen linken Populismus. *Internationale Politik und Gesellschaft.*

Movchan, V., & Rogoff, K. (2022). International trade and foreign direct investment. In Y. Gorodnichenko et al. (Hrsg.), *Rebuilding Ukraine: Principle and policies* (S. 119–165). Centre for Economic Policy Research.

Moyo, D. (2018, November 23). The African threat. *Project Syndicate.*

Mrozek, A. (2015). *Europas Schande – zur rechtlichen Problematik der Seenotrettung.* Europäischer Salon.

Mudde, C. (2004). The populist zeitgeist. *Government and Opposition, 39*(4), 541–563.

Mudde, C. (2007). *Populist Radical Right Parties in Europe.* Cambridge University Press.

Mudde, C. (2018, November 22). How populism became the concept that defines our age. *The Guardian.*

Mudde, C. (2019). *The far right today.* Polity Press. isbn:978-1-5095-3684-9.

Mudde, C., & Rovira Kaltwasser, C. (2011, Juli). *Voices of the peoples: Populism in Europe and Latin America compared* (Working paper 378). Kellogg Institute.

Mudde, C., & Rovira Kaltwasser, C. (Hrsg.). (2012). *Populism in Europe and the Americas: Threat or corrective for democracy?* Cambridge University Press.

Müller, J.-W. (2011). *Ein gefährlicher Geist: Carl Schmitts Wirkung in Europa* (2. Aufl.). Wissenschaftliche Buchgesellschaft. isbn:978-3-534-23024-2.

Müller, J.-W. (2016). *Was ist Populismus?* Suhrkamp. isbn:978-3-518-74085-9.

Müller, J.-W. (2019, Februar 21). What's left of the populist left? *Project Syndicate.*

Müller, M. (2017). *Der Marshallplan der Bundesregierung aus afrikanischer Sicht.* Stiftung Wissenschaft und Politik (SWP).

Mundell, R. A. (1961). A theory of optimum currency areas. *American Economic Review, 51*(4), 657–665.

Mylovanov, T., & Roland, G. (2022). Ukraine's post-war reconstruction and governance reforms. In Y. Gorodnichenko et al. (Hrsg.), *Rebuilding Ukraine: Principles and policies* (S. 39). CEPR Press.

Neyer, U. (2020). Die geldpolitischen Maßnahmen des Eurosystems in der Corona-Krise. *Perspektiven der Wirtschaftspolitik, 21*(3), 273–279.

Nida-Rümelin, J. (2017). *Über Grenzen denken: Eine Ethik der Migration.* Edition Körber-Stiftung. isbn:9783896841957.

Nida-Rümelin, J. (2018, Juli 10). Afrika braucht nicht noch mehr Auswanderung nach Europa. *Internationale Politik und Gesellschaft.*

Nissen, S. (2004, September 10). *Europäische Identität und die Zukunft Europas.* Bundeszentrale für politische Bildung (bpb).

Nordhaus, W. (2015). Climate clubs: Overcoming free-riding in international climate policy. *American Economic Review, 105*(4), 1339–1370.

Nordhaus, W. (2021, Oktober 12). Why climate policy has failed. And how governments can do better. *Foreign Affairs.*

Norris, P. (2021, Mai/Juni). Voters against democracy: The roots of autocratic resurgence. *Foreign Affairs.*

Nottbohm, H.-W. P. (Hrsg.). (o.J.). *Europäische Identität in der Krise? Europäische Identitätsforschung und Rechtspopulismusforschung im Dialog* (S. 21–56). Springer Fachmedien. isbn:978-3-658-14951-2.

NRC. (2022). *Ukraine's national recovery plan.* National Recovery Council.

Nyabola, N. (2019, Oktober 10). The end of asylum: A pillar of the liberal order is collapsing – But does anyone care? *Foreign Affairs.*

OECD. (2015, September). Is this humanitarian migration crisis different? *Migration Policy Debates* (No. 7).

OECD. (2022, August 4). *The supply of critical raw materials endangered by Russia's war on Ukraine.* Tackling the Policy Challenges.

OECD/G20. (2021, Oktober 8). *Statement on a two-pillar solution to address the tax challenges arising from the digitalisation of the economy.* OECD/G20 Base Erosion and Profit Shifting Project.

Ohr, R. (2017 Juni 10). Solidarität kann man nicht erzwingen. Interview von Bernard Marks, *Göttinger Tageblatt.*

Oltmer, J. (2016). *Globale Migration: Geschichte und Gegenwart* (3. Aufl.). C.H. Beck. isbn:978-3-406-69890-3.

von Ondarza, N., & Ålander, M. (2021, März). Die Konferenz zur Zukunft Europas. Deutsches Institut für Internationale Politik und Sicherheit, Stiftung Wissenschaft und Politik, *SWP-Aktuell* Nr. 20.

Öniş, Z., & Kutlay, M. (2019). Reverse transformation? Global shifts, the core-periphery divide and the future of the EU. *Journal of Contemporary European Studies, 28*(2), 197–215.

Orenstein, M. A. (2019, März 15). What Europe's populist right is getting right. *Project Syndicate.*

Ortega, F., & Peri, G. (2009, April). *The causes and effects of international migrations: Evidence from OECD countries 1980-2005* (NBER working paper 14833).

Ortega y Gasset, J. (1931). *Der Aufstand der Massen.* Deutsche Verlagsanstalt.

Oster, M., & Schlichting, G. (2017). *Der Brexit: Hintergrund, Entwicklung und erwartete Auswirkungen* (S. 25). Hochschule Koblenz, Fachbereich Wirtschaftswissenschaften, Wissenschaftliche Schriften.

Otero-Iglesias, M. (2018, September 21). Europe's two-faced migration reality: Migration – Like globalization – Creates winners and losers. *POLITICO.*

Otte, M. (2017). Der BREXIT und andere ‚Unfälle': Tiefere Ursachen und Konsequenzen für die deutsche Wirtschaft. *List Forum für Wirtschafts- und Finanzpolitik, 43*(4), 1–11.

Özoguz, A. (2018, Dezember 12). Albtraum für Populisten. *Euractiv.*

Palacio, A. (2020, März 3). In der Regel hat sich die EU bisher durchgewurstelt. *Die Presse.*

Palley, T. I. (2013, Januar). *Money, fiscal policy, and interest rates: A critique of modern monetary theory* (Working paper). Macroeconomic Policy Institute (IMK).

Palmer, L. (2019, März 24). Reasons to remain in the European Union. *Blog.*

Panizza, F. (2005). *Populism and the mirror of democracy.* Verso.

Parry, I., Black, S., & Roaf, J. (2021, Juni 18). *Proposal for an international carbon price floor among large emitters.* IMF Staff Climate Notes.

Pauls, E. P. (2008). Native American: Indigenous peoples of Canada and United States. *Encyclopaedia Britannica.*

Pecht, A. (2016, Oktober). *Völkerwanderungen – Migration als historischer Normalfall.* Vortragsmanuskript.

Pekanov, A. (2021). „Geldpolitik und Kreditwesen in der COVID-19-Krise", Österreichisches Institut für Wirtschaftsforschung. *WIFO-Monatsberichte, 4*, 309–320.

Pelinka, A. (2007). Bestimmungsfaktoren des Euroskeptizismus. Zu den Ursachen der Krise der europäischen Integration. In A. Pelinka & F. Plasser (Hrsg.), *Europäisch Denken und Lehren: Festschrift für Heinrich Neisser* (S. 233–247). Innsbruck University Press. isbn-13: 978-3902571366.

Pelinka, A. (2011). Die Finalität der Europäischen Union: Generalprobe für Global Governance. In H. Büchele & A. Pelinka (Hrsg.), *Friedensmacht Europa: Dynamische Kraft für Global Governance?* (S. 11–37). Innsbruck University Press.

Pelinka, A. (2014, März 29). Die ersten Europäer. *Die Presse*, Printausgabe vom 29. März.

Peters, D. (2021). *Eine militärisch autonome EU? Europäische Sicherheit und transatlantische Partnerschaft nach Afghanistan* (PRIF Spotlight 17/2021).

Petritsch, W. (2023, Januar 1). Europas Churchill-Moment? Was der Ukraine-Krieg für die Soft Power EU bedeutet. *Der Standard.*

Pichler, F. (2005). *Affection to and exploitation of Europe: European identity in the EU* (Sociological series 71). Institute for Advanced Studies.

Pisani-Ferry, J. (2018a, August 30). Europe could miss its opportunity for political realignment. *Project Syndicate.*

Pisani-Ferry, J. (2018b, Oktober). *Should we give up on global governance?* Bruegel Policy Contribution, No. 17.

Pisani-Ferry, J. (2020, February 25). *A Radical Way Out of the EU Budget Maze. Project Syndicate.*

Pisani-Ferry, J. (2021, August). *Climate policy is macroeconomic policy, and the implications will be significant* (Policy brief 21-20). Peterson Institute for International Economics (PIIE).

Pisani-Ferry, J. (2022). The missing macroeconomics of climate action. In S. Tagliapietra, G. Wolff, & G. Zachman (Hrsg.), *Greening Europe's post-covid-19 recovery* (S. 63–87). Bruegel.

Pisani-Ferry, J., Röttgen, N., Sapir, A., Tucker, P., & Wolff, G. B. (2016). *Europe after Brexit: A proposal for a continental partnership* (MRCBG Associate working paper series 64). Harvard Kennedy School.

Plokhy, S. (2016). *The gates of Europe: A history of Ukraine.* Basic Books.

Portales, C. (2018). Objective beauty and subjective dissent in Leibniz's aesthetics. *Estetica, LV/XI*(1), 67–88.

Possoch, D., & Dittrich, A. (2022, März 21). *Putins Kriegsgründe: Was es damit auf sich hat.* Bayrischer Rundfunk, BR24.

Priester, K. (2011). Definitionen und Typologien des Populismus. *Soziale Welt, 62*(2), 185–198.

Priester, K. (2012). *Wesensmerkmale des Populismus.* Bundeszentrale für politische Bildung (bpb).

Priewe, J. (2021, Februar 10). Neue Anker und neue Steuerruder für die europäische Fiskalpolitik. *Makronom.*

Printzos, M. (2018, September 4). An inclusive method to Europe's migration flow. *Friends of Europe.*

Pritchett, L. (2006). *Let their people come: Breaking the gridlock on international labor mobility.* Center for Global Development. isbn-13: 978-1-933286-10-5.

Publications Office. (2017). *European pillar of social rights.* Publications Office of the European Union.

Putin, W. (2021). Über die historische Einheit der Russen und Ukrainer. *Osteuropa 71*(7), 51–66. Übersetzung von Andrea Huterer.

Quick, R. (2019, Oktober 11). Eine CO_2-Grenzsteuer oder ein Klimazoll? *Wirtschaftliche Freiheit.*

Rachman, G. (2010, Mai 10). Europe is unprepared for austerity. *Financial Times.*

Rácz, A., Spillner, O., & Wolff, G. B. (2023). Why sanctions against Russia work. *Intereconomics, 58*(1), 52–55.

Rapoport, H. (2016, Juli). *Migration and globalization: What's in it for developing countries?* (IZA Discussion Paper 10109).

Rat der EU. (2022, Dezember 14). Richtlinie (EU) 2022/2523 des Rates zur Gewährleistung einer globalen Mindestbesteuerung für multinationale Unternehmensgruppen und große inländische Gruppen in der Union.

Rating Group Ukraine. (2023, Januar 14.–16.). *Twentieth national poll: Foreign policy moods.* Kyiv.

Rauchensteiner, M., & Gehler, M. (Hrsg.). (2021). *Corona und die Welt von gestern.* Böhlau.

Raza, W., Tröster, B., Madner, V., Mayr, S., & Hollaus, B. (2022). *Analyse und Beurteilung des Vorschlags der Europäischen Kommission für einen CO_2-Grenzausgleichsmechanismus der EU. Institut für Makroökonomie und Konjunkturforschung* (IMK study 80). Hans-Böckler-Stiftung.

Razin, A., & Sadka, E. (2021, März). *Migration and redistribution: Federal governance of an economic union matters* (NBER working paper 28558).

Recchi, E., & Lanati, M. (2020, Januar 31). *Search-and-rescue operations in the mediterranean: Are they a 'pull factor' for sea crossings of migrants?* (MPC Blog). European University Institute.

Reckwitz, A. (2019). *Das Ende der Illusionen: Politik, Ökonomie und Kultur in der Spätmoderne*. Suhrkamp.

Reisen, H. (2018, Juli 17). Europa im Migrationstrilemma. *Makronom*.

Reisen, H. (2021, März 4). Wie sich die Corona-Schulden entsorgen lassen. *Makronom*.

Reiss, L., & Valderrama, M. T. (2020, Dezember). *Is NGEU a game changer for the ECB's role in fighting the fall-out from COVID-19 in the euro area?* (SUERF policy note 214).

Rentsch, M. (2020). *Meinung: 'Libyen ist kein sicherer Ort und niemand sollte dorthin zurückgebracht werden'*. Bundeszentrale für politische Bildung.

Richeson, J. A. (2019, Februar 1). A creedal identity is not enough. *Foreign Affairs*.

Richter, W. F. (2019, Mai 6). Mehrheitsbeschlüsse in der europäischen Steuerpolitik? *Ökonomenstimme*.

Ritchie, H. (2022, März 24). How could the war in Ukraine impact global food supplies? *Our World in Data*.

Roberts, M. (2022, Mai 2). A marshall plan for Ukraine? *Brave New Europe*.

Rodlauer, M., & Strauch, R. (2021, September). *Forging the future of Monetary Union – Taking stock and looking forward* (SUERF policy note 252).

Rodríguez Sánchez, Alejandra, Julian Wucherpfennig, Ramona Rischke, Stefano Maria, Iacus (2023). Search and rescue in the Central Mediterranean Route does not induce migration: Predictive modeling to answer causal queries in migration research. *Scientific Reports* 13(11014).

Rodrik, D. (2000). How far will international economic integration go? *Journal of Economic Perspectives, 14*(1), 177–186.

Rodrik, D. (2007, Juni 27). The inescapable trilemma of the world economy. *Weblog*.

Rodrik, D. (2011). *Das Globalisierungs-Paradox: Die Demokratie und die Zukunft der Weltwirtschaft*. C.H.Beck.

Rodrik, D. (2018). Populism and the economics of globalization. *Journal of International Business Policy, 1*(1), 12–33.

Rodrik, D. (2019, Juli 9). What's driving populism? *Project Syndicate*.

Rodrik, D. (2020). *Why does globalization fuel populism? Economics, culture, and the rise of right-wing populism*. Harvard University.

Romer, P. (2010, March). *Technologies, Rules, and Progress. The Case for Charter Cities*. Center for Global Development.

Rovira Kaltwasser, C. (2012, Oktober 15). *Scholars should not just assume that populism is bad for democracy, but should instead concentrate on explaining populism's positive and negative effects* (Blog). London School of Economics.

Rüdiger, A. (2023, January/February). Exiting the Energy Crisis. Lessons Learned from the Energy Price Cap Policy in France. *Intereconomics, 58*(1), 5–9.

Rudolph, M. (2021). *Der Weltgeist als Lachs*. Matthes und Seitz.

Rummens, S. (2009). Democracy as a non-hegemonic struggle? Disambiguating Chantal Mouffe's agonistic model of politics. *Constellations, 16*(3), 377–391.

Russel, M. (2018, February). *The EU's Russia Policy*. European Parliament.

Saadi Sedik, T., & Xu, R. (2020, Oktober). *A vicious cycle: How pandemics lead to economic despair and social unrest* (IMF working paper WP/20/216). International Monetary Fund.

Sachs, J. (1989, März). *Social conflict and populist policies in Latin America* (NBER working paper 2897). National Bureau of Economic Research.

Sachs, J. (2018, Dezember 13). Der US-Wirtschaftskrieg gegen Huawei. *Der Standard*.

Sachs, J. (2022, Dezember 5). A mediator's guide to peace in Ukraine. *Common Dreams*.

Sachverständigenrat. (2022, November 9). *Energiekrise solidarisch bewältigen, neue Realität gestalten*. Jahresgutachten 2022/23.

Sampson, T. (2017). Brexit: The economics of international disintegration. *Journal of Economic Perspectives, 31*(4), 163–184.

Samuelson, P. A. (1948). International trade and the equalisation of factor prices. *The Economic Journal, 58*(230), 163–184.

Sapir, A. (2021, Januar 12). The double irony of the new UK-EU trade relationship. *Bruegel Blog*.

Sapir, A. (2022a, März 14). How should the EU respond to Georgia, Moldova and Ukraine's membership aspirations? *Bruegel Blog Post*.

Sapir, A. (2022b, Mai 17). Does the war in Ukraine call for a new Next Generation EU? *Bruegel Blog*.

Sargeant, J. (2022). *Northern Ireland: Functioning of government without ministers*. Institute for Government.

Sarrazin, T. (2018). *Feindliche Übernahme: Wie der Islam den Fortschritt behindert und die Gesellschaft bedroht*. Finanzbuch. isbn:9783959721622.

Schaller, S., & Schmidt, P. (2021, März 18). *Die Aufbau- und Resilienzfazilität der EU: Ein Tropfen auf den heißen Stein?* (ÖGfE policy brief 03/2021).

Schäfer, H.-B., & Kämmerer, J. A. (2020). Der Brexit zwischen britischem Autonomiestreben und Handelsgewinnen. *Wirtschaftsdienst, 100*(11), 856–861.

Schäuble, W., & Lamers, K. (1994, Oktober 1). *Überlegungen zur europäischen Politik*. Positionspapier, CDU/CSU-Fraktion.

Schick, G., & Peters, M. (2021, Januar 21). Die Rolle der Zentralbanken in der sozialökologischen Transformation. *Makronom*.

Schiff, M. (2006, November). *Migration, Trade and Investment: Complements or Substitutes?* (Research paper series 30(89)). CEIS Tor Vergata.

Schleicher, S., Köppl, A., & Schratzenstaller, M. (2016, März 11). *Deciphering the Paris agreement on climate policy: What might be the implications for the EU?* (ÖGfE Policy Brief 09/2016). Österreichische Gesellschaft für Europapolitik.

Schmertzing, L. (2011). GSVP-Aufgaben von Petersberg bis Lissabon: Ihre Entwicklung und Auswirkungen auf zivile und militärische Planung. *SIAK-Journal – Zeitschrift für Polizeiwissenschaft und polizeiliche Praxis, 4*, 28–37.

Schmitz, F., & Seferi, I. (2021, Januar 6). *Balkanroute: Pushbacks durch Frontex?* Deutsche Welle.

Schnabel, I. (2022, September). *Monetary policy and the great volatility* (SUERF Policy Note 287).

Schneckener, U., & Schäffer, S. (2022). *The day after – Towards a greater European council?* (IDM policy paper series 2/2022).

Schneider, H. (2015). ,Europäische Identität' – Ist das Thema abschiedsreif? Oder nötigen die Krisen zu einem neuen Begriffsverständnis? *integration, 4*, 306–336.

Schoorl, J., Heering, L., Esveldt, I., Groenewold, G., van der Erf, R., Bosch, A., de Valk, H., & de Bruijn, B. (2000). *Push and pull factors of international migration: A comparative report*. European Commission, Studies and Research.

Schratzenstaller, M., Böheim, M., & Peneder, M. (2022, September 14). Was tun mit den Zufallsgewinnen? *Der Standard*.

Schroeder, W. (2022, Juni 15). *Die Europäische Union – eine wehrhafte Rechtsgemeinschaft* (ÖGfE policy brief 10/2022).

Schrott, P. (2018). *Politiken & Ideen: Vier Essays*. Carl Hanser. isbn:9783446258228.

Schubert, C. (2013, September 26). Wie das Maastricht-Kriterium im Louvre entstand. *Frankfurter Allgemeine Zeitung*.

Schwab, K. (2018, November 5). Grappling with globalization 4.0. *Project Syndicate*.

Schwan, G., & Knaus, G. (2018, Juni 20). *Vorschlag für eine 'europäische Antwort' auf die Flüchtlingsfrage*. European Stability Initiative (ESI).

Schwind, S., & Reichert, G. (2022). *Fit for 55: Nationale Klimaziele ab 2021* (cepAnalyse Nr. 9/2022). Centrum für Europäische Politik.

Seifert, T. (2018, Juli 28.–29.). Eine Geschichte zweier Europas. Interview mit Ivan Krastev. *Wiener Zeitung Online*.

Selee, A. (2018, Juli 3). What if Mexico stops cooperating on migration? Why the U.S. needs to Engage constructively. *Foreign Affairs*.

Sgaravatti, G., Tagliapietra, S., Trasi, C., & Zachmann, G. (2023, June 26). *National fiscal policies responses to the energy crisis*. Bruegel.

Shafik, N. (2018). A new social contract: Overcoming fears of technology and globalization means rethinking the rights and obligations of citizenship. *Finance & Development, 55*(4), 4–8.

Sheran, Y. (2020, März 14). Populism is meaningless. *The Atlantic*.

SIFMA/EPDA. (2008, September). *A common European government bond*. Securities Industry and Financial Markets Association, jointly with European Primary Dealers Association (Discussion paper).

SIGMA. (2017). *The Principles of Public Administration: 2017 Edition*. SIGMA/OECD.

da Silva, L., Diego, N. T., Béraud-Sudreau, L., Marksteiner, A., & Liang, X. (2022). *Trends in world military expenditure 2021* (SIPRI fact sheet). Stockholm International Peace Research Institute.

Sinmaz, E., Belam, M., & McGlure, T. (2022, September 28). Russia-Ukraine war latest: What we know on day 217 of the invasion. *The Guardian*.

Sloterdijk, P. (2007). *Gottes Eifer. Vom Kampf der drei Monotheismen*. Verlag der Weltreligionen. isbn:9783458710042.

Snyder, T. (2022). Ukraine holds the future: The war between democracy and Nihilism. *Foreign Affairs, 101*(5), 124–141.

Solana, J., & Khrushcheva, N. L. (2022, August 3). The World order after the Ukraine war. *Project Syndicate*.

Solana, J., et al. (2016). *Mehr Europa in der Verteidigung*. CEPS-FES Task Force Bericht.

Solano, G., & Huddleston, T. (2020). *Migrant integration policy index 2020*. CIDOB and MPG. isbn:978-84-92511-83-9.

Söllner, F. (2022). EU-Pläne für einen CO_2-Grenzausgleich. *Wirtschaftsdienst, 102*(8), 609–617.

Sonnenfeld, J. A., Tian, S., Sokolowski, F., Wyrebkowski, M., & Kasprowicz, M. (2022, Juli 19). *Business retreats and sanctions are crippling the Russian economy* (Working paper). Yale School of Management.

Soros, G. (2020, November 30). An effective response to Europe's fiscal paralysis. *Project Syndicate*.

Stanzel, B., & Bramhas, E. (2017). *Friedensoasen: Die Wüste wird grün – Flüchtlinge werden Pflanzer* (Flash paper no. 9). Policy Crossover Center: Vienna-Europe.

Stern, N., coord. (2006, Oktober 30). *The economics of climate change: The stern review.* HM Treasury.

Stern, N. (2022). A time for action on climate change and a time for change in economics. *The Economic Journal, 132,* 1259–1289.

Stöhr, T., & Wichardt, P. (2019, September). *Conflicting identities: Cosmopolitan or anxious? Appreciating concerns of host country population improves attitudes Towards immigrants* (Discussion paper 12630). Institute of Labor Economics (IZA).

Stojanovic, A., & Wright, G. (2020, November 19). *EU – UK future relationship: financial services.* Institute for Government.

Stubb, A. C.-G. (1996, June). A Categorization of Differentiated Integration. *Journal of Common Market Studies, 34*(2), 283–295.

Sturm, J. (2022, April 9). *The simple economics of trade sanctions on Russia: A policymaker's guide* (MIT Working Paper).

Sultan, S., Rusche, C., Bardt, H., & Busch, B. (2023). Single market emergency instrument: A tool with pitfalls. *Intereconomics, 58*(3), 160–166.

Sznaider, N. (2018). *Das unmögliche Prinzip der Gleichheit.* Internationale Politik und Gesellschaft (IPG).

Taggart, P. (2000). *Populism.* Open University Press. isbn: 0-335-20045-1.

Taggart, P. (2012, November). *Populism has the potential to damage European democracy, but demonising populist parties is self-defeating* (LSE Blog). London School of Economics.

Tagliapietra, S., & Wolff, G. B. (2021). Form a climate club: United States, European Union and China. *Nature, 591,* 526–528.

Tagliapietra, S., Wolff, G. B., & Zachmann, G. (Hrsg.). (2022). *Greening Europe's post-COVID-19 recovery* (Blueprint series 32). Bruegel.

Tamir, Y. (Yuli) (2018, Dezember 19). Zur Verteidigung des Nationalismus. *Project Syndicate.*

Tarnoff, C. (2018, Januar 18). *The marshall plan: Design, accomplishments, and significance.* Congressional Research Service.

Taylor, P. (2021, Mai 7). Hijack the conference on the future of Europe! *POLITICO.*

Tekin, F. (2016). Was folgt aus dem Brexit? Mögliche Szenarien differenzierter (Des-)Integration. *Integration, 39*(3), 183–197.

Theiselmann, R. (2019, Februar 12). Globalisierung 4.0: Eine Nachlese zum Weltwirtschaftsforum 2019. *Diligent-Blog.*

Thiele, C. (2008). *Regeln und Verfahren der Entscheidungsfindung innerhalb von Staaten und Staatenverbindungen: Staats- und kommunalrechtliche sowie europa- und völkerrechtliche Untersuchungen* (Habilitationsschrift). Springer. isbn:978-3-540-78995-6.

Tichy, G. (2013). Die Staatsschuldenkrise als Krise des europäischen Finanzsystems. *WIFO-Monatsberichte, 6,* 473–492.

Tichy, G. (2019). Das vernachlässigte Massensparen: Die wirtschaftspolitischen Folgen zunehmender Intermediation. *WIFO-Monatsberichte, 92*(8), 583–597.

Tichy, G. (2020a). Europa in der Vertrauenskrise? *Wirtschaftsdienst, 100*(8), 622–627.

Tichy, G. (2020b, September). *Integration unter Ungleichen: Länder- und schichtenspezifische Einstellungen zur EU und ihren Zielen* (WIFO working paper 620). Österreichisches Institut für Wirtschaftsforschung.

Tillmann, P. (2022). Europäische Zentralbank: Transmission Protection Instrument. *Wirtschaftsdienst, 102*(8).

Tocci, N. (2014). *Imagining post-crisis Europe*. Imagining Europe Project, Istituto Affari Internazionali (IAI).

Tocci, N., & Faleg, G. (2013). *Towards a more united and effective Europe: A framework for analysis*. Imagining Europe Project, Istituto Affari Internazionali (IAI).

Tooze, A. (2022, August). Neue Nato, alte Rezepte: Für eine strategische Autonomie Europas. *Blätter für deutsche und internationale Politik*.

Transparency International. (2022). *Corruption perceptions index 2022*. isbn: 978-3-96076-233-1.

Trauner, F., & Valodskaite, G. (2022). The EU's temporary protection regime for Ukrainians: Understanding the legal and political background and its implications. In: Åslund et al. *CESifo Forum, 23*(4), 17–20.

Trebesch, C., Antezza, A., Bushnell, K., Frank, A., Frank, P., Franz, L., Kharitonov, I., Kumar, B., Rebinskaya, E., & Schramm, S. (2023, Februar). *The Ukraine support tracker: Which countries help Ukraine and how?* (Kiel working paper 2218). Mit Datenupdate bis Ende Mai 2023.

Tridico, P. (2018). The determinants of income inequality in OECD countries. *Cambridge Journal of Economics, 42*, 1009–1042.

Uhl, S., & Rixen, T. (2007). *Unternehmensbesteuerung europäisch gestalten – mitgliedstaatliche Handlungsspielräume gewinnen*. Gutachten im Auftrag der Friedrich-Ebert-Stiftung.

Ultsch, C. (2020, November 2). Österreich darf sich von Terroristen nicht auseinanderdividieren lassen. *Die Presse*.

Umland, A. (2022). *Wie der Westen der Ukraine helfen kann: Drei Strategien für einen ukrainischen Sieg und Wiederaufstieg*. Stockholm Centre for Eastern European Studies (SCEES).

Umweltbundesamt. (2022, September 22). *Der Europäische Emissionshandel*.

UN DESA. (1998). *Recommendation on statistics of international migration: Revision 1*. United Nations, Department of Economic and Social Affairs.

UN DESA. (2022). *International migration 2022: Summary of results*. United Nations, Department of Economic and Social Affairs, UN DESA/POP/2021/TR/NO. 3.

UNEP. (2022). *Adaptation gap report 2022: Too little, too0020slow – Climate adaptation failure puts world at risk*. United Nations Environment Programme.

UNEP. (2023). *Emissions Gap Report 2023. Broken Record*. United Nations Environment Programme, Nairobi.

UNHCR. (2013, Januar 1). *Statistical online population database: Sources, methods and data considerations*.

UNHCR. (2023). *Global trends: Forced displacement in 2022*. United Nations High Commissioner for Refugees.

Unser, G. (2008). Russland in den Vereinten Nationen: Multilateralismus im eigenen Interesse. Deutsche Gesellschaft für die Vereinten Nationen. *Zeitschrift Vereinte Nationen, 6*, 251–256.

Urbinati, N. (2019a). Political theory of populism. *Annual Review of Political Science, 22*, 111–127.

Urbinati, N. (2019b). The phenomenology of politics as factionalism. *Constellations, 26*(3), 408–417.

Van Riet, A. (2021). *From euro crisis to covid pandemic: The changing universe of safe public debt in Europe*. European University Institute.

Vavra, D., Topf, B., & Ray, N. (2022, Dezember 13). To peg or not to peg: A suitable exchange rate regime for the Ukrainian hryvnia in times of war. *VoxUkraine*.

Vehrkamp, R., & Wratil, C. (2017). *Die Stunde der Populisten? Populistische Einstellungen bei Wählern und Nichtwählern vor der Bundestagswahl 2017*. Bertelsmann Stiftung.

Venohr, S. (2016, Juni 24). So haben die Briten abgestimmt. *Zeit Online*.

Vereinte Nationen. (2018a, Dezember 10/11). *Zwischenstaatliche Konferenz zur Annahme des Globalen Paktes für eine sichere, geordnete und reguläre Migration: Entwurf des Ergebnisdokuments der Konferenz*. Mitteilung des Präsidenten der Generalversammlung.

Vereinte Nationen. (2018b). *Globaler Pakt für Flüchtlinge*. Bericht des Hohen Flüchtlingskommissars der Vereinten Nationen an die Generalversammlung, Offizielles Protokoll, Dreiundsiebzigste Tagung, Beilage 12 (A/73/12, Part II).

Verhofstadt, G. (2006, Januar 18). Speech at the CSIS in Washington. *news.belgium*.

Verhofstadt, G. (2018a, September 3). Europe's populist fifth Column. *Project Syndicate*.

Verhofstadt, G. (2018b, Dezember 12). The revolution Europe needs. *Project Syndicate*

Villeroy de Galhau, F. (2021, Mai). *Europe's growth gap: Reconciling Keynes and Schumpeter* (SUERF policy note 236).

Visco, I. (2022, Oktober). *Monetary policy and inflation: Recent developments* (SUERF policy note 291).

Von der Leyen, U. (2019, Dezember 11). Der europäische Grüne Deal. Europäische Kommission, Pressemitteilung.

Von der Leyen, Ursula (2020). How our Europe will regain its strength. Op-ed, European Commission, 5 April.

Von der Leyen, U. (2022, September 14). *2022 state of the union address*. European Commission.

Von Hagen, M. (1995). Does Ukraine have a history? *Slavic Review, 54*(3), 658–673.

Vöpel, H. (2022, November 21). Das geoökonomische Dreieck der globalen Unordnung. *Makronom*.

Wadsworth, J., Dhingra, S., Ottaviano, G., & Van Reenen, J. (2016, Mai). *Brexit and the Impact of Immigration on the UK* (Brexit analysis 5). London School of Economics (LSE), Centre for Economic Performance (CEP).

Walkenhorst, H. (2008). *Constructing the European identity – Trap or gap? European integration between community-building and path-dependency* (Limerick Papers in Politics and Public Administration, no. 1). University of Limerick.

Walkenhorst, H. (2009). *The conceptual spectrum of European identity: From missing link to unnecessary evil* (Limerick papers in politics and public administration, no. 3). University of Limerick.

Walterskirchen, E. (2013, Oktober 24). *Budgetdefizite in Europa: von einer naiven zu einer ökonomischen Sicht* (ÖGfE policy brief 12/2013).

Weber, M. (1904/05). Die protestantische Ethik und der Geist des Kapitalismus. *Archiv für Sozialwissenschaften und Sozialpolitik, 20*(1), 1–54, und *21*(1), 1–110.

Weiner, M. S. (2018, Juli 23). Trumpism and the philosophy of world order. *Project Syndicate*.

Weisbach, D. A., Kortum, S., Wang, M., & Yao, Y. (2022, Juli). *Trade, leakage, and the design of a carbon tax* (CESifo working paper 9858).

Weiss, S., Heinemann, F., Berger, M., Harendt, C., Moessinger, M.-D., & Schwab, T. (2017). *How Europe can deliver: Optimising the division of competences among the EU and its member states*. ZEW Gutachten und Forschungsberichte, Bertelsmann Stiftung.

White, J. (2012). A common European identity is an illusion. In H. Zimmermann & A. Dür (Hrsg.), *Key controversies in European integration* (The European Union series, S. 103–111). Palgrave Macmillan. https://doi.org/10.1111/1478-9302.12087_111

Wiesner, C. (2017). Was ist europäische Identität? Theoretische Zugänge, empirische Befunde, Forschungsperspektiven und Arbeitsdefinition. In G. Hentges & K. Nottbohm (Hrsg.), *Europäische Identität in der Krise?* Springer.

Wike, R., Stokes, B., & Simmons, K. (2016). *Europeans fear wave of refugees will mean more terrorism, fewer jobs: Sharp ideological divides across EU on views about minorities, diversity and national identity*. Pew Research Center.

Wilson, A. (2016, April). *Survival of the Richest. How Oligarchs Block Reform in Ukraine*. European Council on Foreign Relations (ECFR).

Winkler, A. (2014). Dauerkritik an der Europäischen Zentralbank: Falsch angewendete Theorie untergräbt Vertrauen in die Geldpolitik. *Wirtschaftsdienst, 94*(7), 479–486.

Wissen, R., & Nicolosi, M. (2007, September). *Anmerkungen zur aktuellen Diskussion zum Merit-Order Effekt der erneuerbaren Energien* (EWI working paper 07/3). Institute of Energy Economics, University of Cologne.

Wissenschaftlicher Beirat. (2022, Juli 25). Übergewinnsteuer. *Gutachten des Wissenschaftlichen Beirats beim Bundesministerium der Finanzen* (Stellungnahme 03/2022).

World Bank, Government of Ukraine, European Commission. (2022, August). *Ukraine rapid damage and needs assessment*. Joint report.

World Bank, Government of Ukraine, European Commission. (2023, August). *Ukraine rapid damage and needs assessment*. Joint report.

Younge, G. (2018, November 23). From trump to Boris Johnson: How the wealthy tell us what ‚real folk' want. *The Guardian*.

Zakaria, F. (1997). The rise of illiberal democracy. *Foreign Affairs, 76*, 22–43.

Zúquete, J. P. (2018). *The identitarians: The movement against globalism and Islam in Europe*. University of Notre Dame Press. isbn:978-0-268-10424-5.

Stichwortverzeichnis